100

ㅣ 한국장로교총회창립 100주년기념 표준주석 ㅣ

빌립보서

대한예수교장로회총회교육자원부 편

한국장로교출판사

발간사

본 주석서는 대한예수교장로회총회의 신앙과 신학 이념을 따라 평신도와 신학생, 목회자와 신학 교수들이 성경을 바르게 이해하도록 도움을 주는 데 그 목적이 있다.

대한예수교장로회 교단은 1934년 희년에 즈음하여 성경전서 주석의 간행을 총회에서 결의한 바 있다. 그리하여 1937년부터 총회표준주석(1937년, 「욥기」, 「시편」, 「잠언」, 「전도서」, 「아가」; 1939년, 「로마서」, 「고린도전 · 후서」, 「갈라디아서」)이 간행되기 시작하였다. 그러나 제2차 세계대전의 발발과 일제강점기의 한국 교회 탄압으로 주석 발간 사업은 일시 중단되었다. 1945년, 해방은 되었으나 38선으로 남북이 분열되고, 1950년 6 · 25한국전쟁의 비극을 겪어야 했다. 1953년, 휴전된 후 총회표준주석 사업이 재개되어 1954~1957년(1954년, 「이사야」; 1955년, 「요한복음」; 1956년, 「창세기」; 1957년, 「레위기」, 「민수기」)에 출판이 있었으나, 1959년에 교단의 분열로 오늘에 이르기까지 총회표준주석 사업은 불가한 형편이었다.

대한예수교장로회 제90회기(2005) 총회는 총회창립 100주년(2012)기념 사업의 일환으로 교단 신학의 정체성 확립과 한국장로교회의 신학적 표준을 제시할 총회표준주석을 출판하기로 결의하고, 총회 산하 신구약성경 신학자들에게 집필을 위촉하게 되었다.

2005년 12월 한국장로교총회창립 100주년기념 표준주석편찬위원회가 조직된 후 집필 원칙을 정하고 집필자를 선정하여, 그 원칙에 충실할 것을 서약하게 하였다. 지난 7년 동안 집필자들의 깊은 기도와 연구의 산고 끝에 이제 그 실체가 드러나 장로교 총회표준주석이 출판되었다. 편찬위원회는 수차례 모임을 갖고 50여 명에 이르는 많은 집필자들을 격려하고 집필 목적과 방향 제시를 수시로 하여 주석서의 통일성과 진정성을 유지하게 하였다. 집필된 원고가 제출된 경우, 검독위원회가 총회의 신학과 신앙에 맞는 주석을 출판하기 위해 내용을 수정 또는 추가할 것을 요청하기도 하였다.

이 주석서가 빛을 보기까지 집필자는 물론이고, 총회교육자원부 김치성 총무와 한국장로교출판사의 수고가 있었고, 전국 교회들의 기도 지원이 있었다. 무엇보다도 출판비 및 연구비 전액을 이름 없이 지원해 준 교회가 있었다. 이에 독자 여러분과 함께 하나님께 찬양을 드리며, 이 일에 헌신하신 분들께 감사를 드린다.

유사 이래 성경보다 더 긴 세월 동안 연구되고 읽혀진 책은 없다. 그렇기 때문에 해석 방법도 시대와 지역에 따라 다양하게 나타났다. 에스라 시대까지 거슬러 올라가서 사용된 미드라쉬(Midrash) 주해 방법부터 시작하여 중세의 종교개혁자들과 현대 비평주의자들의 해석 방법 등 수많은 해석학적 이해가 있어 왔고, 여러 언어로 번역되어 하나님의 말씀인 성경은 읽혀졌다. 그러나 하나님의 말씀은 (해석자들이나 번역자들에게) 매이지 않는다(딤후 2 : 9). 성경 주석가와 번역자들은 자기 시대와 문화 속에서 어떤 전제(presupposition)를 갖고 성경을 읽기 때문에 언제나 해석의 한계가 있음을 인정할 수밖에 없다. 그런 의미에서 본 주석서도 예외는 아닐 것이다. 그럼에도 불구하고 본서는 그 한계를 최소화시키기 위해 다양한 신학적 입장, 다른 해석들, 교회사적 해석들, 지리적 상황을 포함하려고 노력했다.

우리의 전제는 신구약성경 66권이 하나님의 영감으로 특별 계시된 말씀이라는 대한예수교장로회의 신앙고백을 준거(準據)로 했다. 그러므로 본서는 집필자 자신의 신앙고백과 신학도 내포되었지만, 그보다 총회의 신앙과 신학의 표준적 입장에서 성경을 주석한 것이다. 즉, 사도신경, 웨스트민스터신앙고백서, 장로교신앙고백을 따르는 개혁주의 신학과 신앙 전통을 따른 것이다.

집필을 하는 데 있어서 학문적 깊이를 외면할 수는 없으나 목회자나 평신도가 성경을 이해하는 데 도움을 주기 위해 설교를 위한 묵상을 삽입하기도 하였다. 그러나 각 권의 기록자, 기록 연대, 문학적 특징, 책의 목적 등을 설명하는 개론적 연구를 할 때에는 그것이 학문적 연구에 꼭 필요하다고 여겨지는 경우에 한하여 최근 많은 성경학자들이 사용하는 비평적 방법도 가설(假說)로는 소개하였으나 결론은 따르지 않았다. 그것이 교회의 신앙적 지도를 위한 적절한 방법은 아니기 때문이다.

영감으로 된 하나님의 말씀인 성경의 해석은 성령의 조명이 가장 중요한 조건이다. 따라서 본서의 집필자들은 종교개혁자들이 채택했던 문법적, 역사적, 신학적 원리를 주된 해석 방법으로 채택하고, 기도하면서 하나님의 계시된 말씀의 원의를 알기 쉽게 해석하려고 힘썼다. 외래어 사용은 가급적 줄이되 히브리어나 헬라어와 같은 원어를 반드시 읽어야 할 경우에는 음역화해서 누구나 원어의 발음으로 읽게 했다. 각주(脚註)도 가급적 줄이되 문장 뒤에 참고로 넣었다. 또한 각 절이 아닌 단락별로 주해를 하여 전체적 파악을 도왔다.

주석 앞에는 대한성서공회가 출판한 개역개정 성경(4판)을 단락별로 제시했다. 히브리어 성경은 BHS(Biblia Hebraica Stuttgartensia)를, 헬라어 성경은 United Bible Societies가 출판한 The Greek New Testament(4thed)를 각각 원문으로 채택하여 사용하였다. 특히 개역개정 성경의 번역에 대한 문제가 있다는 의견을 총회가 받아들여 본 편찬위원회에 수정 의뢰를 하였고,

집필자들이 원문을 바로 번역하여 대한성서공회에 제시함으로 수시 교정 제도를 따라 수정하도록 했다.

우리의 생명이시며 찬양의 대상이 되신 우리 주 예수 그리스도를 계시하시고, 하나님의 공의와 사랑을 그의 십자가를 통하여 실현시켜 우리를 구원하신 하나님의 깊은 뜻을 알게 해 주는 신구약성경을 더 많은 사람들이 더 깊이, 더 분명하게 이해하고, 믿게 하기 위하여 대한예수교장로회총회 창립 100주년을 기하여 한국 교회와 세계 교회 앞에 겸손한 자세로 이 주석을 내어 놓는다.

"내가 온 것은 양으로 생명을 얻게 하고 더 풍성히 얻게 하려는 것이라" (요 10 : 10b).

Soli Deo Gloria!

한국장로교총회창립 100주년기념
표준주석편찬위원회
위원장 이 종 윤

추천사 1

할렐루야! 2012년은 대한예수교장로회(통합)총회가 창립 100주년을 맞이하는 해입니다. 총회가 창립된 이후 1세기가 지난 지금까지 우리 한국 교회를 세계가 주목할 만큼 눈부시게 성장할 수 있도록 도와주신 에벤에셀의 하나님께 모든 찬송과 영광과 감사를 드립니다.

이와 같은 한국 교회의 놀라운 부흥 가운데서도 마음 한구석에 늘 안타까움이 자리하고 있었는데, 그것은 바로 우리 한국 교회만의 권위 있는 주석이 없다는 사실이었습니다. 현재 목회현장에서 사용되는 우리말 주석들은 대부분 오래되었거나 현대의 한국 교회 상황에 맞지 않는 서구 교회의 해석, 또는 성서학 전문가들의 주석이 아닌 짜깁기식 주석이 대다수를 차지합니다.

이러한 현실 가운데 이번 총회창립 100주년기념사업의 일환으로 본 교단에서 「한국장로교총회창립 100주년기념 표준주석」을 출간하기로 결의하고, 주석서를 출간하게 된 것은 대단히 자랑스럽고 의미 있는 일이 아닐 수 없습니다.

이번 「표준주석」의 출판으로 한국 교회는 이전보다 더욱 '개혁주의 신학과 신앙 전통'을 따르는 성경 해석의 기초를 확립하게 될 것이며, 많은 목회자들이 이 주석서를 통해 하나님의 말씀에 중심을 둔 목회를 실천할 수 있을 것으로 기대합니다. 더 나아가 이 「표준주석」은 한국 교회의 신앙을 더욱 견고히 하는 성경 해석의 표본이 될 것입니다.

아무쪼록 이번 「표준주석」 출간을 계기로 우리 한국 교회가 당면한 갖가지 위기를 극복하고 더욱 하나님 말씀으로 충만하여, 평화통일은 물론 주님의 지상명령인 땅끝까지 복음을 전하는 사명을 보다 잘 감당하는 교회로 거듭나게 되기를 기대하며, 한국의 모든 교회와 성도님들께 자랑스럽게 이 주석서를 추천하는 바입니다. 샬롬!

장로회신학대학교
전 총장 장 영 일

추천사 2

「한국장로교총회창립 100주년기념 표준주석」의 발간을 축하합니다. 한국 교회 역사에서 중요한 자리를 차지하고 있는 「총회표준주석」은 한국 교회에 큰 영향을 끼친 박윤선 박사님께서 박형룡 박사님을 도와 「표준주석」의 고린도후서 주석 집필에 참여하면서 평생을 주석 집필에 헌신하게 했던 뜻깊은 주석이었습니다.

그러나 그동안 중단되었던 표준주석 사업을 재개함에 있어 편집위원장 이종윤 목사님이 밝힌 대로 성경이 성령으로 영감된 정확 무오한 하나님의 말씀이라는 분명한 신앙고백 위에 집필토록 하였다는 편집 원칙을 통해 「표준주석」의 맥을 잇고자 하는 의지를 보여 줍니다.

이런 맥락에서 비평적 성서연구가 교회의 신앙적 지도에 적합하지 않다는 인식을 가지고 전통적인 개혁주의 해석 방법을 채택할 뿐만 아니라 복음적이고 목회적인 관심을 드러낸 점도 환영할 만한 일입니다. 또한 성경 자체에 대한 전문적인 지식뿐만 아니라 한국 교회와 성도를 체험적으로 알고 있는 성경학자들이 오랜 기도와 연구 끝에 발간하였다는 점도 높이 사고 싶습니다.

아무쪼록 본서가 많은 이들에게 풍성하고 깊이 있는 신학적 성찰을 제공하는 귀한 책이 되길 소망합니다.

합동신학대학원대학교

전 총장 성 주 진

빌립보서
차 례

빌립보서

서 론

A. 도시의 역사와 문화

B. 기록 연대와 기록 장소

1. 빌립보서의 저작 배경과 역사적 상황

2. 빌립보서의 집필 동기

3. 핵심주제와 신학

C. 빌립보서의 전체 내용구조

서 론
빌립보서 개론

A. 도시의 역사와 문화

빌립보 도시는 도시 발생 이전 시기에는 샘물들과 작은 강들로 이루어진 고장이었기 때문에 '샘'이라는 뜻을 가진 크레니데스(Krenides)로 알려졌다. 그곳은 주전 490년경부터 이미 트라키아인(Thracians)들에 의해서 정착되기 시작하였다. 그리고 BC 360년경에 타소스(Thasos) 섬으로부터 넘어온 타소스계(Thasian) 그리스 이주민들이 금과 은을 채광하는 광산지역의 식민지로 조성하였다. 타소스인들은 광산지역 개발 때문에 전에 정착하고 있었던 트라키아인들과 서로 싸우게 되었다. 이 과정에서 트레시안들은 타소스인들이 힘에 겨워 마케도니아의 필립 2세를 끌어들여 이 지역의 갈등을 해결하려 하였다(BC 356년). 하지만 아이러니칼하게도 이 필립 2세가 이 지역을 점령하게 되었고, 그 도시의 이름을 빌립비(Philippi)로 짓게 되었다. 그 도시는 마케도니아의 필립 2세에 의해 포로가 되었는데 필립 2세는 그 지역 트라키아 종족들에 대항하기 위한 요새(성채)로 그 도시를 축성했고 확장시켰으며, 그 지역의 금과 은 광산을 개발하였다(Hendrix(1992), 313-317 ; Koester(2005), Marchal(2008), 122-123.).

주전 42년, 로마 시대에 공화파(Liberators : 부루투스와 캐시우스)와 3인 집정관들(Triumvirs : 특별히 안토니우스와 옥타비아누스) 간의 전쟁에서 안토니우스와 옥타비아누스가 승리하자 이곳 빌립보에 퇴역 군인들을 정착하게 하여 로마 식민지가 되게 하였다. 이후 이 도시는 콜로니아 빅트릭스 필리펜시움(*Colonia Victrix Philippensium*)이라 부르게 되었다. BC 31년 악티움에서 옥타비아누스는 안토니우스를 물리치고 유일한 제국의 일인자가 되었다. 그 후 빌립보에서는 퇴역 군인들이 더 많이 정착했고, 도시의 이름이 콜로니아 율리아 필리펜시스(*Colonia Iulia Philippensis*)로 바뀌게 되었다. 주전 42년에 이루어졌던 이 정착의 구성원들은 대부분 안토니우스의 군인들(측근들)이었는데, 이들은 이탈리아의 자기 고향에 돌아갔었지만 다시 빌립보로 옮겨와서 새롭게 정착하게 되었다. 악티움 해전(주전 31년) 후 빌립보에 있었던 정착민들 역시 일반적으로 안토니우스의 측근들과 지지자들이었지만 실제로는 옥타비아누스 측 인물들도 대거 정착하고 있었다고 보는 것이 훨씬 설득력 있다. 그리고 결국 옥타비아누스가 공식적인 황제의 칭호를 얻게 된 주전 27년 옥타비아누스는 자신과 그가 속한 줄리아(Julia) 가문 둘 다를 영예롭게 기념하기 위해서 결국은 콜로니아 율리아 아우구스타 필리펜시스(Colonia Iulia Augusta Philippensis)로 이름을 다시 고치게 된다(Tellbe(2001), 212-223 ; de Vos(1999b), 234-244.).

헬러만(J. H. Hellermann)은 당시 빌립보가 위의 두 차례 전쟁으로 이 도시의 정치문화는 명예와 지위와 서열을 존중하는 사회가 되었다고 주장한다. 빌립보는 옥타비아누스가 황제가 되기까지의 두 번의 중요한 전쟁과 직접적인 연관을 맺으면서 특별한 황제의 식민 도시(*Victoria Augusta*)로 기념하게 되었다. 그래서 빌립보에서는 주전 30년 직후 승리의 여신 빅토리아(*Victoria*)가 새겨진 동전이 만들어졌다. 헬레만에 의하면 전쟁 후 옥타비아누스가 퇴역한 장교들을 빌립보에 정착시켰기 때문에 빌립보 사람들은 전쟁에서의 승리를 통해서 명예를 얻게 되는 소위 '명예 경쟁 문화'(*cursus honorum*)의 정치 문화적 풍토가 형성되었고 이러한 전쟁 승리를 기념하고 군인들의 명예를 드높이면서 빌립보가 로마 제국의 식민지로서 통일성을 확립하게 되었다. 빌립보 도시에는 특히 통치자 숭배가 다른 지역보다 활발하게 시행되었다고 한다. 이러한 통치자 숭배는 주로 황제를 숭배하는 것으로 엘리트들과 비엘리트들, 시민권을 가진 자와 갖지 못한 자들 사이의 위계적인 질서와 계급 간의 구별을 강화시켰고 공적인 생활에 명예와 지위와 서열을 중요시하는 풍토를 확립하였다는 것이다(Hellerman(2005), 64-109 ; Fitzgerald (1992), 320-321.).

이 과정에서 몇몇 로마의 퇴역 고급 장교들이 광활한 땅을 분배받거나 지역의 고급관료가 되는 특혜를 받게 된 것은 당연한 일일 것이다. 이러한 역사적 상황에 따라 당시 빌립보 사회는 주전 31년의 악티움 해전으로 퇴역 군인 500명이 정착하여 로마 사람이 절반, 그리스와 마케도냐 사람이 절반으로 구성되었다. 보다 자세히 들여다보면, 빌립보 사회는 황제의 친족과 귀족들로 이루어진 로마의 최상위 지도층 3%(+7%의 노예), 상인, 무역상, 지주, 퇴역군인 등의 지배계급 20%(+5%의 노예)와 37%(+8%의 노예)의 장인과 농민, 20%의 가난한 자들로 이루어진 피지배계층이 피라미드 구조를 이루고 있었다. 이러한 도시의 특징은 결국 불이익을 당하는 정착민들과 특혜를 받은 군인들 사이에 갈등이 생기게 마련이다. 더군다나 빌립보 지역은 무역항과 가까웠기 때문에 해방된 노예들과 외부 유입된 사람들이 많게 되자 로마 황제 숭배 강화를 통하여 사회적 유대를 강화할 수밖에 없었다. 이러한 역사적, 지역적 특성상 초기 기독교 시대 빌립보의 교회는 다른 어느 지역보다 로마 제국과의 관계에서 갈등이 심했고, 이에 따라 기독교인들에 대한 로마 제국의 종교 탄압이

점점 심해지고 있었다(Oakes(2001), 1-20).

B. 저작 배경과 집필 동기 및 핵심주제

1. 빌립보서의 저작 배경과 역사적 상황

빌립보 교회는 바울이 제2차 전도여행 중에 전도한 자주색 옷감 장수인 두아디라의 루디아(행 16 : 13-15) 전도와 점치는 소녀의 귀신을 축출하면서 감옥에 갇혔지만 지진으로 옥문이 열렸던 사건과 이를 지켜본 빌립보 감옥의 간수(행 16 : 16-34)를 전도한 결과 마케도니아 지방에 최초로 세워진 가정교회이다. 회당이 없었던 이 도시에서의 바울의 복음 사업은 갈등과 핍박으로 점철되었다(빌 1 : 29-30). 그는 불명예스럽게 취급당하였고(살전 2 : 2), 시장에 끌려오게 되었고, 범죄로 기소당하였고, 공개적으로 매를 맞게 되었으며, 그의 발이 차꼬가 채워져서 감옥에 갇히게 되는 여러 가지 고초를 당하게 되었다(행 16 : 19-40). 이곳에 교회를 세운 바울은 그곳을 떠난 후 데살로니가로 향하여 가게 되었다(살전 2 : 1-2 ; 행 16 : 40-17 : 1). 이를 종합하면, 바울이 교회를 목회하였던 시기의 연대는 49~50년경이 될 것이다. 교회는 비교적 건실하게 발전하였으므로 바울은 교회로 인하여 큰 기쁨을 얻었다. 빌립보 교회 내에 여전히 긴장이 있음에도 불구하고, 바울과 교회 사이에는 따뜻하고 깊은 신뢰의 관계가 유지되고 있었다. 더군다나 바울이 다른 교회들로부터는 후원금을 거절하는 상황에도 불구하고 데살로니가 선교를 할 때 빌립보 교인들에게 한 번 이상 재정적 후원을 받았고(빌 4 : 16), 고린도 선교 때에도 물질적인 도움을 받게 된다(고후 11 : 7-9).(Pervo(2009), 397-415 ; Fitzgerald(1992), 318-319.)

빌립보 교인들은 바울이 로마 감옥에 수감되었다는 소식을 접하자마자,

그를 지지할 것인지 말 것인지 의견이 갈라졌을 것이다. 이때 우여곡절의 합의하에 에바브로디도가 자원하여 자신의 재산까지 차출하여 바울에게 전달하기 원했을 것이다. 결국 빌립보 교회는 바울이 정말 필요한 것이 무엇인지 파악하기 위하여 교회의 사자로서 에바브로디도를 파송하였다. 바울은 이를 받자마자 다른 사람을 통해 4 : 10~20과 비슷한 내용의 서신을 즉각 보냈을 것이다. 여러 학자들이 4 : 10~20을 바울이 수감되기 전에 주고받은 것으로 제안하기도 한다. 특히 핏쩨랄드(J. T. Fitzgerald)와 류만(J. Reumann)은 바울이 투옥되기 전에 4 : 10~20의 '서신 A'를 받았다고 가정한다(Fitzgerald(1992), 320–321 ; Reumann(2008), 7–18.). 더군다나 핏쩨랄드는 솅크(H.M. Schenke)와 피셔(K. M. Fisher)의 연구에 의존하여, 코랑즈(Collange)처럼 '서신 C'(빌 3 : 2–4 : 3 ; 4 : 8–9)가 바울이 감옥에서 나왔을 때 쓴 것이라고 주장한다. 또한 에바브로디도가 죽을병에서 회복되었을 때 바울이 '서신 B'(1 : 1–3 : 1 ; 4 : 4–7, 21–23)와 함께 그를 빌립보 교회에 다시 돌려보내게 되었다는 것이다(살전 2 : 2, 빌 1 : 30). (Fitzgerald(1992), 318–319 ; Reumann(2008), 6–18와 Collange(1979), 12–15 참조). 하지만 이러한 제안은 3장의 서신 C와 4 : 10~20의 서신 A가 현재의 상태 그대로 보존되었다는 전제 하에 파편저작설로서 역사적으로 재구성한 것이다.

이 파편저작설과 달리 우리는 이 세 서신의 원본의 상당한 부분은 폐기되었을 것이고 중요한 부분만 보존되었기 때문에, 비교적 가택 연금의 자유로운 시기에 이미 로마 감옥에서 바울 자신이 전체의 서신 흐름에 맞게 상당히 재편집하여 원(原)빌립보서를 저술하는 기초를 제공하였으리라고 추정한다. (통일저작설)이런 가정에 의하면 4 : 10~20의 내용은 에바브로디도가 바울이 투옥되어 있는 로마 감옥으로 와서 선물을 전달할 때 바울이 그에게 전달한 구두의 감사의 말이라고 여기는 것이 훨씬 설득력 있다(18절)('파편저작설'과 '통일저작설'의 소개와 이에 대한 평가와 비판 및 필자의 대안적 견해에 관해서는 김덕기(2013) 참조).

바울이 로마 감옥에 수감되었을 때 파송된 에바브로디도는 아마도 단순히 영치금만 전달하려 했던 것이 아니라 그의 수감 중 재판 일을 도우며 교회의 중요한 사항들을 바울과 함께 의논하려 했던 것으로 추론된다(빌 2 : 25-30). 이후 에바브로디도가 거의 죽게 될 만큼 병이 들게 되자 결국 바울은 그가 자신에게 매우 도움이 됨에도 불구하고 에바브로디도를 빌립보로 돌려보낸다(빌 2 : 26-30). 이를 알게 된 빌립보 교회는 비로소 감동되어 결코 부유한 상황이 아니라 궁핍한 상황에서도 예루살렘 교회를 위한 모금활동에도 참가했을 것이다(고후 8 : 1-5). 이후 바울은 로마 감옥에서 풀려나고 디모데를 빌립보 교회에 보낼 수 있게 된다(2 : 19, 23). 바울은 고린도에 가는 길에 빌립보에 들르려 했었고(고후 2 : 13), 어쩌면 헌금을 갖고 예루살렘에 가는 길이나 드로아로 가는 길에 바울이 빌립보에 한 번 더 방문하려 했었을 것이다(행 20 : 5-6). 특히 최근 학자들은 사도행전 16 : 11~40에서 바울이 빌립보를 떠나 데살로니가로 가게 했던 소요 사태를 참고하여 빌립보서에 반영된 그의 수감생활도 시민생활을 소란케 했기 때문이라고 주장한다.

빌립보서 4 : 10~20과 3장을 포함한 세 개의 서신들이 바울 사후 후대에 합성되었다는 파편설이 제기되기도 하였다. 하지만 약 주후 62년 전후 바울이 순교하기 직전에 빌립보서 4 : 10~20과 유사한 비망록과 3장의 세미나 노트를 포함해서 몇 가지 자료들을 바울이 직접 우리가 현재 보는 빌립보서와 유사한 원(原)빌립보서를 편집하여 전체 서신을 빌리보 교회에 보내고, 이후 그의 제자들이 약간 재편집한 것이라고 할 수도 있다. 파편설을 지지하는 학자들은 세 번에 걸친 파편 서신을 전달하기 위해서는 거리가 근접해야 한다는 이유로 에베소 감옥을 선호하지만, 사도행전에는 2년여의 긴 기간에 에베소에서 수감된 기록이 없고 수감 정황이 사도행전 26 : 1~28 : 17, 28 : 30과 유사하다는 점을 고려하면 오히려 로마 감옥에서 바울이 수감되었을 가능성이 높다. 바울과 그의 제자들이 함께 편집했다는 전제하에 빌립보서는 약 60~64년의 시간적 공간을 두고 로마에서 저술한 것으로 간주할 수 있을 것이다(자세한 것은 김덕기(2013) 참조.).

2. 빌립보서의 집필 동기

우리는 우선 집필 동기를 말할 때 표층적인 차원에서의 수사학적 측면을 논의하는 방식을 제시할 것이다. 그러고 나서 이보다 심층적 차원에서의 사회적/정치적 측면과 관련되는 주제의 차원을 논의하려 한다(김덕기, 2012, 35-64).

우선 표층적 차원의 수사학적 정황의 측면에서 집필 동기를 살펴보면 우리는 우선 다음과 같은 바울의 서신 저작 동기를 찾을 수 있게 될 것이다. 빌립보 교인들은 에바브로디도로부터 바울의 투옥 소식(1 : 7, 13-14, 17, 29-30, 4 : 14)과 그가 순교할 수 있다(1 : 21-22, 2 : 17-18, 23)는 생각으로 슬퍼하며 매우 깊이 실망하고 있다는 것을 알게 된다(1 : 26-27, 2 : 12). 그리고 이런 위급한 상황에서 바울의 복음을 어떻게 새롭게 이해해야 하는지 서로 의견이 분열되어 있다는 것을 듣게 된다(1 : 27, 2 : 1-4, 12-16). 빌립보 교인들은 결국 어렵게 에바브로디도를 통해서 바울이 필요한 데에 쓸 수 있도록 마련한 성금을 보내게 된다(1 : 5, 2 : 25-30, 4 : 10, 14, 18). 바울이 보기에 이러한 재정적 후원에 너무 얽매어 감사의 답례를 기다리는 것은 복음의 진보에 긴요하지 않는 문제에 신경을 쓰게 되는 것이기 때문에 바울은 이들이 복음의 진정한 진전과 기쁨을 갖지 않는다고 넌지시 자신의 견해를 피력한다(1 : 10 ; 1 : 25). 왜냐하면 이들이 바울의 부재의 문제를 단순히 재정적 차원에서 해결할 수 있다고 생각함으로써 바울에게 감사의 답례가 조속히 오도록 매우 근심에 가득차서 연약한 마음(4 : 6)을 드러냈기 때문이다. 더군다나 이들은 또다시 에바브로디도가 죽을병에 걸려서 매우 근심에 가득 차게 되었다(2 : 27). 그래서 바울은 에바브로디도가 자신을 섬기는 일에 매우 큰 도움이 되어서 보내고 싶지 않지만 그들을 진심으로 위로하기 위해서 그를 기꺼이

다시 보내게 된다(2 : 28-30). 더군다나 빌립보 교인들은 로마 제국으로부터 정치적 핍박을 받게 됨으로써(1 : 28-30) 바울이 당하는 것과 유사하게 정치적 압박과 경제적 불이익을 받게 되었고(1 : 27-30) 이에 따라 여성 지도자들(유오디아와 순두게) 사이에 감정적 대립이 더욱 악화되었다(4 : 2-4). 이뿐만 아니라 엘리트적 원시-영지주의적(Proto-Gnostic : 유대교 지혜사변과 헬라의 플라톤주의의 이원론이 결합된 원초적 형태의 영지주의로서 특정한 엘리트들에게 구원의 비밀을 전수받아 이 비밀을 가졌기 때문에 이미 도덕적 · 영적 완전성에 이르렀다고 생각하여 오히려 방종주의에 빠지는 빌립보서의 적대자들)(자세한 것은 본서의 3장 입문부분과 3 : 1~3 주석 참조) 선교사들에 의해서 복음에 대한 해석 문제로 더욱 교회 내부의 알력관계가 심화되어 있는 상황에 처하게 된다(3 : 2-21). 바울은 이러한 상황에서 빌립보 교인들에게 단순히 윤리적 지침을 내리는 것이 아니라 수사학적 방법으로 냉정하게 이들의 슬픔의 원인을 분석하여 위로하고자 한다.

바울의 빌립보 교인들에 대한 위로 방식의 핵심적인 수사학적 전략은 바로 복음 선포에 보다 긴요한 문제, 즉 가장 긴요한 것(타 디아페론타 : *τὰ δια φέροντα*)과 긴요하지 않는 것(타 아디아포라 : *τὰ ἀδ ιαφόρα*)을 구별하여 빌립보 교인들의 복음과 이를 적용하는 현실 인식을 교정하는 것이다(1 : 10). 그래서 바울은 가장 긴요한 문제인 복음 선포가 바울이 감옥에 있음으로써 오히려 더 진전되어 더욱 기뻐하게 되었다고 말함으로써 이들을 위로한다(1 : 12-18). 또한 바울은 자신이 재판에서 순교하더라도 감옥에 갇히게 된 것이 중요한 것이 아니라 그리스도 앞에서 담대히 복음을 전파함으로써 하나님께서 바울을 통해서 많은 사람을 구원하게 되는 것(1 : 19-20)이 더 긴요한 문제(타 디아페론타)라고 주장하게 된다. 또한 바울은 자신이 직접 빌립보 교회에 가지 못하는 것을 대신하여 뜻이 같고(2 : 20) 아들과 같은(2 : 22) 디모데를 속히 보낼 것을 약속하게 된다(2 : 19-24). 하지만 결국 그가 빌립보 교인들을 결정적으로 위로할 수 있는 것은 바울 자신의 석방과 빌립보 교인들과의 재회일 것이다(1 : 25)(Holloway(2001), 45-47, 74-83, 92-100).

또 다른 수사학적 정황은 빌립보서 4 : 10~20에 가장 잘 나타나는 우정의 동기이다. 최근 수사학을 연구하는 학자들은 빌립보서에서 우정(φιλία)의 동기가 대화 주제로 나타나거나 문학 양식으로 나타나기 때문에 이 서신을 장르상 '우정서신'(a letter of freindship)으로 보는 방식에 대하여 토론하기 시작하였다. 고대의 우정의 개념은 오늘날 단순히 개인들 간의 주관적인 감정의 관계나 사적이고 개인적인 가치를 주로 다루는 것과 달리, 가문과 가정, 도시국가, 다른 도시들과 그리고 제국 전체와 연관되는 정치적, 경제적, 사회적 측면에서의 상호관계를 포함하게 된다(Reumann(1996), 141-160과 idem(2008), 678-685). 이런 고대의 우정의 특징에 비추어서 스토워스(S. K. Stowers)는 빌립보서가 개인 서신이 아니라 공동체에게 보내는 서신임에도 불구하고 기본적으로는 세네카(Seneca)의 루시리우스(Lucilius)에게 보내는 서신처럼 마음, 품성, 영혼을 성숙시키기 위해서 지도하는(psychagogic) 우정서신과 유사하다고 본다. 그래서 그는, 바울이 서신에서 빌립교인들이 믿음으로 성숙되어 기쁨에 차기를 바라고(1 : 24-25), 사랑과 지혜가 성장되기를 바라고(1 : 9-10), 목표와 상을 향하여 달려가는 자신(3 : 12-14)을 닮기를 원한다는 의미에서, 빌립보서를 '권면적인' 우정서신("hortatory" letter of friendship)이라고 주장한다. 특히 스토워스는 고대 로마 자료들에서 볼 수 있는 다음과 같은 우정의 동기들이 빌립보서에서 편만해 있다고 주장한다 : 친구와 함께하기를 그리워하는 현존/부재의 주제(1 : 7-8 ; 2 : 26), 한뜻(1 : 27), 한마음(2 : 3), 같은 것을 생각함(2 : 2 ; 4 : 2), 협동의 파트너십(코이노니아)과 고난에 동참하려는 코이노니아 정신(1 : 5-7 ; 2 : 17-18 ; 4 : 14), 재정의 주고받음(4 : 15), 적과 친구의 '상반되는 모델들'(1 : 15-17, 2 : 1-3, 2 : 6-11, 2 : 19-24 ; 3 : 1-21), 적대자와 대조해서(3장) 천상의 공화국에 의해서 지배받는 삶의 방식(3 : 20 ; Stowers(1991), 107-117).

이러한 연구를 더욱 발전시켜서 핏제랄드(John T. Fitzgerald)는 빌립보서에서, 단순히 4 : 1~20에만 나타나는 것이 아니라, 감사의 용어들(1 : 3-5), 호의적 감정 표현(4 : 1), 과거와 현재의 경험에 대한 회상(1 : 30 ; 2 : 20 ; 4 : 15-16), 서로 헤어져 있는 친구에 대한 그리움(1 : 7-8), 미래에 만날 수 있다는 희망(2 : 24), 자기 자신의 상황에 대한 정보 제공(1 : 12-26), 그들의 관계에 적합한 충고와 조언 제공(1 : 27-2 : 18 ; 4 : 2-7), 친구에 대한 명령(2 : 19-30), 우정을 헤치는 가치를 가진 적에 대한 경계(3 : 1-21) 등의 내용은 바로 우정을 지속적으로 유지하기를 바라는 전형적인 우정 서신이라는 것이다. 특히 빌립보서는 바울이 투옥되면서 서신이 바울 자신을 대신하는 방식으로 빌립보서 전체에 우정의 주제가 구현되어 있다고 주장한다. 이러한 빌립보서의 서신 양식은 이해관계에 기초한 공리주의적 우정관을 교정하기 위하여 자족의 덕(4 : 11-13)과 화합의 교제(2 : 2-4), 그리스도 공동체의 시민 생활에 적합한 삶의 자세(1 : 27-30. 3 : 20-21)에 기초한 그리스도인의 고차원적인 우정을 추구하는 '우정서신'의 장르로 볼 수 있다고 주장하게 된다(Fitzgerald(1996) 141-160 ; idem, (1992), 318-326.). 특히 화이트(L. M. White)는 바울이 유대문화의 기독교 공동체 정신을 로마 문화에 가장 적합하게 적응하기 위해서 우정의 모티브들을 전개하게 되었고, 2 : 6~2 : 11의 그리스도 찬가에서 친구를 위해서 자신의 삶을 포기하는 사모사타의 루시안(Lucian)의 선집 중 「톡사리스」(*Toxaris*)를 생각나게 하는 신분을 뛰어넘는 우정의 모델(2 : 6-11)을 제시하고 있다고 보았다(「톡사리스」 소설에 관해서는 본서 빌 2 : 1-2 주석 참조). 이런 점에서 빌립보서는 로마 문화에 적합한 덕에 기초한 우정의 이상적 모델로서 그리스도의 자기 비움과 자기 비하를 제시함으로써 새로운 기독교의 도덕적 패러다임을 제안하고 있다고 주장한다(White, 1996, 201-215).

이런 수사학적 정황에 입각한 저술 동기 설정은 고대 우정서신의 양식과 그 내용의 유사점을 제시했다는 점에서 공헌을 하였지만, 우정이라는 헬라어 단어 필리아(*φιλία*)가 빌립보서에 안 나타는 것을 심각하게 생각해야 할 것이다. 더군다나 표층적 차원의 수사학적 측면을 넘어서, 바울은 단순히 자신을 친구로 제안하지 않고 분명히 자신을 학생이 닮아야 할 선생의 모델로서 자신을 제시하고 사도의 권위를 내세우며(빌 3 : 17), 디모데에게는 가부장적 아버지로서 자신을 기술하고 있다는 점(빌 2 : 22)을 생각하면 우정서신의 특징을 강조하는 수사학적 접근방법의 한계가 있다는 것도 염두에 두어야 할 것이다. 바울은 기본적으로 자기 자신을 교인들의 친구로 생각하기보다는 항상 부모로서 자신을 제시하고 있다는 점(고전 4 : 14-17, 고후 12 : 14-18, 살전 2 : 5-13)을 눈여겨볼 필요가 있다. 더군다나 2 : 6~11의 그리스도 찬가가 교회의 전승을 활용하여 바울이 그리스도의 주권을 로마 제국의 주권과 대비시키면서 로마 황제 숭배에 대한 비판적 입장을 제시하고 있다는 점(본서 2 : 6-11의 주석 부분과 김덕기(2012a) 참조)에서 우정의 모티브와 그리스도의 절대적 주권을 연결시키는 것은 평면적인 연결의 수준에 불과하다.

우리는 고대의 우정의 동기 넘어서 바울의 집필동기를 정확하게 파악하기 위해서는, 바울과 빌립보 교회와의 특별한 관계를 보다 정확하게 로마의 사회적 계약관계의 관례에 비추어서 연구한 샘플리(J. P. Sampley)의 견해를 통해서 다음과 같이 새롭게 조명할 필요가 있을 것이다. 그에 의하면, 무엇보다 바울은 마케도니아 지역과 그 지역 너머에 복음을 선포하는 일을 담당하고, 이를 빌립보 교회가 재정적으로 후원해 주면서 서로에게 혜택이 똑같이 돌아가도록 합의하는 특별한 파트너십 관계(합의적 협업관계 : *consensual societas*)를 형성하였다는 것이다. 그렇기 때문에 빌립보 교인들은 바울이 감옥에 있는 경우 복음 선포에 실패하게 되어서 계약이 심각하게 손상되었다고 생각하게 되었다. 결국 바울이 빌립보 교회의 명예를 실추시켰다고 비난받는 위험에 처하게 되었다는 것이다. 하지만 이에 대해서 바울은 감옥에 있을지라도 파트너십의 정신을 손상시키지 않고 복음의 정신이 오히려 더욱 잘 발현되어 자신의 투옥이 복음의 진보에 오히려 도움이 되었다고 확신한다(빌 1 : 12-14). 바울은 자신의 투옥이 그리스도의 십자가에 이르는 죽기까지 복종하는 그리스도의 자기 비하의 겸손한 마음과 일치한다고 생각했기 때문에 빌립보 교회 지도자들과 교인들이 바울의 투옥으로 인하여 복음의 정신을 손상시키면서까지 바울에게 보낼 물질적 후원 문제로 서로 분열되지 말 것을 언급했다. 그는 오히려 그리스도의 자기 비하의 모델과 이를 닮아 투옥된 바울 자신을 닮아가는 새로운 공동체적 삶의 방식을 갖도록 순교 신앙을 제시하고 있다고 보아야 할 것이다. 그리스도의 죽음/고난에 참여하는 것과 한마음, 한뜻, 자기 비하의 같은 마음으로 서로 협동하는 코이노니아의 정신은 로마 제국의 핍박과 이에 대한 결과로서 바울이 감옥에 감으로써 얻게 되는 빌립보 교회의 분열을 막을 수 있다고 생각한 것이다(Sampley(1980), 11-20, 51-77 ; Capper(1993), 193-214.).

집필 동기로서 또 달리 말할 수 있는 것은 바로 이러한 상황에서 외부의 핍박을 계기로 유대인들에게 요구되는 할례를 강요함으로써 외부의 핍박을 무마하려는 엘리트적 원시영지주의자들(Proto-Gnostics)이 침투하였던 것이다. 그래서 바울은 "개들과 행악하는 자들, 몸을 상해하는 일"과 같은 날카롭고 비판적인 표현을 통해서 교회를 위협하는 원시영지주의자들의 가르침에 대해 경계할 것을 당부하고 있다(3 : 2). 이러한 침투는 공동체 내에 감옥에 가게 된 바울을 지지할 것인지 아니면 새로운 원시영지주의(Proto-Gnostic)의 가르침에 참여할 것인지의 내부 갈등을 촉발시켰다. 이것이 또 하나의 바울이 이 빌립보서를 쓰게 된 동기라고 할 수 있을 것이다(김덕기(2010a), 37-67). 이러한 외부의 로마 제국으로부터의 핍박뿐만 아니라 내부로 침투한 원시영지주의적(Proto-Gnostic) 교사들의 가르침에 대응하는 방식에 관해서 빌립보 교인들은 전혀 한마음을 갖지 않는 것 같다(2 : 1-4). 그래서 다툼, 허영, 이기심이 언급된다. 하나의 구체적인 예는 빌립보서 4 : 2~3에 언급되어 있는데, 즉 교회의 일원인 두 여인들의 다툼이다. 유오디아나 순두게 같은 사람들 사이에 내적인 분열이 있는데, 그들은 바울과 더불어 친밀하게 일했던 사람들이었지만 바로 로마 제국의 이데올로기와 위의 원시영지주의의 위협에 어떻게 대응해야 하는지의 쟁점에 대해서 서로 격렬하게 의견을 달리했다고 볼 수 있을 것이다.

3. 핵심주제와 신학

위의 논의를 발전시켜서 당시 로마 제국의 정치적 상황과 관련하여 집필동기를 더욱 심층적 차원에서 논의하려 한다면, 이 바울서신의 신학적 주제의 신앙적 차원은 단순히 수사학적 정황을 넘어서 당시 로마제국의 식민지적 탈취와 정치적 억압과 관련하여 새롭게 부각시킬 필요가 있는 것이다. 이것은 최근의 사회학적 연구와 정치적 해석에 대한 연구에 기초하여 오늘날의 상황과 고대의 상황과의 지평융합에 의해서 새롭게 도출하는 복음의 진정한 의미가 될 것이다. 복음은 단순히 종교적 차원만이 아니라 사회적/정치적 차원에서도 구원의 길을 제시할 수 있어야 하기 때문이다. 그래서 이 복음의 본질상 궁극적으로 그리스도를 주로 고백하게 되는 에클레시아는 로마 제국과 긴장 관계를 유지할 수밖에 없게 되고, 결국 이에 적합한 삶의 방식이 요청되는 것이 당연할 것이다. 특히 로마 제국의 제국주의적 이데올로기를 극복하기 위해서는 빌립보 교회의 내적인 갈등을 극복하고 전혀 새로운 방식으로 다른 교회들과 연대하는 신학사상이 요청된다. 또한 공동체 내부에 형성되는 갈등은 그리스도의 겸손과 하나님의 신원 계획에 대한 새로운 지식과 이에 기초한 새로운 삶의 방식으로 극복해야 할 형편에 놓이게 되었다.

위의 심층적 차원에서의 집필동기와 그 신학적 메시지는 빌립보 공동체가 로마 제국으로부터 핍박받은 점과 바울 자신이 감옥에 가게 되는 것이 중요한 배경이 되었다는 점을 다음과 같이 확인할 수 있을 것이다. 바울이 빌립보서를 쓰게 된 결정적인 동기는 빌립보의 교인들 또한 박해의 위험에 직면해 있었기 때문일 것이다(1 : 28-30). 빌립보 교인들은 바울이 당하였던 것과 비슷하게 반대자들에 의하여 괴로움을 당했다. 즉, 유대인들이나 혹은 이방인들을 통해 핍박을 받았다고 생각할 수 있다. 이러한 박해는 데살로니가 교인들이 당한 박해와도 관련된다(살전 1 : 6, 2 : 14, 3 : 1–4). 이러한 박해 원인은 단순히 황제 숭배 때문만은 아니고 사회적 지위를 유지하기 위해서 로마 제국의 통치 이데올로기와 연관된 공적인 제의에 참여하여야 할 것인지, 그렇지 않으면 사회적 포섭을 거절하고 불이익과 사회적 억압을 감수하여야 하는지의 신학적 쟁점과 관련된 것이었다. 빌립보도 로마의 식민지로서 같은 정서를 공유했을 것이기 때문에 만일 빌립보인들이 회심한 후 그리스도를 "주님"이라고 고백하고 공적인 제의(신민제의와 황제제의)나 행사에 불참하게 되었다면, 그들은 제국을 전복시킬 잠재력을 가진 집단으로 쉽게 의심받게 되었을 것이다. 그래서 바울은 이러한 공동체가 직면한 로마 제국으로부터의 핍박의 위기를 극복하기 위해서 그리스도 찬가(2 : 6–11) 전승을 편집하여 암시적으로 이에 저항하는 신앙고백적 차원, 즉 그리스도의 자기 비하와 하나님의 신원하심에 기초한 새로운 구속신학을 제시하게 된 것이다(김덕기(2010b), 711–753과 김덕기(2012b), 44–60 ; Horsley(1997), 215–219.).

위의 역사적 정황에 비추어 보면, 결국 빌립보서는 수사학적 정황을 넘어서 로마 제국과의 갈등의 심층적 차원에서 다음의 세 가지 신학적 주제들을 제시한다고 볼 수 있다 : ① 그리스도 찬가에 대한 재해석을 통한 상호교제와 정체성 확립, ② 사회적 갈등의 해결, ③ 정치적 핍박에 대한 순교적 자세의 모티브들. 빌립보서에 나타난 이 세 가지 주제들은 로마 제국과의 정치적 충돌의 과정에서 생겨났다고 볼 수 있기 때문에 우리는 빌립보서가 구속신학적 요소를 내포하고 있다고 볼 수 있을 것이다. 따라서 빌립보서는 로마 제국의 제국주의적 이데올로기를 극복하기 위한 복음의 구속신학적 구조와 이에 적합한 삶의 방식을 제시하게 된다. 더군다나 이 세 가지 주제들은 바울이 이에 수반되는 윤리적 권면을 제시한다는 점에서 구속신학의 실마리를 내포한다. 우리는 이러한 구속신학적 주제와 이와 연관되는 윤리적 권면을 성경구절과 함께 아래와 같이 도표로 정리할 수 있을 것이다(김덕기(2012b), 36–37).

집필동기와 구속신학과의 연관성 및 이와 연관되는 성경구절

주제	상호교제와 구속신학	공동체 갈등과 구속신학	순교 모티브와 구속신학
교회의 로마 제국과의 갈등 암시	그리스도 찬가와 재해석(2 : 1–18) 코이노니아와 관련되는 로마제국의 권력의 모티브(1 : 13, 4 : 22, 1 : 28, 3 : 20)	* 빌립보 교인들 간의 의견의 불일치(1 : 15–18, 28 ; 3 : 2–21) * 3장의 적대자의 신학적 문제와 로마제국에 대한 정치적 태도는 서로 연관된다(2 : 1–3 : 17) * 시민권력을 창조적으로 변혁시키는 정치신학(1 : 13, 4 : 22, 1 : 27, 3 : 20)	그리스도의 순교신학의 모델 제시 : 그리스도의 자기 비하와 순교–빌 2 : 6–8과 바울의 '자기–정복'(빌 1 : 21–23, 27–30, 3 : 4–10, 4 : 10–13)
교회의 갈등을 해결하기 위한 윤리적 권면	상호교제의 모티브(1 : 5, 1 : 7, 1 : 27–28, 2 : 1, 3 : 10, 4 : 14)	* 교인들에게는 "같은 마음을 품기" 요구(Doble(2002), 5–9 ; 적합한 목적에 따라 실천하려는 행동 자세.) 1 : 7, 2 : 2 –3, 5, 3 : 15, 3 : 19, 4 : 2(유오디아와 순두게에게 같은 마음 요구), 4 : 10. * 그리스도의 복종 요구(2 : 8) * 너희의 복종(2 : 12, 2 : 17)	* 겸손한 마음으로 남을 나보다 낫게 여기기(2 : 3, 2 : 8, 3 : 21, 4 : 12.(Doble(2002), 9–16.) * 바울이 그리스도와 신을 모델로 제시한 순교 권면 말씀(3 : 17, 4 : 9)

우리는 위의 세 가지 주제들의 성경구절들을 통해 적어도 바울의 구속신학의 실마리를 다음과 같이 발견할 수 있을 것이다(김덕기, 2012b, 37–38).

1) 교회 내의 불일치나 사회적 계층 간 갈등의 문제를 해결하기 위해서 바울이 제안하는 그리스도 찬가 재해석과 상호교제의 모티브는 로마 제국의 핍박에 대항하는 구체적인 방식은 아니었지만 대안적 기독교문화를 제시하고 있다.

2) 투옥 체험을 통해서 형성된 고난에의 참여를 촉구하는 순교신학의 모티브는 로마 제국의 문화의 억압적 구조를 비판하기 위한 창의적인 구속신학의 한 요소일 수 있다.

3) 바울의 순교 이후에도 로마 제국의 기독교에 대한 핍박은 계속되어서 바울의 제자들은 빌립보서의 구속신학(2 : 6-11)을 발전시켜서 로마 제국의 정치적 체제를 대체하는 신정(神政)정치의 구상(3 : 20-21)을 하게 되었다고 볼 수 있다.

그동안 이렇게 외적인 핍박의 상황을 강조하는 구속신학의 주제는 이 외적 핍박이 빌립보 공동체의 분열과 연관되기 때문에 이에 대응하기 위해서 내적인 단결을 강조한 측면(1 : 28, 2 : 1-4)과도 연결된다. 특히 바울 자신의 실존적 투쟁(죽음에의 유혹 : 1 : 21-23)과 정치적 주체성 확립(1 : 29-30)은 다른 사람들을 다스리기 위해서 자기 욕망을 다스리고 품성과 덕목을 훈련하는 '자기-정복'(ἐγκρατεία : 3 : 4-8, 고전 9 : 24-27)의 정치적 문화와 연관해서 구속신학의 범주 안에서 이해될 수 있다는 사실을 간과하지 말아야 할 것이다(김덕기, 2009, 82-93). 그래서 바울은 유오디아와 순두게(4 : 2)의 갈등 문제에 직면하여 같은 마음을 품고 미덕(ἀρετή)을 쌓아 부활에 참여하는 새로운 정치적 실천을 제안한다(4 : 1-9). 더군다나 바울은 감옥에서의 고난과 죽음의 유혹에 직면하였지만 빌립보인들의 믿음의 진보와 기쁨을 위하여 순교적 참여를 선택한다(1 : 20-25). 또한 바울은 자족의 삶의 방식(4 : 10-13)을 정치적 실천의 한 모델로 제시한다. 바울은 로마 제국에 대항하는 구속신학과 윤리적 실천에 있어서 공동체의 분열을 조장하는 투기와 분쟁을 일으키는 자, 대적하는 자(1 : 15-18, 28)를 대항하기 위해서는 항상 안정의 추구, 자기-체념, 영적 신비 체험의 도피로부터 벗어나 바울 자신처럼 순교적 자세를 갖도록 촉구하고 있다(1 : 27-30)(김덕기, 2010b, 711-727).

C. 빌립보서의 전체 내용구조

Ⅰ. 발신자와 인사(1 : 1-2)

Ⅱ. 감사와 기쁨의 중보기도(1 : 3-11)

A. 바울의 감사와 그 이유(3-8)

1. 빌립보 교인들이 바울을 기억함(3-4)
2. 빌립보 교인들이 바울의 복음에 참예함(5)
3. 종말론적 확신(6)
4. 감사의 이유에 대한 신학적 정당성(7-8)

B. 중보기도 속에 제시된 서신의 주제(9-11)

1. 중보기도와 그 목표(9-10)
2. 중보기도의 궁극적 목적(11)

Ⅲ. 바울의 감옥에서의 내적 투쟁과 서신 저작 정황 : 고난에의 참여(1 : 12-26)

A. 투옥에도 불구하고 전개되는 복음의 진보(1 : 12-14)

B. 발신자와 수신자의 갈등의 상황을 암시하는 다양한 동기에 의한 복음 선포(1 : 15-18a)

C. 궁극적 신원 간구와 그리스도를 존귀케 하려는 각오(1 : 18b-20)

D. 죽음의 유혹과 이를 극복한 이유(1 : 21-24)

E. 재상봉에 대한 희망(1 : 25-26)

Ⅳ. 빌립보 공동체가 따라야 할 복음에 합당한 행동 : 그리스도의 모범(1 : 27-2 : 18)

A. 반대와 고난에 직면하여 가져야 할 용기와 일치와 연대감(koinonia : solidarity)(1 : 27-30)

B. 연합과 상호 배려에 대한 부름(2 : 1-4)

C. 자기-비하의 최상의 모범으로서 그리스도에 대한 찬사(2 : 5-11)

D. 이 세대의 악과 싸워서 구원을 이루라는 당부와 자신의 희생적 순교에의 각오(2 : 12-18)

Ⅴ. 복음을 위해 죽기까지 섬기는 디모데와 에바브로디도의 자기 희생적 모범(2 : 19-30)

A. 디모데의 파송 약속(2 : 19-24)

B. 에바브로디도의 질병 악화로 인한 파송 계획(2 : 25-30)

Ⅵ. 원시영지주의에 대한 경고 : 바울의 예와 가르침을 따라가기(3 : 1-21)

A. 악한 실행자들에 대해 경계하라(3 : 1-3)

B. 바울의 과거의 삶 : 특권과 개인적 성취(3 : 4-6)

C. 급격한 도전 : 바울의 현재의 가치(3 : 7-11)

D. 목적을 향해 달려가기(3 : 12-16)

E. 참과 거짓의 모델 : 하늘나라의 이상공동체와 영광스러운 희망(3 : 17-21)

Ⅶ. 결론적인 권면(4 : 1-9)

Ⅷ. 빌립보 교인들의 선물에 대한 바울의 감사와 신앙적인 재해석(4 : 10-20)

Ⅸ. 서신의 마감 인사(4 : 21-23)

(O'Brien, 1991, 38-39 참조)

제 I 부

바울의 감사편지 : 그리스도와 연합한 삶

빌립보서 1, 2장

A. 인사(1 : 1–2)

B. 감사와 기쁨의 중보기도(1 : 3–11)

C. 바울의 감옥에서의 내적 투쟁과 서신 저작 정황 : 고난에의 참여 (1 : 12–26)

D. 빌립보 공동체가 따라야 할 복음에 합당한 행동 : 그리스도의 모범 (1 : 27–2 : 18)

F. 복음을 위해 죽기까지 복종하는 디모데와 에바브로디도의 삶의 모범 (2 : 19–30)

| 빌립보서 1 : 1–2 : 30 |

바울의 감사편지 : 그리스도와 연합한 삶

A. 인사(1 : 1–2)

1그리스도 예수의 종 바울과 디모데는 그리스도 예수 안에서 빌립보에 사는
모든 성도와 또한 감독들과 집사들에게 편지하노니 2하나님 우리 아버지와
주 예수 그리스도로부터 은혜와 평강이 너희에게 있을지어다

[1 : 1] 왜 바울과 디모데가 사도로서가 아니라 예수 그리스도의 종(둘로이 : δοῦλοι)으로 불리고 공동발신자로 기술되었는가? 우선 바울은 로마서와 갈라디아서에서처럼 바울 자신만 독자적으로 발신자로 나와 있는 것과 달리, 디모데와 함께 공동수신자로 빌립보 서신을 발송한다. 이것은 디모데가 특별한 위치를 점하는 것을 암시한다. 7개의 논의의 여지가 없는 초기 바울서신들(살전, 갈, 고전, 고후, 롬, 빌, 몬) 중에 디모데가 공동수신자로 나오는 문서는

고린도후서, 빌레몬서, 데살로니가전서(실루아노와 함께), 빌립보서이다. 후기 바울서신(살후, 엡, 골, 딤전, 딤후, 딛, 히)으로는 데살로가후서와 골로새서가 있을 뿐이다(J. Murphy-O'Connor, *Paul the Letter-Writer*(Collegeville : Liturgical Press, 1995), 16, 45-46).

발신자인 바울과 디모데가 "그리스도 예수의 종들"(둘로이)로 기술된 점이 특히 주목할 만하다. 서신의 첫 인사말에서 종들로 기술한 것이 특별한 것은 다른 서신들에서는 바울이 자신을 사도로 명명하고, 또한 자신과 함께 나오는 공동발신자를 종으로 묘사하지는 않기 때문이다. 이렇게 바울과 디모데 둘 다를 종이라고 규정한 것은, 종이 바울에게만 적용될 수 있는 그리스도 예수와의 특별한 영적 관계를 나타내려는 것이 아니라, 디모데와 같은 동역자들과 동등한 그리스도의 종이라는 것을 나타낸다고 할 수 있을 것이다(호돈의 주석, 70-73). 특히 고린도전서에서는 사도로 인식함으로써 고린도 교회에서 논쟁이 되었던 사도권의 문제를 해결하려는 의지를 보였다면, 빌립보서에서는 특별히 사도권의 문제가 제기되기보다는 파트너십의 리더십과 비움과 겸손의 주제가 더 중요시 여겨지고 있다는 것을 알 수 있다.

그런데 여기에서 더 중요한 점은 헬라어로 된 종의 의미는 로마제국에서 합법적으로 취급되는 노예를 의미하기도 한다는 점이다. 고대 로마의 후원제(patronage) 사회에서는 노예들은 주인의 신분에 따라서 이들의 사회적 위치와 역할이 달랐기 때문에 단순히 부정적 의미로만 쓰인 것이 아니다. 예를 들면, 사회적으로 재정관리를 담당하는 중간계층의 관리노예(managerial slave)는 주인에게 신임받는 충실한 일꾼의 의미로 받아들여지게 된다. 그래서 나중에 해방된 노예가 될 때에는 그 노예가 이 주인의 집안(household)에 속한 일원이 되기 때문에 주인이 가지고 있는 신분과 명예를 노예가 고스란히 누릴 수 있다고 볼 수 있을 것이다. 고대 후원제 사회에서는 단순히 노예가 어떤 특정 계층에 소속되는 것이 아니라 어떤 지위를 가진 사람에게 예속되어 있느냐에 따라 그 노예의 사회적 지위가 달라질 수 있다는 것이다(D.

Martin, *Slavery as Salvation*(New Haven : Yale University, 1990), 30-49).

그래서 그리스도의 종으로서의 리더십 칭호는 겸손하게 자신을 낮춘듯 하지만 교회 창립자 그리스도를 생각나게 하는 압도적인 권위를 가진 지도자를 의미한다(Martin, 1990, *Slavery as Salvation*, 50-68). 더 나아가서, 이 용어의 사회적 배경과 교회의 용례를 함께 고려해 볼 때, 빌립보서 맥락에서 이 칭호는 위에서 제시한 용어의 용례의 일반적인 사회적 의미를 넘어서 신학적 의미가 첨가되어 새로운 의미를 제시하려 했다고 볼 수 있다. 고린도전서의 에클레시아의 반위계주의적인 그리스도의 몸의 신학에서처럼 교회의 가장 높은 지도급들은 더욱 하나님의 종으로서 가장 낮은 자리에서 섬기기를 요구하고 있다는 의미에서, 그리스도의 종이라는 용어가 역설적인 신학적 의미를 내포하고 있다고도 볼 수 있을 것이다. 이것은 빌립보서 2 : 7에서처럼 그리스도가 신의 본성을 갖고 있지만 자신의 신분을 낮추어 종의 형체를 가진 인간이 되신 자기 비하의 모티브와 일관성이 있다. 여기에는 바울이 유대인과 로마인이라는 우월한 이중의 정체성과 상반되는 자신을 낮추는 삶의 방식을 그리스도인의 정체성으로 규정하려는 의도가 숨겨져 있다.

수신자가 빌립보 교회가 아니라 빌립보에 있는 '성도들'(하기오스)로 나오고, 특히 이들을 돌보는 '감독하는 사람'(에피스코포이 : ἐπίσκοποι)과 '섬기는 사람들'(디아코노스 : διάκονος) 이 함께 언급된다.

이러한 '성도들'뿐만 아니라 바울은 '감독하는 사람들'과 '섬기는 사람들'을 특별한 수신자로 지목하고 있다. 특히 감독하는 사람의 헬라어 '에피스코포스'(ἐπίσκοπος)는 성서 이외에의 헬레니즘 문헌에서는 베드로전서 2 : 25에서처럼 물품이나 어린아이, 학생들을 감독하는 기능이나 활동을 담당하는 사람이나 파수꾼을 의미하는 데 사용되다가 나중에 그러한 직책을 나타내는 전문적 용어인 감독, 관리자로 발전되었다. 그래서 성서에서도 교회직책을 지칭하는 감독의 의미로 사용되었다(행 20 : 28 ; 딤 3 : 2 ; 딛 1 : 7)(W. Bauer, & F. W. Danker, ed. *Greek-English Lexicon* 3rd ed.(*BDAG*)(Chicag o : Uni. of Chicago., 2000) 379–380). 쿠자르(Cousar)에 의하면, 최초로 사용된 '에피스코포스'의 용례는 호머의 오디세이아이다(Homer. Odyssey, s. 8, 163). 여기에서는 배의 선장이나 상인이 자기의 관할하에 맡겨진 물품들을 감독하거나 보호하는 활동을 나타낸다(Charles B. Cousar, *Philippians and Philemon*(Lousville : Westminster John Knox Press), 25쪽). 이러한 점을 고려하여 다음과 같이 바울서신 7개(살전, 갈, 고전, 고후, 롬, 빌, 몬)에서도 직책이 아니라 활동의 기능을 나타내는 방식으로 쓰였다는 의견이 지배적이다(Cousar의 주석, 25–26 ; Carolyn Osiek, Philippians/Philemon : ANTC(Nashville : Abingdon Press, 2000), 34–35 ; Peter O'Brien, The Epistle to the Philippians : NIGTC(Grand Rapids : Eerdmans, 1991), 46–50 참조).

예를 들어, '디아코노스'는 바울서신들 중 고린도전서 3 : 5(바울과 아볼로–사역자들)와 고린도후서 6 : 4(하나님의 일꾼–바울과 그 동역자들), 고린도후서 3 : 6(계약의 일꾼–바울과 동역자), 고린도후서 11 : 23(그리스도의 일꾼–바울의 적대자들)과 로마서 16 : 1(교회의 일꾼–뵈뵈)에서 아주 구체적인 직분으로서 사용되지는 않지만 일꾼을 의미하거나 목회활동의 기능을 묘사하는 데 사용된다. 하지만 교회의 직책을 지칭하는 용어인 감독은 바울의 7개 서신에서는 나오지 않는다. 이런 점을 고려하면, 이 용어는 이미 확정된 디모데전서 3 : 1~2에 나타나는 감독과 집사들을 의미하기보다는 아직 완성되지 못한 가정교회를 돌보는 사람들을 지칭하고 있는 듯하다. 바로 다른 지역의 기독교 공동체들이 완벽하게 교회로 확립된 것과 달리, 이 빌립보 교회는 가정교회에서 그 교회를 돌보고 섬기는 사람들(4 : 2–3 : 에바브라디도, 유오디아, 순두게, 클레멘드, 그리고 아마도 '그 외에 다른 나의 동역자들')에 의해서 유지되는 원시형태로 존재하는 상황을 반영하고 있다고 볼 수도 있을 것이다(빌립보 교회가 가정교회의 형태로 존재했을 가능성과 그 역사적 배경에 관해서는 J. Reumann, Philippians(New Haven : Yale University Press), 83–89 ; C. S. de Vos, *Church and Community Conflicts*(Atlanta : Scholars Press, 1999), 61 ; M. Tellbe, Paul between Synagogue and State(Stockholm : Almqvist &

Wiksell, 2001), 224 ; D. Peterlin, Paul's Letter to the Philippians in Light of Disunity in the Church : (Leiden : Brill, 1995), 125-126 참조).

[1 : 2] 서신의 문안인사 부분에는 그리스 서신의 인사 방식인 'A to B, 인사드립니다'(χαίρειν)와 같은 인사 형식과 유사하게 발신자와 수신자, 그리고 인사의 내용을 담고 있다. 그래서 마지막 부분의 인사 내용에서 바울은 그리스 서신의 형식과 달리 '하나님 우리 아버지와 주 예수 그리스도로부터'를 첨가하여 은혜와 평화가 교회 가운데 있기를 구하며 문안한다(Reumann의 주석, 73-75). 이러한 인사는 바울이 자신의 서신에서 자주 쓰는 인사이기도 하다(롬 1 : 7 ; 고전 1 : 3 ; 고후 1 : 2 ; 갈 1 : 3 ; 엡 1 : 2 ; 빌 1 : 2 ; 골 1 : 2 ; 살전 1 : 1 ; 살후 1 : 2 ; 몬 3 ; 딤전 1 : 2 ; 딛 1 : 2). 그런데 일반적으로 헬레니즘 서신에서 인사를 드릴 때에는 '인사하다'는 의미의 헬라어 동사 카이레인(χαίρειν)이 쓰인다. 여기에서 바울은 이 헬라어와 유사하게 발음이 되는 은혜의 의미를 가진 카리스(χάρις)를 사용함으로써 헬라 문화를 기독교 공동체에 창의적으로 적용하여 기독교화 하게 된다.

은혜는 바울서신을 이해하는 중요한 키워드로 율법이나 로마법에 대조되는 방식으로 믿음으로 의롭게 되는 그리스도의 구원 사업을 설명하기 위해 사용된다(롬 3 : 23-24 ; 5 : 15-16). 그래서 바울과 빌립보 교회들이 서로 교제하는 것도 궁극적으로는 다 하나님의 그리스도를 통한 은혜의 구원 사업으로 가능하다는 것을 강조하기 위해서 공식적인 인사 내용에 이 은혜를 넣은 것이다. 여기에 구약의 헬라어 번역본인 70인역에서 볼 수 있듯이 히브리 문화에서 인사를 할 때 주로 사용하는 '샬롬'(shalom)의 헬라어 번역 '에이레네'(평강 : εἰρήνη)를 첨가하였다(O'Brien의 주석, 50-52). 히브리인들은 자비와 평화로 인사를 하지만 바울은 은혜와 자비로 인사를 한다. 여기에서 평강의 히브리어 인사 어법에서는 단순히 평화의 의미뿐 아니라 ① 몸과 영혼이 모두 건강한 평화와 휴식 상태 또는 휴전의 느낌을 의미하고, ② 인간들과의 관계와 하나님과의 관계가 온전한 상태를 의미하고, 그래서 결국 ③ 궁극적인 종말론적 관점에서의 온전한 인간의 구원과 연관된다(*TDNT*, 411-417).

바울의 에이레네의 용례에서는 특히 그리스도가 평화의 중개자이시며 화해자로 이해되어 사용되었다(롬 5 : 1 ; 골 1 : 20). 그리고 헬라어의 에이레네는 단순히 개인적 의미가 아니라 팍스 로마나(pax Romana : 로마 제국의 평화)라는 용어에서 말하는 것처럼 군사적으로 전쟁하지 않는 휴전상태에서의 번영을 의미한다. 로마는 로마의 군대와 법과 문화, 그리고 공동시장에 기초한 경제를 통해서 평화를 유지하려 한다(Reumann의 주석, 66-70). 이러한 로마의 지배가 평화를 가져왔다는 것을 상징적으로 드러내기 위해서 아우구스투스는 주전 9년에 스페인과 골 지방에서 승리를 거둔 후 평화의 여신상과 기념관(Ara Pacis)을 로마에 건립한다. 더군다나 여러 가지 그의 업적을 기리는 시들(Virgil(70-19 B.C.)의 Eclogue〈목가시〉 Ⅳ와 Horace(65 BC-27 AD)의 Carmen Saeculare〈백주년 기념시〉와 Aelius Aristides의 Eulogy〈애도시〉 of Rome 등)에도 바로 아우구스투스가 전쟁에서의 승리를 통해서 로마에 평화를 가져왔다고 칭송하고 있다(디히터 게오기, "진정한 예언자", 「바울과 로마제국」, 리차드 홀스리 편(서울 : 기독교문서선교회, 2007), 70-88). 이에 대하여 바울은 로마서를 통하여 그리스도가 복음으로 세계의 평화를 가져왔다(*pax Christi*)고 주장하고 있는 것이다. 특히 바울서신 중 로마서에서 의인과 관련되는 은혜와 평화의 사상이 서로 밀접하게 연결되어 나타난다는 점(특히 롬 5 : 6-10 ; 14 : 17)을 고려하면 바울신학의 핵심이 인사 속에 반영되어 있다고 할 수 있을 것이다. 바울은 로마서에서 평화실천의 원리(롬 1 : 7 ; 2 : 10 ; 3 : 17 ; 5 : 1 ; 8 : 6 ; 14 : 17 ; 15 : 13 ; 15 : 33 ; 16 : 20)와 평화실천(롬 12 : 14-21, 14 : 17, 19)을 서로 연결시켜서 이미 구체적 삶 속에서 의와 평화를 실천할 수 있도록 제안한 바 있다(의인사상과 평화사상의 상호연관관계에 관해서는 김덕기, "바울 사상의 구조와 발전단계," 「바울의 문화신학과 정치윤리」(대전 :

이화, 2007), 57-62 참조).

아버지 하나님은 주기도문에서 나오는 것처럼 원시기독교가 고백하는 하나님과 인간의 밀접한 관계를 나타낸다. 여기에서 '주 예수 그리스도로부터'가 하나님 아버지와 나란히 나옴으로써 예수 그리스도의 위격이 매우 높아진 것을 알 수 있다(이에 대한 자세한 설명에 관해서는 제랄드 호돈, 「빌립보서 : WBC 43」(서울 : 솔로몬, 1999), 81-85 참조). 유일신을 믿는 유대인들에게는 충격적이고, 로마인들에게는 황제에게만 주로 부여하는 '주'(主)가 있으므로 매우 도발적일 수 있다. 비록 정치적 의도를 일부러 가지고 쓰지 않고 종교적 의미에서 구원자의 의미가 강할지라도 이 주로서의 예수 그리스도의 고백을 인사에 사용한 것은 일상생활 한가운데서도 삶의 전체를 주관하는 주인으로서 생각한다는 신앙적 전제가 포함되어 있다고 할 수 있다. 이 '주'라는 고백은 1절에서 바울이 자신을 '둘로스'(노예)로 부른 것과 연결되어서 그리스도와 바울의 관계를 수신자에게도 적용하려 하는 의도가 돋보인다. 여기에서 하나님과 예수 그리스도의 관계를 완전히 동격으로 보려하지 않기 때문에 아버지 앞에 우리를 붙였고, 둘 사이의 차이를 두고 있는 점이 주목할 만하다. 그러나 이 둘의 공통점도 제시하고 있기 때문에 은혜와 평강이 모두로부터 온다는 것을 보여 준다. 이처럼 매우 조심스럽게 하나님 아버지와 주 예수 그리스도를 신앙의 대상으로서 서신의 인사 속에 묘사하고 있다.

특히 몇몇 주석자들은 1 : 1~2이 예배 때 읽을 수 있도록 운율을 가지고 있다고 생각한다(J.-F. Collange, *The Epistle of St. Paul to the Philippians* (Eugene : Wipe & Stock, 1979), 4). 이러한 예배의 삶의 정황이 어쩌면 두 가지씩 짝을 지어 제시하는 이중적(dyads) 구조(Reuman의 주석, 92)를 나타내 보여 주고 있다고 할 수 있을 것이다. 이를 고려하면서 위의 주석을 토대로 빌립보서 1 : 1~2를 사역하고 음율을 맞추어서 제시하면 다음과 같을 것이다.

문안인사(빌 1 : 1-2)의 이중적 반복구조(사역)

"예수 그리스도의 종, 즉 그로부터 특별한 임무를 충실히 행하려는 자
① 바울과 ② 디모데는
빌립보에 있는 모든 그리스도인들, 즉 그리스도 안에 있는 모든 성도들에게,
특히 ① 감독하는 자들과 ② 섬기는 자들에게,
① 하나님 아버지와 ② 주 예수 그리스도로부터
① 은혜와 ② 평화가 함께하기를 문안드립니다"

B. 감사와 기쁨의 중보기도(1 : 3-11)

편지의 감사 부분에서는 보통 수신자와의 친숙함을 표시하고, 편지의 주제를 제시하는 기능을 하고 있다. 이 부분에서 언급되는 서신 전체의 주제들은 기쁨, 교제, 복음, 실천에 대한 고려, 투옥, 공감/사랑, 미래의 종말론적 확신이다. 특이한 사항은 바울이 어떤 다른 바울서신들보다 잘 발달된 긴 내용을 담고 있다는 것이다. 여기에서 감사내용과 세 가지 구체적 이유들(3-6절)과 이러한 감사의 이유에 대한 바울 자신의 신앙적 확신과 신학적 정당성(7-8절), 그리고 중보기도 내용(9-11절)이 들어가 있다.

감사와 중보기도(1 : 3-11)의 의미구조

1. 바울의 감사 표현과 그 이유 및 그 신학적 근거(3-8)
   1) 바울이 빌립보 교인들을 기억하는 때에 감사함(3-4)
   2) 빌립보 교인들이 바울의 복음에 참예함(5)
   3) 종말론적 확신(6)
   4) 감사의 이유에 대한 신학적 정당성(7-8)
2. 중보기도 내용(9-11)

1. 바울의 감사와 그 이유(1 : 3-8)

> 3내가 너희를 생각할 때마다 나의 하나님께 감사하며 4간구할 때마다 너희 무
> 리를 위하여 기쁨으로 항상 간구함은 5너희가 첫날부터 이제까지 복음을 위
> 한 일에 참여하고 있기 때문이라 6너희 안에서 착한 일을 시작하신 이가 그리
> 스도 예수의 날까지 이루실 줄을 우리는 확신하노라 7내가 너희 무리를 위하
> 여 이와 같이 생각하는 것이 마땅하니 이는 너희가 내 마음에 있음이며 나의
> 매임과 복음을 변명함과 확정함에 너희가 다 나와 함께 은혜에 참여한 자가
> 됨이라 8내가 예수 그리스도의 심장으로 너희 무리를 얼마나 사모하는지 하
> 나님이 내 증인이시니라

이 부분에 대해서 한글 개역개정본에서는 전혀 그 논리적 구성과 기술 순서가 살아나지 못하고 있다. 일반적으로, 3절에 나오는 '에피'(ἐπί)는 시간을 나타내는 전치사로 이해하고 "바울이 빌립보 교인들을 기억할 때마다"라고 번역하여(개역개정과 *NRSV*) 그렇게 해석해 왔다(Coulange, 43과 Coursar, 27-29). 하지만 최근 다른 주석에서는 처음에 나오는 이 '에피'를 '감사하며'와 연결시켜서 문법적으로는 감사하는 시간의 의미를 나타내기보다는 5절의 '에피'와 평행되게 나란히 감사의 이유를 나타내고 있는 것이라는 해석이 새롭게 제기되었다. 특히 오브라이언(P. O'Brien)과 류만(J. Reumann)은 이렇게 '에피'를 감사의 시간을 지시하기보다는 감사의 이유를 나타내는 의미로 번역할 것을 강력히 제시한다(O'Brien, 56-61과 J. Reumann, 101-110). 그래서 이 제안에 의하면, "바울이 빌립보 성도들을 생각할 때마다"가 아니라면 3~4절에서는 바울이 기억하게 될 만큼(므네이아 : μνεία) 빌립보의 성도들이 중대한 일을 바울에게 행하는 것에 대해서 바울이 감사하는 것으로 해석해야 한다는 것이다. 하지만 바울이 서신의 처음 부분의 감사의 인사 부분(롬 1 : 9 ; 살전 1 : 2-3 ; 몬 4)에서 사용된 '기억하다'(μνεία)는 단어는 바울서신에

서는 '언급하다'로 번역되기도 하는 서신의 양식의 일부라고 간주된다. 이럴 때에는 특히 상대방이 바울을 기억하는 이유를 말하기보다는 바울이 상대방을 기억할 때라고 기술하는 바울의 감사 표현 방식(롬 1 : 8-9 ; 살전 1 : 2-3 ; 몬 4 ; 딤후 1 : 3)과 비교해 보면, 빌립보서에서도 "바울이 기억할 때마다"라고 번역하는 것이 더 적합하다고 여겨진다(Silva, 54-55). 다만 상대방에 대해서 무엇을 기억할 때인지 매우 모호하게 표현되어 있는 것에 주목할 필요가 있다. 반면 5절에서는 바울의 복음을 증언하는 활동에 적극적으로 참여하는 것에 대해서 감사한다. 3절과 연결해서 4절에서는 감사의 내용에 대해서는 기쁨으로 하나님께 간구하는 마음을 갖고 있다는 분사를 통해서 바울은 감사의 마음의 상태를 보다 자세히 제시하고 있다. 위의 두 가지 감사 표현과 달리 바울은 분사를 통해서 6절에서 감사의 근원적인 근거를 제시하고 있다. 이것은 간접적으로는 위의 두 가지 감사 표현에 대한 신학적 근거를 나타내는 역할을 담당하고 있다. 이 감사의 신학적 이유는 하나님께서 그 날까지 빌립보 교인들 안에서 선한 일을 시작하신 분이 그것을 신실하게 완성하실 것을 확신하기 때문이라는 것이다. 그리고 위의 감사의 표현들에 대해서 다시 한 번 그 신학적 정당성을 제시하는 것이 접속사 카토스(καθώς : ~처럼)가 이끄는 7절의 문장이다. 여기에서 바울은, 바로 감옥에 있거나 복음을 변증하고 근거를 제시하는 일에 있어서, 하나님의 은혜에 동참한 것에 대해서 암시적으로 감사할 뿐만 아니라 수신자와의 각별한 우정과 연대의 중요성을 강조하게 된다. 8절에서는 이 7절의 내용을 다시 한 번 신앙적 고백의 형태로 기술한다.

[1 : 3-4] 그렇다면 바울이 감사하는 구체적 내용이 무엇이고, 이것이 전체 빌립보서의 주제와 어떻게 연관되는 것인가? 3절에서 '에피'를 감사의 때가 아니라 이유로 해석할 때에는 '므네이아 휘몬'의 '휘몬'을 목적격적 속격으로 보아 바울이 빌립보 성도들을 기억하든지 그 행한 것을 기억하는 것으로 번역

하기보다, '휘몬'을 주격적 속격으로 보아 빌립보 성도들이 바울에 대해서 '기억하는 것'(므네이아 : μνεία)이 된다. 바울이 상대방을 생각할 때 감사한다는 표현 속에서는 바울이 감사하는 이유(3절)를 간접적으로 표현하는 것으로 볼 수도 있을 것이다. 그래서 일반적으로는 1 : 5절을 매개로 바울이 빌립보 교회로부터 성금을 받는 일(4 : 15)이라는 것을 암시한다고 주석해 왔다(Martin의 주석, 64, Coulange의 주석, 43). 하지만 우리는 모호한 표현 방식을 주목한다면 오히려 바울이 상대방을 기억하는 것(므네이아)은 구체적으로 무엇인지 지적하기보다는 4절의 너희 무리를 위하여 기쁨으로 간구한다는 표현을 매개로 7~8절의 '생각하는 것'(프로네인 : φρονεῖν -7절)과 연결시킬 필요가 있다. 결국 이 표현은 빌립보서 전체의 중요한 주제를 형성하면서 편만하게 나오는 '생각하는 것'(1 : 7 ; 2 : 2 ; 2 : 5 ; 3 : 15 ; 3 : 19 ; 4 : 10)과 관련되는 주제 의식(Silva, 21)을 나타낸다고 볼 수 있다. 다시 말해서, 이 주석에서 특히 '므네이아'를 7절과 8절에서 바울이 빌립보 성도들을 생각하는 것(프로네인)과 그리스도의 마음(스프랑크나)으로 이들을 마음(카르디아) 속에 사모하는 모양과 연관시키는 새로운 해석을 제시하고자 한다.

특히 생각하는 것(프로네인 : φρονεῖν)은 단순히 고대의 우정관계를 돈독하게 하는 것이나 우정관계를 머릿속에 생각하는 것만이 아니라 보다 복음의 근거를 깨달아 그리스도 안에서 사랑의 교제를 실천하게 되는 것을 말한다. 도블(P. Doble)은 프로네시스(φρόνησις)를 아리스토텔레스의 「니코마코스 윤리학」 제VI장을 참조하여, 철학적 지혜(σοφία)와 추론을 통해 얻는 과학적 인식(ἐπιστήμη)과 구별되는 바, 사리분별의 의미를 내포하는 실천적 지혜로서 이해한다(6쪽).(헬라어 φρο-(생각하다)로 시작하는 단어의 반복 모티브의 중요성에 관해서는 Peter Doble,"'Vile Bodies' or Transformed Persons? Philippians 3 : 21 in Context", *JSNT* 86(v. 24.4 : June 2002) : 5-9 참조) 하지만 필자는 이러한 이해와 달리 플라톤의 「국가론」 제4권의 433b에 나오는 바대로 정치적 정의의 이데아의 인식을 통해서 얻게 되는 분별력 있는 슬기로서 이해하는 것이 더 적합하고, 동양식으로는 공정함에 대해서 사려깊게 공감하는 마음으로 이해할 것을 제안하고자 한다. 여기에서 "마음을 품으라"(φρονεῖτε)는 명령형은 정치적 통치자가 가져야 할 지적인 덕목을 나타내는 명사형 '프로네시스'(φρόνησις : 슬기)로부터 유래한다. 이 명사형은 플라톤에게는 정치적 정의의 원리(εἶδος)를 인식하여 이를 실천할 수 있는 슬기를 의미하기도 하고, 아리스토텔레스에게는 주어진 상황에서 유익함을 줄 수 있는 '실천적 지혜'를 뜻하기도 한다(아리스토텔레스, 「니코마코스 윤리학」, 제VI권 5장).

이러한 실천을 촉구하는 어근 '프로-'(φρο- : 생각하다)로 시작하는 단어들(주로 프로네오)과 관련된 권면들은 빌립보서 1~4장에 걸쳐서 골고루 사용되고 있다는 점(1 : 7 ; 2 : 2, 3, 5 ; 3 : 15-16, 19 ; 4 : 2, 8, 10)에서 바울은 그리스도인의 이상적 공동체의 근거(ἀρχή)를 생각할 것을 끊임없이 촉구하는 것이다. 우리가 주목해야 할 것은 단순히 같은 마음을 품으라는 권면의 내용이 겸손의 복종이고, 그 실천의 모델이 그리스도와 바울이라는 점이다. 그리스도의 십자가의 복종(2 : 8)과 바울의 순교적 복종이 그 모델로 제시된다("너희의 복종" : 2 : 12, 17, 3 : 17-그리스도의 복종 : 2 : 8"). 바울은 단순히 겸손한 마음을 가져야 할 근거로 그리스도의 자기 비움의 모델을 제시한다(2 : 8). 더 나아가 빌립보서에서는 같은 마음과 겸손한 마음의 모티브들이 서로 밀접하게 연결되어 있다 ; "그러므로 그리스도 안에 무슨 권면이나 사랑에 무슨 위로나 성령의 무슨 교제나 긍휼(σπλάγχνα)이나 자비가 있거든 마음을 같이하여 같은 사랑을 가지고 뜻을 합하며 한마음을 품어 아무 일에든지 다툼이나 허영으로 하지 말고 오직 겸손한 마음으로 각각 자기보다 남을 낫게 여기고"(2 : 1-3)(본 서의 2 : 3-4 주석 참조) 겸손한 마음의 공동교제도 제시하면서 겸손한 마음으로 남을 낫게 여기기를(τῆ ταπεινοφροσύνη) 권면하였다(2 : 3 ; 2 : 8 ; 3 : 21 ; 4 : 12)(헬라어 ταπ-(낮추다)로 시작하는 단어의 반복 모티브의 중요성에 관해서는 Doble, 2002, 위의 글, 9-16 참조). 이처럼 바울이 생각과 마음의 모티브를 복종과 겸손의 모티브와 연결시킴으로써 바울이 새로운 기독교 공동체가 지향하는 삶의 방식을 겸손으로 제시하는 정치적 연대성과 결속력을 다짐하려 한다는 것을 알 수 있을 것이다. 이것이 바로 당시의 많은 학파나 종교들이 제안하는 도덕성과 대조되는 방식으로 바울이 생각한 겸손의 도덕적 품성 함양을 통한 기독교 정체성의 전략이라고 볼 수 있다.

4절에서 바울은 빌립보 교인들을 위해서 기쁨으로 간구한다고 말한다. 여기에서 간구의 헬라어 데에시스(δέησις)가 두 번 반복되어 "너희 모두를 위해서 내가 간구할 때마다(엔 파세 데에세이 무 휘펠 판톤 휘몬) 기쁨으로 간구하는 데('텐 데에신 포이우메노스')라고 좀 이상한 표현을 하고 있는 것이다. 이렇게 반복하는 것은 무엇인가 바울이 간구하면서 어떤 복잡한 감정이 있다는 것을 암시한다. 기쁨으로 간구할 수 있었던 것은 바울이 감옥에 있으면서 오히려 하나님께서 복음의 진전을 가져오시게 됐기(12절) 때문이라고 할 수 있다. 또한 기쁨으로 간구한다고 말하는 것은 바울이 감옥에 갇히게 됨으로써 빌립보 교인들이 슬퍼하고 있다는 것을 추론할 수 있다. 그래서 바울은 이들을 위해 기쁨으로 간구한다고 말하면서 이들 모두를 위로하려 하고, 함께 하나님께서 주시는 기쁨으로 이 어려움을 극복하여 보다 높은 차원의 우정을 쌓으려고 한다. 이렇게 기쁨의 모티브가 처음 나온 것(빌 1 : 4, 18, 25 ; 2 : 12, 2 : 17–18, 2 : 28–29, 3 : 1, 4 : 1, 4 : 6, 4 : 10)은 이 서신 전체를 관통하여 계속 나오는 우정의 제스처로서 우정의 권면 주제를 예고한다. 또한 한국말 성경에는 "너희 무리를 위하여"로 번역되어 있지만 사실은 '너희 모두에게'(휘펠 판톤 휘몬)로 되어 있어서 7절의 "내가 너희 무리를 위하여"와 똑같이 가정교회에 속한 모든 성도들을 위해서 기도한다는 말이다. 이렇게 '모두'를 강조하는 바울의 수사학(1 : 4, 7, 8, 25, ; 2 : 17, 26 ; 4 : 21)은 바울이 투옥됨으로써 바울을 지지할 것인지 말 것인지 공동체가 분열되어 있기 때문에 어느 한 편에 서지 않고 모두 그리스도의 겸손함을 닮아가는 데 한마음을 갖기를 바란다는 것을 암시한다(Coulange의 주석, 43–44). 또한 이 구절에서 평범한 기도를 의미하는 '프로슈케'가 쓰인 것이 아니라, 하나님께 부족한 것을 긴급하게 기도로 요구한다(*BDAG*, 213)는 의미를 가진 '데에시스'를 사용하고 있다. 로마서 10 : 1, 고린도후서 1 : 11, 빌립보서 1 : 19, 4 : 6, 에베소서 6 : 18, 디모데전서 2 : 1, 5 : 5, 히브리서 5 : 7에서 사용된 데에시스의 표현은 보다 포괄적인 의미의 단순한 일반적인 기도를 의미하는 프로슈케(*προσευχή*)와 대조적으로, 특정한 내용을 가지고 드리는 간구의 기도라고 볼 수 있다(*TDNT* II, 807–808). 아마도 유대인들이 자주 그러듯이 바울이 빌립보 교인들을 위해서 시간을 정해 놓고 매일 드리는 특별한 기도를 나타낸다고 할 수 있을 것이다.

[1 : 5] 첫 번째 감사의 이유는 빌립보 성도들이 처음부터 지금까지 복음 선포하는 일에 참여했기 때문이다(5절). 바울서신 '에피 테 코이노니아 휘몬 에이스 토 유앙겔리온'(*ἐπὶ τῇ κοινωνίᾳ ὑμῶν εἰς τὸ εὐαγγέλιον*)은 빌립보 교인들('너희')이 복음을 단순히 믿었다는 수동적 의미가 아니라 개역개정 번역이 잘 보여 주듯이 전치사 '에이스'로 인하여 그들이 복음을 선포하는 특별한 일에 처음부터 참여하였다는 능동적 의미로 해석될 수 있다. 이 서신에 자주 나오는 이 코이노니아(*κοινωνία*)는 ① 교제(fellowship)뿐 아니라 상호 이해관계와 연관되는 밀접한 연합(association), 제휴, 연대, 결속, 파트너십 ② 교제와 연합과 파트너십의 선한 의지의 태도 ③ 교제의 표시나 형제애의 연합의 증거로서 선물과 기부, 그리고 ④ 참여와 나눔을 의미한다(*BDAG*, 552–553 ; 게르하르트 킷텔, 1986, 「신약원어 신학사전」(서울 : 요단출판사), 511–513과 이종윤, "신약에 나타난 코이노니아", 「신약논단 창간호」(1995), 140–154 참조). 특히 여기에서 코이노니아의 의미는 단순한 교제나 우정의 교환이 아니라 샘플리(J. P. Sampley)가 제안한 대로 바울이 마케도니아와 그 너머 지역에 복음을 선포하고 빌립보 교회가 빌립보 근방을 담당하면서 바울

을 재정적으로 지원하는 파트너십(합의적 협업관계 : *consensual societas*)에 의거한 복음의 공동 기획으로 이해할 필요가 있다. 이러한 합의된 내용은 마케도니아를 바울이 떠났을 때(빌 4 : 15) 처음으로 실천하게 되었던 복음의 특별한 코이노니아의 기획의 내용과 연관된다고 보아야 할 것이다(빌립보서 개론의 B. 2와 3 빌립보서의 집필 동기와 핵심주제와 빌 4 : 15 주석 참조 ; Sampley, 앞의 책, 51-77과 Capper, 앞의 글, 204-207).

또한 이러한 교제와 연대와 파트너십의 의미를 가진 코이노니아는 고대 서신에 자주 나오는 필리아(우정 : *φιλία*)의 인간학적 요소를 제거하면서 기독교의 정체성을 새롭게 구성하기 위해서 선택한 바울의 전략적인 용어이다. 이것은 고난에 동참하면서 교회들의 연대감을 형성하려는 바울의 순교신학의 모티브로서 서신 전체에 자주 나오는 주제(1 : 5, 7 ; 2 : 1 ; 3 : 10 ; 4 : 14, 15)이기도 하다. 그래서 이 교제의 신학은 7절에서 그들이 바울이 감옥에 바울이 있을 때 마음속 깊이 바울을 지지해 주는 것과 바울이 복음을 변증하고(아폴로기아 : *ἀπολογίᾳ*) 확정하는 것(베바이오세이 : *βεβαιώσει*)에 동조해 준 것과 관련된다. 이 두 가지 어휘들은 신약성서에서는 둘 다 법정 용어로 사용될 수 있다. 그러나 아폴로기아는 주로 법정 용어로 사용되지만 베바이오세이는 법정 용어로 쓰이지 않는 경우가 더 많다(예외 : 히브리서 2 : 3). 그래서 이 단어들은 바울이 여기에서 법정에서 증언할 때 자신이 복음의 진정성을 변증하고, 법정과 상관없이 복음의 근거를 확증하는 활동을 기술하기 위해서 사용된다. 특히 아폴로기아는 빌립보서 1 : 16, 디모데후서 4 : 16에 사용되었을 뿐 아니라 사도행전(22 : 1 ; 24 : 10 ; 25 : 8 ; 26 : 1, 2, 24)에서 바울이 로마의 관료들에게 기독교 신앙이, 특히 유대법과 성전을 해치고 로마제국의 공공질서와 로마황제에 대항한다는 유대인의 잘못된 고소에 반박하고, 오히려 로마제국에 침해되지 않는 선한 의지를 가지고 있다고 변호할 때 사용된다(H. Balz & G. Schneider, *Exegetical Dictionary of the New Testament I(EDNT)*(Grand Rapids : W. B. Eerdmans, 1990), 137). 베바이오시스는 베바이오오($\beta\varepsilon\beta\alpha\iota\acute{o}\omega$)에서 파생된 명사이다. 이 동사는 바울서신 중 고린도전서 1 : 6과 8과 고린도후서 1 : 21, 골로새서 2 : 7에서 신앙의 확신과 관련되어 사용되었다. 그 외에도 히브리서 13 : 9, 마가복음 16 : 20에서도 법정 용어가 아닌 신앙의 확신과 관련하여 사용되었다(*EDNT I*, 210–211). 바울은 결국 빌립보 교인들이 자신이 법정에서 증언을 하거나 법정 밖에서 복음 선포를 통해서 신앙을 강화하는 데 기여하였던 것에 심심한 감사를 표시하고 있는 것이다.

[1 : 6] 두 번째 감사의 이유는 하나님이 시작하신 선한 일을 그리스도가 오실 때에 이를 완성하실 것을 바울이 확신하기 때문이다(6절). 이것은 결국 9~10절에 빌립보 교인들이 지식과 총명으로 풍성하게 되고(9절), 선한 것을 분별하여 흠 없이 되고(10절), 의의 열매가 가득하게 되는(11절) 기도의 내용과 상호작용하는 기능을 담당하고 있다. 여기에서 예수 그리스도의 날(5, 6, 10)은 특별히 빌립보서에서는 하나님이 역사에 개입하면서 삶의 가치를 역전시키는 날이다. 바울이 그리스도를 만난 날(3 : 4–9), 복음이 빌립보 교회에 선포된 날(1 : 5), 바울이 감옥에 갇혀서 너무 고통스러워 세상을 떠나 그리스도와 함께 있고 싶어 한마음의 심정(1 : 12–14, 19–26), 부활의 권능과 그 고난에 참여하여 부활에 이르는 날(3 : 10–11), 그리고 마지막에는 로마제국의 삶의 방식을 심판하게 되는 날(3 : 21), 하늘의 시민권을 가진 자로서 복음에 합당하게 사는 것(1 : 27, 3 : 20), 주의 날이 가까이 옴에 따라 기쁨이 가득한 삶의 방식(4 : 4–7)이 다 연관된다. 이것은 빌립보서에서 계속 반복되는 미래의 종말론적 신앙(1 : 6, 10, 27 ; 2 : 9–11, 16 ; 3 : 10–11, 20–21)과 "모든 사람"과 "모든 것"에 대한 언급(1 : 4, 7, 8, 25 ; 2 : 17, 26 ; 4 : 21)과 관련된 종말론적 신앙을 언급하고 있는 것이다. 여기에서 주목할 만한 것은 이 서신에서 바울의 신학적 주장의 핵심을 담고 있는 구절은 빌립보서 1 : 27, 2 : 9~11, 3 : 20~21이다. 우리의 낮은 몸이 영광의 몸의 형체로 바뀌는 종말론적 사건(3 :

21)에 비추어서 그리스도인의 공공의 정치적 삶의 방식이 하늘의 시민권을 가진 복음(3 : 20)에 합당한 삶(빌 1 : 27)을 영위하는 것이다.

[1 : 7–8] 7a의 "이와 같이 생각한다는 것"은 3절에서도 주석했듯이 바울이 빌립보 교인들을 염려하고 배려하는 것을 말한다. 여기에서 그 이유를 부정사로 표현한 문장(디아 토 에케인 메 엔 테 카르디아 휘마스 : διὰ τὸ ἔχειν με ἐν τῇ καρδίᾳ ὑμᾶς)에서 의미상 주어와 목적격이 뒤바뀔 수 있기 때문에 *NKJV*와 *NIV*, 그리고 개역개정본의 번역, "너희가 내 마음에 있음이며"와 달리, *NEB*와 *NRSV*에서는 "너희가 너희 마음속에 나를 간직하기 때문에"라고 번역하게 되었다. 일반적으로 부정사 다음에 대격이 두 번 나올 때에는 앞에 나오는 것(메 : 나를)이 부정사 동사의 의미상 주어이고 뒤에 나오는 것(휘마스 : 너희를)이 이 동사의 목적격이다(Silva, 56–57). 하지만 빌립보서 1 : 7에서는 개역개정 번역처럼 내가 너희를 간직한다는 번역은 바로 앞 문장인 "이와 같이 생각하는 것"과 반복되고 뒤의 문장과 연결이 잘 안 된다. 오히려 *NEB*와 *NRSV*이 제안한 것처럼 "너희가 나를 마음속에 간직하다"라고 번역을 할 경우에(호돈, 100–101) 그 뒤에 나오는 "너희가 다 나와 함께 은혜에 참여한 자가 됨이라"는 분사로 된 문장이 이를 더 구체적으로 잘 설명하게 되기 때문에 오히려 이렇게 번역하는 것이 논리적 흐름상 자연스럽고 적절해 보인다. 그래서 7절이 3절과 차이 나는 것은 바로 바울이 이렇게 그들을 생각하는 이유가 그들이 마음속에 바울을 생각하고 있기 때문이라고 말하게 된다. 그래서 3절과 7절은 함께 읽게 될 경우에 우리는 이제 바울과 빌립보 교인들이 서로를 염려하고 배려하고 있다는 것을 확인하게 된다.

더군다나 4 : 10~20이 1~2장보다 더 먼저 보낸 서신이라면 7절 도입부("내가 너희 무리를 위하여 이와 같이 생각하는 것이……")에서 바울이 성도들을 생각한다는 말은 4 : 10에서 빌립보 성도들이 바울을 생각하는 것에 대해서 바울이 응답한 것으로 이해될 수 있다. 이것은 바울과 빌립보 교인들이 서로 간의 우정을 돈독히 하려는 표현으로 이해할 수 있다. 류만은 '프로네인 휘펠+속격'의 형식이 바로 고대의 우정관계를 나타내는 표현이라고 주장하기도 한다(J. Reumann, "Philippans, Especially Chapter 4, As A 'Letter of Friendship'", 94-95). 그런데 이것은 단순히 우정관계만을 나타내는 것이 아니라 이를 발전시켜서 7b에서 그리스도 안의 교제와 연대와 파트너십을 나타내기 위해서 이러한 표현을 쓴 것이라고 할 때, 바울이 고대의 우정 관념을 기독교의 순교신학을 통해서 재해석하고 있다는 것을 알 수 있다.

또한 7b의 "……너희가 다 나와 은혜에 참여한 자가 됨이라"에서 특히 강조해야 할 어휘는 5절에서 해설한 코이노니아(*κοινωνία*)의 동사 코이노네오(*κοινωνέω*)와 관련된 싱코이누스(*συγκοινωνούς*)이다. 이 단어는 '나누다', '참여하다', '몫을 기여하다/주다'라는 의미를 가진 코이노네오 동사(*BDAG*, 552)에 신(*συν*=함께)라는 전치사가 합성된 동사 싱코이노네오(*συν κοινωνέω*)의 분사형이다. 그래서 공동의 목표와 함께 공동으로 일을 한다는 의미가 강조된다. 여기에서 단순한 우정이나 교제의 의미를 넘어선 것은 바울과 함께 은혜에 참여한 자가 되었다고 묘사하고 있기 때문이다. 여기에서 은혜는 2절의 바울의 인사말에도 나오는 것처럼 바울이 하나님께서 율법이나 로마의 법이 아니라 그리스도로 말미암아 새롭게 이룩하시는 인간을 향한 복음의 내용을 요약하는 키워드(keyword)이다. 여기에서 특히 5절의 "복음을 위한 일에 참여하고"에 대한 주석에서 살펴보겠지만 바울이 코이노니아라는 단어를 사용할 때에는 로마적 의미의 '합의적 협업관계'(*consensus societas*)를 염두에 두고 있기 때문에(5절 주석 참조) 은혜에 동참한다는 말은 단순히 복음을 받아들인다는 수동적인 의미가 아니라 은혜의 복음을 선포하기 위해 고난받는 일에 참여하는 것(3 : 10 ; 4 : 14)을 의미한다고 볼 수 있다. 그래서 싱코이누스는 코이노니아(1 : 5, 7 ; 2 : 1 ; 3 : 10 ; 4 : 14, 15)와 복음(1 : 5, 7, 12, 16, 27 ; 2 : 22 ; 4 : 3, 15)과 투옥(데스모스 : 1 : 7, 12-14, 19-26, 30 ; 4 : 14)이 나오는 성서 구절들과 함께 쓰이면서 순교적 신앙의 모티브를 촉구하도록 사용되었다고 할 수 있다. 결국 은혜에 참여한다는 말은 고난에 동참하면서 외적인 세력에 대해서 저항하는데 참여하는 것과 공동체 내적으로 한마음으로 결속하는 것, 둘 다를 의미하는 독특한 뉘앙스를 갖고 있는 용어라고 간주된다(김덕기, 2007, "빌립보서에서의 신학과 윤리의 관계", 「바울의 문화신학과 정치윤리」, 437-439 참조). 또한 투옥(데스모스 : δεσμός)도 문자적 의미로는 묶거나 맴으로써 억제나 감금의 수단으로 사용되는 끈이나 사슬을 의미하여 감옥에서의 속박과 감금을 은유적으로 표현한 것이다. 바울에게는 이 사슬이 그리스도에게 매이게 되는 삶의 역정을 의미하는 아이러니 효과가 있다(*BDAG*, 219 ; 게르하르트 킷텔, 1986, 「신약원어 신학사전」〈서울 : 요단출판사〉, 163). 이것은 바로 4 : 15에서 바울과 빌립보 교인들 사이에 맺어진 코이노니아의 특별한 파트너십(합의된 쏘시에타스)에 의해서 바울의 데살로니가와 마케도니아 지역 너머에도 복음 선포하는 일에 빌립보 교인들이 참여하였던 것을 바울이 칭찬하였던 것과 밀접하게 연관된다(4 : 15 주석 참조).

또한 8절에서 '그리스도의 심장'으로 빌립보 교인들을 그리워하는 일에 하나님이 그 증인이라는 바울의 말은, 보통 바울서신에서는 다소 드물게 사용되는 표현이기 때문에(롬 1 : 9, 고후 1 : 23 ; 살전 2 : 5, 10) 다소 과장되고 도발적인 표현으로 여겨진다(O'Brien의 주석, 70-71). 심장으로 번역된 '스프랑크나'(σπλάγκνα)는 스프랑크논의 복수형으로서 몸의 내부 기관들, 특히 창자나 내장을 나타내는 단어로서 의미가 전이되어 충동적 격정(분노와 욕망) 느낌과 동정, 애정을 의미한다(*BDAG*, 938 ; 킷텔, 1986, 「신약원어 신학사전」, 1181-82). 그래서 빌립보서 2 : 1에서 '스프랑크나'는 '긍휼'로 번역되었고, 빌레몬 12절에서는 '심복'으로, 빌레몬서 7, 20절에서는 '마음'으로, 사도행전 1 : 18에서는 창자로 번역되었다. 이 용어는 호머의 일리아드와 오딧세이아에서 자주 볼 수 있는 것처럼 인간 몸의 기관으로 사람의 감정을 표현하는 고대인의 물활론적 흔적이다(B. Snell, "Homer's View of Man", *The Discovery of the mind*〈Oxford : Basil Blackwell, 1953〉, 1-22). 바울이 사모한다는 말이 일반적으로 교인들을 향하여 인사하는 말로 사용되기는 하지만(롬 1 : 11 ; 살전 3 : 5 ; 딤후 1 : 4) 하나님이 증인이 될 수 있을 만큼 그리스도의 심장으로 사모한다는 말은 단순히 그리워한다는 정서적인 것을 넘어선다. 왜냐하면 빌립보서 2 : 26에도 나오는 '사모한다'로 번역된 '에피포테오'는 단순히 그리움 때문만이 아니라 필요 때문에 어떤 것에 대해서 강한 갈망을 갖는다는 의미도 내포하기 때문이다(*BDAG*, 377). 그리스도의 심장으로 그리워한다는 말은 바로 그리스도의 수난과 빌립보 교인들의 수난과 바울의 투옥에서의 수난이 서로에게 전이되고 특히 다른 사람의 고난에 공감(compassion)을 갖는 측은지심(惻隱至心)의 마음이 깊이 공감이 되어서 하나님께서 이것을 인정하시는 증인이 되신다는 것을 나타낸다(본서 빌 2 : 1의 '긍휼' 주석 참조). 증인의 헬라어 말튀스가 사전적 의미로는 순교자의 의미가 될 수 있는 것(*BDAG*, 619-620)이 암시하듯이 하나님이 순교자의 증인이라는 것으로 해석할 수 있을 것이다. 결국 이것은 고대의 순교문학에서 정치적인 박해자가 잘못되었고 순교자가 옳다는 것을 하나님만이 심판할 수 있다는 뉘앙스를 나타낸다. 그래서 바울이 빌립보 교인들을 사모하는 것은 이러한 바울의 순교적 고난에 참여하는 것이 바울의 복음 선포 사업에 은밀한 연대와 도움의 신호를 보내는 고도의 정치적 수사로 이해할 필요가 있다. 또한 여기에서 4절 "너희 무리를 위하여"에는 나타나지 않는 '판타스 휘마스'(너희 모두)라고 쓴 것은 바울이 투옥되면서 공동체의 의견이 나누어지는 것을 봉합하기 위해서 사용된 전략적인 수사라고 생각해야 할 것이다. 이렇게 사모하는 정도를 과장해서 표현한 것은 바울과 빌립보 교회 사이에 형성된 특별한 파트너십의 연합과 돈독한 우정관계를 나타낼 뿐만 아니라 고대의 위로문학에서 종종 그러하듯이 (위로문학에 관해서는 1 : 10, 1 : 27~28 도입부, 2 : 20의 주석과 "빌립보서 개론"의 2. 나 부분 참조) 이들의 슬픔으로 잘못된 견해와 인식을 바로잡기 위한 제스처로 볼 수 있을 것이다. 그리고 신학적으로는 바울이 그리스도의 고난에 측은지심으로 참여하는 공감(共感)의 순교신학을 암시한다. 그래서 이러한 구체적인 감사의 내용은 4 : 3~4와 4 : 14~16에서처럼 바울이 빌립보 교회를 세울 때 복음의 고난의 사역에 참여한 일과 빌립보서 4 : 18에서 빌립보 성도들이 바울에게 에바브로디도를 통해 전달해 준 성금을 받게 된 것을 지칭할 수 있다. 이것은 바울서신 전체에 나오는 생각하는 것(1 : 7 ; 2 : 2, 5 ; 3 : 15, 19 ; 4 : 2, 8, 10)과 기쁨(1 : 4, 18, 25 ; 2 : 2, 17-18, 28, 29 ; 3 : 1 ; 4 : 1, 4, 10)과 공감/사랑(1 : 8, 16 ; 2 : 1-2, 12 ; 4 : 1)과 연관된다.

2. 중보기도 속에 제시된 서신의 주제(1 : 9-11)

> 9내가 기도하노라 너희 사랑을 지식과 모든 총명으로 점점 더 풍성하게 하사
> 10a너희로 지극히 선한 것을 분별하며 또 진실하여 허물 없이 10b그리스도의
> 날까지 이르고 11예수 그리스도로 말미암아 의의 열매가 가득하여 하나님의
> 영광과 찬송이 되기를 원하노라

위의 감사기도에 서신 전체의 주제가 암시적으로 제시되었던 것과 균형을 이루는 것이 빌립보 성도들을 위한 중보기도이다. 여기에서는 형식은 중보기도이지만 사실은 권면의 내용이 압도적이다. 중요한 것은 9~11절의 중보기도를 헬라어 문장의 문법적 구조와의 어순을 고려하여 기도 내용의 핵심과 초점이 어디에 있는지 비판적으로 살펴볼 필요가 있다

요점은 사랑이 지식과 총명으로 넘쳐 나서 결과적으로는 그리스도의 날에는 순수하고 흠 없는 상태에서 의의 열매가 충만하게 되어 하나님께 영광과 찬양이 되기를 기원하는 것이다. 여기에서 풍성하게 되고, 열매가 열리고, 충만하게 된다는 표현은 농사꾼이 추수할 때 극적으로 얻게 되는 상황과 관련된 용어들이 사용된다. 바울은 여기에서 구체적으로는 지식과 총명함이 사랑을 이루는 것이 아니라 사랑이 지식과 총명에 의해서 풍성하게 되어 가장 생동감 있는 것을 선택하는 분별력을 갖게 된다고 말한다(O'siek의 주석,

37-38). 이러한 과정은 결국 그리스도의 날에는 햇빛에 사물들이 명료하게 드러나듯이 진실이 투명하게 빛나게 되고 하나님의 심판에 비추어서도 흠 없이 되도록 하는 구체적인 삶의 방식을 또한 제안하게 되는 것이다. 이러한 세 가지의 권면은 결국 하나님 앞에서 의를 이루어 심판 날에 하나님께서 이들에게 은혜를 베풀어 주실 뿐만 아니라 하나님의 영광이 드러나게 되기를 기원하는 것이다. 이를 의미구조로 제시하면 다음과 같다.

중보기도(9-11절)의 의미구조

1. 중보기도와 그 목표(9-10)
    1) 사랑이 지식과 총명에 의해서 풍성하게 되기를 기원하는 중보기도(9절)
    2) 사랑의 풍요를 기원하는 구체적 목표 : 최고의 생동감 있는 것을 선택함(10a).
    3) 사랑의 풍요를 기원하는 종말론적 목표 : 진정성과 흠 없음을 드러냄(10b).
2. 중보기도의 궁극적 목적 : 의의 충만함이 하나님의 영광과 찬양이 되기를 기원함(11).

여기에서 우리는 위에서 제시한 기도의 내용 속의 세 가지 권면들이 바울서신과 빌립보서의 의인 사상과 어떻게 서로 연관될 수 있는지 묻게 된다. 이 과정에서 고려되어야 할 헬라어 단어를 주해할 필요가 있을 것이다.

[1 : 9] 첫 번째의 기원 내용(9절)에서 바울은 지식과 사랑이 서로 대립되어 이 둘 중 어느 하나가 더 중요하다는 것이 아니라 지식이 사랑으로 성장하게 되기를 바란다. 이것은 바울이 빌립보 성도들의 자랑이 그리스도 안에서 풍성하게 되는 것이 그리스도 안에서 가능한 것처럼(26절), 그리스도에 대한 영적인 지식과 이에 근거한 구체적인 삶의 지혜에 의해서 점점 더 사랑의 실천이 풍성하게 되기를 바란다는 것이다. 여기에서 제시하는 사랑과 지식의 관계는

바울이 고린도전서 8 : 1b~2에서 사랑과 지식을 극단적으로 대조하여 지식보다 사랑을 강조하는 것과는 약간 차이가 있다. "지식은 교만하게 하며 사랑은 덕을 세우나니 만일 누구든지 무엇을 아는 줄로 생각하면 아직도 마땅히 알 것을 알지 못하는 것이요" 빌립보서 1 : 27~2 : 18(특히 2 : 1-4)에서 사랑은 한마음과 한뜻을 갖고, 다툼이나 허영으로 하지 않고 겸손한 마음으로 자기보다 다른 사람을 더 낫게 여기고, 자기 일을 돌볼 뿐 아니라 다른 사람들의 일을 돌보는 권면과 연관된다고 볼 수 있다. 하지만 이러한 사랑은 반드시 그리스도에 대한 바른 지식, 즉 '그리스도의 마음'(2 : 5)에 의해서 완성될 수 있다는 생각이 고린도전서 8장과 빌립보서의 다른 부분에서의 바울의 주장이다. 이러한 해석의 주석학적 근거는 바로 9절과 10절이 헬라어에서는 목적을 이끄는 접속사 '히나'에 의해서 서로 연결된 문장이기 때문이다. 다시 말해서 9절의 내용은 10절과 연관되어 사랑이 지식에 의해서 풍성하게 될 수 있는데, 그 지식이 바로 10절에서 말한 것처럼 자기가 관심을 가져야 할 긴요한 것(타 디아페론타 : τὰ διαφέροντα)과 그렇지 않는 것(타 아디아포라 : τὰ ἀδιαφόρα)을 구별할 수 있게 되었을 때(아래 10절 주석 참조) 사랑의 풍성한 열매를 맺을 수 있게 된다(9절에서 지식과 사랑의 관계에 대한 매우 미묘한 해석의 주석학적 근거에 관해서는 Paul Holloway, *Consolation in Philippians*(Cambridge : University of Cambridge, 2001), 48-51 참조).

여기에서 지식(에피그노시스 : 통찰)은 보다 일반적 개념으로써 하나님과 삶에 대한 원리를 근원적으로 파악하는 지적 통찰을 의미하는 반면, 총명(아이스테시스 : 통각)은 '모든'이라는 수식어가 붙을 수 있는 보다 특수개념으로서 윤리적 이해력, 눈치 빠름, 영리함, 감수성의 뜻을 가지고 있으면서 실제적 정황에 적합한 것을 지혜롭게 선택하는 실천적 지혜를 갖는 것을 의미한다. 이것의 목표는 결국은 유대적 의미에서 하나님과 인간의 관계를 형성하는 삶의 방식을 포착하는 것이다(O'Brien 주석, 75-77 참조). 여기에서 지식이나 총명이라는 용어 자체는 유대교에서보다는 헬라 도덕철학(에픽테투스와 플루타크)에서 자주 사용되는 인식론적 과정과 연관되기도 한다. 예를 들어, 총명은 스토아철학에서는 통각을 통해서 감각적 자료를 포착하는 것을 의미하고, 지식은 위의 통각의 포착 이후에 형성되는 지적 자료들을 자신의 오성이나 마음에 종합하는 고차원적 지적활동이다. 바울에게 지식은 구약 배경하에 하나님의 깊은 원리와 신적인 의지를 통찰하는 것과 연관된다. 보통 일상적 의미로는, 위의 두 용어는 삶에 있어서의 선한 것을 통찰하는 지적 활동과 이것을 행동의 방향으로 선택하는 도덕적 선택의 삶의 방식 둘 다를 의미한다(Ralph P. Marin, Philippians : *NCBC*(Grand Rapids : W. B. Eerdmans, 1976), 68과 J. 그닐카, 「빌립보서/빌레몬서(1980)」 김경희 역〈천안 : 한국신학연구소. 1988〉, 105-106과 Reumann의 주석, 156 ; 총명(통각)과 관련된 인식론적 이해에 관해서는 김덕기, 2007, 「바울의 문화신학과 정치윤리」, 70-77 참조). 바울은 바로 이러한 사랑이 위의 지식과 총명에 의해서 풍성하게 되기를 기도한다. 이것은 빌립보서 2 : 5~11에서 그리스도의 겸손한 자기-비움에 대한 통찰과 이에 대한 실천적 지혜를 깨닫는 것과 이를 공동체 내에서 지혜롭게 실천하는 것(빌 2 : 1-4, 12-18), 그리고 바울이 이전의 모든 유대교에 속하면서 얻게 되었던 유익들, 즉 정치적/사회적 특권들과 하나님에 대한 지식을 손해로, 즉 쓰레기로 여기게 만드는 그리스도에 대한 고상한 지식(3 : 7-9)과 연관시킬 필요가 있다.

[1 : 10] 두 번째 바울의 기도에 나타나는 권면(10a)은 무엇이 가장 훌륭하고 긴요한지를 분별하여 선택하는 것을 말한다. 우리말 성경에는 잘 번역되지 않은 '도키마제인'(도키마조의 부정사형)의 어원은 원래 상업 용어로서 동전이 진짜인지 가짜인지 감별하는 상황에서 유래하였다. 그래서 그 뜻을 점검하고 조사하여 수용하고 확증하는 과정을 의미한다. 특히 도키마제인은 유대인들이 여러 상황에서 율법의 핵심 요지를 찾아 바르게 적용하기 위해서 자신의 신앙을 테스트하고 평가하는 실천적 영성훈련(롬 2 : 18 "율법의 교훈을 받아 하

나님의 뜻을 알고 지극히 선한 것을 분간하며")과 관련되는 의미라고 할 수 있을 것이다. 그래서 도키마제인의 권면은 바울서신에서는 고린도전서 11 : 28, 고린도후서 13 : 5, 갈라디아서 6 : 4, 데살로니가전서 2 : 4 ; 5 : 21에 나타나는 바대로 자기 자신을 성찰하면서 삶의 방식을 훈련하는 윤리적 실천과 관련된다. 더군다나 바울은 신앙의 시험의 중요성을 강조한 바 있다(롬 12 : 2 ; 고전 3 : 13 ; 11 : 28 ; 고후 8 : 22 ; 13 : 5 ; 갈 6 : 4 ; 살전 2 : 4). '시험하다', '분별하다', 살피다'는 의미를 가진 헬라어 도키마조/도키마제인(δοκιμάζω)은 시험하다는 의미 이외에 분별력(롬 2 : 18)을 가지고 자기 자신을 성찰하면서 삶의 방식을 훈련하는 윤리적 실천과 관련된다. 위의 세 가지 의미를 바울서신 본문에 따라 대표적인 성서 구절에 따라 분류하면 다음과 같을 것이다.

1. a. "너희는 믿음 안에 있는가 너희 자신을 시험하고 너희 자신을 확증하라"(고후 13 : 5)
   b. "각 사람의 공적이 나타날 터인데 그 날이 공적을 밝히리니 이는 불로 나타내고 그 불이 각 사람의 공적이 어떠한 것을 시험할 것임이라"(고전 3 : 13)
2. a. "사람이 자기를 살피고"(고전 11 : 28)
   b. "각각 자기 일을 살피라"(갈 6 : 4)
   c. "범사에 헤아려 좋은 것을 취하고"(살전 5 : 21)
3. "너희는 이 세대를 본받지 말고 오직 마음을 새롭게 함으로 변화를 받아 하나님의 선하시고 기뻐하시고 온전하신 뜻이 무엇인지 분별하도록 하라"(롬 12 : 2)

다른 한편 '타 디아페론타'(τὰ διαφέροντα)는 단순히 다른 것이 아니라 '가장 생동감 있는 것', '지극히 훌륭한 것', '가장 긴요한 것'을 의미한다. 이것은 근본적으로 가장 훌륭한 것을 구별해 내는 지적 활동과 관련시키는 당시의 스토아 철학과 연관된다(에픽테투스 〈담화〉 1 : 20, 7). 바울은 가장 훌륭하고 긴요한 것을 유대주의자들이 율법에서 찾아내는 것을 비판하기 위해서 이렇게 11절에서 그리스도를 통해 얻는 의의 열매를 제시한다(Marin 주석, 69와 O'Brien 주석, 77). 더군다나 고대철학에서는 위로와 관련하여 슬픔을 견디지 못하는 이유가 바로 자기가 관심을 가져야 할 긴요한 것(타 디아페론타)과 그렇지 않는 것(타 아디아포라 : τὰ ἀδιαφόρα)을 구별하지 못하였기 때문이라고 본다. 그래서 바울은 '타 디아페론타'인 복음 선포와 '타 아디아포라'인 바울이 감옥에 갇히게 되어 복음과 상관없는 이해관계에 몰두하는 것을 구별할 것을 제안하고 있는 것이다. 이 두 가지에 대한 구별이 없을 때 교인들이 바울의 부재를 슬퍼하게 되고, 여러 이해관계로 분열되어 복음의 진보가 일어나지 않게 된다는 것이다(헬레니즘 시대의 위로문학과 스토아 철학에서의 '타 디아페론타'와 '타 아디오포라'에 관해서는 Holloway, 앞의 책, 65–78, 92–100과 W. Deming, "Paul and Indifferent Things", in *Paul in Greco-Roman world*, 384–403 참조). 바울은 이러한 실천적인 자기 성찰의 테스트를 단순히 유대교의 율법과 관련시키지 않고 그리스도의 자기 비하의 삶의 방식의 영성훈련과 관련시킨다는 점에서 헬레니즘의 도덕 철학과 종교에서의 영성훈련의 문화적 풍토를 공유한다. 이것이 가장 잘 나타나는 빌립보서의 모범적인 예는 4 : 11~13에 나타나는 바울 자신의 자족의 삶의 방식이다.

바울의 세 번째 권면의 내용(10b)은 그리스도의 날에 대비하여 진정성을 갖고 투명하고 흠 없이 행하라는 것이다. 여기에서 '진실하여'(에이리크리네이스)는 "태양 빛에 시험되어도 투명한"이라는 어원에서 유래하였다. 이것은 제의적 의미의 순수하다는 의미보다는 도덕적 의미에서 특별한 범죄나 모의의 동기가 없는 진실하고 순수한 사람을 묘사하는데 주로 쓰인다(Cousar의 주석, 31과 Martin의 주석 69 참조). '허물없이'(아프로스코포이 : ἀπρόσκοποι)는 다른 사람들에게 해를 주지 않거나 흠이 없기 때문에 잘못하지 않는 상태 또는 공격을 가하거나 해를 주지 않는 것을 의미한다(*BDAG*, 125–126). 그래서 바울서신에서는 자신이 넘어지게 되거나(갈 5 : 4), 다른 사람들을 걸려 넘어지지 않게 하는(고전 10 : 32, 롬 14 : 20, 21) 두 가지 의미가 다 가능하다(O'Brien의 주석, 78-79 참조). 이러한 권면에 나타나는 그리스도의 날에 대비하라는 종말론적 신앙은 바울이 하나님의 종말론적인 구속 사업이 그리스도에게서 이미 시작되었지만(직설법) 주의 재림의 날이 아직 도래하지 않은 상태에서의 명령법의 가르침과 연관된다(살전 5 : 1-11 ; 고전 7 : 29-31 ; 롬 13 : 11-14). 빌립보서에서 감사의 내용(1 : 6, 10)과 2장의 권면 부분(2 : 16)에 '그리스도의 날'이라는 용어가 직접 사용될 뿐만 아니라 바울의 종말론적 역전의 사상(1 : 27 ; 2 : 9-11, 16 ; 3 : 10-11, 20-21)에도 종말론적 심판의 날이 간접적으로 나타나고 있다.

[1 : 11] 결국 바울은 이제 11절에서 빌립보 성도들이 하나님으로부터 찬사와 영광을 받을 만큼 의의 열매가 충만하기를 기원한다. 여기에서 '의의 열매'를 문법적으로 어떻게 이해해야 하는지에 따라 번역과 해석이 달라질 수 있다.

먼저, 예수 그리스도를 통해서 의 자체가 열매가 되는 문법적인 이해(동격적 속격 : 의로서의 열매)나 이것과 내용상 유사한 자질의 속격(의로운 열매 또는 하나님에게 기쁨을 주는 열매)을 선택하게 되면 구약의 의(쯔데카 : zedaqa)와 밀접하게 연관되는 의미(암 6 : 12 ; 잠 11 : 30)로서 하나님으로부터 의롭다고 인정받거나 하나님과 인간의 관계가 의롭게 될 때 나타나는 의 안의 열매를 의미하게 된다. 여기에서는 하나님이 주시는 은혜의 측면을 강조할 수도 있고 이 하나님과의 의로운 관계에서 오는 윤리적 품성으로서의 의의 열매를 강조할 수도 있다. 특히 전자의 윤리적 측면을 강조하게 되는 중요한 논거 중의 하나는 문법적으로 의의 열매가 완료분사 형태의 '충만해지기를'(페프레로메노이 : πεπληρωμένοι)의 목적격으로 쓰였다는 것이다. 이 분사는 히나(ἱνά)가 이끄는 주문장에서 에이미(εἰμί)의 보어로 사용되는 '진실하고 흠 없는'과 상응되어 이를 나란히 수식한다는 점에서 윤리적 속성으로 이해되어야 한다. 그닐카는 전자의 은혜의 측면과 윤리적 측면을 다 강조하고,

호돈은 전자의 윤리적 측면을 강조한다. 반면 오브라이언(O'Brien)은 후자를 선호한다. 이와 달리 마틴은 둘 다 가능하다고 생각한다. 후자를 더 선호하는 필자는 전자를 선택하는 학자들은 물론 후자를 선택하는 오브라이언과도 전혀 다른 차원에서 주석하고자 한다. 우리는 단순히 윤리적 의미뿐만 아니라 원시기독교의 포괄적인 배경에 의해서 사회적 의미를 도출하는 방향으로 주석할 필요가 있다(의의 열매의 문법적 설명에 관한 논점에 대한 포괄적 소개에 관해서는 Reumann의 주석, 133 ; 호돈의 주석, 109–110 ; O'Brien의 주석, 80–81, 그닐카의 주석, 107–108과 Martin의 주석, 70 참조).

반면, 의가 산출하는 열매(의가 가져오는 열매)라는 목적격적 속격의 문법적인 이해(또는 근원의 속격 : 의로부터 유래하는 열매)를 선택하게 되면, 예수 그리스도를 통해서 의롭다고 인정받은 후 실천을 통해서 의가 산출하게 되는 윤리적 덕성의 결과물(갈 5 : 22의 성령의 열매처럼)을 강조할 수 있다. 그 결과물을 강조하게 되면 자연스럽게 그 열매가 완성되도록 노력하는 인간의 사회적 실천 과정 자체를 매우 중요시 하게 된다. 이런 해석의 관점에서 보면 이러한 이해는 논쟁의 여지없는 7개의 바울서신(살전, 갈, 고전, 고후, 롬, 빌, 몬)에 나타난 바울의 은혜의 출발점을 강조하는 점보다는 그 과정을 중요시하는 제2 바울서신의 발달된 해석과 유사할 수도 있다는 단점을 갖고 있기도 하다.

하지만 다른 학자들과 달리, 필자는 빌립보서에서의 의(義)에 대한 이해(빌 3 : 9–11)는 바울의 의인 사상과 달리 결과물과 이를 가져오는 과정을 강조한다는 점에서 목적격적 속격(기원의 속격)이 더 적합하다고 생각한다. 일반적으로 3 : 9에서 '내가 가진 의'(9절)가 "그리스도를 믿음으로 말미암은 것이니 곧 믿음으로 하나님께로부터 난 의"라고 주장하고 있다는 점을 들어 바울이 은혜의 출발점을 강조하는 것이라고 해석하는 경향이 있다. 하지만 이와 관련된 빌립보서의 저자 바울의 해석(10–11절)에서 잘 나타나듯이, 빌립보서에서 의의 이해는 바울이 내세우는 전형적인 영/육, 그리스도/죄의 갈등이나 '항상 이미'와 '아직 아닌'의 종말론적 긴장이 해소되고 그리스도/세상의 가치, 아래의 땅/위의 하늘과 낮은 몸/영광의 몸의 이분법에 의해서 그리스도의 지식을 얻고, 더 나아가서 그리스도의 고난에 참여함으로써 얻게 되는 부활의 완전함을 얻으려고 경주하는 그리스도인의 포괄적이고 보편적인 존재 양태 형성 과정을 강조한다(바울의 의 이해와 빌립보서 3장에 나타난 후기 바울서신의 의 이해의 미묘한 차이와 그 해설에 관해서는 D. J. Doughty, "Citizens of Heaven : a Deutero-Pauline Passage", *New Testament Study*(1994, vol. 41), 102-122과 김덕기, 2007, 「바울의 문화신학과 정치윤리」, 428-433 참조). 이것은 바로 1 : 11의 '의의 열매'를 열매로서의 의라고 이해하게 될 때 매우 일관성 있는 빌립보서의 '의' 사상의 이해가 된다. 이런 점에서 이것이 후자의 번역을 선호하게 되는 이유이고, 또한 이것이 바로 '의가 산출하는 열매'를 이해하는 토대가 된다. 더군다나 이렇게 의의 결과물을 이룩하기 위해서 노력하는 과정을 중요시하는 의의 이해는 마태복음(3 : 15 ; 5 : 6, 10, 20 ; 6 : 1, 3 : 3 ; 21 : 32)에도 잘 나타나 있다(G. Strecker, Theology of New Testament(1996)(New York : W. de Gruyter & Louisville : Westminster John Knox Press, 2000), 382-383). 중요한 점은 의의 열매를 맺게 하는 정의로운 행동은 단순히 개인적인 품성을 개발하는 윤리적인 측면에만 관련됐다기보다는 마태복음에서처럼 포괄적인 사회적 실천과 연관시키고, 빌립보서에서처럼 그리스도인의 존재 양태의 보편적 적용이라는 포괄적인 신앙 양태와 연결시킬 필요가 있다는 점이다. 이것은 의에 대한 헬라문화적 의미에서 도시국가의 평등한 분배에 의한 정의의 정치적 의미를 강조하기 때문이며, 로마서의 의인 사상도 헬레니즘의 정치사적 배경 속에서 새롭게 해석할 필요가 있기 때문이기도 하다(빌립보서의 의 이해의 개괄적 소개와 특히 헬라적 의미의 중요성에 관해서는 Reumann의 주석, 131-133과 John Reumann, "Righteousness, Greco-Roman World", ABD 5, 742-745, 757-768 참조 ; 로마서의 의인 사상의 정치사적 의미에 대한 자세한 논의에 관해서는 김덕기, 2007, 「바울의 문화신학과 정치윤리」, 263-282 참조). 이런 의미에서 우리는 문법적으로 어느 한쪽을 선택하는 문제가 중요한 것이 아니고, 결국 바울은 이 기도에서 그리스도교 공동체가 보다 보편적 가치를 가진 정의로운 공동사회를 형성시키기를 촉구하고 있다고 이해해야 할 것이다.

끝으로 11절의 "하나님의 영광과 찬양이 되게 하시기를"(에이스 독산 카이 에파이논 테우 : εἰς δόξαν καὶ ἔπαινον θεοῦ)는 유대교의 제의(삼하 22 : 50, 시 21 : 14, 35 : 28, 41 : 14 등, 집회서 39 : 10과 므낫세의 기도 15)나 원시기독교의 예배 때(빌 2 : 11, 롬 15 : 7, 고전 10 : 31 ; 고후 4 : 15)에 송영문에 사용된 것이 도입된 것이라면 궁극적으로는 "하나님께 찬양과 영광이 돌려지도록"이라고 해석하는 것이 자연스러울 것이다. 그러나 최근에 류만(Reumann)은 3~11절의 전체 맥락과 빌립보서 2 : 15~6, 4 : 1의 용례, 그리고 다른 사본의 독법에 근거하여 "하나님의 영광과 찬사를 빌립보 성도들에게 주시도록"이라고 새롭게 해석할 것을 제시하였다(Reumann의 주석, 159-160 참조). 류만의 견해를 최소한으로 견지하고 다른 사본(F와 G사본과 P46 : "하나님에게 영광이 그리고 내게 칭찬이 있도록")을 참조하여 하나님으로부터 우리가 칭찬을 받는다고 이해할 수도 있지만(P46의 파피루스 단편[일차적 알렉산드리아 증거]에 관해서는 부르스 M. 메츠거 2005, 「신약그리스어 본문 주석 제2판(1994)」(대한기독교서회), 14와 527 참조) 우리가 하나님으로부터 영광을 받는다는 것은 개혁신학적 입장에서 보면 거북하다. 그래서 빌립보서 2 : 11에서 "하나님 아버지께 영광을 돌리게 하셨느니라"에서 볼 수 있는 것처럼 '하나님의 영광'은 하나님께 우리가 돌리는 것이 더 적합할 것이다(필자의 개혁신학적 관점을 지지하는 주석으로는 그닐카의 주석, 108 참조).

C. 바울의 감옥에서의 내적 투쟁과 서신 저작 정황 : 고난에의 참여(1 : 12-26)

바울은 인사와 기도를 한 후 빌립보 성도들이 가장 걱정하는 감옥에서의 상황과 복음 선포의 영향과 자기 개인적인 내면의 정황을 다음과 같이 제시하게 된다.

1. 투옥에도 불구하고 전개되는 복음의 진보(1 : 12-14)
2. 발신자와 수신자의 갈등의 상황을 암시하는 다양한 동기에 의한 복음 선포(1 : 15-18a)
3. 궁극적 신원 간구와 그리스도를 존귀케 하려는 각오(1 : 18b-20)
4. 죽음의 유혹과 이를 극복한 이유(1 : 21-24)
5. 재상봉에 대한 희망(1 : 25-26)

이 부분은 결국 빌립보 공동체의 문제를 해결하기 위한 도입부로서 자신의 삶의 자세를 그 모델로 제시하고자 한다. 이러한 바울의 감옥에서의 상황을 공적 차원과 개인적 차원에서 기술하게 되는 이유는 바울이 빌립보 공동체에서 생긴 불화와 갈등, 그리고 이로 인해 겪게 되는 고난에 대처하는 신앙적 지침을 1 : 27~2 : 18에서 다음과 같이 제시하기 위한 것이다. 1 : 27~2 : 18에서는 빌립보 공동체가 따라야 할 복음에 합당한 행동으로 그리스도의 모범(2 : 5-11)을 제시하면서 직면한 많은 문제들을 용기와 일치와 연대감(κοινωνία : solidarity)을 가지고(1 : 27-30) 일치와 상호 배려에 대한 부름(2 : 1-4) 이 세대의 악과 싸워서 구원을 이루라는 당부와 자신의 희생적 순교에의 각오(2 : 12-18)를 제시한다. 이는 빌립보서 1~3장 전체의 구조가 직면한 문제를 모범적으로 이겨 낸 인물의 삶의 패턴을 닮음으로써 극복하는 것이라고 주장하는 블룸퀴스트(Bloomquist)의 수사학적 연구와 이를 더욱 발전시킨 피터 오우크스(Peter Oakes)의 사회학적 연구이다(이에 대한 자세한 설명에 관해서는 L. Gregory Bloomquist, *The Function of Suffering in Philippian* JSNTSup 78(Sheffield : JOST Press), 97-190과 P. Oakes, *Philippians*(Cambridge : University of Cambridge, 2001), 77-89, 103-128 참조). 이처럼 고난에 직면해서 가져야 할 삶의 자세를 인물로 제시하는 예는 그리스도와 같이 복음을 위해 죽기까지 복종하는 디모데와 에바브로디도의 삶의 모범(2 : 19–30)과 특권과 성취를 버리고 부활의 권능에 참여하기 위해서 운동선수처럼 달려가는 바울 자신의 삶(3 : 4–16)과 바울의 자족의 삶의 양식(4 : 11–13)에서 계속 반복된다.

1. 투옥에도 불구하고 전개되는 복음의 진보(1 : 12–14)

12형제들아 내가 당한 일이 도리어 복음 전파에 진전이 된 줄을 너희가 알기를
원하노라 13이러므로 나의 매임이 그리스도 안에서 모든 시위대 안과 그 밖의
모든 사람에게 나타났으니 14형제 중 다수가 나의 매임으로 말미암아 주 안에
서 신뢰함으로 겁 없이 하나님의 말씀을 더욱 담대히 전하게 되었느니라

[1 : 12] "너희가 알기를 원하노라"(γινώσκειν ὑμᾶς βούλομαι)와 같은 공개 공식어구(disclosure formula)는 "기노스케 호스–"(γίνωσκε ὡς– : "–것을 아십시오") 와 같은 고대 서신 양식의 발달된 형태이다. 바울의 서신들(갈 1 : 11 ; 롬 1 : 13, 11 : 25 ; 고전 10 : 1, 12 : 1, 3 ; 고후 1 : 8, 8 : 1 ; 살전 4 : 13)에서도 이와 유사한 표현이 나온다. 그러나 비록 로마서 1 : 13이나 고린도후서 1 : 8이 빌립보서 1 : 12a의 공식어구와 가장 비슷하더라도 다른 서신들에서는 이 표현이 몸말(Body)의 공개 공식어구의 기능을 하고 있지는 않는다. 더군다나 호돈의 연구에서 지적된 것처럼, 이 공식어구가 고대 서신 양식에서처럼 간략하거나 단순하지 않고, 몸말의 도입부분에서 발달된 형식이라는 점에서 2세기 교부들의 글쓰기의 모델이 되었다는 점이 주목된다(고대 서신 양식의 구체적인 예로서는 Adolf Deissman, *Light from the Ancient East*(1908)(Peabody : Hendrickson, 1995), 167–178 참조 ; 바울서신의 서신 양식에 관해서는 윌리암 G. 도티, 「초기 기독교 서신」(서울 : 대한기독교서회), 66, 80 참조 ; 이 양식의 시기적 특징에 관해서는 호돈의 주석, 115–116 참조). 또한

'형제들아'(아델포이 : ἀδελφοί)는 개역개정판 성경에는 그대로 번역되었지만 영미권 새 개정판(*NRSV*)에서처럼 '형제들과 자매들아'라고 포괄적 용어로 번역하는 것이 더 나을 것이다. 고대사회에서는 남성중심의 사회에서는 이 '형제들'이라는 용어가 여성을 배제한 남자들만을 나타내지 않고 그 가족의 부인과 자녀까지도 포함하는 호칭이라고 볼 수 있기 때문이다. 더군다나 빌립보 교회는 루디아라는 유대 여성이 세웠고, 아마도 가정교회의 지도자급인 유오디아와 순두게(4 : 2)가 여성이었다는 것도 분명하기 때문이다(O'siek의 주석, 39 참조).

바울은 여기에서 단순히 개인적인 정황을 알려 주려 하는 것이 아니라 교회의 공적 업무인 복음 선포에 관해서 보고하고 있는 것이다. 개인적인 정황이 너무 간략하게 나오기 때문에 많은 주석가들에게 바울이 갇히게 된 동기와 재판의 결과에 대한 다양한 추측을 불러 일으켰다. 가장 대표적인 것은 바울이 단순한 포교활동으로 기소된 것이 아니어서 재판 과정에서 오해를 풀게 되어 석방까지 기대할 수 있을 것이라는 역사적 추정이다. 우선, 사도행전(17 : 6 ; 18 : 13 ; 18 : 12ff ; 26 : 31–32 등)에 의해서, 바울의 활동이 로마 제국의 황제 숭배를 거절하거나 평화를 해치는 소요를 유발하여 국가안보를 위협한다는 혐의로 기소되어 재판 중에 있었다고 가정할 수 있다. 하지만 빌립보서 1 : 12에서 바울이 보고하는 복음의 진보는 결국 이러한 혐의가 잘못된 것이고, 복음 전파 활동이 단순히 종교적인 것으로서 정치적 위협이 되지 못하다는 것을 변증하였고, 이것이 수용되어 재판의 결과가 좋게 되었다고 암시할 수 있다는 것이다. 그닐카에 의하면, 빈센트(M. R. Vincent)와 비어(F. W. Beare)는 이 구절에서 바울의 재판의 변화 양상을 엿볼 수 있다고 생각한다(그닐카의 주석, 110–111 참조). 더 나아가서 최근 김세윤과 김철홍 박사는 빌립보서 1 : 12~14에서 반제국적 태도가 아니라 오히려 바울의 친제국적 정치적 입장, 또는 적어도 비정치적 입장에 대한 시사점을 발견할 수 있다고 주장한다. 성서 본문에서는 바울의 시민에 대한 태도가 로마제국의 공권력과 어떠한 충돌도 일으키려 하지 않았고, 로마제국의 황제숭배와 시민제의에 대한 어떠한 저항도 하지 않았다고 주장한다. 김세윤 박사는 라이트(N. T. Wright), 홀스리(R. Horsley), 크로산(J. D. Crossan), 엘리오트(N. Eliott)의 반제국적 해석의 방법론적 전제와 주석을 철저하게 비판한다. 특히 이들은 빌립보서 2 : 6~11과 3 : 20~21에서부터 바울의 반제국적 입장의 성서적 근거를 찾으려 하지만 이들이 빌립보서 1 : 12~14, 1 : 19~26, 2 : 24, 4 : 22에서 나타난 비정치적 관점이나 거의 친제국적인 정치적 입장에 대한 시사점을 충분히 고려하지 않고 있다고 비판한다(김세윤, 「그리스도와 가이사」(서울 : 두란도아카데미, 2009), 16-132). 하지만 이러한 추측은 바울의 복음의 진보에 대한 모호하고 간략한 표현을 통해서는 결국 당시의 바울의 상황을 지나치게 재구성하는 것이 얼마나 어려운지를 반증할 뿐이다(위의 책들의 내용에 대한 간단한 요약과 이에 대한 필자의 비판에 관해서는 김철홍, 2008, "시민사회의 권력에 대한 바울의 태도". 〈2008년도 제9회 소망신학포럼 : 하나님 나라와 교회의 현실참여(2008년 10월 29일 개최)〉 : 11-42 ; 김덕기, 2008, "로마 제국에 대한 저항인가, 협상인가, 암중모색인가?" : 위의 책, 55-62와 김덕기, "바울의 로마제국에 대한 정치적 태도와 정치신학 : 빌립보서 1 : 27-30과 3 : 20-21을 중심으로". 「신약논단」 17권 제3호(2010년 가을), 711-719 참조).

우리는 이 구절을 통해서 바울의 역사적 상황을 재구성하는 데 초점을 갖기보다는 바울이 전달하려는 주제에 대한 보다 포괄적인 정치적 의미를 강조하는 주석의 방식으로 제안할 필요가 있다고 생각한다. 복음의 진보와 관련된 공식보고가 시작되는 "내가 당한 일들"은 후기 바울서신인 에베소서 6 : 21, 골로새서 4 : 7에만 나오는 표현이고 중성 복수 관사를 사용한 추상적인 것을 표현하고 있다. 공식 보고내용이 매우 간략하지만 자신에게 일어난 일은 다소 추상적인 면을 갖고 있기 때문에 편집자의 신학적 관심이 포함되었을 가능성이 있다. 이것은 13절의 '나의 매임'이라는 구체적인 표현 때문에 바울의 투옥과 수난이라고 볼 수 있다. '도리어'(말론)는 바울 자신이 갇힌 것을 빌립보 성도들이 우려하고 걱정하고 있었던 상황을 암시한다. 바울의 투옥 상황이 복음의 진보에 기여하게 되었다고 바울은 보고한다.

여기에서 "복음 전파에 진전이 된 줄"(에이스 프로코펜 투 유앙게리우 에레루텐 : εἰς προκοπὴν τοῦ ἐὐαγγελίου ἐλ ήλυθεν)에서 복음과 진보는 둘 다 종교적인 의미를 넘어서 정치적 의미가 있다. 우선 단수로서 사용된 복음(유앙게리온 : εὐαγγέλιον)은 헬레니즘 시대에는 통치자나 황제의 등극의 기쁜 소식의 선포와 이 선포와 관련된 구속 사건과 이것이 미치는 희소식에서 그 명사형이 유래하였다고 볼 수 있다. 그래서 통치자 숭배나 황제숭배 그리고 로마 정치가들의 정치적 선전물에서 나오는 다양한 복음들(유앙게리아 : εὐαγγέλια)과 경쟁하는 상황에서 그리스도 사건의 희소식(유앙게리온)을 다른 모든 복음들로부터 의도적으로 구별시키고자 단수를 사용한 점을 주목할 필요가 있다. 이런 의미에서 복음의 의미가 정치적으로는 황제의 통치나 다른 종교의 구원에 대한 이해에 반하여 변증적이고, 호교론적 의미를 강조할 필요가 있다. 이 단어에 대한 사전적 의미는 아래와 같이 기술할 수 있을 것이다.

> 이 단어의 헬레니즘 전통의 종교적 의미는 유대 저술가 필로(Philo)와 요세푸스(Josephus)에 의해서 확증된다. 필로는 이 단어를 동사형을 사용하지만 요세푸스의 〈유대전쟁사〉 2권 420(17 : 4)(=좋은 소식)과 베스파시안(Bespasian)의 황제로서의 등극이 언급된 4권 618(10 : 6)에서는 명사형으로 사용한다. 복음과 시이저 황제숭배와 이를 위한 희생제의 헌정과의 연관성은 요세푸스에게 이미 알려진 바 있어 복음의 종교-제례적 의미는 당시에 이미 통용된 것이 확실시된다. 이것은 〈유대전쟁사〉 4권 656(11 : 5절)(황제의 선포)에서 확인된다.
>
> 헬라 비문들도 역시 종교적 의미를 확증해 준다 : 통치자 숭배와 관련해서 주전 4세기로부터 유래하는 고대 비문은 구원의 의미가 복수 형태의 복음과 연관된다는 것을 지시해 준다(〈동방그리스비문선집〉 *OGIS* I, 13, 20). Priene로부터 유래하는 비문(*OGIS* II, 458)이 특히 주목되는 데 여기에서는 복음들

이 황제의 나타남과 연루되는 도래할 구속의 선언과 그 구속 사건의 희소식 둘 다를 함축할 수 있다. 수사학적 스타일에도 불구하고 요세퍼스에서든지 또는 다른 헬레니즘 문헌(예 : 다이스만의 「고대 동방으로부터의 빛」, 366-367 참조)들에서든지 복수 형태의 복음들은 제국의 주민들의 삶에 영향을 주는 구속 사건들을 지칭하는 것이 명백하다(*EDNT II*, 71).

(황제 숭배 제의와 통치자 숭배와 관련된 이 용어의 용례의 출처에 관해서는 *EDNT* II, 70-74 참조 ; 이 단어의 기원이 되는 종교제의에서의 희소식 전달 과정과 관련되는 복음의 의미에 관해서는 G. Kittel/G. Friedrich ed. G. W. Bromiley, tran. *Theological Dictionary of New Testament : Abridged in One Volume*〈Grand Rapids : W. B. Eerdman, 1985〉, 267-273 참조 ; 복음의 정치적 의미를 강조하는 주석의 예로서는 Cousar의 주석, 33-35 참조).

또한 진보(프로코페 : προκοπή)라는 단어는 프로-콥토(προ-κόπτω)의 명사형이다. 콥토는 치다, 자르다라는 뜻이 있다. 그래서 앞으로 치고 자르면서 나아간다는 어원적 의미가 있다고 볼 수 있다(*LSJ*, 1486-1487). 용례로서 이 단어는 주로 항해에서의 전진하는 행위를 기술하는 중립적 의미로 쓰이다가 전쟁 상황에서 군인들이 선발대가 수행하는 전위적인 돌격을 의미하였고 결국 헬레니즘시대에는 도덕적/영적 성숙의 의미를 내포하게 되었다. 특히 이 단어는 원래 '항해에서 앞으로 전진하다'는 중립적인 의미였지만 나중에는 주로 긍정적 의미로 군사적 성공이나 개인적 성공, 축복, 치유의 진전 등의 의미로 쓰였다. 결국 헬레니즘 시대에는 도덕적/영적 진보나 덕성의 진보를 나타낸다. 그런데 특이 이 용어는 스토아주의 윤리에서 선과 악의 중간 단계에서 윤리적 발전을 의미하는 기술적 용어로 사용되었다. 자기-점검과 자기-비난을 통해서 지혜, 덕성, 그리고 경건의 측면에서 진전되어 완벽에로 나아가는 단계로 이해된다(Kittel-Bromiley, *TDNT*, 939-942 참조). 그래서 복음의 진보는 개인의 도덕적 발전이나 교육의 성숙 과정만을 의미하기보다는 복음 전파의 전투적 상황에서 로마 제국으로 진격하여 이에 저항하는 정치적 의미를 내포할 수 있게 된다. 이런 의미에서 결국 빌립보서 1 : 25의 '믿음의 진보'가 스토아주의의 전통적인 도덕적/영적 성장의 의미를 내포하여 개인의 영적 성장과 발전을 강조하는 반면, 1 : 12의 복음의 진보는 결국 이것은 단순히 양적인 전도의 성장만을 의미만 있는 것이 아니라 복음이 로마제국에게 변호되어 사람들에게 그 질적인 의미가 바르게 전달되었다는 측면에서 전쟁의 상황과 유사한 방식으로 승리의 거점을 차지하는 진보를 가져왔다는 의미를 뜻한다.

[1 : 13–14] "이러므로 나의 매임이 그리스도 안에서 모든 시위대 안과 그 밖의 모든 사람에게 나타났으니"(1 : 13)은 번역본에 따라 다양한 번역이 가능한 것으로 유명한 구절이다. 예를 들어 공동번역은 "내가 그리스도를 위해서 갇혀 있다는 사실이 온 경비대와 그 밖의 모든 사람들에게 알려지게 되었습니다." 이지만, 표준새번역은 "곧 내가 감옥에 갇힌 것이 그리스도로 말미암은 것이라는 사실이 온 친위대와 그 밖의 모든 사람에게 알려졌으므로"이다.

> *KJV* : Philippians 1 : 13–"So that my bonds in Christ are manifest in all the palace, and in all other places" 〈in Christ : or, for Christ〉 〈the palace : or, Caesar's court〉 〈in all other... : or, to all others〉
> *NRS* : Philippians 1 : 13–"so that it has become known throughout the whole imperial guard and to everyone else that my imprisonment is for Christ ;"
> *NAS* : Philippians 1 : 13–"so that my imprisonment in the cause of Christ has become well known throughout the whole praetorian guard and to everyone else,"

이렇게 번역이 다르게 나타나는 것은 '그리스도 안에서'(헬라어)의 문법적 기능을 어떻게 보느냐에 따라 다르게 번역되기 때문이다. 대개 문법적으로는 세 가지 방식으로 이해하는 경우가 있다. ① '그리스도 안에서'가 '나의 매임'을 수식하되 한정적인 방식(*KJV*)과 서술적인 방식(*NRSV*, 공동번역, 표준새번역) 두 가지로 수식할 수 있다. ② '그리스도 안에서'가 '나타났으니'를 꾸미는 방식이다(개역 개정역). ③ '그리스도 안에서'가 문장 전체를 수식하는 경우이다(*NAS*)(13절의 문법적 기능과 이와 관련된 주석의 다양한 견해들에 관해서는 Reumann의 주석, 168–170, 191–197과 O'Brien의 주석, 91–92 참조). 이런 번역의 상이함이 중요한 것은 번역에 따라 바울의 로마제국에 대한 정치적 태도까지도 추론할 수 있기 때문이다. 그래서 바울 자신의 투옥과 석방과 관련하여 언급된 이 구절에 대해서, 매임의 이유가 정치적인 것이 아니라 그리스도의 복음을 위한 것이라는 것이 명백하게 되었다고 해석할 수 있는지, 아니면 단지 바울의 투옥 자체가 그리스도의 구속 역사에 참여하는 결과가 되었다는 것이 사람들에게 알려지게 되었다는 것을 말하는지가 문제 제기될 수 있는 것이다. 공동번역과 표준새번역의 빌립보서 1 : 13의 번역본은 분명히 이렇게 전자의 해석을 선호하는 경향을 갖고 있지만 개역개정의 번역은 확실히 이 두 가지 중 어떤 해석에 더 가까운지 확실하지 않다. 이 문제가 중요한 것은 바울이 로마제국에 대한 저항적인 정치적 태도를 가지고 있었는지와 밀접하게 연관되기 때문이다. 김세윤과 김홍철 박사는 전자의 해석을 선택하여 빌립보서 1 : 13~14에서 바울이 로마제국의 전복 음모와 같은 대역죄 때문에 투옥된 것이 아니라 로마제국이 기독교의 정치적 태도에 대하여 복음을 오해했기 때문에 투옥되었다는 것이 명백하게 되었다고 추론한다. 이들에 의하면, 결국 이 구절은 사도행전 16 : 20~24의 바울의 모습에서처럼, 바울이 반역죄로 투옥되어 처형되었다기보다는 복음에 대한 오해가 풀려서 오히려 복음이 더 활발히 퍼져 나가게 되고 결국 바울이 곧 석방될 것이라는 기대를 암시한다는 것이다(Seyoon Kim, *Christ and Caesar*〈Grand Rapids : W. B. Eerdman, 2008〉, 43–50 ; 김철홍, 앞의 글, 25–28). 하지만 이러한 해석은 사도행전에서 묘사된 바울의 로마제국에 대한 보수적인 태도를 빌립보서 주석에 너무 많이 연결시켜서 바울이 빌립보서에서 전달하려는 보다 역동적인 복음의 포괄적 의미를 삭감시키는 단점을 갖고 있다(이들의 입장에 대한 보다 치밀한 비판에 관해서는 김덕기, 2010, "바울의 로마제국에 대한 정치적 태도와 정치신학," 711-719 참조).

우선, 흠정역(KJV)에서처럼, 13절의 헬라어 역, ὥστε τοὺς δεσμούς μου φανεροὺς ἐν χριστῷ γενέσθαι —"(호스테 투스 데스무스 무 파네루스 엔 크리스토 게네스타이--)에서 '그리스도 안에서'(엔 크리스토 : ἐν χριστῷ)를 '바울의 투옥'을 직접 꾸며 주는 형용사구로 이해함으로써 "그리스도 안에서 일어난 바울의 투옥이 분명하게 계시되었다"고 번역되기는 문법적으로는 좀 어렵다고 판단된다. 그래서 13절의 "이러므로 나의 매임이 그리스도 안에서……나타났으니"라는 모호한 표현이 '그리스도 안에서'가 '나의 매임'을 수식하되 서술적으로 수식하도록 번역하는 가장 일반적인 방식이 제기된다. 이 번역 방식은 다른 두 가지 서로 다른 방식의 해석이 가능하다. 하나는(①) 바울의 투옥이 단지 정치적 이유가 아니라 그리스도를 위하거나 그로 말미암은 것이라는 것이 시위대 안과 모든 다른 사람들에게 명백하게 되어 복음이 퍼져 나갔다고 번역하게 된다. 여기에서는 '그리스도를 위하여'나 '그리스도를 말미암아'라는 말을 14~18절의 복음 선포의 환유(왕관이 왕권을 의미하는 것처럼)로 이해하는 경우에 복음이 전파되는 것으로 협소하게 이해하는 경우가 된다. 이 경우에는 빌립보서 전체에 나타나는 수난의 참여를 통한 일치와 로마 제국에 저항하는 대안적 정치신학을 구상하는 주제와 어울리지 않는 단점이 있게 된다. 반면 호돈에 의하면, 바울의 투옥이 오직 그리스도의 선포만을 위한 것임을 온 시위대와 그밖의 모든 사람들에게 명백하게 되었다고 해석될 수 있다는 것이다. 그리고 이 해석의 근거를 사도행전 23~24장에 나타난 바울의 가이사랴 감옥에서의 옥중 선교활동과 연관시킴으로써, 바울이 단지 그리스도인이 되었기 때문에 투옥되었다고 해석될 수 있다는 것이다(호돈의 주석, 118-119). 다른 하나(②)의 경우에는, 바울의 투옥이 그리스도의 구속 활동에 참여하게 되는 결과를 낳았다는 것이 명백하게 되었다는 번역을 선호하게 된다. 이럴 경우에는 대게 정치적 이유로 시민권력에 저항하지 않았다는 것을 확인될 수 있다는 김세윤 박사의 주장도 성립되기 어렵다. 하지만 이 해석에서는 결국 구속활동의 의미가 구체적으로 무엇인지 설명해야 하는 과제가 남는다. 오브라이언은 이러한 번역을 지지하면서 바울의 투옥이 갖는 저항의 정치적 의미를 부각시키지는 않는다(O'Brien의 주석, 92).

또한 앞의 두 가지 방식과 전혀 다르게 세 번째(③) 문법에 기초한 번역 방식으로, '그리스도 안에서'가 명백하게 밝혀졌다는 사실을 수식하는 경우가 있다. 여기에서 중요한 것은 '파네루스-게네스타이'는 계시가 드러났다는 의미보다는 13절의 문맥에서는 교회가 공적으로 알아야 할 사항 중 숨겨진 것이 드러나게 되어 교회의 갈등의 문제가 해결되었다는 점이다. 하지만 이러한 해석은 뒤의 모든 시위대 안과 그밖의 모든 사람들에게도 알려졌다는 표현과 어울리지 않는 단점이 있다. 필자의 견해를 지지하는 근거를 제시하는 그닐카는 파네루스-게네스타이를, 고린도전서 11 : 19와 14 : 24~25의 교회의 갈등의 해결 방식으로서 공개의 중요성을 복음 전파에 기여하는 경우와 연결시켜서, 바울이 재판받는 과정에서 묵살되지 않고 공개되어 복음 전파에 기여하게 되었다는 해석을 제안한다(그닐카의 주석, 112-114).

위의 토론의 문제들에 비추어서 우리는 13절을 다음과 같이 새롭게 주석할 것을 제안하고자 한다. 우선 "그리스도 안에서"(엔 크리스토, ἐν χριστῷ)는 이 문장의 문맥에서는 바울의 창의적인 신학적 사유를 담는 공식어구(formula)로서 그리스도의 십자가와 부활의 구속 사건과 그 사건에 참여하게 될 때 수반되는 수난, 그리고 육, 죄, 죽음으로부터의 해방의 의미를 모두 내포한다('엔 크리스토'의 신학적 의미에 관해서는 Strecker, *Theology of the New Testament*, 117-137 참조 ; "그리스도를 위해서"로 해석하는 주석에 관해서는 G. D. Fee, 1995, *Paul's Letter to the Philippians*(Gramd Rapids : W. B. Eerdmams), 112-114 참조). 특히 빌립보서에서의 '그리스도 안에서'의 의미는 그리스도의 구속 역사에 참여하면서 오는 그리스도와의 신비스러운 연합과 이를 위해 지불해야 할 수난의 대가, 그리고 역설적으로 이 수난에의 참여로 얻게 되는 구속으로부터의 해방을 함께 지시하게 된다('엔 크리스토'의 고난의 모티브를 순교신학과 연결시킨 연구사적 고찰에 관해서는 Bloomquist, 1993, 앞의 책, 13-138 참조). 왜냐하면 이것이 수난을 수반하게 된다는 것이 빌립보서의 주제(1 : 7, 12-26, 27-30 ; 2 : 17 ; 3 ; 10 ; 4 : 12-14 ; 2 : 6-8과 3 : 10 ; 2 : 26-30)와 연관되는 중요한 단서이기 때문이다. 오우크스는 고난의 모티브가 다음과 같이 다양한 방식으로 서신에 분포되었다고 제시한다 : 투옥의 고난에 참예함(1 : 7), 투옥에서의 정신적 고통과 내적 고뇌의 보고(1 : 12-26), 그리스도 안에서 받는 고난에의 부름(1 : 27-30), 순교의 고난에도 불구하고 함께 기뻐하라는 부름(2 : 17), 고난에의 참예와 순교의 본받음(3 : 10), 비천함, 궁핍함, 배고픔의 고난에의 공동교제(4 : 12-14), 그리스도의 순교적 고난(2 : 6-8과 3 : 10), 에바브로디도의 병의 고난(2 : 26-30)(고난의 모티브를 로마 제국으로부터 받는 정치적 핍박과 연결시키려는 입장에 관해서는 Oakes, 2001, *Philippians*, 77-102 참조). 그래서 결국 13절은 바울의 구원활동이 무죄라는 것이 명백해진 것이 아니라 단지 바울이 재판의 심리 과정에서 자연스럽게 그의 투옥의 이유와 그 의미가 공개적으로 알려지게 되어 투옥의 구속으로 말미암아 수난을 당하지만 이 수난을 통해서 오히려 그리스도의 수난에 참여하는 신비스러운 연합을 경험하게 되어 역설적으로 영적, 사회적, 정치적 해방을 경험하게 되었다고 과감하게 해석할 필요가 있다. 쿠자르(Cousar)는 '엔 크리스토'(그리스도 안에서)가 '그리스도를 위해서'라는 세련된 번역도 가능하지만 일반적인 '그리스도 안에서'라는 번역을 더 선호한다. 왜냐하면 이것이 3장 10절에서의 그리스도의 수난에의 참여가 주는 그리스도 신비주의를 의미한다고 보기 때문이다(13절에서 로마 제국으로부터 받은 핍박과 고난의 의미를 강조한 최근의 주석으로는 Cousar의 주석, 33 참조).

'시위대 안과 그 밖의 모든 사람에게'에 대한 주석에서도 '시위대'(πραιτώριον : 프라이토리온)가 무엇인지에 대한 여러 논란이 있었다. 헬라어 πρ αιτώριον은 라틴어에서 온 일종의 외래어(*Praetorium*)로서 로마 집정관과 그 수행원들이 함께 진주하는 막사나 본부라는 좁은 의미에서 유래한다. 이것은 약 5,400~6,000명으로 구성된 로마 한 군단(legion)보다는 수가 적은 정예 부대나 로마의 공무원이 공적으로 주둔지에 소속된 공무 요원들을 의미하였다(P. J. Achtemeier, ed. *Harper's Bible Dictionary*〈San Francisco : Harper & Row, 1985〉, 555, 816). 하지만 이런 좁은 의미에서 파생하여 집정관이나 치안관의 친위대(시위대 또는 경호관들) 또는 그 병영지를 의미했고, 더 나아가서 황제의 사저나 시골 별장 또는 정치적 공직자의 관저를 의미하기도 한다. 복음서(막 15 : 16 ; 마 27 : 27 ; 요 18 : 28, 33 ; 19 : 9)에서는 예수님이 재판을 받았던 빌라도 총독의 관저를 지칭하고, 사도행전(행 23 : 35)에서는 바울이 가이사랴에서 벨릭스 총독으로부터 재판을 받았던 헤롯 대제의 또 다른 궁전에 인접한 이 총독의 주거지나 관저를 지칭할 때 사용되었다(*EDNT* III, 144-145과 Walter Bauer & F. W. Danker, ed. *A Greek-English Lexicon of the New Testament and other Early Christian Literature*. 3rd. ed.(*BDAG*)(Chicago : University of Chicago, 2000), 859 ; 이 용어에 대한 주석학적 논점에 관해서는 그닐카의 주석, 113-114 O'Brien의 주석, 92-93 참조).

빌립보서 1 : 13에서의 '시위대'는 에베소나 가이사랴 감옥의 환경에서는, 복음서와 사도행전의 용례와 유사하게 총독의 관저나 그를 호위하는 친위대를 의미할 수 있을 것이다. 하지만 바울이 로마 감옥에 갇힌 것이라면, 황제의 궁전 또는 황제의 친위대나 그 병영을 의미할 수 있을 것이다. 이 견해는 성서의 용례와 다른 점에서 약간 생소하지만 크리소스톰(Chrysostom), 몹수에스티아의 테오도르(Theodore of Mopsuestia)와 테오도렛(Theodoret)을 포함한 초기 그리스어 주석들이 로마 이외의 황제의 궁전을 지칭하였다는 점에 의해서 확증받는다(고대 저술가들의 일차 자료에 대한 언급은 주로 J. B. Lightfoot, *Saint Paul's Epistle to the Philippians*(1868)〈New York : Macmillan : 1903〉, 99-104 참조). 그닐카와 호돈은 이를 에베소와 가이사랴의 총독 관저나 그 친위대로 이해한다(그닐카의 주석, 113-114와 호돈의 주석, 118-119). 다른 한편 오브라이언은 로마의 황제의 관저나 그 친위대로 이해한다(O'Brien의 주석, 93). 이러한 다양한 견해들을 종합하였던 류만(Reumann)은 빌립보서 1 : 13의 '시위대'(프라이토리온)가 다음의 네 가지의 해석의 가능성을 내포한다고 제시한다 : ① 바울이 로마 감옥에 갇혔다면 팔라틴 언덕(Palatine Hill)에 자리잡은 궁전이나 제국 황실 관저 ② Colline Gate나 Porta Viminalis 밖에 있는 친위대 대형 군인 캠프 ③ 위의 궁전에 근접해 있는 작은 친위대 병영 ④ 고급 군인들로 이루어진 경호용 친위대.

우리는 위의 네 가지 중 하나를 선택하기보다는 13절의 용례에서의 특이한 점을 고려하여 창의적인 가능성을 제시할 필요가 있다. 시위대 앞에 장소와 관련된 전치사 '엔'(ἐν)이 사용되어 관저나 병영 및 궁전을 지칭하는 것이 적합할지라도 '시위대 안' 다음에 나오는 '그 밖의 모든 사람들'과 관련된다는 점을 고려해야 한다. 그래서 이것은 황제의 궁전과 반드시 지리적 위치와 상관없는 친위대원들과 이와 관련된 보조자들(보통 약 9000명)을 지칭할 수 있다. 이 견해는 오브라이언의 제안과 가장 유사하다. 류만은 이러한 견해를 뒷받침할 수 있는 용례의 근거가 당시의 다양한 비문들과 타키투스(Tacitus), 플리니(Pliny), 수에토니우스(Suetonius), 요세푸스(Josephus)의 저작들에 의해서 확증될 수 있다고 생각한다(이에 관해서는 O'Brien의 주석, 93 참조 ; 로마 감옥일 경우와 연관된 네 가지 가능성에 관해서는 Reumann의 주석, 171 참조). '그 밖의 모든 사람들'의 헬라어(τοῖς λοποῖς πάσιν : 토이스 로포이스 파신)는 황제의 친위대 사람들 이외의 불특정한 나머지 모두를 의미하며, 이는 바로 로마의 비그리스도인들 전부를 지칭할 수 있다. 그래서 우리는 14절의 복음을 담대히 전하는 상황과 마찬가지로 이것은 '모든 시위대 안'의 표현과 함께 상당히 과장된 모호한 표현으로 이해할 필요가 있다. 이들은 바울의 투옥 장소와 관련된 특정한 사람들이나 바울의 재판 과정에 연루된 공직자들로 이해하기보다는 불특정한 사람들로서 바울의 투옥과 그 의미에 대해서 들었던 다양한 분야의 매우 많은 사람들을 의미한다. 류만(Reumann)은 '그 밖의 모든 사람들'이라는 표현이 특정한 집단의 사람들로 해석할 수 있는 가능성을 제시하기도 한다(Reumann의 주석, 172-173).

바울은 이제 그의 투옥이 또 다른 결과를 가져왔다는 것을 14절에 제시하게 된다. 형제들 중 다수가 바울의 투옥에 의해서 주 안에서 신뢰를 얻게 되어 하나님의 말씀을 더욱 담대하게 말하게 되었다는 것이다. 헬라어 본문에서는, 13절의 주어 바울의 투옥은 14절에도 영향을 미치기 때문에 '바울의 투옥에 의해서'라는 말이 반복되는 인상을 준다. '투옥에 의해서'를 13절 결과 전체의 환유(13절의 '그리스도 안에서'의 기능처럼)로서 지시한다는 것을 암시한다. 다시 말해서, 바울의 매임이 오히려 역설적으로 로마의 시위대와 함께하는 모든 사람들에게 영적 구속으로부터 해방을 가져오는 상황 전체(13절)를 통해서 14절에서는 형제들 중 다수가 복음을 더욱 담대히 설명하는 용기를 얻게 되었다는 것이다. 우리 말 성경에는 '전하다'고 번역했지만 헬라어로는 '말하다'(라레인 : λαλεῖν)로 되어 있고 이것은 선포하는 것과 달리 설명하고 해설하고 설득한다고 번역되어야 할 것이다. 또한 복음 선포의 의미가 아주 강한 말씀(λόγος : 로고스)의 다른 용례들(살전 1 : 6 ; 갈 6 : 6)과 약간 다르게, 말씀을 말한다는 매우 일상적 용어를 사용되고 있다는 점이 주목된다. 여기에서 '로고스'가 이유라는 말도 되기 때문에 복음의 근거와 원리를 설명한다는 말이 숨겨져 있을 수 있다. 로고스는 특히 일상적으로 쓰는 말과 관련된 의미 이외에 라틴어 *ratio*와 관련된 사유, 근거, 이유, 탄원의 의미를 내포할 수 있다. 예를 들면, '우크 에케이 로곤'(οὐκ ἔχει λόγον)은 '이유를 납득하지 못하다'는 의미이고, '카타 로곤'(κατὰ λόγον)은 이유에 동의하라는 뜻이다. 또한 '에크 티노스 로구'(ἐκ τίνος λόγου)는 '무슨 근거로?'라는 의미이다. 또한 '로고스 하이레이'(λόγος αἱρέι)는 '다음과 같은 탄원은 근거가 있다고 여겨진다'라고 번역될 수 있다(H. G. Liddell & R. Scott, A Greek-English Lexicon, new ed. rev. & aug. by H. S. Jones[*LSJ*](Oxford :

Clarendon Press, 1961), 1057-58). '더욱'이라는 뜻을 가진 헬라어 '페리소테로스'(περισσοτέρως)는 없던 것이 생기는 것이 아니라 있었지만 더 있게 된다고 이해해야 하므로 용기가 더욱 생겼다는 것이다(단어의 뜻풀이에 대하여는 그닐카의 주석 115-116과 O'Brien의 주석 94-96 참조).

여기에서 용기를 가지고 말씀을 설득하는 사람은 바울과 같은 선교사들만을 의미하는지 앞의 의미상 주어인 '형제들과' 연관되어 그리스도인 일반을 의미하는지 쟁점이 제기된다. 이 문제는 결국 로마에 있는 그리스도인들을 말하는지, 에베소에 있는 바울의 선교동역자들 또는 에베소 교회의 그리스도인들을 지칭하는지의 문제와도 연관된다. 그닐카는 에베소의 선교사들을 지칭한다고 주장하는 한편 오브라인은 로마에 있는 그리스도인들 전체를 지칭한다고 주장한다(그닐카의 주석, 114-115 ; O'Brien의 주석, 94-95). 물론 서론에서 필자의 생각을 밝혔듯이 서신이 로마 감옥에서 보내는 편지로 읽혀지기를 의도했기 때문에 로마, 나아가서 모든 지역의 그리스도인들이 복음을 말하는데 담대하게 되었다고 보아야 할 것이다. 이것은 '복음을 선포하다'는 표현보다 '말씀을 설득하다'는 표현을 사용하여 평신도들도 할 수 있는 것을 암시하고 있기도 하기 때문이다.

여기에서 더 중요한 것은 '신뢰하게 되고', '더욱', '담대한 용기를 갖게 되고', '겁 없이'에서처럼 표현이 매우 반복되어 복음의 대의를 설명하는 방식에 대한 기술이 과장되고, 과잉결정되었다(overdetermined)는 점이다. 여기에서 바울의 투옥이 어쩌면 기독교의 복음 전파에 엄청난 방해나 전멸의 위기 상황에서 오히려 많은 그리스도인들에게 복음을 말하게 되는 반전이 일어났다는 기쁨과 희열에 찬 표현이다. 이런 의미에서, 이것은 역설적으로 당시 그리스도인들이 전체적으로 폭넓은 지역에서 핍박을 당하고 있는 상황을 암시하는 것을 나타낼 수도 있는 것이다(O'Brien의 주석, 94와 Cousar의 주석, 34). 이러한 표현의 과장에 대해서 지적하는 학자들은 있지만 이것에 대한 적극적인 해석은 거의 하지 못하고 있는 실정이다. 이에 대해서 필자는 징후적

독해가 필요한 경우라고 생각한다. 다시 말해서 프로이트의 무의식의 차원에서는 오히려 강한 부정은 긍정을 말하고, 강한 긍정은 부정을 말할 수도 있는 것이다. 우리는 당시 그리스도인들이 가질 수밖에 없는 엄청난 핍박과 죽음의 위협을 인식하면서 이 14절을 새롭게 이해할 필요가 있는 것이다. 대표적으로 타키투스의 〈역사서 Ⅱ〉 제15장, 44는 당시 네로의 기독교인 핍박을 다음과 같이 보고하고 있다.

> 따라서 체포는 유죄로 판명된 모든 사람들에게 먼저 시행되었다. 그리고 나서 그들의 정보에 근거해서 엄청난 대중이 단지 그 도시를 방화한 범죄라기보다는 오히려 인류에 대하여 증오를 한 혐의로 기소되었다. 모든 종류의 조롱이 그들의 죽음에 대해여 퍼부어졌다. 짐승들의 가죽으로 덮여져서 그들은 개들에 의해서 뜯겨졌거나, 십자가에 못박혔거나, 일광이 꺼졌을 때 밤을 밝히는 조명으로 쓰이도록 불구덩이에 던져져 불태워졌다.

바울의 복음은 로마 제국의 정치 선전에서 사용한 제국의 복음과 대조되는 것이다. 예를 들면, 홀스리(Horsley)는 복음의 의미를 새 메시야가 로마 제국을 전복시키려는 전복적인 메시지로 이해할 것을 제안하기도 하고, 게오르기(D. Georgi)는 복음이 로마 제국주의에 대항하는 새로운 정치적 메시지로 이해할 것을 주장하기도 한다(리차드 홀스리, "전체서론", 13-29와 "서론 : 로마 제국주의의 구원의 복음", 「바울과 로마제국」(1997)〉(서울 : 기독교문서선교회, 2007), 31-50 ; 디터 게오기, "로마 제국주의의 이데올로기를 전복시킨 복음", 위의 책, 225-240 참조).

2. 발신자와 수신자의 갈등의 상황을 암시하는 다양한 동기에 의한 복음 선포(1 : 15-18a)

15어떤 이들은 투기와 분쟁으로, 어떤 이들은 착한 뜻으로 그리스도를 전파하

나니 [16a]이들은 내가 복음을 변증하기 위하여 세우심을 받은 줄 알고 [16b]사랑
으로 하나 [17a]그들은 나의 매임에 괴로움을 더하게 할 줄로 생각하여 순수하
지 못하게 다툼으로 [17b]그리스도를 전파하느니라 [18a]그러면 무엇이냐 겉치레
로 하나 참으로 하나 무슨 방도로 하든지 전파되는 것은 그리스도니

이 구절은 바울이 감옥에 갇히게 되었을 때 복음을 전하는 사람들의 양상을 제시하고 있다. 어떤 사람은 투기와 분쟁으로 다른 사람은 선한 의지로 그리스도를 선포한다. 후자는 바울이 복음을 변증하기 위해서 위임받았다고 생각하여 복음을 전하지만, 전자는 바울이 투옥되었을 때 바울에게 괴로움(트리프신 : θλῖψιν)을 주는 것이라고 상상하면서 순수한 동기가 아니라 이기적인 야심으로 그리스도를 전하게 된다. 이에 대해서 바울은 의도를 숨기든지 진실한 마음으로든지 복음이 어떤 방식으로든지 전달되는 것이 더 중요하다고 생각한다. 이러한 내용은 15~17절에서 형식상 교차대구법(A-B-B'-A')의 수사와 단어의 평행적 나열에 의해서 다음과 같이 일목요연하게 논의되고 있다(Reumann의 주석, 188-189, 197-202와 Cousar의 주석, 35-37 참조).

두 집단의 복음 선포 동기와 투옥 해석 대조표

	성경 구절	가 집단	나 집단
복음 선포의 동기	15절	〈A〉 투기와 분쟁	〈B〉 선한 의도로 그리스도를 선포함
바울의 투옥에 대한 해석	16a와 17a절	〈A'〉 바울의 투옥되었을 때 바울에게 괴로움을 줄 것을 가정하고〈17a〉	〈B'〉 바울의 투옥이 복음을 변증하기 위하여 세우심을 받게 되었다고 알고〈16a〉
복음 전파의 동기	16b와 17b절	〈A'〉 순수하지 못하게 다툼으로(정치적 야심으로) 그리스도를 전파한다.〈17b〉	〈B'〉 사랑으로(그리스도를 전파 〈16b〉
바울이 기뻐함의 이유	18절	겉치레로(거짓핑계로) 하든, 전파되는 것은 그리스도이기 때문에	진정으로 하든, 전파되는 것은 그리스도이기 때문에

[1 : 15] 15절에서 중요한 것은 '가' 집단의 복음 선포 동기인 투기(프토논)와 분쟁(에린)과 다툼(에리테이아)이 바울서신에 나타난 악덕의 목록(갈 5 : 19 ; 롬 1 : 29 ; 딤전 6 : 4)에도 들어가 있는 것이기 때문에 부정적으로 평가되어야 하지만, 바울은 이러한 마음으로 복음을 선포하더라도 상관없다고 말한다(18절). 더군다나 바울의 너그러운 자세는 다른 바울의 초기 7개 서신에는 잘 나타나지 않는다는 점에서 15~17절은 보설(補說)로 취급되기도 하고, 이것이 지칭하는 역사적 상황이 무엇인지 논의되곤 한다(Martin의 주석, 72-74). 바울이 이러한 너그러운 태도를 가진 이유를 명확히 알기 위해서 우선 우리는 특히 다툼(ἐριθεία)의 단어를 고찰할 필요가 있다. 이 단어는 신약에서는 드물게 나오지만(고후 12 : 20 ; 갈 5 : 20 ; 빌 2 : 3), 그 이전에는 오직 아리스토텔레스의 「정치학」(5, 3, p. 1302b)에서만 나온다. 여기에서 이 단어는 공정하지 않은 방법에 의해서 정치적 공직을 스스로 쟁취하려는 노력의 뜻을 내포하고 있다. 그래서 에리스(ἔρις: 분쟁)와 함께 나올 때 고린도후서 12 : 20과 갈라디아서 5 : 20에서 "당 짓는 것"으로 번역이 될 수 있는 것처럼, 싸움(strife)과 쟁론벽(contentiousness : 쟁론을 좋아하는 기질)의 의미를 내포할 뿐만 아니라 일반적으로는 이기적인 것(selfishness), 이기적 야망(selfish ambition)의 의미를 갖고 있다(*BDAG*, 392). 하지만 킷텔 사전에 의하면, 이 단어는 맥락에 따라 그 용례와 의미가 달라진다. 예를 들면 로마서 2 : 8에서는 진리에 복종하지 않고 즉각적인 이익을 추구하는 사람들의 비열한 본성을 언급할 때 쓰이거나, 고린도후서 12 : 20과 갈라디아서 5 : 20, 빌립보서 1 : 17과 2 : 3에서와 같이 더 숭고한 것들에 눈을 돌리지 않고 자기 자신에게 몰두하는 야비한 행위를 지칭한다(Kittel-Bromiley, *TDNT*, 256).

다른 한편, '나' 집단은 '선한 의도로'(디 유도키아) 그리스도를 선포하고, 바울이 복음(12절의 복음과 연관됨)을 변증하기 위해서 세움을 받은 것으로 이해하고, 사랑으로(에크스 아가페스) 그리스도를 선포한다. 여기서 "착한 뜻으로"으로 번역된 '디 유도키아'는 그리스도를 선포하는 이유를 말하는 것으로 투기와 분쟁으로 그리스도를 선포하는 사람들과 대조되는 말이다. 이 단어는 원래 호의나 좋은 쾌락을 의미하는 용례(마 11 : 26 ; 눅 10 : 21 ; 엡 1 : 5, 9 ; 눅 2 : 14)나 바람이나 욕망(롬 10 : 1)을 의미하는 경우가 종종 있다. 하지만 여기에서는 단순히 결과를 말하는 것이 아니기 때문에 복음을 선포하는 의도와 동기를 뜻하는 것일 수 있다. 그래서 '엑스 유도키아'는 빌립보서 2 : 13과 데살로니가후서 1 : 11에서처럼 선한 의지로 복음을 선포하는 사람의 행동의 동기와 의지를 나타낸다고 해석할 필요가 있다(*GIN*, 86).

[1 : 16] 16절에서 복음을 변증한다는 말은 바울이 오해로 감옥에 가게 되었다고 생각하여 정치적인 개입과 아무 연관이 없는 것으로 주석하기 쉽다. 하지만 이와 달리 그 용례는 법적인 용어로서 복음이 유대인과 달리 새로운 교회공동체를 형성하는 기초가 된다는 의미에서 정치적 의미와 연관된다. 바울은 유대인과 로마인 그리고 헬라인의 경쟁 속에서 복음의 진리가 새 공동체를 가져온다는 점을 다른 유대인과 로마인들의 사회적 핍박에도 불구하고 담대히 변호했다는 것을 말한다. 7절에서 바울이 복음을 변명하고자 하는 것과 유사하지만 1 : 16에서는 바울이 복음을 변증하기 위해서 이미 지정되었다는 것을 어떤 사람들이 알았다는 것이 강조된다. 여기에서 사용된 의미는 디모데후서 4 : 16과 고린도후서 7 : 11과 빌립보서 1 : 7에서처럼 법정에서의 변론(행 22 : 1 ; 25 : 16)이나 자신(고전 9 : 3) 또는 다른 사람에 대한 단순한 변론(벧전 3 : 15)이라기보다는 빌립보서 1 : 7에서처럼 사람에 대해서가 아니라 복음 자체의 진정성을 공적으로 변증하는 것을 의미한다(어휘에 관해서는 *BDAG*, 117과 빌 1 : 7에서 이미 사용된 *EDNT*, 137 참조). 이것은 복음이 로마제국에 무해하다는 것을 변호하려는 것인지, 복음이 진정으로 새로운 구원의 메시지인지 논의할 필요가 있다. 여기에서는 김세윤과 김철홍 박사가 지지하는 것처럼 복음이 정치적으로 위험하지 않다는 전자의 견해를 변증하려는 것이 아니라 후자, 즉 복음을 통하여 교회공동체를 확립함으로써 진정한 구원

과 평화를 가져올 수 있다는 것을 변증하려 한다는 해석이 더 설득력 있다고 볼 수 있다. 이러한 태도는 14절에서 겁 없이 담대히 복음을 선포하는 것과 20절에서 담대히 그리스도를 존귀하게 하려는 바울의 마음과 관련된다(1 : 14과 20 주석과 김덕기, 2010, "바울의 로마제국에 대한 정치적 태도와 정치신학," 711-719 참조).

또한 '사랑으로'에서 사랑의 뜻은 하나님의 사랑을 직접 의미하기보다는 그리스도인의 최고의 덕목으로서 하나님의 사랑에 기초하여 행하는 인간들 사이의 사랑을 의미한다. 특히 여기에서 바울은 고린도전서 13 : 13과 갈라디아서 5 : 22에서 제안하는 '그리스도의 영에 이끌리는 덕목'의 하나로 이해할 수 있다. 그러나 갈라디아서 5 : 13b에서 "오직 사랑으로 서로 종노릇 하라"라든지, 고린도전서 16 : 14에서처럼 "너희 모든 일을 사랑으로 행하라"를 보면, 다른 동사를 수식하도록 전치사와 함께 쓰인 '사랑으로'라는 이 전치사구는 이것이 수식하는 동사의 행동의 동기를 부여하는 기능을 담당하게 되어 개인적인 성향이나 덕목 이상으로 보다 역동적인 사랑의 행위의 방법의 의미를 내포하고 있다고 할 수 있다(*BDAG*, 6-7). 더 나아가서 오시에크(Osiek)가 과감하게 제안하듯이, 이것은 이그나티우스(Ignatius)가 강조한 것처럼 덕목 이상으로 고아, 과부, 재소자, 극빈자를 돕는 사회봉사를 함으로써(〈Smyrnaeans에게 보내는 서신〉, 6 : 2) 따라서 빌립보서 4 : 14~16에서처럼 물질적인 도움을 넘어선 그리스도인의 연대감을 가질 것을 촉구하는 것으로 해석할 필요가 있다(덕목으로서 사랑을 강조한 주석으로는 그닐카의 주석, 119-120을 참조하고, 사회적 봉사를 강조한 주석으로는 Osiek의 주석 40 참조 ; 이 단어에 대한 기본적 연구에 관해서는 Reumann의 주석, 123-124, 180 참조). 16절의 '사랑으로'는 17절의 '다툼으로'와 대조되어서 바울이 서로 사랑으로 그리스도 안에서 연대하여 정치적인 야심으로 자신들의 이익을 위해 행하지 않고, 약한 자를 배려하여 더 많은 혜택과 호의를 베푸는 행위와 연관된다.

[1 : 17] 또한 17절에 의하면, 다툼으로 복음을 전파할 때 그들은 어떤 특정한 목표를 갖고 전달한다고 묘사되었다. 바로 '가' 집단은 바울의 투옥 시에 바울에게 '괴로움'(트리프신 : θλῖψιν– θλῖψις의 대격)을 줄 것이라고 가정한다는 것이다. 여기에서 어떤 괴로움(θλῖψιν)을 주는지 알기 위해서는 그 사전적 의미를 고찰할 필요가 있다. '트립시스'는 ① 괴로움, 억압, 고생(affliction : 또는 고통), 재난을 일으키는 불화사건(trouble)으로 외적인 환경의 측면을 강조하기도 하고(롬 5 : 3 ; 12 : 12 ; 고전 4 : 9–13 ; 7 : 28 ; 고후 1 : 4 ; 1 : 8 ; 4 : 8ff ; 6 : 4–10 ; 7 : 4 ; 8 : 13 ; 11 : 23–28 ; 12 : 10 ; 4 : 17 ; 6 : 4 ; 8 : 2 ; 살전 1 : 6 ; 3 : 3 ; 3 : 7 ; 빌 4 : 11 ; 4 : 14) ; ② 괴로움과 고통과 불화사건의 내적 체험의 측면을 강조하는 의미를 갖고 있기도 한다(고후 2 : 4 ; *BDAG*, 457). 바울은 이 단어를 통해서 주로 그리스도의 죽음과 부활의 종말론적 사건과 관련하여 받게 되는 핍박(살전 1 : 6 ; 3 : 3)이나 이 사건과 관련된 하나님의 심판으로서의 고통(롬 2 : 9)을 의미한다. 이런 의미에서 빌립보서 1 : 17의 트립시스(θλῖψις)는 ②의 내적 체험의 의미로 해석하려는 학자도 있다. 내적 체험의 두 번째 의미를 강조하는 학자가 오브라이언이라면, 이에 대해서 반대하면서 외적 환경의 첫 번째 의미를 강조하는 학자는 류만이다(O'Brien의 주석, 102 ; Reumann의 주석, 182–183). 하지만 우리는 ①의 불화사건이 주는 고통의 외적 환경을 강조하는 방식으로 이해하게 되면, '가' 집단은 바울에게 고통과 재난을 일으키는 불화사건을 일으키는 것이라고 해석할 수 있게 된다. 위의 사전적 의미에 기초한 논의를 종합하면, 17절은 결국 이 '가' 집단이 바울의 투옥을 바울과 다른 정치적 관점에서 해석하여 파당을 만들어 불화사건을 일으켰고, 결국 이것이 바울에게 큰 수난을 주게 되었다고 해석될 수 있을 것이다.

[1 : 18a] 또한 바울은 18a절에서 이러한 자세를 다시 한번 참이 아니라 '겉치레'(프로파세이 : προφάσις의 여격)로 행하는 것이라고 정리한다. 프로파시

스(προφάσις)는 (1) 어떤 행동이나, 실제적 동기 이유 및 타당한 핑계를 변호해서 말해지는 어떤 것을 의미하거나, (2) 거짓으로 주장하는 동기, 핑계나 억지로 꾸미는 동기, 이유, 또는 구실이라는 사전적인 의미를 갖고 있다. 빌립보서 1 : 18을 포함하여 신약성서에는 주로 이 두 번째의 의미로 많이 사용되었다(마 23 : 14 ; 막 12 : 40 ; 눅 20 : 47 ; 행 27 : 30 ; 살전 2 : 5 ; *BDAG*,, 889 ; Liddel & Scott, 1539). 이와 반대로 '나' 집단이 복음 전달하는 방식은 알레테이아(ἀληθεία:여격)로 표현된다. 이 단어의 어원은 탈은폐(ἀ-λανθάνω), 탈망각(α-λήθη)으로 숨기는 것이 없이 드러내는 것의 의미가 그 핵심이다. 이것의 일반적인 의미는 거짓의 반대되는 진실(갈 2 : 5, 14, 5 : 7)이나, 현상에 반대되는 진리도 되지만(*BDAG*, 42–43 ; 롬 2 : 2 ; 빌 1 : 18), 진실함의 성격을 나타내어 진리스러움, 진정성, 성실성, 솔직함, 공정함의 뜻(고전 5 : 8)도 갖고 있다. 여격으로 쓰일 때는 부사의 의미를 갖고 있기도 하다(Liddel & Scott, 63–64 ; 어원에 관해서는 Kittel–Bromiley, *TDNT*, 37–40 참조 ; 이에 대한 논평에 관해서는 Reumann의 주석, 184–185 참조). 그래서 여기서는 '참으로'로 번역되기보다는 '진정으로'라고 번역되는 것이 더 좋다. 더군다나 18절의 문맥상 바로 뒤에 나오는 진리를 전달하는 방식("무슨 방도로 하든지")과 연결되기 때문에 '진정으로'로 번역되는 것이 더 나을 것이다. 더군다나 '진정으로' 복음을 전달한 것과 대조적으로 '가' 집단의 방식을 프로파세이(προφάσει : 여격)로 소개하기 때문에 '거짓으로 주장하는 동기'로 번역하기 보다는 이 단어를 '짐짓 억지로 꾸미는 구실로' 라고 번역하는 것이 더 적합할 것이다(이런 식으로 번역할 것을 제안한 주석으로는 그닐카의 주석, 116, 122–124 참조. 이와 다른 번역을 제시하는 영어 번역본은 *NRSV* [거짓동기들과 진실한 동기들의 대조]이고, 이 *NRSV*의 번역과 똑같이 번역한 주석으로는 O'Brien의 주석, 97 참조). 여기에서 주목해야 할 점은 바울이 프로파시스의 사전적 의미에서도 다른 성서의 용례에서처럼 주로 부정적으로 사용되었음에도 불구하고, 이들이 전달하는 복음의 내용 자체를 노골적으로 부정하지 않는다는 것이다. 아마도 바울은 '가' 집단이 종교적 교리나 신앙의 근본적 차이로 바울을 대적하고 있는 것이 아니기 때문에 이러한 전달하는 방식과 상관없이 복음이 전파되는 것 자체가 더 중요하다고 생각하는 것 같다.

그렇다면 과연 왜 바울은 이러한 너그러운 자세를 가질 수 있는 것인가? ① 바울이 갈라디아서, 고린도전서, 고린도후서를 쓸 당시의 상황과 다르기 때문에 그렇게 할 수 있다고 단정 지을 수 있는가?(K. Barth) ② 아니면 바울이 순교를 앞두고 자신에 대한 비판에 대해서 초연하게 된 것인가?(Lohmeyer) ③ 그렇지 않다면, 바울이 감옥에 있는 동안 바울 자신이 직접 복음을 전할 수 없는 상황에서 복음 전파가 어렵게 되는 것을 우려하게 되었는가? ④ 아니면, 바울이 주의 날이 곧 임할 것이라는 종말론적 입장을 갖고 있어서 그러한 자세를 갖게 될 수밖에 없었는가?(K. Barth, *Epistle to the Philippians 40th Anniversary Edition*(Louisville : Westminster John Knox Press, 2002), 29-33 ; 그닐카의 주석 122-124.)

우리는 세 번째와 네 번째에 대해서도 어느 정도 일리가 있겠지만 특히 첫 번째와 두 번째의 질문에 대해서 보다 진지하게 생각할 필요가 있을 것이다. 이 두 질문에 대한 심도 있는 답변을 위해서는 더 나아가서 15~18절에서 바울을 괴롭히려는 마음으로 복음을 선포하는 자들은 누구인지, 그리고 이것은 바울의 목회 정황상 어떤 구체적인 역사적 상황을 반영하고 있는 것인지 물을 필요가 있다. 이러한 물음에 대하여 학자들마다 각각 다르다. 주윗(R. Jewett)에 의하면 고린도후서에 나오는 적대자들과 유사하게 신인(신인 : 테이오스 아넬-θεῖος ἀνήρ)사상을 갖고 있는 방랑하는 그리스도인 선교사들은 에베소 감옥에 갇힌 바울이 더 이상 황홀경의 비전이나 기적을 베푸는 능력이나 영적으로 감화를 주는 선포나 개인의 탁월한 품행을 보여 주지 못한 점을 비판하는 것이라고 여겨진다(R. Jewett, "Conflicting Movements in the Early Church as Reflected in Philippians", *NovT 12*(1970), 362-390 ; 이에 대한 보다 자세한 설명에 관해서는 김덕기(2010a)를 참조할 것). 초기 논문에서 호돈은 이 적대자들을 바울 자신에게 직접 어려움을 주는 사람들이 아니라, 호전적인 그룹으로서 바울을 감옥에 가두었던 로마 당국에 대해서 종말론적 사상을 가지고 저항하는 소위 '열심당 그리스도인'일지도 모른다고 생각한다. 하지만 주석에서는 개인적인 시기심으로 바울이 감옥을 벗어나지 못한 무능을 비판하고 승리의 복음을 전달하는 바울의 경쟁자들일 가능성이 더 높다고 주장한다(G. Hawthorn, "Philippians 1 : 12–19 with special reference to vv. 15, 16, 17." *ExpTim* 62(1950–51), 316–317 ; 호돈의 주석, 120–124). 이와 달리 코랑즈(J.-F. Collange)는 이들이 오히려 로마에 저항하고자 하는 사람들로서 바울이 자신의 시민권을 통해서 자신의 조속한 석방이나 안전한 석방을 보장받기 위해서 노력하는 것에 대해서 공격하는 사람들이라고 생각한다(Collange의 주석 9–10, 51). 이들에 대해서 비판하고 있는 오브라이언은 빌립보서 3장에 나오는 적대자나 다른 바울서신들(갈, 고전, 롬)에서 나타나는 적대자들이 아니라 바울이 로마 감옥에 갇힌 후 바울의 복음의 진정성에 대해서 다양한 견해들이 생기는 과정에서 단순히 개인적인 시기심으로 바울과 경쟁하는 복음 전달자가 형성되었다고 생각한다(O'Brien의 주석, 104–105 ; 위의 쟁점에 대한 가장 포괄적이고 간략한 소개에 관해서는 위의 책, 102–104와 Reumann의 주석, 202–207 참조).

다른 한편, 피와 오우크스와 슈미탈은 실제로 로마 교회에서 일어나는 상황을 그리고 있는 것이 아니라, 오히려 빌립보 교회에서 일어난 분쟁의 상황을 간접적으로 드러내고 있는 것이라고 주장한다. 다시 말해서 이들은 바울이 여기에서 어떻게 빌립보 교인들이 대응해야 할지 제시하기 위해서 빌립보 교회에서 일어난 갈등의 상황을 제시한 것이라고 생각한다. 특히 슈미탈은 15~17절이 디벨리우스의 지적대로 일종의 보설(普說)일지라도, 문법적으로 15~17절의 두 그룹의 복음 전파의 동기의 비교는 14절의 "형제 중 다수가 ……겁 없이 하나님의 말씀을 더욱 담대히 전하게 되었느니라"과 연관시켜야 하고, "이 형제의 다수"는 다시 13절의 "시위대 안과 그 밖의 모든 사람에게 나타났으니”와 연관된다는 것이다. 이렇게 연관될 수 있는 이유는 이 13절 다음에 나오는 것은 바로 단순히 15~17절이 에베소나 로마 감옥에서 일어난 일이 아니라 13절에서 말한 감옥 안과 밖, 이외에 수신자의 공동체인 빌립보 성도들의 상황을 나타내고 있다는 점을 제시한다. 이러한 주석적 근거로 그는 15~17절은 빌립보 형제들의 갈등을 암시적으로 지칭한다고 주장하게 된다(Oakes 주석 113-114와 Fee의 주석 123-124, W. Schmithals, *Paul and Gnostics*, 74-75 참조). 필자는 빌립보서가 마지막에 편집된 유언문학의 특징을 가진 서신이라는 점(김덕기(2010a)의 Koester와 Standhartinger의 견해 참조)에서 피와 오우크스와 슈미탈의 견해가 더 설득력이 있다고 본다. 더군다나 15~17절(또는 18절 포함) 부분은, 디벨리우스(1925년)의 주장을 수용한 그닐카가 제시한 바대로, 전체 글의 흐름에서 살짝 벗어난 여담처럼 쓴 보충설명(普說 : *excursua*)으로서, 빌립보 성도들의 갈등의 상황에 기초하여 어떤 장소에 상관없이 적용할 수 있는 가상의 보편적 정황을 제시하는 것이다(15-17절을 보설로 보는 견해에 관해서는 슈미탈의 위의 책, 75과 그닐카의 주석, 116-117 참조. 반면 보설이 아니라 14절과 연관된 것을 보는 견해에 관해서는 O’Brien의 주석, 103과 마틴의 주석, 73 참조). 이것이 이렇게 어떠한 상황에서도 적용될 수 있는 보편적 논의를 제시하려는 의도를 갖고 있다는 근거는 오브라이언, 쿠자르(Cousar), 호돈이 제시한 바대로, 무엇보다 이것이 문학적으로 그리스 수사학의 교차대구법(chiasmus)의 형식을 가진 독립된 하나의 구조(A(15a)-B(15b)-B’(16)-A(17))를 취하고 있다는 점이다. 여기에서 대표적인 예로서, 호돈은 15-18이 이중 교차대구법으로A(15a)-B(15b)-B’(16-17)-A(18)의 구조를 제시한다(오브라이언의 주석, 97-98과 호돈의 주석, 120과 Cousar의 주석 35-37). 그래서 이것은 바로 바울이 감옥에 갇혀 있는 장소에서 일어난 역사적 정황을 제시하려는 의도가 있는 것이 아니라, 바울이 1 : 27~30, 2 : 1~4, 12~18의 빌립보 교회의 갈등의 상황과 일치시키도록 유도하는 도입 부분으로 이해할 필요가 있다. 우리는 바로 이러한 빌립보 교회의 갈등의 상황이 반영된 위의 본문과 15~18절의 본문과 비교하면 이것이 어떤 역사적 상황인지, 어떤 그룹을 나타내고 있는지 보다 자세히 알 수 있을 것이다.

3. 궁극적인 신원(伸寃) 간구와 그리스도를 존귀케 하려는 각오(1 : 18b-20)

[18b]이로써 나는 기뻐하고 또한 기뻐하리라 [19]이것이 너희의 간구와 예수 그리스도의 성령의 도우심으로 나를 구원에 이르게 할 줄 아는 고로 [20]나의 간절한 기대와 소망을 따라 아무 일에든지 부끄러워하지 아니하고 지금도 전과 같이 온전히 담대하여 살든지 죽든지 내 몸에서 그리스도가 존귀하게 되게 하려 하나니

[1 : 18b] 18b에서 바울은 이제 앞에서 복음이 전파되어 기뻐하고 또한 다른 이유로도 기뻐하게 될 것이라고 전한다. 그리고 개역개정에는 나오지 않았지만 19절은 접속사 갈(γάρ)로 시작하는 문장이기 때문이 이 기쁨의 이유를 19절~20절에서 다음의 두 가지로 말하는 것으로 보아야 할 것이다. 한 가지는 위에서 말한 바울의 투옥에도 불구하고 오히려 복음이 더 활발하게 전파되는 것이 결국 자신에게는 궁극적인 구원에 이르게 할 것이라는 것(19절)이고, 다른 한 가지는 바울 자신이 수치를 당하지 않게 되고 바울의 몸에서 예수가 존귀하게 되는 것(20절)이다. 이 두 구절에서 바울의 기쁨의 이유는 각각의 수단을 통해서 가능하게 된다. 19절에서 바울의 구원을 가져오는 것은 빌립보 교인들의 간구와 예수 그리스도의 성령의 도우심이다. 반면 20절에서는 19절에 상응하여 바울의 몸에서 그리스도가 존귀하게 만드는 매개물은 바로 바울 자신의 기대와 소망이다.

[1 : 19] 이 절에서 주석의 논점이 되는 부분은 2 : 12에서처럼 구원(σωτηρία)

의 의미이다. 이것은 단순히 종교적 의미, 즉 종말론적 구원인지, 아니면 구체적으로 당시 헬레니즘에서 일상적으로 사용될 때 의미하는 구출인지가 문제다. 이것이 구출의 의미라면 바울의 석방과 같은 구체적인 사항이 될 수 있을 것이다. 확실히 사전적 의미로는 단순히 종교적 구원만을 의미하는 것이 아니라 구출의 의미로도 충분히 사용되었다. *LSJ* 사전에 의하면, 소테리아의 포괄적 의미는 목숨을 구원하는 구출, 생명을 보존함, 안전, 그리고 이러한 안전의 방법이나 수단, 안전한 귀환이다. 물건에 대하여 쓰였을 때에도 보존하는 안전, 유지, 안녕, 안전에 대한 보존을 의미한다(*LSJ*, 1751). 성서에서는 거의 하나님과 그리스도가 주는 종교적 의미의 구원을 의미하지만 순수하게 구출의 의미로 사용되는 경우도 아주 드물게 있었다(눅 1 : 71 ; 행 7 : 25 ; 27 : 34 ; 히 11 : 7). 하지만 7개의 초기 바울서신의 경우에는 이러한 용례가 거의 없다는 점이 문제가 된다. GING(195)에 의하면, 예수 그리스도가 주는 구원의 의미로 쓰이는 경우에는 누가복음 1 : 69, 77, 19 : 9, 마가복음의 짧은 끝맺음 ; 요한복음 4 : 22, 사도행전 13 : 26, 47, 로마서 1 : 16, 10 : 1, 10, 고린도후서 1 : 6, 6 : 2, 에베소서 1 : 13, 빌립보서 1 : 28, 2 : 12, 데살로니가전서 5 : 8f, 데살로니가후서 2 : 13, 디모데후서 2 : 10, 히브리서 1 : 14 2 : 3, 10, 9 : 28, 베드로전서 1 : 5, 9f, 베드로후서 3 : 15, 유다서 3, 요한계시록 7 : 10(구출의 의미가 신약에 쓰여지는 경우에는(F. W. Gingrich, *Shorter Lexicon of the Greek New Testament(GING)*(Chicago : University of Chicago Press, 1965), 213과(*BDAG*), 985-986 참조).

우리는 우선 구출의 의미로 해석해야 한다고 생각하는 대표적인 학자로서 호돈의 견해를 살펴보자 : ① *BDAG* 사전에 의하면, 일차적인 의미가 종교적인 구원이 아니라 죽음으로부터의 구원이다. ② 바울이 대부분 이 소테리아가 종말론적인 구원의 의미로 사용하고 있지만 아주 드물게 고린도후서 1 : 6(행 27 : 34)에서와 같이 단순한 안녕의 의미로 사용되기도 한다. ③ 19절에서 자신의 처지를 욥의 신원 모티브와 연관시킴으로써, 하나님께서 욥을 고난과 이 고난의 이유를 오해하는 것으로부터 구출하신 것처럼, 바울이 감옥에서 구출되어 투옥의 이유에 대한 오해를 풀게 할 것이라고 이해하였다. ④ 2 : 4("나도 속히 가기를 주 안에서 확신하노라")에서 바울이 빌립보 교인들을 보게 될 것을 확신한 것과 1 : 25~26("내가 살 것과……너희 무리와 함께 거할 이것을 확실히 아노니")에서 바울의 석방을 알 것이라고 표현하였을 때에도 안다(오이다 : οἶδα)는 표현을 사용하였다(호돈의 주석, 125-126).

더 나아가 김세윤과 김철홍 박사는 구출의 의미로 해석하는 이유를 빌립보서 1장의 맥락과 사도행전이 기술하는 바울의 투옥과 석방의 경우로 제시한다. 우선 그들은 빌립보서 1 : 19에서 바울은 자신의 석방을 확신하고 있었던 것으로 해석한다. 특히 19절의 '구원'은 빌립보서 1 : 25~26과 2 : 24에서처럼 종교적 의미의 구원이 아니라 감옥에서 풀려나는 것을 의미한다고 보았을 때, 무죄 방면을 의미한다는 것이다. 여기에서 바울은 재판이 잘못될 경우 죽음에 이를 수도 있다는 점(빌 1 : 20b-23 ; 2 : 17)을 인식하기도 하였지만, 로마 법정이 어느 정도는 공정하다는 것과 자신의 복음이 반제국적이지 않고 제국에 해악을 끼치지 않다는 것을 확신하였다는 것이다(빌 1 : 19-20, 25-26 ; 2 : 24). 더군다나 바울이 공공질서를 어지럽히고 로마제국에 반항하였다는 정치적 고발을 당하여 태형도 받게 되고 고발되어 투옥되기도 하지만 결국 51년 가을 갈리오의 법정 재판(행 18 : 12-17)에서처럼 로마 관리들에 의해서 무죄로 방면되었다는 점은 바로 바울이 빌립보에서도 자신이 곧 풀려날 것이라는 기대를 할 수 있게 되었던 근거가 된다는 것이다. 결국 이들은 이러한 주석적 고찰에 의해서 바울이 로마 제국을 전복하려는 반제국적 정치적 입장을 가지지는 못했다고 주장하게 된다(김세윤, 앞의 책, 90-100 ; 김철홍, 앞의 글, 25-28).

[1 : 19] 그러나 빌립보서 1 : 19의 바울의 '구원'은 바울이 오해받아 투옥되어 곧 석방될 것이라는 것을 구체적으로 언급한 것이 아니다. 그래서 그닐카(J.

Gnilka)는 구원이 석방을 의미하지 않는 이유를 두 가지로 제시한다. ① 첫째로는 20~24절에서 그가 죽을 가능성을 배제하지 않는 격렬한 순교적 각오는 19절의 의미를 일관되게 석방이라는 말로 이해하기 어렵게 만든다. ② 두 번째로는, 바울의 구원이라는 말의 용례이다. 바울은 로마서 1 : 16, 10 : 10, 13 : 11, 고린도후서 7 : 10, 빌립보서 1 : 28에서 구원의 용례는 항상 바울의 최종적인 구원을 의미한다(그닐카, 앞의 책, 125-127). 헬라어로 표현된 "내 구원에 이르게 할 줄"(호티 투토 모이 아포베세타이 에이스 소테리안 : ὅτι τοῦο μοι ἀποβήσεται εἰς σωτηρίαν)이라는 말은 바울서신에는 한 번밖에 나오지 않는다. 이것은 욥기 13 : 16의 말씀("사곡한 자는 그의 앞에 이르지 못하나니 이것이 나의 구원이 되리라")이 인유된 것으로써 포로된 것에서 구출된다거나, 사도의 생명을 보존하는 것이나, 적들을 물리치고 승리한다는 말이 아니다. 홀로웨이에 의하면, 19절의 '구원'의 특별한 의미는 19절 바로 다음에 나오는 20절의 내용과 가장 유사하다는 것이다. 다시 말해서, 여기에서의 구원의 의미는 자신이 복음 선포에 대해서 어떤 수치도 당하지 않고 그리스도가 칭송받도록 복음을 담대하게 계속해서 선포하는 것이다. 이러한 해석의 근거는 바로 스토아 철학자 에픽테투스가 바로 수치스러운 행동과 죽음을 피하기보다는 용기 있게 죽음으로써 소크라테스가 구원받게 되었다고 말하면서 소크라테스의 죽음에 대해서 묘사하였을 때(에픽테투스, *Dissertationes*(Diatribai) 4.1.164-165)의 그 특수한 의미라는 것이다(Holloway, 앞의 책, 108-115). 이러한 도발적인 해석은 스토아 철학의 배경에서만 해석하려는 시도이지만 우리가 매우 신중하게 고려해야 할 내용이다. 우리는 이러한 현세적 해석을 바울이 유대교 묵시문학적 배경하에서 복합적으로 사용했다는 점을 고려해 보면 바로 이러한 스토아적 의미와 종말론적 의미를 둘 다 내포하고 있다고 생각하면서 다음과 같은 의미를 갖고 있다고 제시할 수 있을 것이다. 종합하면 19절은 바울이 감옥에 갇히게 된 억울한 한이 풀려지게 하나님의 정의로운 판결에 의해 바울의 복음 선포 활동 자체가 구원활동에 궁극적인 기여가 되도록 새롭게 평가받게 될 것이라는 주장이다. 이러한 해석은 19절 이전에 이미 바울이 제시한 것과 관련시켜서 재해석 되어야 할 것이다. 다시 말해서, 19절에서의 구원의 의미는 욥처럼 하나님이 궁극적으로 종말론적 심판 때에 바울 자신이 복음을 옹호하고 확증한 것(1 : 7, 16)을 하나님께서 신원(伸冤)하시는 것이라는 말이다(Cousar의 주석책, 37-38과 O'Brien, 위의 책, 108-109).

필자가 생각하기에는, 고려해야 할 중요한 점은 19절의 맥락에서 문장의 구조와 표현의 모호성이다. 우선 문장 전체의 표현 방식은 개역개정에서는 전혀 나타나지 않는 방식이다. 이 문장을 헬라어에서 직역하면, "이것이 나에게 구원의 결과로 방향을 바꾸어 나가게 될 것이다"이다. 여기에서 동사 '아포베세타이'(ἀποβήσεται)라는 비유적 표현과 '이것'이라는 지시대명사가 사용되었다. 여기에서 지시대명사 '이것'이 무엇을 가리키는지 밝혀야 할 것이다. 논리적으로는 19절 바로 앞에 있는 복음의 활발한 전파이지만 보다 넓게는 바울의 구속이 주는 역설적 결과(12절을 중심으로 한 18까지의 내용 전체)라고 할 수 있는 상황의 포괄적인 변화일 것이다. 이런 모호성은 의도적인 것으로서 위에서 말하는 종말론적인 하나님의 신원 활동과 이와 연관될 수 있는 바울 자신의 석방을 포함한 포괄적인 안녕으로 이해할 수 있을 것이다. 바울은 종말론적인 하나님의 심판에서 궁극적으로 신원되는 것과 이와 연관되는 억울한 평가가 풀리기를 간절히 바라고 이것이 결국은 개인의 석방이나 개인적인 안정으로 함께 수반되는지에 관해서는 침묵하고 있을 뿐이다. 또한 *KJV*(salvation)와 *RSV*(deliverance)와 달리 *NIV*(deliverance 또는 salvation)도 이 두 가지를 포괄하고 있다 : *NIV* Philippians 1 : 19-"for I know that through your prayers and the help given by the Spirit of Jesus Christ, what has happened to me will turn out for my deliverance(or salva-tion)."(이런 둘 다를 포괄하는 견해를 지지하는 학자들의 견해의 자세한 토론에 관해서는 Reuman의 주석, 242-243, 210-211과 A. L. S. West, "Whether by Life or by Death : Friendship in a Pauline Ethic of Death and Dying." *Diss. Duke*

Univ., 183–186 참조).

여기에서 “예수 그리스도의 성령의 도우심으로”(개역개정과 *NRSV*)도 이상한 표현이다. 이것이 의미하는 바를 명료하게 하기 위해서는 동사로부터 파생된 도우심이라는 어휘의 의미를 조사할 필요가 있다. 헬라어 ‘에피코레기아스’(ἐπιχορηγίας)는 부여하거나, 제공하거나, 공급하는 것을 의미하며 빌립보서 이외에는 골로새서 2 : 19 이외에서는 사용되지 않는다. 이 단어는 합성동사를 만드는 에피(ἐπί)가 더해진 활발하게 공급한다는 동사 ‘에피코레게오’(ἐπιχορηγέω)의 동작명사형이다. ‘에피코레게오’는 ‘합창단(chorus)을 위해서 비용을 지불하다’라는 고전적 의미를 갖고 여기에서 파생되어 ‘무엇인가를 위해서 돈을 지출하다’라는 의미가, 그리고 이것은 다시 ‘어떤 것을 전달하다, 공급하다, 제공하다’라는 의미로 정착하게 되었다(*EDNT* II, 45–46). 그래서 “예수 그리스도의 성령에 의해 주어지는 활발한 도움에 의해서”(*NIV* 참조)라고 번역될 수 있다. 그런데 예수 그리스도의 성령은 주어가 되기에는 신학적으로 동어 반복이 되어 설득력이 약하다. 그래서 우리는 다른 번역의 가능성을 탐구할 필요가 있다. 예수 그리스도와 성령은 둘 다 속격 명사로서 목적격과 주격이 다 가능하므로 성령이 예수 그리스도를 도우는 것이거나 예수 그리스도가 성령을 돕는 것 중에 하나를 선택할 필요가 있다. 또한 속격은 동격도 가능하기 때문에 그 의미가 다양하게 가능하다. 다양한 논의를 생략하고, 여기서는 신학적으로 가장 적합한 것이라고 생각하는 “성령이 공급하고자 하는 바 예수 그리스도에 의해서”라고 이해할 것을 제안하고자 한다. 필자가 제안한 선택은 주로 류만(J. Reumann)과 피(G. D. Fee)의 제안에 의존해 있다(자세한 문법적 가능성과 적합한 문법적 선택에 관해서는 Reumann의 주석, 211–212와 243–244 참조 ; 피의 제안에 관해서는 Fee의 주석, 128–130 참조). 이러한 문법적 선택은 결국 성령은 교회를 통해서 지금도 역사에 관여하시는 예수 그리스도가 우리를 위해 역사하시도록 촉구하신다는 의미를 내포하게 된다. 성령은 그리스도의 역사 중개자이시다. 결국 19절은 이러한 영적인 과업을 통하여 사도 바울에게 일어난 일들은 영원한 축복의 구원에 이르는 데 기여할 것이라는 의미를 내포하게 된다.

[1 : 20] 바울은 이제, 자신의 초조한 기대와 확신에 찬 희망대로, 아무 일에든지 수치를 당하지 않고 오히려 지금도 전과 같이 완전히 어떤 어려움에도 용기 있고 떳떳하게 살든지 죽든지 자신의 몸에서 그리스도가 존귀하게 되리라는 것을 알고 있다. 우리 말에는 나타나 있지 않지만 “아무 일에든지” 바로 앞에 놓여 있는 호티(ὁτί)가 이끄는 목적절이 19절의 알다(오이다 : οἶδα)에 걸리는 문장의 구조를 갖게 되었다. 헬라어 '아포카라도키안'(ἀποκαραδοκίαν)은 '머리를 내밀어 걱정하면서 기대한다'는 어원적 설명으로 의미를 파악하려는 시도가 있어 왔던 단어이다. 그러나 ἀπό+καραδοκία의 합성동사, 카라도케오(καραδοκέω)로부터 파생된 명사형이거나, ἀπό(밖으로)+καρα(머리)+δέκομαι (=아틱 방언 δέχομαι : 받아들이다)의 합성동사로부터 파생된 명사형으로 이해하는 것이 나을 것이다. 왜냐하면 데코마이(δέχομαι)의 파생어로는 '면밀히 경계하다'의 도큐오(δοκεύω)와 '기대하다'의 프로스도카오(προςδοκάω)가 있기 때문이다. 성서 이외의 용례에서는 주로 불확실성과 의심 속에서 기대하는 것을 의미했기 때문에 요세푸스는 이 단어의 동사 형태(「유대전쟁사」 3.264)를 사용해서 전쟁의 결과와 같은 불확실한 상황을 간절히 기다리는 것으로 묘사하였다(O'Brien의 주석, 113). 빌립보서 1 : 20에서 이 단어가 소망(ἐλπίς: 엘피스)과 나란히 나오는 용례를 가장 잘 파악하기 위해서는 아포카라도키아(ἀποκαραδοκία)가 신약에서 한 번 더 나오는 로마서 8 : 19-21에 나타난 종말론적 신앙과 연관시키는 것이 좋을 것이다. 여기에서는 '엘피스'가 주로 미래의 확신과 관련되는 반면, '아포카라도키아'는 불확실한 미래에 대해서 현재의 초조한 실존적 상태를 나타낸다. 마찬가지 방식으로 이 두 가지가 대조되는 용례처럼 빌립보서 1 : 20에서도 바울의 이러한 초조한 실존적 기대와 확신에 찬 신앙적 소망이 서로 대조된다.

결국 로마서 8 : 19~21에 비추어서 빌립보서 1 : 20을 조명하면, 아포카라도키아와 엘피스는 바울이 생각하는 미래의 종말론적 신앙의 두 가지 측면을 드러낸다. 아포카라도키아는 창조의 간절한 열망의 고유한 상태를 나타내고, 엘피스는 하나님이 예속된 창조물에게 보장하는 미래의 자유에 대한 희망을 말하게 된다. 바로 이 하나님에 의해서 지어진 긍정적인 희망이 창조의 실존적 의미의 희망, 즉 아포카라도키아(초조한 기대)의 기초가 된다. "피조물이 고대하는 바는 하나님의 아들들이 나타나는 것이니……그 바라는 것은 피조물도 썩어짐의 종노릇한 데서 해방되어 하나님의 자녀들이 영광의 자유에 이르는 것이니라"(롬 8 : 19-21). 이처럼 로마서 8 : 19~21에서는 창조물이 무의미와 일시성에 노출된 상황과 하나님의 자녀들에게 부여된 자유 사이의 긴장관계 속에서 하나님의 종말론적 구속을 고대할 수밖에 없는 상황에 처한 것으로 묘사된다. 아포카라도키아는 *EDNT*에 의하면 열정적, 격렬한 기대의 의미를 가진 바울의 신조어이다. 그 이유는 신약에서는 로마서 8 : 19와 빌립보서 1 : 20 이외에는 나오지 않을 뿐만 아니라, 비기독교 자료에서는 명사의 용례가 확증되지 않기 때문이다. 단지 동사형 아포카라도케오(ἀποκαραδοκέω : 고대하다)는 폴리비우스 16권 2.8과 70인역 아킬라(Aquila) 역본 시편 36 : 7에서만 확증될 뿐이고, 또한 단순형태인 카라도케오(καραδοκέω)는 헤로도투스의 역사(Historiae), 7권 163, 168에 사용되었을 뿐이다. 기껏해야 명사형 카라도키아(καραδοκία)는 70인역의 아킬라 역본 시편 38 : 8과 잠언 10 : 28에 나온다. 그래서 바울 자신이 동사형에 '아포'(ἀπό)의 접두사를 더하고, 이를 명사화하여 신조어를 만든 것 같다.

대부분의 교부들도 아포카라도키아를 카라도키아의 의미를 강화하거나 기대의 강화로 이해했다. '머리를 내민다'나 '무언가를 찾는다'라는 어원적 설명은 단어의 사용 용례나 구성과 맞지 않아서 충분한 설득력이 약하다. 또한 *EDNT*에 의하면 단어가 '희망을 잃는 것'이나 '불안한 기대'라는 부정적 의미는 빌립보서 1 : 20에서 희망과 나란히 사용되어 희망과 같은 의미의 지향성을 갖고 있다는 점에서 설득력이 약하다고 여겨진다. 바울은 1 : 20에서 '아포'의 접두어를 가미함으로써 단순히 기대의 격렬함과 간절함을 강조하기 위해서 사용했을 가능성이 높다는 것이다. 하지만 필자는 희망이 보다 신학적 의미를 가진 반면 이 단어는 이와 대조되는 실존적 의미를 강화해서 이해할 필요가 있다고 생각한다(이 단어의 용례에 대한 해설로는 *EDNT* I, 132–133 참조).

그렇다면 자신의 초조한 기대와 확신에 찬 희망의 내용이 무엇인지 명료하게 할 필요가 있다. 기대와 희망이 '호티'(ὁτί) 이하의 문장과 동격으로 이해하는 문법적 해결 방식도 논리적으로는 가능하다. 그러나 이 열망과 희망은 앞에서 말한 어떤 구체적인 내용과 연관될 수 있다. 호돈은 석방을 지칭한다고 하고, 류만은 복음 선포라고 본다. 하지만 필자의 견해로는 '호티' 이하의 19절 전체가 기도의 내용과 유사하여 이것은 앞에서 기도하고 간구하는 내용과 연관시키는 것이 좋을 것 같다. 우선 너희의 간구로 바울이 죽음에서 구출되는 영원한 구속을 말하고, 멀게는 빌립보 교인들이 의의 열매가 가득하게 되는 1~11절의 기도의 내용과도 연관된다.

바울 자신이 어떤 것에도 수치스럽지 않게 되고, 오히려 담대히 그리스도가 존귀하게 되게 한다고 말한다. 여기에서 사용된 두 동사는 수동태로, 주어는 각각 바울과 그리스도를 씀으로써 하나님이 바울을 수치스럽게 하지 않을 것이고, 자신이 그리스도를 존귀하게 높이는 것이 아니라 그리스도가 존귀하게 될 것이라고 기술된다. 이것은 이 두 용어가 나오는 각각의 구약의 시적인 기도문의 용례를 따른 흔적이 배어 있음에 틀림없다. 특히 구약에서는 시편의 시인이 적들 앞에서 수치스럽지(아이스쿤테소마이 : αἰσχυνθήσομαι) 않게 되기를 바랄 때(시 24 : 3 ; 68 : 7 ; 118 : 80)에 나오고, 또한 그가 신원되고 주가 존귀하게 되기(메가륀테세타이 : μεγαλυνθήσεται)를 바란다는 동사와 관련하여(시 33 : 3 ; 34 : 26–27 ; 39 : 15–17 ; 56 : 10 등) 각각 시편의 기도에 자주 나오게 된다. "그가 존귀하게 된다"라는 어휘는 문자적으로는 메가스(μεγάς : 큰)로부터 유래했기 때문에 물질적이든 비물질적인 내용물을 크게 하거나 위대하게 만드는 것을 말한다(마 23 : 5 ; 눅 1 : 58 ; 고후 10 : 15). 여기에서 파생된 비유적인 의미는 찬양과 행위를 통해서 더 큰 존경을 받도록 하거나, 드높이거나, 영화롭게 하거나, 찬미하거나, 존경하여 말하거나 하는 것을 말한다(눅 1 : 46(주를) ; 행 10 : 46(사도들을) ; 19 : 17(주의 이름을)) ; (μεγαλύνω(exalted), *BDAG*, 623 ; μεγαλύνω(exalted), *EDNT II*, 399). 특히 첫 번째 동사, '아이스쿠노마이'(αἰσχύνομαι)의 바울서신 용례에 관하여서는 로마서 1 : 16에서 바울이 복음에 대해서 부끄럽게 생각하지 않는다는 내용과 고린도후서 10 : 8(비교. 고후 7 : 14 ; 9 : 4)에서 적들로부터 사도권을 수호하는 데 부끄러워하지 않는다는 내용과 관련된다. 아이스퀴노마이(ἀισχύυνομαι)는 토 아이스코스(το αἶσχος)와 뜻(치욕, 불명예)을 공유하고 호머의 〈오딧세이아〉에도 나오는 단어이다. 신약에서는 '창피를 당하다'(눅 16 : 3 ; 벧전 4 : 16)나 '치욕을 당하다'(고후 10 : 8 ; 빌 1 : 20 ; 요 1 2 : 28)의 의미를 내포한다(*EDNT I*, 42–43). 그래서 명예와 수치 사회에서는 수치스럽게 되지 않는다는 것은 바울의 주장의 가치와 명예가 손상되지 않는 것을 말하며, 이를 이룩하기 위해서는 자신이 구금되는 수치에서, 결국은 감옥에서 벗어나 명예를 지킨다는 것을 의미할 수도 있다(명예와 수치 문화에 비추어서 20절을 주석한 내용에 관해서는 Bruce J. Malina & John J. Pilch, *Socio-Science Commentary on Letters of Paul* 〈Philadelphia : Fortress, 2006〉, 302 ; 법정에서의 명예와 수치에 대한 일반적인 가치체계와 법정 출두와 관련된 문화인류학적 통찰에 관해서는 "명예와 수치", 브루스 J. 말리나, 「신약의 세계」(1993), 심상법 역, 〈서울 : 솔로몬, 1999〉, 61–112 참조). 바울에게는 자신의 석방만이 아니라 문맥 전체로 보아서 분명 자신과 하나님과 복음의 명예가 손상되지 않게 되기를 바란다는 것이 더 적합할 것이다. 더군다나 의미상 바울이 주어가 되었지만 수동태로 쓰인 것은 바울신학에서 명예와 불명예의 판단은 하나님만이 행하시는 종말론적인 심판에 속한다는 점을 암시하게 된다.

또한 바울이 이러한 수치스럽게 되지 않는 것과 관련하여 "온전히 담대하여"(엔 파레시아 : ἐν παρρησία)라는 표현을 사용하게 된다. 이 단어의 사전적 의미(πᾶς[모든]+ρῆσις[말])는 거리낌 없는 자유로운 언동(free-spokenness)이나 연설이나 말에 있어서의 개방성(openness) 및 솔직함(frankness), 연설의 자유(freedom of speech)를 의미한다. 고대 사회의 철학 동아리(소크라테스, 디오게네스, 아리스토텔레스나 에피큐로스 학파 등)에서는 우정 관계에서는 솔직함이라는 의미로 주로 사용되었다. 이 단어는 일반적으로 도시의 자유로운 시민의 생활에서 자신의 입장을 진리에 입각해서 담대하게 말할 권리와 관련되는 정치적 용어이다(사전적 의미에 관해서는 *LSJ*, 1344 참조). *EDNT* 사전에 의하면, 이 단어는 고전 그리스에서는 아티카 민주주의의 정치가들(예 : 데모스테네스의 연설 111.3f)의 저술에서 자주 나온다. 이 자유는 단지 평등한 사람들 사이에서만 허용되었기 때문에 노예들(행 4 : 29)이나 이방인들에게 침해받게 되었을 때에는 위험한 도발로서 이해되었다(Isocrates 7 : 20 ; 플라톤 〈공화국〉 8장 557b). 견유학파에서는 파레시아의 원래의 귀족정치적 이상은 정치적 요용을 거절하였기 때문에, 이것은 일종의 도덕적 개념이 되어 버렸다. 이것은 자유와 함께 동료 시민들, 친구들, 적들에 대해서 충분한 개방성을 가지고 살면서 그들을 찬양하기도 하고 아주 신랄하게 비난하는 성찰적이고 도덕적으로 안정된 사람들에게는 최고의 선으로서 이해되었다(cf. Aristotle, *Ethica Nichomachea(Eth. nic.)*, 1124b, 1165a ; Diogenes Laertius, VI. 69 ; also Philo, *De specialibus legibus(Spec. leg.) I*. 321, 323 ; Philo, *Quis rerum divinarum herres sit(Her.)*, 1 ; 이 어휘의 고전 그리스에서의 정치적 의미에 관해서는 *EDNT III*, 45-47 참조). *GIN* 사전에 의하면, 파레시아(παρρησία)는 신약에서 31번이 나온다. 공관복음에서는 마가복음 8 : 32에서 한 번 나오지만 요한복음에서는 9번, 요한 1서에서 네 번, 사도행전에서 5번, 히브리서에서 4번 나온다. 바울은 그것을 고린도후서 3 : 12, 7 : 4, 빌립보서 1 : 20, 빌레몬서 8장에서 사용한다. 후기 바울서신에서는 에베소서 3 : 12, 6 : 19, 골로새서 2 : 15, 디모데전서 3 : 13에 나온다. 동사형 '파레시아조마이'(πρρησιάζομαι)는 총 8번이 나오는데 사도행전에서 6번,

데살로니가전서 2：2와 에베소서 6：20에 나온다(사용 빈도에 관해서는 (*GIN*), 165 참조). 특히 바우어(Baur)는 상류 계층 사람들 앞에서 자신의 주장을 용기와 담대함을 갖고 떳떳이 말하는 것과 연관된다고 강조하게 된다. 여기에서 특히 이 파레시아라는 단어는 높은 지위의 사람들 앞에서의 자신감과 확신의 상태, 용기, 확신, 두려움 없음을 나타낸다(*BDAG*, 781–782). 그래서 특히 재판 과정과 관련하여 이 단어가 쓰였을 때에는 공개적으로 자신과 자신이 지키는 가치가 정당하다는 것을 어떠한 반대 심문에도 불구하고 자신 있는 담대한 태도로 말한다는 뜻을 내포하고 있다.

위에서 제시한 여러 가지 사전적 의미에 비추어 보면, 빌립보서 1：20에서 바울은 재판 과정에서 담대하게 해야 할 말, 즉 복음 선포의 내용을 정당하게, 공개적으로 증언하게 되기를 원한다는 것이다. 빌립보서에 사용된 파레시아(*παρρησία*)는 재판과정에서 사도행전에서 기술된 바울이 가졌던 담대한 태도와 연관된다. 사도행전에서 바울은 재판과정에서 벨릭스(행 24장)와 베스도(행 25–26장) 앞에서, 그리고 로마의 가택연금 상황에서 당당하게 복음을 변증하였다. 이 과정에서 담대함과 관련된 어휘가 두 번 사용된다. 바로 여기에서 재판과 관련하여 첫 번째는 사도행전 26：24~26에서 베스도가 바울이 학문 때문에 미쳤다고 말했을 때 바울은 미친 것이 아니라 진실을 담대하게 말한다(파레시아조메노스)고 하였다. 다른 한 번은 사도행전 28：31에서 바울이 로마의 가택연금 상황에서 하나님 나라를 선포하고 주 예수에 대해서 가르칠 때 담대하게(메타 파세스 파레시아스：*μετά πάσης παρρησίας*) 말한다(파레시아에 대한 단어 연구를 바울서신에서 사용된 용례에 관해서는 D. E. Fredrickson, “*παρρησία* in the Pauline Epistles”, *Friendship, Flattery, and Frankness of Speech*, ed. J. T. Fitzgerald, 163–183； 사도행전의 정황에서 사용된 용례에 관해서는 S. C. Winter, “*παρρησία* in Acts”, 위의 책, 185–202과 윤철원, “파레시아(*παρρησία*)：사도행전의 내러티브에서의 문학적 기능”, 「신약성서의 그레코-로마적 읽기」(서울：한들출판사, 2000), 51–75 참조).

여기에서 “내 몸에서”는 단순히 육체적인 몸을 말하기보다는 바울 자신의 인격을 말하며 고대사회에서는 바울과 바울이 속한 집단의 정체성 둘 다를 의미한다(Malina & Pilch, 앞의 책, 302 참조). 고린도전서 6 : 19~20에서처럼 자신의 몸으로 하나님께 영광을 돌리고 갈라디아서 2 : 20에서처럼 자기 자신이 사는 것이 아니라 자신의 인격에서 그리스도가 살도록 하는 것이다. 필자는 오브라이언(P. T. O'Brien)의 생각과 유사하게 바울의 순교적 각오에 대한 이해와 연관된다고 생각한다(오브라이언의 주석, 115-116). 이러한 자세는 바울이 자신의 약함 속에서 오히려 그리스도의 능력이 나타난다는 순교적 약함의 사상(고후 4 : 10 ; 12 : 10 ; 13 : 4 ; 빌 4 : 11-14 ; 골 1 : 24)과 일관성 있는 내용이다(순교적 약함[martyrological weakness]에 관한 뛰어난 논평과 신학적 해석에 관해서는 K. Stendahl, *Paul among Jews and Gentiles*(Philadelphia : Fortress Press, 1976), 40-52 참조). 이러한 인격이 그리스도를 존귀하게 하려는 삶의 자세는 죽음을 각오하면서 보다 열정적인 표현을 갖게 된다. 이제 바울의 결연한 의지가 표현된 “죽든지 살든지”는 “죽음을 통해서든, 삶을 통해서든”이라고 직역될 수 있다. 그래서 이것은 바울이 순교적 죽음을 각오하고 자신의 삶에 투신하는 모양을 나타내고 있다. 이것은 18절에서 바울이 “겉치레로 하나 참으로 하나” 그리스도가 전파되는 것을 기뻐하는 것과 맥을 같이한다. 21절에서 바울이 “이는 내게 사는 것이 그리스도니 죽는 것도 유익함이라”라고 말하시는 것처럼 바울 자신이 순교하더라도 그리스도가 존귀하게 되는 것을 더 중요시하는 복음에의 열정이 엿보인다. 이것은 바울이 재판이 죽음에 이를 수도 있다는 심각한 상황을 암시한다고 할 때 이러한 말을 통해 21~26절에 더 의미심장한 바울 자신의 고뇌와 자연스럽게 연결된다.

4. 죽음의 유혹과 이를 극복한 이유(1 : 21-24)

바울은 1 : 21~24에서 삶과 죽음의 두 가지 바라는 바 중 어느 것을 선택해야 할지 어렵다고 하소연한다. 하지만 바울은 재판을 앞두고 있는 상황에서 이 두 가지 중 하나를 선택함으로써 자신이 직면한 비극적 정황을 벗어날 수 있는 것이 아닌 상황이었다. 더군다나 바울이 자신의 석방을 낙관하고 있었다면 위의 삶과 죽음의 딜레마는 긴장감을 가질 수 없는 수사학적 과장에 불과하다(호돈의 주석, 128-132). 그렇지만 그가 직면한 재판의 상황이 절망적이라서 그가 석방될 수 없는 상황이라는 것을 알고 있었다면 개인적 차원의 바울 자신의 죽음과 관련하여 그는 이전에 가졌던 낙관적인 종말론이 어떻게 적용될 수 있는지 신학의 위기가 찾아와서 삶과 죽음의 실존적 고뇌는 단순한 종말론 숙고의 계기만 될 것이다(그닐카의 주석, 130-140). 이러한 납득하기 어려운 두 가지 해석을 회피하기 위해서 학자들은 어떤 방식으로 이를 묘사하는 수사학적 표현 방식과 바울이 처한 상황과 종말론을 조화롭게 해석해야 할지 다양한 논의가 다음과 같이 세 가지 질문의 형태로 전개되어 왔다. 21~24절의 수사학적, 언어 표현 방식이나 그 전후 맥락에서 바울이 씨름하려 했던 삶과 죽음의 딜레마가 사실을 묘사하고 있는지 과장인지, "죽는 것도 유익함이라"에 내재된 죽음 이해가 당시의 헬레니즘의 죽음 이해와 유사한 것인지 차이나는 것인지, "세상을 떠나서 그리스도와 함께 있는 것이 훨씬 더 좋은 일이라"(1 : 23)는 말이 바울이 이전에 유지하던 종말론과 연속인지 불연속인지, 이것이 불연속이라면 그 독창적인 의미가 무엇인지가 쟁점으로 부각된다. 본문에 나타난 바울의 실존적 투쟁에 관한 세 가지 주석학적 쟁점이 제기되는 형태는 많은 주석 책에서 다양하게 나타났다(특히 이러한 23절의 '그리스도와 함께'와 관련되는 종말론적 쟁점과 해결점에 관해서는 J. 그닐카의 주석, 140-164과, 위의 세 가지 문제에 대한 포괄적 수석에 관해서는 호돈의 주석, 132-146 참조).

우리는 아래 주석에서 위의 세 가지 문제들에 대한 학자들의 입장과 주석의 내용을 검토하면서 이들이 미처 생각하지 못한 새로운 접근방법을 제시하게 될 것이다. 우리는 오히려 바울이 자신의 죽음과 삶의 선택의 딜레마의 문제만 다루기보다 묵시문학적 우주의 종말이 오기 전에 투옥으로 말미암아 겪어야 할 바울 자신의 수치와 재판에 의해서 직면하게 될 사형선고의 위기가 동시에 나타났기 때문에 바울은 내적 정체성의 위기를 맞게 되었고, 이것이 그리스도인의 종말론의 진정한 의미에 대한 숙고의 계기가 되었다고 가정할 필요가 있다. 이를 통해서 바울은 자신이 직면한 정체성의 위기로 인하여 자신이 가졌던 종말론과 다른 새로운 방식의 몸의 변신과 관련된 하나님의 종말론적 신원(伸寃)을 숙고하게 되었다고 여겨진다(21-24절의 주석적 논의에 관해서는 필자의 "바울의 실존적 투쟁에 나타난 죽음 이해와 종말론", 「신학논단」 70(2012), 7-42 참조).

> [21a]이는 내게 사는 것이 그리스도니 [21b]죽는 것도 유익함이라 [22a]그러나 만일 육신으로 사는 이것이 [22b]내 일의 열매일진대 무엇을 택해야 할는지 [22c]나는 알지 못하노라 [23a]내가 그 둘 사이에 끼었으니 [23b]차라리 세상을 떠나서 그리스도와 함께 있는 것이 훨씬 더 좋은 일이라 그렇게 하고 싶으나 [24]내가 육신으로 있는 것이 너희를 위하여 더 유익하리라

[1 : 21-22] 여기에서 바울은 죽는 것과 사는 것 두 가지 중 하나를 선택하기가 어렵다는 점을 강조한다. 21a절에서 "사는 것이 그리스도"라는 말은 헬라어로는 부정사로 된 '사는 것'이 주어로 되어 있고, 술어는 '그리스도'이다. 부정사는 철학에서 보편적인 명제를 제시할 때 쓰는 표현법이라는 것과 '이다'는 "~이 아니다"는 것을 강하게 부정하는 은유적 의미를 내포하고 있다는 것을 고려해야 하는 표현법이다. 바울은 "그리스도는 생명이다"라든지, "그리스도는 사는 것이다"라고 말하지 않고, "사는 것이 그리스도니"라고 말한다. 이것은 그리스도가 사는 것의 근거가 된다면 삶의 보편적 현상은 그리스도를 위한 것인지, 아닌지를 결정해야 할 삶이라는 것이다. 여기에서 "사는 것이 그리스도이다"라는 표현이 바로 무슨 의미가 있는지 가장 잘 나타내는 바울의

삶에 대한 이해는 갈라디아서 2 : 20("내가 그리스도와 함께 십자가에 못 박혔나니 그런즉 이제는 내가 사는 것이 아니요 오직 내 안에 그리스도께서 사시는 것이라")이다. 바울에게서 산다는 것은 성령으로 말미암아 새롭게 제시되는 삶의 가능성을 선택하기를 결단하도록 촉구하면서 작용한다. 사는 것이 그리스도인 이유는 바로 그리스도의 대속적인 죽음과 관계함으로써 얻어지는 죽음으로부터의 자유이기 때문이다. 바울은 바로 이러한 죽음의 권세를 이긴 그리스도 안에서 자유의 삶을 얻게 되었기 때문에 이제는 죽든지 살든지 그리스도를 영화롭게 하는 삶, 그리스도 자체가 된다. 이것은 로마서 14 : 8에 나타난 순교적 각오에 잘 나타나고 있다 : "우리가 살아도 주를 위하여 살고 죽어도 주를 위하여 죽나니 그러므로 사나 죽으나 우리가 주의 것이로라"

이 자유는 "죽은 자 같으나 보라 우리가 살아 있고"(고후 6 : 9)라는 문구처럼 매일매일 율법과 육과 사망 권세에 대하여 죽는 것을 통해 얻어진다. 우리는 이제 그리스도를 살리신 하나님께 속하므로 우리의 사는 것과 죽는 것이 상대화되기 때문에 결국, 이제는 죽는 것도 우리에게는 유익이 될 수 있게 된다. 그래서 바로 이 문장 다음의 21b절에서는 "죽는 것도 유익함(켈도스)이라"고 진술할 수 있게 된다. 죽는 것이 켈도스라고 말하였을 때 이 그리스도의 헬라어가 '크리스토스'라고 발음되기 때문에, 유익함의 헬라어 '켈도스'는 켈도스를 천천히 발음하면 '케르도스'가 되어 '크리스토스'와 발음이 매우 유사하다. 사는 것이 그리스도라면 또한 '죽는 것도 그리스도이다'라고 시적으로 표현하고 있는 것이다(이런 발음의 유사성에 관해서는 M. Hooker, "The Letter To The Philippians". *NIB* Vol. XI, 490 참조). 여기에서 '켈도스'란 '이익', '유익', '소득'을 의미하며 복수형으로 쓰일 때는 이익을 얻으려는 욕망을 가지고 세우는 계획이라는 피상적 의미를 지닌다. 여기에서 바울은 죽어서 그리스도와 함께 있는 것이 '유익'이 될 것이라고 언급한다. 반면에 그는 그리스도인이 되기 이전의 그의 생활의 여러 가지 '유익'을 그리스도를 위하여 해로 여긴다(빌 3 : 7)(Kittel-Bromiley, *TDNT*, 428). 결국 죽는 것은 삶이 처절

할 때에는 현재의 불행과 고통으로부터 해방되는 것이라고 생각한다면 죽음도 훨씬 도피하기 쉬운 선택이라는 뜻이다. 그리고 22절에서는 21절의 말을 덧붙임으로써 죽는 것과 사는 것 중 결정하기가 어렵다는 점을 말하고 있다. 이처럼 딜레마에 빠져 있다는 것은 23a에서 이 둘 사이에 바울이 끼어 있다는 진술과 연결되는 22b에서 무엇을 선택해야 할 지 모른다는 것에서 명료히 표현되어 있다.

그런데 여기에서 중요한 것은 "죽는 것도 유익함이라"라고 말하는 바울의 죽음에 대한 생각이 우리에게 생소하다는 것이다. 이 말은 고대 그리스인의 죽음관이 잘 반영된 말이다(다양한 철학과 종교에서 주장하는 죽음관에 대해서는 아래의 도표 참조). 그리스 고전문학에서도 다음과 같은 유사한 생각을 볼 수 있다 : "내가 살아서 얻는 것이 무엇이죠? 모든 걱정으로부터 자유해서 땅에 떨어지도록 이 거친 절벽에서 내 자신을 빨리 내던져 버리면 안 되나요? 매일 고통당하느니보다 한 번 죽는 것이 나으니까요."(Aeschylus, (아이스퀴로스 : 525–455 BCE), *Prometheus Bound*, 747, 750–51(이오에 대한 반발)) ; "나처럼 수많은 불행을 겪으면서 살고 있는 자라면 어찌 죽음으로써 유익을 얻지 못하겠는가?"(Sophocles(소포클레스 : 497–406 BCE), *Antigone*, 463–464) ; 이것과는 달리 죽음에 대한 냉정하고 약간 관조적 입장은 플라톤(428/27–349/48 BCE)의 Apology 〈소크라테스의 변명〉 40 C–D, "죽음의 본성을 토론하면서"에 잘 나타난다 ; "잠자는 사람이 꿈조차 꾸지 않는 잠처럼, 무의식이라면, 죽음은 놀랍게 유익한 것이다. 그래서 죽음의 본성이 그러하다면, 나는 죽음은 유익한 것이라고 생각한다"(M. E. Boring, et al., ed. *HCNT*(Nashville : Abingdon Press, 1995), 479). 또한 라틴 작가나 유대교 또는 기독교 문헌에서도 죽음은 걱정으로부터 해방의 의미가 있어서 유익한 것으로 인식된다 : "슬픔과 역경 한가운데에서 죽음은 오히려 걱정으로부터 구출되는 것이지 고문과 같은 고통이 아니다. 죽음은 모든 인간들의 어려움들을 용해시키게 된다."(Sallust, Catiline's War *Bellum catalinae* 51.20) ; "그들은 심리적으로 육체적으로 어려움에 있었기 때문에 강력한 싸움을 버틸 기회가 없었다. 하지만 그들이 죽었다면 사는 불행조차 유익한 것으로 간주할 수 있었을 것이다."(Josephus, *Jewish Antiquities* 15.158) ; "지금 이후로 주 안에서 죽는 자들은 복이 있도다 하시매 성령이 이르시되 그러하다 그들이 수고를 그치고 쉬리니"(계 14 : 13). 이처럼 삶은 고통으로 가득 차 있기 때문에 고대 그리스나 로마의 극작가, 문필가나 역사가들, 종교인들에게 죽음은 현재의 삶의 고통에서 벗어난 유익한 것이었다. 이를 더 발전시켜서 소크라테스와 같은 철학자는 죽음이 현실을 회피함으로써 유익한 것이 아니라, 꿈 없는 잠처럼 영혼이 한 장소에서 다른 장소로 옮겨 가는 것과 같아서 그 자체가 과정으로서 긍정적인 가치를 가지고 있다고 생각하게 된다(Palmer, 1975, "'To Die Is Gain'", 208-216). 바울은 바로 이러한 당시의 죽음에 대한 일반적 이해를 제시하면서 죽음의 선택이 유익할 수 있다는 것을 보여 주고자 했던 것이다.

죽음에 대한 헬레니즘 문화권의 이해

용 어	구 분	의 미
타나토스 (qanavto" –죽음)	고전 그리스	죽음은 그 이후를 잘 알 수 없지만 지옥으로 떨어졌을 때에는 참 생명이 없을 수 있기 때문에 사람들은 영혼의 생존 혹은 윤회를 믿게 되었다. 한편으로는, 죽음은 한 사람이 태어나면 다른 사람은 죽게 되는 우주 내에서 영혼과 관련되는 생명의 법칙에 따라 일어나는 우주적 현상이다. 그래서 개인의 죽음이 가지고 있는 생명의 법칙에 대한 비밀을 알기 어려워 죽음의 공포를 이기기 어렵다. 따라서 죽음의 필연적 운명에 대비해서 그 비밀을 알기 어렵기 때문에 죽음은 삶의 의미를 묻게 되는 힘이 있다. 다른 한편, 죽음은 인생을 골치 아픈 세상사에서 떠나는 것이므로 자살은 고난으로부터의 해방으로 이해될 수도 있다. 영웅들은 그들의 업적이 명성을 얻게 됨으로써 죽지 않는다고 여겨진다. 그러므로 도시를 위해 영웅적으로 죽는 것은 숭고한 죽음으로 여겨져 찬사를 받을 수 있다. 플라톤은 죽음을 우선적으로 정의와 불의의 문제와 연결시킴으로써 숭고한 죽음을 죽는 것을 미덕으로 간주하게 된다. 그래서 도시를 위해 죽는 숭고한

			죽음은 멸망할 수밖에 없는 육체를 초극함으로써 참 생명을 갖게 된다고 여겨진다. 이러한 철학적 사유에 기초하여 영혼이 불멸한다는 소망이 생겨난다. 이를 발전시킨 아리스토텔레스는 플라톤과 동일한 사유방식을 취하여서 영혼이 아니라 마음(정신)이 불멸할 것이라고 생각하게 된다.
	헬레니즘	스토아주의	헬레니즘 시대의 스토아주의(Stoicism) 철학자들에게 있어서, 죽음과 반대되는 생명이 자연현상으로서 그 자체가 유익하다고 보장할 수 없는 반면, 자연 질서의 이법(理法)을 숙고한 후 실행된 자살은 정당화될 수 있다. 이런 의미에서 죽음은 심판의 성격을 갖고 있는 도덕적 의미의 것이라기보다는 개인적 결심에 따라 선택할 수 있는 윤리적 문제이다. 이런 의미에서 죽음은 외부적 사물로부터 초탈하여 자기의 운명을 받아들이는지, 외부적 환경과 사물에 얽매여 있는지에 따라 진정한 삶의 의미를 결정할 수 있는 시금석이 된다.
		신플라톤주의	반면 신플라톤주의(Neo-Platonism)에서는 육체의 생명은 죽음과 대적한다는 생각을 넘어서 죽음이 영혼을 위해 존재한다는 측면에서 죽음과 생명이 공존하는 것으로 간주한다. 영혼은 오직 육체의 죽음을 통해서 육체를 벗어나서 참 생명을 이룩한다. 죽음은 이 벗어남을 성취한다는 점에서 부정적인 것을 넘어선다. 그러나 자살은 이 벗어남의 과정을 너무 빨리 수행하는 불법적 방식이다.
		영지주의	영지주의(Gnoticisim)에서는 참 생명은 육체 안에서 발견될 수 없고 신적인 생명의 불멸성과 연관시키고자 한다. 참 생명은 금욕적 고행을 하거나, 밀의종교에서 신비적 혹은 입신적 성격을 지닌 성례전에 참여해야 얻어질 수 있다고 여겨진다. 궁극적으로, 생명은 영지를 통해서 영혼이 하늘로 올라감으로써 얻어진다.
		필로	필로(Philo : 주전 20-주후 50)는 스토아주의 및 신플라톤주의처럼 악을 죽음과 연관시키지만 육체적 죽음 그 자체를 악과 동일하게 여기지는 않고 선한 것으로 간주한다. 그는 인간의 자연적 죽음뿐만 아니라 영원한 멸망이 있다는 것을 환기시킨다.
	신 약		'살아 있는 것'과 정반대로 '죽어 있음'을 의미하며 우리의 수치스러움과 용감함과 관여된다(빌 1 : 20). 죽음은 우리 인간의 피할 수 없는 운명이지만 오직 하나님 안에서는 죽음이 극복된다. 또한 죽음은 신약 어디서도 단순한 자연적 과정으로만 이해되

		지 않고, 항상 죄와 연관되며, 하나님의 참 존재가 나타나는 영원한 생명과 정면으로 부정된다. 이런 의미에서 인간이 의도적으로 자신을 죽이는 자기희생적인 죽음이나 순교까지도 영웅적으로 묘사될 수 없다. 바로 오직 그리스도의 사역만이 생명을 부적절한 것으로 만드는 무시무시한 죽음을 멸하는 것이다. 신약에 나타난 종말론적 죽음 이해에서는 이 마지막 원수인 죽음이 멸망됨으로써 비로소 구원이 완성될 것이다.

게하르트 킷텔 & 게하르트 프리드리히, 「신약성서 신학사전」(서울 : 요단출판사, 1985), pp. 360-363, 489.

우리는 죽음의 의미가 스토아철학과 신플라톤주의와 영지주의가 서로 대조적인 반면 유대교 철학자 필로에게서 이 두 가지가 공존하는 창의적인 죽음의 의미를 발견하게 된다. 우리의 생각과 달리 바울의 종말론적 죽음 이해에서는 바로 서로 모순되는 듯한 스토아철학과 신플라톤주의와 영지주의의 죽음 이해가 그리스도에 나타난 계시를 통해서 새롭게 재구성되는 특징이 엿보인다. 그에 의하면 죽음은 스토아 철학에서처럼 우리의 결단에 의해서 선택되는 윤리적 문제이지만 오직 하나님께서는 그리스도를 통해서 그 죽음의 한계를 넘은 세계로 우리를 인도하신다. 스토아철학과 달리 신플라톤주의에서의 죽음은 희생적인 죽음이나 순교까지도 영웅적인 어조로 미화될 수 없다. 또한 영지주의에서처럼 죽음은 자연적 과정이 아니라 생명을 부적절한 것으로 만드는 죄의 세력이기 때문에 하나님의 참 존재가 부여한 영원한 생명과 반대된다. 그래서 그리스도는 죽음의 세력을 멸하시기 위해서 이 세상에 오셨다. 하지만 영지주의와 달리 바울에 의하면 그리스도는 바로 마지막 원수인 죽음을 이미 이기셨고 마지막 때에는 죽음으로부터의 구원을 완성하실 것이다(킷텔, 「신약성서 신학사전」, 360-363, 489).

"사는 것이 그리스도니"라는 21절의 진술이 보편적 명제의 형식을 가진 표현이라면, 다른 한편 22a는 자신의 입장에서 죽음을 선택하지 않고 사는 것을 선택하는 것이 어떤 의미가 있는지 가정해 보는 것이다. 그래서 22a의 문장은 헬라어 '에이'(εἰ)가 이끄는 조건문의 형태로 표기된 문장이기에 이는 다음과 같이 쉽게 풀어 쓸 수 있게 된다. 구체적으로 육신으로 사는 것이 내 일에 열매 맺게 되는 조건이 되는 것이라면 죽음을 선택하지 않을 이유가 충분히 된다는 것이다. '육신으로'(엔 사르케)의 사르크스(σάρξ : 육체)는 바울의 다른 서신들(갈 5 : 15-21과 롬 6장)에서처럼 부정적인 의미를 갖고 있지 않고 이 세상에서 먹고 마시면서 살아가는 삶을 완곡하게 표현한 것이다. 이 말의 의미는 결국 그리스도의 일을 통해 선교의 많은 열매를 거두기 위해서는 자신이 죽지 않고 살아야 한다는 것을 잘 알고 있다는 말이다. 결국은 그 다음 22b에서 바울은 자신이 죽어야 할지 살아야 할지 잘 알지 못하겠다고 고백하면서 죽는 것과 사는 것의 선택의 딜레마를 보여 준다.

22b에서 바울은 "무엇을 택해야 할는지 나는 알지 못하노라"라고 말하면서 자신의 주장을 효과적으로 전개하고 자신의 논점을 극대화하기 위해서 죽음과 삶이라는 두 가지의 가능한 선택에서 각각이 어떤 좋은 점이 있지만 어떤 한계를 가지고 있는지 말한 후 바울 자신이 삶과 죽음의 선택 가능성의 딜레마(dilemma)에 빠져 있는 상황을 나타내고 있다. 이러한 21절의 바울 자신의 딜레마는 21~24절 전체의 의미구조에 비추어 보면 다음과 같이 제시할 수 있다(Cousar의 주석, 39와 Reumann의 주석, 234).

의미구조(21-24절)

1. 바울의 전체 입장 : 사는 것은 그리스도이다(1 : 21a).
2. 죽음 : 죽는 것도 유익함이다(1 : 21b).
3. 삶 : 육체 안에 사는 것은 일에 있어서 열매 맺는 것이다〈+선택의 어려움〉(1 : 22).
4. 죽음 : 세상을 떠나 그리스도와 함께 하는 것이 훨씬 더 나은 것이다(1 : 23).
5. 삶 : 육체 안에 남는 것은 너희들을 위해서 훨씬 더 필요한 것이다(1 : 24).

교차대구법에 나타난 바울의 결정의 딜레마(21b-24)

A 죽음, 유익함(21b)

B 삶, 열매(22ab)

C 미결정(22c)

C' 미결정(23a)

B' 죽음, 더 좋음(23ab)

A' 삶, 더 필요함(24)

다른 한편, 위의 도표의 21~24절의 내용구조는 사는 것과 죽는 것의 선택 가능성에 바울이 빠지게 된 딜레마의 핵심 내용이 압도적이다. 대개는 21절의 바울의 삶과 죽음의 딜레마를 23절에서 떠나서 그리스도와 함께 하는 것과 관련시켜서 이 딜레마의 핵심과 그것의 정황을 종교적 차원만을 강조하는 방식으로 설정하거나, 바울이 그 당시 사람들이 생각할 수 있는 삶에 대한 비관적 견해를 갖지 않았을 것이라고 쉽게 추론하는 경향이 강하다. 그렇기 때문에 주석에서 바울이 처한 딜레마의 본질을 희석시키거나 이 딜레마가 생긴 구체적 정황을 설정하지 않게 되는 경향이 매우 많아진다. 특히 "사는 것이 그리스도이다"라는 바울의 주장만을 강조함으로써 "죽는 것도 유익하다"는 바울의 주장에 대해서 일반적으로 자세하게 설명하지 않으려 하는 경향이 있다. 이와 더불어서 이렇게 바울이 극단적인 선택의 딜레마에 놓일 수밖에 없는 바울의 죽음 이해의 구체적인 정황을 대부분의 영미권 최근 주석들이 중요하게 기술하지 않는 경향이 생기게 된다. 더군다나 이러한 상황을 설명하더라도, 단순한 개인적 종말론(고후 5 : 1-10)이나 종교적 체험(고후 12 : 1 이하)이 그로 하여금 그리스도와 연합되는 것을 갈망하게 되었기 때문에 이러한 딜레마가 생긴 것이라고 주장할 수 있겠지만, 이것은 한 계기점은 될 수 있지만 그의 딜레마의 구체적인 배경을 제시하지는 못한다고 여겨진다(21절 주석의 중요성과 이 절의 주석의 문제점에 관한 기본 논의에 관해서는 D. W. Palmer, "'To Die Is Gain'(Philippians i 21)", *NovT* 17(1975), 203-208 참조).

하지만 아래에서처럼, 바울이 처한 딜레마가 사실상 바울 자신의 문제와 교회의 반응이 서로 밀접한 관련이 있는 12~26절까지의 전체 구조에 비추어서 재설정하게 되면 이 선택의 딜레마를 개인적인 문제로 그 사회적 성격을 희석시키거나 구체적 정황을 설정하지 않게 되는 경향이 비판받을 수 있다는 것을 알 수 있을 것이다.

전체 내용 구조(1 : 12-26)

1. 바울의 복음에 대한 태도와 빌립보 교회의 관련성(12-20절)
2. 바울의 딜레마 : (21-24)
   1) 바울의 딜레마(21) : 사는 것은 그리스도이고(21a), 죽는 것도 유익함이다(21b).
   2) 딜레마의 재기술(1 : 22-23) : 일의 열매와 그리스도와 함께하는 것 사이에서
   3) 딜레마의 해결의 방식 암시 : 교회를 위해서 더 필요한 것이다(1 : 24).
4. 바울이 교회의 믿음의 진보를 위해서 더 필요한 사는 것을 선택하다(25-26).

위에서 알 수 있듯이 1 : 21~24은 1장 전체의 구조 속에서 보면 바로 바울 자신의 실존적 투쟁의 문제가 복음의 본질과 빌립보 교회의 사정과 자신의 석방에 대한 기대와 서로 얽혀 있다는 것을 알 수 있다. 특히 19~23절은 바울의 개인적 고뇌의 문제를 다루지만 22~26절은 빌립보 교회의 정황과 함께 다루게 되기 때문에 22~24절이 바로 개인의 실존적 투쟁과 빌립보 교회의 자세라는 두 문제들이 서로 깊이 연관되어 있는 것을 알 수 있는 것이다(크레독의 주석, 67-73).

이런 관점에서 보면 우리는 바울이 21절에서 죽는 것이 유익하다고 말한 이상 그는 동시대의 사람들과 유사하게 삶에 대해서 비관적인 견해를 어떤

계기에서 갖게 되었다고 추론할 수 있는 것이다. 그렇다고 우리는 바울이 단지 임박한 로마의 법정의 재판에서 사형선고가 다가와서 이렇게 죽음을 생각하게 되었다(Holloway, 2001, 앞의 책, 112-115)고 설정하지는 않을 것이다. 이것뿐만 아니라, 그가 이렇게 극단적인 생각을 하게 된 것은 그가 감옥에 있게 됨으로써 받게 되는 사회적, 심리적, 정치적 중압감 때문에 자기 자신의 신앙적 정체성과 신학적 구조의 위기감으로 말미암아 딜레마에 빠지게 되었다고 볼 수 있을 것이다(Reumann의 주석, 251-252). 그가 겪어야 했던 부담감은 우선 그와 경쟁 관계를 갖고 있는 그리스도인 선교사들로부터 왔을 것이다. 이들은 바울이 너무 강하게 로마 황제를 반대하는 복음을 선포하게 되어 그가 감옥에 갔기 때문에 자신들도 어려움에 처하게 되었다고 바울을 압박했을 것이다(빌 1 : 15-18). 빌립보 교인들로부터 오는 압박감도 컸으리라 생각된다. 그들은 바울이 감옥에 가게 되었기 때문에 더 이상 그가 계속해서 다른 지중해 지역에 복음을 전파할 수 없게 될 것을 우려하여 바울 자신이 추구하는 반로마적 복음을 전파하지 못하도록 그를 압박했을 것이라고 생각된다(빌 1 : 12-14). 그가 유대인이었으나 유대인의 율법과 할례를 심각하게 비판하였기 때문에 유대인들은 바울이 감옥에 가게 되었을 때 가장 심하게 그를 공격했을 것이다(행 21-26장). 더 나아가서 예루살렘 교회의 지도자들인 베드로와 야고보는 바울이 로마 시민권을 가진 것을 로마 제국과의 결탁으로 해석하여 결국 바울 자신의 복음의 진정성을 의심하게 되었을 것이다. 바로 이러한 갈등으로 인하여 바울은 이들과의 유대가 끊어질 것을 우려하게 되어 심하게 스트레스를 받았을 것이다. 그밖에도 그의 가족들과 친지들, 다소의 고향 사람들 역시 그의 투옥을 계기로 그의 행동과 복음을 의심함으로써 바울은 엄청난 심리적 중압감에 시달리게 되었을 것이다(빌 3 : 4-5). 그리고 무엇보다 자신이 선포하였던 그리스도의 십자가와 부활의 복음이 진정으로 하나님께서 기뻐하시는 것인지 자신에게 되물으면서 자기 자신의 과거의 신학적 구조와 선교의 방향과 목회전략, 그리고 미래의 사형선고의 경우까지도 홀로 감옥에서 숙고하게 되었을 것이다(빌 1 : 21-25). 우리는 이렇게 중압감에 시달리는 바울의 내적인 정신적 고뇌와 외적인 사회적, 정치적 불명예의 어려움을 설정하게 될 때만이 21~22절에서 그가 심각하게 자신에게 묻게 되었던 자신의 죽음과 삶의 궁극적 의미에 대한 내면의 고민과 삶과 죽음의 결정의 딜레마를 이해할 수 있게 되는 것이다.

위의 논의를 종합하면, 22절의 결정의 어려운 정황에 대해서 바울이 구체적인 삶의 정황이 나타나지 않아서 단순히 개인적인 문제와 씨름하는 실존적 딜레마에 빠지게 되었다는 주석들은 한계를 갖고 있다고 볼 수 있다. 그보다는 정치적, 사회적 갈등의 정황에서 종교적 문제를 해결함으로써 보다 새로운 차원의 기독교 정치적 주체성을 형성하려 했기 때문에 바울이 삶과 죽음의 딜레마를 극복하는 '진정으로 실존적'투쟁의 씨름을 하고 있다는 것을 알 수 있다. 이런 의미에서 우리는 바울이 단순히 당대 사람들이 삶에 대한 부정적인 체념 상태를 공유했다고 생각하거나 이미 순교를 할 각오가 되어 있었다는 역사적 재구성들은 바울이 감옥에서 고민하게 되는 삶과 죽음의 딜레마를 축소하여 너무 단순화시키고 있다는 것을 알 수 있다.

[1 : 23-24] 23절에서 바울은 결국 다시 21~22절에서 제기한 삶과 죽음의 선택 가능성 중에서 그가 둘 사이에 끼어 있다고 말하면서 선택의 어려움과 스스로 던진 삶과 죽음의 선택에 관한 질문에 대해서 답을 알지 못한다는 것을 토로한다. 이것은 "죽느냐 사느냐 그것이 문제로다"라는 햄릿의 독백에서처럼, 살아서 비열한 사람들의 아니꼬운 태도를 인내하는 삶을 선택하는 것도 어렵고 미지의 죽음의 세계에 대한 불안함으로 인하여 선택하기에 주저하게 되어 죽음의 선택도 쉽지 않게 되는, 딜레마에 빠져 있다고 말하는 햄릿의 고민과 시대를 초월하여 유사하다는 것에 우리는 놀라지 않을 수 없을 것이다. 23a절의 "둘 사이에 끼어 있다"에 해당하는 헬라어 '신에코마이'(συνέχομαι)라는 동사는 누가복음 8 : 45이나 누가복음 19 : 43에서처럼 양편이나

사방에서 접근하는 적들에 둘러싸여 포위당해 있는 상황을 기술하는데 사용되는 단어이다. 또한 욥기 3 : 24나 누가복음 8 : 37에서는 고통, 슬픔, 공포감에 휩싸여 있는 심리적 상태를 기술하는 데 사용되는 단어이기도 하지만 고린도후서 5 : 14에서는 하나님의 사랑이 우리를 강권하여 둘러싸고 있다고 기술하기 위해서 사용되기도 한다(*TDNT*, VII, 882-885 ; Kittel-Bromiley, 1117-1118 ; *BDAG*, 970-971). 결국 이 단어를 고린도후서 5 : 14에서처럼 두 가지 선택의 기로에서 압도적으로 휩싸여서 조정당하는 것을 강하게 나타내고 있다. 또한 누가복음 8 : 37에서처럼 바울은 이제 세상에서 떠나 그리스도와 함께하고자 하는 욕망(에피투미아)과 육신으로 살아 있어서 빌립보 성도들을 위해 유익을 주려는 욕망의 양쪽 사이에서(에크 톤 듀오) 선택하기 어려운 슬픔과 공포감에 휩싸인 심리적 상태를 나타내 주고 있다. 여기에서 '그렇게 하고 싶으나'의 번역과 관련된 에피투미아(ἐπιθυμία)는 바울에게서는 분명 부정적 의미로 사용되어 금지된 것들을 행하려는 유혹의 의미를 내포하는 경향이 강하다(롬 1 : 24 ; 6 : 12 ; 7 : 7, 8 ; 13 : 14 ; 갈 5 : 16, 24 ; 살전 4 : 5 ; 벧 2 : 3 ; 4 : 22 ; 골 3 : 5 ; 살전 4 : 5 ; 딤전 6 : 9 ; 딤후 2 : 22 ; 3 : 6 ; 4 : 3 ; 딛 2 : 12 ; 3 : 3). 하지만 여기에서 바울은 다른 성서에서 중립적 의미나 좋은 의지의 경향으로도 사용되었듯이(살전 2 : 17 ; 마 13 : 17 ; 눅 17 : 22 ; 22 : 15 ; 히 6 : 11 ; 벧전 1 : 12) 빌립보서 1 : 23에서는 단순히 정신, 용기, 분노의 의미를 가진 튀모스(θυμός)에서 파생된 단어로서 단순히 특정한 행위에 대한 열정과 욕망을 나타내는 의미로 쓰였다고 볼 수 있다(O'Brien의 주석, 129 ; *BDAG*, 372와 *EDNT II*, 27-28).

훨씬 더 나은 선택의 가능성으로써 22절의 삶의 선택 가능성과 달리 23b절에서 바울은 그리스도와 함께하는 것이 더 좋고 그렇게 하기를 원한다고 말한다. 한국말 번역에서는 '세상을 떠나서'로 번역되어 있지만 헬라어로는 세상이 나오지 않고 그냥 떠난다는 의미로 '아나뤼사이'(ἀναλῦσαι : 떠남)로 표현되고 있기 때문에 바울이 여기에서 죽음 이후 그리스도와 함께하는 것인지, 죽음과 상관없이 죽음을 준비하는 단계를 말하는지, 주님이 도래하시는 최후의 때를 말하는지 주석적 논의가 있게 마련이다. 우선 이러한 논의의 핵심에 도달하여 주석을 하기 위해서는 '떠나서'의 헬라어 단어가 죽음의 의미를 내포할 수 있는지에 대한 단어 풀이가 선결 과제이다. 여기에서 '떠나서'의 헬라어 '아나뤼사이'는 '풀다'와 '묶인 것을 원상태로 돌리다'라는 타동사의 문자적 의미에서부터 '떠나다'(딤후 4 : 6)와 '돌아오다'(눅 12 : 36)라는 자동사의 의미가 발전되었다. 특히 '다시 풀다'의 문자적 의미를 가진 그림언어로서 아나뤼사이는 군사적 용어로서는 공격 캠프가 떠나는 것을 의미하거나(마카비후서 8 : 25 ; 9 : 1 ; 12 : 7), 해양 용어로는 단순히 정박 중인 배가 항해를 위해서 떠나는 것을 의미하는 데 잘 사용되었다. 그런데 이 '떠나다'는 의미가 맥락에 따라서는 디모데후서 4 : 6에서처럼 죽음과 동일한 의미의 떠남을 뜻한다. 이런 근거로 빌립보서 1 : 23에서 사용된 아나뤼사이(떠나다)는 '죽다'의 완곡어로 사용되었다고 할 수 있다는 것이다(*TDNT IV*, 337 ; Kittel-Bromiley, *TDNT*, 544 ; *BDAG*, 67). 다른 한편, 바울은 고린도전서 9 : 15에서 "내가 차라리 죽을지언정"이라고 했지만 바울이 진짜 죽는다는 말이 아니라 죽음을 각오하면서 어떤 행동을 할 것이라고 약속하는 말을 과장해서 표현하기도 한다. 결국 위의 사전적 의미와 용례를 종합해 보면, 23절에서 '아나뤼사이'의 사용 맥락은 바울이 좀 더 진지하게 자신의 죽음을 암시하고 있을 뿐 확실하게 죽음을 언급하고 있지는 않고 있다. 그래서 이 떠난다는 표현은 죽음을 포괄해서 3층천에 가는 종교체험이나, 선교를 위해 떠나거나, 순교를 위해 세상을 떠나는 것을 전부 포괄하는 모호한 표현으로 언급하고 있다고 보아야 할 것이다.

여기에서 '떠나 그리스도 함께하는 것'은 그리스도의 재림 시 부활하여 새로운 몸을 입게 된다는 바울의 전형적인 종말론(고전 15장)과 다른 측면을 보여주는 것이어서 정확한 주석이 요구된다. 특히 바울이 갈라디아서나 고린도전서에서 부활에 관해서 이미 일반 부활을 말한 것과 달리 바울 자신의 개인적인 죽음과 그 이후를 기술한 23절의 표현이 독특하기 때문에 바울이 이전의 죽음과 부활에 대한 생각을 빌립보서를 쓸 당시에는 변경시켰는지에 대한 논의도 함께 토론되어 왔다. 이와 관련되어서 '떠나 그리스도와 함께하는 것'(토 아나뤼사이 쉰 그리스토 에이나이 : τὸ ἀναλῦσαι συν χριστῷ εἶναι)은 바울이 순교적인 죽음을 가진 경우에 특별하게 주어지는 개인적인 부활(K. Barth와 E. Lohmeyer)인지, 일반 부활 이전에 죽은 상태에서 잠('영혼-잠')에 빠지듯이 그리스도와 함께 있는 상태인지(G. B. Caird, M. Silva), 일반 부활 이전 죽음 이후의 중간 단계인지(C. B. Coursar, J-F. Collange), 죽지 않는 상태에서 영혼만이 하늘에 올라가 그리스도와 함께하는 특별한 종교적 체험인지에 관해서 주석적 논의가 진지하게 되어 왔었다(Coursar의 주석, 40-41와 Reumann의 주석, 239-240, 251-253, 그닐카의 주석, 148-158, 크레독의 주석, 71-72).

이러한 논의를 보다 명료하게 이해하기 위해서는 우선 바울의 죽음 이후의 상태로서 부활 이해와 당시의 플라톤의 죽음 이후의 상태를 비교하는 도표를 다음과 같이 살펴 볼 필요가 있다. 바울은 고린도전서에서는 육을 부정하기보다 이를 긍정하는 몸 담론을 묵시문학적, 시간적 사유 속에서 새롭게 제기하게 된다. 그래서 바울은 몸/영혼의 플라톤적 이원론과 대조되는 묵시문학적 미래의 종말론을 가미한 새로운 직설법-명령법의 변증법(고전 3 : 12-15 ; 4 : 3-5 ; 5 : 5-6 ; 6 : 15 ; 19-20)과 부활의 몸 신학(15 : 12-58)을 아래의 도표에서 다음과 같이 제기하게 된다(부활의 몸이 플라톤적 위계주의의 몸을 비판적으로 극복한 점에 관해서는 Martin, 앞의 글, 3-37 참조).

플라톤과 바울의 부활 이해의 비교표

	부활의 모양	육체와 영혼의 모양	부활의 장소
플라톤의 몸/영혼의 이원론 이해(플라톤,	정화는 육체의 쇠사슬로부터 영혼의 해탈, 분리	육체는 인간적이고, 사멸할 것이고, 비예지적이며, 다형다양하며, 분해할 수 있으며 가변적이다. 영혼은 신적이	사람이 죽으면 그 가시적 부분인 신체는 가시적 세계에 있는 것으로서 시체라 불린다. 반면 영혼은 하데스, 즉

〈파이돈〉, 67, 80, 82)	및 해방	고, 불멸하고, 예지적이고, 한결같은 모습이고, 분해되지 않으며, 불변하는 것이다.	보이지 않으며 순수하고 고상한 곳, 선하시고 지혜로우신 신이 계신 곳으로 가게 된다.
바울의 몸 신학 (고전 15)	몸과 영혼의 재통합 : 예수의 부활 (15 : 3–11)	육(영혼)적 몸/영적 몸 대조 –씨가 죽으면 새 몸 입는 것처럼(15 : 35–50)	첫 열매 인 예수의 부활(15 : 20)과 일반적 부활이 상호 연결 : (15 : 12–13, 15b–16)

J. D. Crossan, *In Search of Paul*(New York : HarperCollins, 2004), 341–345.

위의 도표에서도 알 수 있듯이, 특히 고린도전서에서는 플라톤과 달리 바울은 몸의 부활에 대해서 말하면서 기본적으로 언제나 영혼만이 하늘에 올라간다고 생각하고 있지는 않다. 그가 신비체험을 말하는 경우가 있더라도 부활의 몸을 교회와 연관시킬 때에는 언제나 그러한 종교 체험의 중요성을 약화시키는 경향이 있다(고후 13 : 1–4). 그래서 그가 부활에 대한 생각을 빌립보서를 쓸 무렵에 매우 극적으로 변경시키지 않는 한, 23절에서 영혼만이 그리스도와 함께하는 특별한 종교적 체험을 나타내고 있다고 보기에는 어렵다고 할 수 있을 것이다. 오히려 바울이 고린도전서 15장의 몸의 일반 부활 이해를 유지하고 있었다고 가정하는 것이 더 합당할 것이다. 왜냐하면 빌립보서에서도 데살로니가전서 4~5장, 고린도전서 15장, 고린도후서 5 : 1~10과 유사한 종말론적 신학이 나와 있으므로 그가 이 서신을 쓸 당시에 그의 종말론을 완전히 변경시켰다고 보기에는 어렵기 때문이다. 예를 들면 바울은 빌립보서 1 : 6, 10~11, 2 : 16에서 그의 이전 종말론적 신학과 유사한 그리스도가 다시 오시는 '그리스도의 날'을 언급하고 있다. 또한 빌립보서 1 : 9~10, 3 : 10~11과 20~21에서 그는 고린도전서 15장에서와 같이 바울은 현재 자신의 고난과 빌립보 교인들의 고난을 동일시하면서 고난 중에서 하나님께서 우리의 수치스러운 몸을 영광의 몸으로 변형시키는 부활을 언급한다. 특히 1 : 28에서는 파멸과 구원의 이원론이 나오고, 3 : 10~11에서 하나님께서 이러한 고난으로부터 궁극적으로 구원하시는 부활의 희망을 주실 것을 제시하고 있다. 그래서 바울이 빌립보서에서 그의 이전의 종말론적 신학을 바꾸지 않는 것이 확실하다는 것을 알 수 있다(Palmer, 1975, 앞의 글, 203-207 ; Reumann의 주석, 251-253). 이러한 유사성을 고려해 볼 때, 결국 23절에서 떠나 그리스도와 함께한다는 것은 일반 부활 이전에 일어나는 일은 확실하다는 것을 알 수 있다. 죽음에 관해서는, 바울의 죽음 이전이든지 이후이든지 확실하게는 말하고 있지 않다는 것이 가장 설득력 있다는 것을 알 수 있다. 다만 그리스도와 함께하는 종교적 체험을 여러 번 하였기 때문에 바울이 매우 자연스럽게 그리스도와 함께한다는 표현을 쓰면서 단지 죽음 이전인지 이후인지 모호하게 말함으로써 순교적 죽음을 염두에 두고 이전의 부활 신학을 더욱 발전시켰다고 보는 것이 보다 타당하지 않을까 한다.

또한 23절에서 바울이 떠나서 그리스도와 함께 하는 것이 죽음 이후라면 바울이 죽음을 선택한다는 의미가 내포되어 있기 때문에 바울이 스스로 죽음을 끊는 것이 고대의 숭고한 죽음과 관련되어 주석학적으로 어떤 의미가 있는지에 관해서 다양한 토론이 전개되어 왔다. 이것은 정말 자신의 죽음의 결심을 완곡하게 표현하고 있어서, 어떤 학자는 바울이 스스로 죽을 의향이 있었던 것으로 해석하려는 경향이 있다(A. J. Droge, "Mori Lucrum : Paul and Ancient Theories of Suicide", *NovT* 30(1988), 262-286). 반면 또 다른 학자는 이러한 표현을 위의 사전적 의미에서 볼 수 있듯이 단지 죽음이 아니라 그리스도와 연합하는 것에 대한 준비단계로서의 포괄적인 떠남의 활동으로 단순히 해석하기도 한다(O'Brien의 주석, 130). 특히 드로게(A. J. Droge)에 의하면, 현대와 달리 헬레니즘 시대에는 숭고한 죽음의 형태로 자살이 용납되는 분위기였기 때문에 아우구스티누스가 자살과 순교를 구분하기 전 원시기독교의 발생 당시 교회에서도 유연한 형태의 자살은 기독교에서 하나의 자발적인 순교의 형태로 인정하는 분위기였다는 것이다. 그래서 플라톤의 〈파이돈〉에 의하면, 소크라테스가 사실은 자신을 변호하여 재판에서 살 수 있었거나 재판관을 자극시켜서 사형선고를 유보하거나, 감옥에서도 타 지역으로 피신하여 도망할 수 있었지만, 그가 유유히 독배를 마신 것은 일종의 숭고한 죽음을 택하는 자살의 유연한 방식이라는 것이다. 이처럼 바울도 사실은 고린도후서 5 : 8("우리가 담대하여 원하는 바는 차라리 몸을 떠나 주와 함께 있는 그것이라")에서처럼 이전부터 유연한 형태의 자살, 즉 그리스도와 연합되는 숭고한 죽음의 방식으로서 자살을 신중하게 묵상하면서 고려하고 있었다는 것이다(Arthur J. Droge, "Mori Lucrum : Paul and Ancient Theories of Suicide", *NovT* 30(1988), 262-286). 이와는 달리, 또 다른 학자는 당시 동시대 인들처럼 죽음이 인생살이로부터 해방시키는 탈출구로 생각하는 것과 유사하게 바울도 그리스인들처럼 죽음을 고생스럽고 견디기 힘든 삶으로부터의 체념적인 회피로 이해했다고 주장한다. 특히 "죽는 것도 유익함이라"는 바울의 발언은 시, 드라마, 철학, 수사학, 역사물 등의 고대의 다양한 문헌에서 이와 유사한 표현 방식으로 매우 자주 나오는 내용이라는 것을 입증할 수 있다는 것이다. 그렇기 때문에 바울은 이에 대해서 자세히 설명하지 않고 이를 지시하게 된 것이라고 여겨진다는 것이다(Palmer, 1975, "'To Die Is Gain'(Philippians i 21)", 203-218).

바울이 세상을 떠나 그리스도와 연합한다는 것을 이해하기 위해서는 헬레니즘 시대의 죽음에 대한 다양한 저술가들에 의해서 남겨진 죽음에 대한 인식을 파악할 필요가 있다. 이들은 기본적으로 몸의 감옥에 갇혀 있는 영혼이 죽음을 통해 이 몸의 감옥에서 벗어나는 것이기에 더 좋을 수 있다는 견해를 피력하고 있다(그닐카의 주석, 136-139). 이렇게 죽음을 삶의 연속성으로 보려는 고대인들의 이해는, 죽음을 단지 삶으로부터 물리적인 단절로 간주하거나 전쟁에서의 패배를 의미한다고 생각하는 현대인들의 이해와 매우 다르게 느껴진다. 현대인들은 죽음을 단지 병원에서나 다루어야 할 고통, 질병, 뜻하지 않은 불행들과 동일시함으로써 가장 일어나서는 안 될 회피해야 할 일로 생각하는 경향이 있다.

헬레니즘과 바울의 죽음 이해의 비교표

<table>
<tr><th colspan="2">죽음 이후에 대한 헬레니즘 문화적 맥락</th><th>바울의 맥락</th></tr>
<tr><td>구약 외경 토빗서 〈Tobit〉 3,6(BA)</td><td>“나의 영을 받아들이소서, 그리하여 내가 자유케 되며 흙이 되게 하소서. 내게는 사는 것보다 죽는 편이 오히려 낫기 때문입니다. 내가 이 고뇌에서 벗어나 영원한 장소로 가게 하소서”</td><td rowspan="6">헬레니즘과의 연계성 : 바울은 자신에게는 여기에서 죽음이 삶보다 더 좋다는 새로운 그리스도교적 논거를 제시하려 한다. 이를 위해서 그는 그의 주변 세계의 그리스적 죽음관과 관련된 언어를 채용하지만 그는 결코 지상적 삶의 가치를 평가절하시킨다거나 지상적 삶을 도피하려 하지 않는다.</td></tr>
<tr><td>플라톤 〈파이돈〉 Phaedrus, 67A</td><td>“신 자신이 우리를 해방시키신다.”</td></tr>
<tr><td>Epictetus, Diatriai(dissertations)〈논제들〉 1,9,16</td><td>“신을 기대하라. 그가 명하여 너희를 이 원정으로부터 해방시킬 때 그때 너희는 그에게로 해방된다.”</td></tr>
<tr><td>Cicero, Tuscunae disputationes 1,74</td><td>“신은 우리를 지배하면서 이에 의해 우리가 허락 없이 그에게서 이탈하지 못하도록 하신다. 행복한 현인은 이 어두움으로부터 저 빛으로 건너간다. 그래도 그는 감옥의 속박을 깨뜨리지 않는다(법이 금하기 때문이다).”</td></tr>
<tr><td>Stobaeus. Eclogae 4, 53, 27</td><td>“비참하게 사는 것보다는 죽는 편이 더 낫다.”</td></tr>
<tr><td>Isocrates, Archidamus 89</td><td>“치욕적으로 사는 것보다는 오히려 삶을 끝내는 편이 훨씬 더 낫다.”</td></tr>
</table>

다른 한편 크로이(C. Croy)는 위에서 제기한 자살설이나 체념적인 회피설에 대해서 비판한다. 우선 이 두 가지 견해에 관해서 그가 비판하는 가장 중요한 신학적인 이유는 바로 바울이 그리스도를 위해서 고난을 당하는 것(1 : 29)을 은혜로운 선물이라고 생각하고 있다는 점이다. 더군다나 바울은 오히려 감옥에 있을 때 복음의 진보가 있었다는 긍정적인 도움을 언급했고, 다른 설교자들의 이기적인 복음 전달 방식에 대해서조차 좌절하거나 실망하지 않고 오히려 복음 선포가 진행된 점을 낙관하고 긍정하고 있었다(12절). 더군다나 바울은 다른 사람들이 그에게 가하는 고통에 별로 영향을 받고 있지 않다

고 생각하는 점이다(1 : 17). 또한 그리스도의 고난에 참여하는 것은 도피가 아니라 그가 알기를 원하는 그 무엇이라고(3 : 10) 주장하고 있다는 것이다. 더군다나 바울은 4 : 10~14에서 주께서 힘주시고 빌립보 교인들이 여러 가지 역경들을 극복하는 데 도움을 주고 있다는 것을 확인하고 있다. 이런 이유 이외에 바울은 간접적으로 죽음을 원하지 않는 또 다른 예가 에바브로디도가 거의 죽을 뻔할 정도의 심한 병이 들었지만 하나님께서 이를 낫게 하셔서 간신히 자신의 고향으로 돌아가게 된 것을 가리켜 매우 큰 슬픔을 덜게 되어 함께 기뻐하게 되었다고 표현하고 있다는 점이다(2 : 26–30). 더군다나 바울은 서신 전체에서 기쁨을 말하고 있기 때문에 드로게(A. J. Droge)가 말하는 자살설은 더군다나 빌립보서 전체 어조나 분위기와 전혀 어울리지 않는다는 것이다. 주석학적으로도 23절에서 바울은 '떠나서'(아나뤼사이) 그리스도와 함께 있기를 바랐을 뿐이지, 그리스도와 함께하기 위해서 스스로 죽고 싶다고 표현하지 않았다는 것이다(Clayton Croy, "To Die is Gain', Philippians 1 : 19–26 : Does Paul Contemplate Suicide?" *JBL* 122(2002) : 522–524).

더 나아가서 크로이에 의하면, 바울이 실제로 자살하려 하거나 체념하려 한 것이 아닌 근거가 바로 바울이 1 : 23~24절에서 서신의 수신자를 설득하기 위한 수사법을 사용하고 있기 때문이라는 것이다. 이는 바울이 사용한 수사법을 헬라어로는 '디아포레시스'(διαπόρησις)라고 한다. 이것은 저술가가 불확실성을 가장하면서 자신의 주장의 내용을 강화하는 방식으로 질문을 던지는 방법이다. 이러한 수사법의 가장 좋은 예가 아래의 도표의 이소크라테스(Isocrates)의 「평화에 관하여」(38–39)이다(Croy, 윗 글, 517–530). 아래의 도표에서 알 수 있는 바와 같이 바울은 실제로 법적으로나 심리적으로 곤경에 빠진 것도 아니고 정치적으로 범죄로 인하여 죽게 되었다는 것을 나타내 보여 주지 않고 있다. 23~24절에서 바울은 그리스도와 연합하기 위해서 떠난다는 말은 단지 죽음에 대한 한 선택 가능성을 수사학적으로 제시하고 있는 것이다. 더군다나 이 수사학에서 바울이 결론짓는 것은 죽음의 수단으로 자살이나 처형을 그 가능성으로 전혀 제시하지 않고 바로 이러한 그리스도와 함께하는 가능성을 수사학적으로 제시하면서 바울의 실제의 선택, 즉 그리스도와 빌립보 교인들의 고난에 참여하는 선택이 얼마나 하기 어려운 것인지를 강조하려 하였다는 것이다(Croy, 앞의 글, 529-531).

이소크라테스(Isocrates)와 바울의 수사 비교와 「평화에 관하여」

<table>
<tr><th colspan="3">이소크라테스와 바울의 수사 비교</th><th>이소크라테스의 「평화에 관하여」 본문</th></tr>
<tr><td>비교</td><td>이소크라테스</td><td>바울</td><td rowspan="7">"나는, 내가 다른 경우에서처럼 진리를 말해야 할지, 아니면 당신에 대한 증오심을 두려워해서 침묵을 지켜야 할지, 내가 무엇을 해야 할 지 길을 잃어버린 상태이다. 내가 당신의 실수들에 대해서 말하는 것이 더 나은 것 같기도 하지만 나는 당신이 당신의 불행에 대해서 더 책임이 있는 사람들에 대해서 보다 책망을 제공하는 사람들에 대해서 더 엄격하게 마음을 쓰게 된 상태라는 것을 잘 알고 있다. 그럼에도 불구하고 내가 공통의 안전에 대해서 보다 나 자신의 명성에 대해서 더 관심이 있는 것처럼 보였다면 나는 창피하게 느꼈을 것이다. 그러므로 그것은 나의 의무이며 선택해야 할 국가에 대해서 관심이 있는 사람들에 대한 의무이다. 다시 말해서 가장 즐거운 말들이 아니라 가장 혜택을 주는 그러한 말들에 대한 나의 의무이다."</td></tr>
<tr><td>1</td><td>"내가 길을 잃어버린 상태이다."</td><td>"나는 알지 못하노라"(22절)</td></tr>
<tr><td>2</td><td>"공통되는 안전"</td><td>"너희 믿음의 진보와 기쁨"(25절)</td></tr>
<tr><td>3</td><td>"나의 의무"</td><td>"이것이 내 일의 열매일진대"(22절)
("이것은 나에게는 노동으로부터 얻는 이득이다.")</td></tr>
<tr><td>4</td><td>"선택하는 것"</td><td>"무엇을 택해야 할는지"(22절)
("내가 무엇을 선택할 것인가?")</td></tr>
<tr><td>5</td><td>"가장 즐거운 말들"</td><td>"훨씬 더(좋은 일이라)"(23절)</td></tr>
<tr><td>6</td><td>"가장 혜택을 받은 말들"</td><td>"더 유익하리라"(24절)
("더 필요하다")</td></tr>
</table>

Clayton Croy, *JBL* 122(2002) : 529.

우리가 위의 그리스 수사학에 비추어서 이소크라테스와 다른 바울의 주장의 핵심을 파악하기 위해서 특히 주목해야 할 것은 24절의 주석이다. 24절에서 바울은 비로소 바울은 삶을 선택하였다는 것과 그 이유를 설명하고 있는 것이다. 우선 24절에 대해 개역개정에서는 번역되지 않은 헬라어 '데'(δὲ)의 번역 '그러나'(*NRSV*)나 '그럼에도 불구하고'(*NKJV*)가 나온다. 그래서 23절에서 언급한 세상을 떠나 그리스도와 함께하는 것이 더 좋지만 너희들 때문에 남아 머무는 것이 더 필요 불가결하다는 것을 강조하고 있다. 이에 대해 개역개정에는 '있는 것'으로 번역된 헬라어의 동사원형 '에피메네오'(ἐπιμένω)는 25절의 '살 것'(메노 : μένω)과 '너희 무리와 함께 거할'(파라메노 : παραμένω)과 함께 어우러져 '머물다'의 헬라어 '메노'의 말놀이로 볼 수 있다. 따라서 이러한 표현방식은 살아서 빌립보 교인들과 함께 동고동락한다는 의미를 반복해서 강조하고자 하는 것이다. 또한 '더 유익하리라'의 헬라어 '아낭카이오테론'(ἀναγκαιότερον)은 '아낭카이오스'(ἀναγκαῖος)의 비교급으로서 '유익하다'(개역개정본)는 번역보다는 그렇게 할 수밖에 없는 필연성을 나타내는 단어이다(Reumann의 주석, 225, 253과 Collange의 주석, 65 참조). 그래서 *NRSV*에서는 '필요한'(necessary)으로 번역되었고, *NKJV*에서는 '긴요한'(needful)으로 번역되었다. 이것은 특히 세상을 떠나서 그리스도와 함께하는 것에 대해서 평가한 23절의 '더 좋은'(폴로이 말론 크레이손)과 대조된다. 하지만 빌립보서 2 : 25과 고린도후서 9 : 5의 바울이 사용한 '아낭카이오스'와 관련된 어휘의 용례에서는 단지 필요하다는 의미를 나타내는 것과 달리, 고린도전서 9 : 16에서처럼 23절에서는 단순히 유익과 필요에 의해서 바울이 선택하였다는 개인적 선호를 나타내고 있지 않는다. 특히 고린도전서 9 : 16에서 바울이 복음을 전하는 일이 '부득불 할 일'이라고 주장하듯이, 24절에서도 하나님이 정하신 소명의 측면을 나타내고 있는 것이다. 그래서 이 구절을 통해서 순교의 의미를 도출할 때에도 고난에 참여하는 순교적 제자직 자체가 바울이 선택한 것이 아니라 하나님이 부득불 책정하신 것이라고 해석해야 할 것이다.

결국 위의 21~24절의 수사학을 비판적으로 고찰하여 23~24절 전체의 주석을 종합한다면 우리는 빌립보 서신 전체가 제공하려는 선교와 봉사의 현장에서 겪을 수밖에 없는 고난에 참여하는 강렬한 순교의 주제와 연결해서 논의할 필요가 있는 것이다. 물론 여기에서 필자는 바울의 순교가 바르트나 로마이어가 말하는 그리스도 곁에 가는 특별한 종말론적 의미를 내포하고 있다는 것을 여기에서 계속 지지한다는 말은 아니다. 필자는 단지 순교의 정황과 순교의 제자직을 강조하고자 한다. 자신을 비하시킨 그리스도의 모형(2 : 5-11)은 디모데가 빌립보 교인들의 복지를 위해서 자신을 희생시킨 특별한 결정(2 : 19-24), 에바브로디도가 빌립보 교회를 대신해서 바울을 돕고자 죽을병에 이르는 위험을 무릅쓰고 봉사한 행동(2 : 25-40), 그리고 빌립보 교인들이 반복해서 바울의 재정적인 도움을 주려 했던 것(4 : 10-18) 등의 제자직의 패턴으로 구체화된다(Croy, 윗 글, 531). 바울이 23~24절에서 주장하려는 것은, 빌립보서 전체에서 위에서와 같이 계속 반복해서 등장하는 새로운 제자직의 패턴들과 일관성 있게, 직접 자신이 그리스도와 연합되는 죽음의 유혹을 버리고 빌립보 교회의 고난에 동참하는 순교적 제자직의 삶의 패턴을 선택했다는 것을 극적으로 보여 주고 수신자들에게도 이와 같은 삶의 패턴을 선택하도록 설득하는 것이다. 이러한 순교의 주제는 단순히 고대만이 아니라 나치의 유대인 학살의 극한 상황이나 기독교 선교를 법적으로 인정하지 않는 이슬람 국가에서의 선교 상황에서도 얼마든지 반복된다는 것을 염두에 두면, 더욱 새롭게 재해석되어야 할 주제인 것이다(이슬람 국가에서의 순교적 상황을 주석에 적용한 예(Mehdi Dibaj)에 관해서는 F. Thielman, *Philippians*(Grand Rapids : Zondervan, 1995), 88-89을, 아우슈비츠에서의 유대인 학살의 순교적 상황에 관한 예(Rabbi Hugo Gryn)에 대해서는 위의 Hooker의 주석, 492-494 참조).

위의 크로이의 수사학적 통찰을 더욱 발전시켜서, 필자는 위에서 기술한 자살설이나 그리스도와의 연합을 위한 준비설, 체념적인 회피설이 아니라 하나님의 신원을 확신하는 순교적 제자직을 강조하는 해석을 제시하고자 한다. 이러한 필자의 입장에 의하면, 바울은 그리스도와 함께하는 삶이 진정한 삶이고 이것은 죽음에 이른다고 할지라도 결국 자신을 낮추어 순교적 죽음에 내맡긴 자기비하의 몸이 변화하여 영광의 몸으로 변형될 것(빌 3 : 20-21)이기 때문에 죽음도 두려워하지 않고, 오히려 이러한 순교적 죽음을 선택하는 유혹을 갖고 있다고 말하고 있는 것이다. 이러한 순교적 죽음에 대한 암시는 당시 철학자들이나 일반인들의 죽음에 대한 관념과는 좀 다른 측면을 갖고 있는 것이다. 그리스인에게 죽음이 바람직한 이유는 죽음이 고생스러운 혹은 견디기 힘든 삶에 종지부를 찍기 때문이다. 죽음은 일종의 도망과 같은 성격을, 보다 좋은 것으로 상상되는 저 세상으로 달아난다는 성격을 띤다. 반면 바울에게 죽는 것은 그리스도와 연합하기 위한 선조건에 불과할 정도로 그리스도의 고난과 함께하는 것이라면 결국은 영광의 몸의 변형에 참여할 것이기에 희망할 만한 것이다. 바울은 죽음을 '더' 바란다면, 이는 삶에 대한 체념적인 회피에 기인하는 것이 아니라 오히려 죽음의 한계 저편에 놓여 있으면서 세상의 현실을 규정했었던 그리스도의 수난과 함께하는 삶이 영광의 몸에로 고양되는 조건이 된다는 것을 확신하고 있기 때문이다. 이미 그리스도를 위한 삶이 그리스도 자체처럼 된 것 같은 삶을 죽음이 빼앗아 갈 수 없으며 죽음 이후에 오히려 그리스도와 진정으로 함께하는 영광의 몸으로 사는 새로운 방식의 삶은 더 그 가치가 증대되기 때문에 그리스도와 함께하는 삶이 오히려 유혹이 될 뿐이라는 것이다(그닐카의 주석, 132-139와 비교).

결론적으로 말하면, 바울이 떠나 그리스도와 함께한다는 표현을 씀으로써 죽음 이후인지 이전인지 모호하게 말했던 것은 바로 바울이 종말론과 관련된 기독교 공동체의 정체성의 위기로 말미암아 종교체험을 하였기 때문일 것이다. 바울에게 중요한 것은 단지 죽음 이전인지 이후의 세계인지의 문제가 아니라, 어느 시간적 선상에 있든지 자신의 종교적 특권을 버릴 수 있는지가 더 중요한 문제라고 생각하는 것이다. 그래서 1 : 21~24에서는, 2 : 6~11에서 그리스도가 자신의 신성의 특권을 포기한 것과 3 : 5~11에서 바울이 유대인의 특권을 포기한 것처럼, 바울이 감옥에서 영적인 특권을 포기한 것과 같다고 할 수 있을 것이다. 바울이 여기에서 제시하려 한 것은 그가 회심(행 9 : 1-9 ;

22 : 1-11, ; 26 : 12-18)과 부활 체험(15 : 1-8) 이외에도 하늘에 올라간 경험을 이미 말한 것처럼(고전 14 : 6 ; 갈 1 : 12 ; 고후 12 : 1 ff) 자신이 그리스도와 함께 연합할 수 있는 신비주의적인 체험을 통해 죽음을 선택할 수도 있지만, 이를 스스로 포기하고 빌립보인들의 고통과 고난에 참여하게 되었다고 주장하고 있는 것이다. 우리가 우리의 특권과 이득을 포기하고 그리스도처럼 그의 복음을 위해서 고통받는 사람과 함께 아픔을 나누게 되었을 때 하나님께서는 결국 우리의 행동을 마지막 때에 인정해 주시고 우리의 정의에 대한 행동에 대해서 보상해 주시고, 억울함을 신원해 주실 것을 확신하게 된다.

결국 우리는 그리스도가 그의 신적 특성을 포기한 것(빌 2 : 6-11)을 기준으로 바울이 유대인으로서의 특권을 포기한 것(3 : 5-11)과 그가 영적 특권을 포기한 것(1 : 21-26)을 서로 비교하게 되면 매우 유사하다는 것을 발견할 수 있을 것이다. 그리스도 찬가에서는 그리스도는 자신의 신적인 본성을 이용하시지 않으셨다. 그는 오히려 인간들과 함께하셨다(2 : 6과 7c). 3장에서는 당시 유명한 학자인 가말리엘에 의해서 바울은 사사받았지만 그는 자신의 유대적인 교육배경을 이용하지 않았다. 그는 또한 자신이 속한 혈연적인 가문의 특권도 유지하지 않았다(3 : 5-6, 8). 마찬가지로 바울은 그리스도와 연합하는 것을 더 원하였지만 바울은 이것을 포기함으로써(1 : 25) 자신의 영적 특권을 이용하지 않았다. 이처럼 우리는 그리스도가 그의 신적 특성을 포기한 것(빌 2 : 6-11)을 기준으로 바울이 유대인으로서의 특권을 포기한 것(3 : 5-11)과 그가 영적 특권을 포기한 것(1 : 21-26)을 서로 비교하게 되면 매우 유사하다는 것을 발견할 수 있을 것이다. 이렇게 세 가지 서로 다른 방식으로 특권을 포기하는 것이 빌립보서 전체를 관통하여 일관된 주제를 형성하고 있다는 것을 아래의 도표를 통해 다음과 같이 알 수 있을 것이다(김덕기, "빌립보서 집필동기와 케노시스 정치신학," 2012, 46-60 참조).

바울의 유대인의 특권 포기와 비교되는 바울의 종교적 특권 포기

그리스도는 그의 신적 특권을 포기했다(빌 2 : 6–11).	바울은 유대인의 특권을 포기했다(빌 3 : 5–11).	바울은 영적 특권을 포기했다(빌 1 : 21–26).
케노시스 : (비움)=그리스도(7a)	바울은 자신의 이득을 그리스도를 위한 손해로 간주한다(3 : 7).	바울은 그리스도와 연합하는 것을 포기했다(1 : 25).
그리스도는 자신의 신적인 본성을 이용하시지 않으셨다 : 그는 오히려 인간들과 함께 하셨다(v. 6과 7c).	당시 유명한 학자인 가말리엘에 의해서 바울은 사사받았지만 그는 자신의 유대적인 교육배경을 이용하지 않았다. 그는 또한 자신이 속한 혈연적인 가문의 특권도 유지하지 않았다(5–6, 8).	바울은 자신의 영적 특권을 이용하지 않았다. 여기에서 영적 특권이란 영적 계시를 받는 것을 말한다. 그는 이미 여러 번 영적인 특별한 계시를 받았다고 주장한 바 있다(고전 4 : 6 ; 갈 1 : 12 ; 고후 12 : 1ff).
수난 : 예수 그리스도께서 로마 군인들과 권세자들에 의해서 수치를 당하였고 그들에 의해서 종으로서 십자가에 처형당하셨다(7–8).	그는 모든 것을 잃어버리는 수난을 당하였고, 그리스도를 얻기 위해서 모든 것을 배설물로 여기에 되었다(8).	그는 영적인 특권을 분토처럼 버렸고, 이러한 영적 특권마저 쓰레기로 간주하게 된다.
하나님의 초기 개입 : 하나님은 어떤 다른 사람들보다 높이셨다(9).	하나님은 그를 의롭다고 인정하셨고 그를 죽은 자로부터 부활에 이르게 하실 것이다(10–11).	하나님께서는 우선 바울을 감옥 밖으로 인도하셔서 빌립보를 다시 방문하도록 인도하실 것이다.
하나님의 대심판을 통한 마지막 신원(伸寃) : 그의 주로서의 진정한 정체성이 알려지게 될 것이고 그는 모든 사람들에게 공적으로 주로서 인정받게 될 것이다(10–11).	하나님은 그에게 명예로운 상을 주실 것이다(3 : 12–14). 이것은 당시 올림픽 경기에서 승리한 사람의 이름을 미리 그의 아버지의 이름과 함께 호명하면서 모든 사람들에게 영예로운 가문을 빛내는 것과 유사하다.	바울은 결국은 죽은 자로부터 부활에 이르게 될 것이다.

J. H. Hellermann, *Reconstructing Honor in Roman Phillippi*, 64–109 참조

5. 재상봉에 대한 희망(1 : 25–26)

> 25 내가 살 것과 너희 믿음의 진보와 기쁨을 위하여 너희 무리와 함께 거할 이
> 것을 확실히 아노니 26 내가 다시 너희와 같이 있음으로 그리스도 예수 안에서
> 너희 자랑이 나로 말미암아 풍성하게 하려 함이라

[1 : 25–26] 어떤 학자들은 이 성서 구절을 19절의 "나를 구원에 이르게 할 줄 아는 고로"에 대한 재해석으로 바울의 석방과 연결시켜서 바울 자신이 석방될 것을 확신하는 성서적 근거로 이해하기도 한다(김세윤, 「그리스도와 가이사」, 90–100 ; 김철홍, 앞의 글, 25–28 참조). 하지만 23~24절에서 순교의 각오까지 한 상태에서 죽음을 택해야 할지 삶을 선택해야 할지 몰라서 하나님의 선택에 순응하려는 바울이 자신의 석방에 대한 확신을 바로 다음 절에 표명했다는 것은 논리상 잘 납득이 가지 않는다. 더군다나 25절의 주석은 문법적 설명부터 매우 조심스럽게 할 경우 석방에 대한 확신을 노골적으로 드러낸다고 주석하기에는 거의 불가능하기에 오브라언(O'Brien), 마틴(Martin), 류만(Reumann)과 같은 거의 모든 학자들이 이러한 석방에 대한 확신을 보여 준다고 주석하고 있지는 않고 있다(O'Brien의 주석, 139–140 ; Martin의 주석, 79–80 ; Reumann의 주석, 225–229, 253–256).

우선 25절의 시작 부분(카이 투토 페포이토스 오이다 호티 : καὶ τοῦτο πεποιθὼς οἶδα ὁτι)에서 우리말 개역성경에는 '이것'(τοῦτο)이 '안다'(οἶδα)의 목적절의 내용과 동격으로 번역되었다 : "내가 살 것과 너희 믿음의 진보와 기쁨을 위하여 너희 무리와 함께 거할 이것을 확실히 아노니"(25절). 하지만 "이것을 확신하면서"처럼 분사로 번역되어야 할 것이다. 그래서 이런 경우에 이것은 자신의 미래에 대해서 아는 바를 확신하는 것을 나타내는 것이라기보다는 문법적으로는 이것은 24절의 내용을 가리키기 때문에, 결국 25절에서 확신의 내용은 20~24절에서 말한 것처럼 그리스도와 함께 연합하기

위해서 죽는 것이 아니라 사는 것에 대한 확신을 표명한 것이다(O'Brien의 주석, 138-141과 그닐카의 주석, 165). 이런 의미에서 헬라어로는 25절 '호티'(ὅτι) 이하에 나오는 "살 것"으로 번역된 것은 석방될 것이라는 의미가 전혀 없는 것으로써 헬라어로는 죽음을 택하지 않고 "머물 것"(메노 : μένω)을 의미하고, "함께 계속해서 머문다"(파라메노 : παραμενῶ)는 말은 감옥에 있을지라도 영적으로 함께 연대감을 가질 것이라고 이해되어야 할 것이다. 이것은 감옥에서 석방될 것을 확신하는 내용이 아니라, 자신이 스스로 죽음을 택하지 않고 이 세상에 살아서 여전히 감옥에 머물게 되는 것과 빌립보 성도들과 함께 계속해서 그리스도 안에서 고난을 받게 된다는 것이 전부 빌립보 성도들의 믿음의 진보와 기쁨을 위한 것이라는 사실을 인식하고 있다는 내용이다. 다시 말해서 바울은 투옥되었을 때 자신이 오히려 감옥에서 담대히 복음을 전파하여 복음의 진보가 되어 스스로 기뻐하게 되는 것(12-18절)과 달리, 빌립보 교인들이 믿음의 진보가 없고 기뻐하기보다는 슬퍼하게 된 현실 때문에 바울 자신은 살 것을 선택하는 것이 더 좋을 것을 확신하게 되었다는 것이다. 이것은 바로 교인들에게 바울의 투옥이 믿음의 진보로 인하여 기뻐해야 할 것이라고 위로하면서 사실은 교인들의 슬픔과 관련되는 투옥에 대한 잘못된 인식을 바울이 교정시키고 있는 것이다.

여기에서 믿음의 진보와 기쁨은 12절의 복음 전파에 진전이 있는 것과 관련된 것이다. 일반적 헬라어 용법에 의하면, '기쁨'(카라)은 현상이나 감정으로서 어떤 존재에 있어서 그 자체로서도 아무 문제가 생기지 않고 그 존재 이상의 긴장도 없는 정점이다. 헬레니즘 종교에서 '기쁨'은 축제의 기쁨을 나타낸다. 세상의 구원자에 대한 기대라는 종말론적인 성격을 띠게 된다. 또한 스토아 철학에서는 어떤 외적인 불행의 환경들, 예를 들면, 가난, 병, 추방, 사랑하는 사람의 죽음까지도 무관심의 대상('타 아디아포라')으로 생각하게 되면 기뻐할 수 있게 된다고 생각한다(Holloway, 앞의 책, 78-83, 107). 반면 바울에게서 빌립보서 1 : 25에서의 '기쁨'은 신앙이 형성되는 것에 대한 기쁨이 자 믿음의 진보가 성령의 열매(갈 5 : 22)로 나타나게 되었을 때의 기쁨이다. 이 기쁨은 하나님 나라가 실현되는 기쁨이요, 그리스도를 섬김으로써 오는 하나님의 기쁨이다(롬 14 : 17-18, Kittel-Bromiley, *TDNT*, 1299-1301). 이 기쁨은 하나님 안(살전 3 : 9)에서 또는 주님 안(빌 3 : 1)에서 형성된다. 또한 이 기쁨은 "너희 무리와 함께 거할 이것을 확실히 아노니"(25b)에서처럼 바울과 교회들 사이의 관계에서 오는 우정의 종말론적인 성격과 관련되는 것이다. 바울은 이미 교회가 바울의 기쁨이 될 것이라고 확신하고 있었기 때문이다(살전 2 : 19). 빌립보서의 분위기는 고난의 한가운데에 그리스도의 고난에 참여하는 투옥에도 불구하고, 미래에 도래할 하나님의 구원의 신원을 확신하는 순교적 기쁨이다(빌 1 : 4). 이 기쁨은 그리스도와 함께하는 죽음의 유혹을 넘어서 고난 받는 빌립보 성도들의 고난에 동참함으로써 누릴 수 있는 기쁨이다.

이처럼 25~26절은 결정적으로 바울의 석방에 대한 기대를 나타내고 있는 노골적인 견해이기보다는 이에 대한 간접적인 암시만을 나타내고 있고 사실은 복음의 진보나 빌립보 공동체의 믿음의 진보에 대한 목회적 관심을 나타내고 있다고 보아야 할 것이다. 그래서 그닐카는 바울이 석방을 염두에 두고 희망의 말을 하는 것으로 간주하려는 필자의 입장과 달리, 25~26절이 감옥의 석방에 대한 조건적인 희망이나 이에 대한 예언적인 확신에 관한 것이 아니라 복음의 진보에 관해서 더 강조점이 있다고 주장한다(그닐카의 주석, 164-167). 또한 류만은 개인의 석방에 대한 신상 발언은 아닐지라도 바울의 석방이 수단이 되어 공동체가 믿음의 진보와 기쁨이 넘쳐서 영예를 얻게 되는 계기가 되도록 하는 목회적 관심을 드러낸 것이라고 주장한다(Reumann의 주석, 253-258).

26절에서 히나(ἵνα) 접속사가 이끄는 가정법을 통해서 비로소 바울은 바로 25절의 바울 자신의 진술의 목적을 밝힌다. 그래서 26절에서 바울과 빌립보 성도와의 만남을 과장된 표현으로, 황제와의 알현이나 그리스도의 재림에서 사용되는 파루시아(παρουσία)로 표현할 뿐 아니라 가정법을 통하여 막연한 바람을 나타내고 있을 뿐이다. 믿음의 진보와 기쁨을 위해서 바울이 빌립보 성도들과의 재회를 바라는 이유는 그리스도 안에서의 고난의 참여로 말미암아 결국 바울이 석방되어 빌립보 성도들과 황제와의 알현과 유사한 특별한 만남(파루시아)을 가지게 될 때 바울 자신 때문에(엔 모이) 빌립보 교인들의 자랑(카우케마)이나 바울의 빌립보 성도들에 대한 자랑이 그리스도를 향하여(엔 크리스토) 넘치게 하는 것이라고 말하고 있는 것이다. 여기에서 자랑의 헬라어 '카우케마'(καύχημα)는 자랑하는 행위에 강조점이 있는 카우케시스(χαύχησις)와 달리 자랑의 대상이 초점이 되어 영예와 명예로 번역될 수 있는 단어이다. 자랑이라는 말은 바울신학에서는 죄의 한 실존 양식(롬 2 : 17, 23 ; 3 : 27 ; 고전 1 : 19-31)이지만 여기에서는 일상적인 내용을 기술하고 있을 뿐이다. 빌립보서 3 : 3~8에서도 육에 따라 자랑하는 모든 업적들은 배설물로 여길 정도로 자랑하는 것은 부정적으로 묘사된다. 다만 고린도후서 11 : 30, 12 : 9에서 바울은 자신의 연약함만을 자랑하고, 갈라디아서 6 : 14에서는 바울은 오직 예수 그리스도의 십자가만을 자랑한다. 바울에게서 자랑하는 것이 타당한 경우는 오직 육체를 신뢰하지 않고 주 안에서 자랑하는 것이고(고전 1 : 31 ; 고후 10 : 17, 빌 3 : 3), 그리스도를 통해서 하나님 안에서 자랑하는 것이다(롬 5 : 11, R. 불트만, 「신약성서신학, 개정 6판」 허혁 역(서울 : 성광문화사, 1976), 239-241 참조). 그러므로 빌립보서 1 : 26의 자랑은 결국 육체의 자랑이 아니라 그리스도의 고난에 참여한 것과 이 참여에 동참하면서 그리스도의 십자가의 복음이 성숙하게 된 것을 자랑하게 되기를 소망하는 것이다.

D. 빌립보 공동체가 따라야 할 복음에 합당한 행동 : 그리스도의 모범(1 : 27-2 : 18)

바울이 빌립보서 1 : 12~1 : 26에서는 발신자인 바울의 상황에 대한 내용을 전달하였지만 이제 1 : 27~2 : 18에서는 수신자인 빌립보 성도들의 형편에 맞는 다양한 권면들을 명령법의 형태로 제시하게 된다. 수신자의 형편을 기술하려는 편지형식의 변화를 표시하지만 한글 개역개정번역에서는 드러나지 않는 27b절의 '타 페리 휘몬'(τὰ περὶ ὑμῶν : 너희들에 관한 것들)은 바울 자신인 발신자의 형편에 관해서 기술하는 것을 표시하는 1 : 12의 '타 카트 에메'(나에 관한 것들 : τὰ κατ' ἐμὲ)와 대조를 잘 이룬다. 이러한 대조를 통해서 편지의 분위기가 발신자의 정황에서 수신자의 정황으로 바뀌는 이중 정황 기술은 '가족 편지'(family letter)의 양식 패턴을 잘 따르고 있는 셈이다(Loveday Alexader, "Hellenistic Letter Forms and the Structure of Philippians," *JSNT* 37(1989) : 87–101). 특히 2 : 1~5 부분은 공동체의 실천 모델로서 예수 그리스도의 종 됨의 자기-비하와 순교적 희생(2 : 6–11)을 보여 주기 위한 서문의 역할을 하고 있다. 이 서문에서 무엇보다 바울은 복음을 지키기 위한 적과의 싸움에 이기기 위해서 한마음으로 단결하라고 주문한다. 하지만 가족 편지에서처럼 가족에게 쓰는 편지가 아니라 바울이 유배를 가는 것처럼 감옥에 있으면서 바울을 그리워하며 슬퍼하는 빌립보 공동체 일원들에게 보내는 서신이기 때문에 오히려 세네카가 유배 갔을 때 자기 어머니 헬비아에게 보내는 서신(Seneca, *Ad Helvia de Consolatione*)처럼 위로서신으로 이해할 필요가 있다(Seneca, *Ad Helvia de Consolatione*, 헬비아 위로서신), 1–20 참조). 세네카가 그의 어머니에게 보내는 이 위로서신에서는 자기 자신이 당하는 유배가 그렇게 나쁜 것만은 아니라고 위로하는 발신자의 정황 부분이 먼저 나오고(*Ad Helvia*, 6–13), 그리고 위로의 대상자인 어머니의 어려움을 위로하는 수신자의 상황이 그 다음에 나오는 것(*Ad Helvia*, 14–20)과 유사하다는 점에서 오히려 위로서신의 형식을 가지고 있다고 보아야 할 것이다. 빌립보서는 위로의 내용이 직접적으로 나타난 고린도후서 1 : 3~7("우리의 모든 환난 중에서 우리를 위로하사 우리로 하여금 하나님께 받는 위로로써 모든 환난 중에 있는 자들을 능히 위로하게 하시는 이시로다……")과 달리 구체적으로 위로의 내용이 나타나는 것이 아니라 이런 위로형식의 구조를 통해서 매우 암시적으로 위로하고 있는 점이 다르다.

1. 반대와 고난에 직면하여 가져야 할 용기와 일치와 연대감(코이노니아)(1 : 27−30)
2. 연합과 상호 배려에 대한 부름(2 : 1−4)
3. 그리스도 예수, 자기−비하의 최상의 모범(2 : 5−11)
4. 이 세대의 악과 싸워서 구원을 이루라는 당부와 자신의 희생적 순교에의 각오(2 : 12−18)

1. 반대와 고난에 직면하여 가져야 할 용기와 일치와 연대감(코이노니아)(1 : 27−30)

> [27a]오직 너희는 그리스도의 복음에 합당하게 생활하라 [27b]이는 내가 너희에게
> 가 보나 떠나 있으나 [27c]너희가 한마음으로 서서 한 뜻으로 복음의 신앙을 위
> 하여 협력하는 것과 [28a]무슨 일에든지 대적하는 자들 때문에 두려워하지 아니
> 하는 이 일을 듣고자 함이라 [28b]이것이 그들에게는 멸망의 증거요 너희에게는
> 구원의 증거니 [28c]이는 하나님께로부터 난 것이라 [29]그리스도를 위하여 너희
> 에게 은혜를 주신 것은 다만 그를 믿을 뿐 아니라 또한 그를 위하여 고난도
> 받게 하려 하심이라 [30]너희에게도 그와 같은 싸움이 있으니 너희가 내 안에서
> 본 바요 이제도 내 안에서 듣는 바니라

위에서 제기한 위로서신의 특성에 비추어 보면, 우리는 다음과 같이 1 : 27~30을 빌립보 서신의 문학적 맥락에 비추어서 새롭게 조명할 필요가 있을 것이다. 다시 말해서 복음에 합당한 삶을 살라는 빌립보서 1 : 27의 권면은 바울 자신의 감옥에서 경험한 고난의 현장에서도 죽음에의 유혹을 이기는 바울 자신의 실천의 관점에서 재해석해야 할 것이다. 왜냐하면 빌립보서 1 :

27~30은 빌립보서 1 : 12~26의 바울의 감옥에서의 고난의 체험과 복음의 진정성의 상호관계에 대한 자기 성찰 바로 다음에 제시되고 있기 때문이다(Reumann의 주석 287). 특히 바울이 빌립보 공동체에게 권면하는 형태로 제기하고 있지만 이 구절이 죽음의 유혹을 물리친 1 : 21~23 바로 다음에 제기한다는 점에서 바울은 복음의 핵심을 자신의 죽음과 삶의 선택의 기로에서 고난에 참여하는 삶의 방식을 선택한 바울 자신의 실존적 체험과 연관시키는 것을 알 수 있다. 보통 빌립보서 1 : 27~30을 2장의 논지의 서론격으로 이해하여 2 : 1~18과 더 많이 연결시키는 주석이 일반적이다(이러한 주석의 대표적인 예에 관해서는 O'Brien의 주석, 38-39 ; Fee의 주석, 54-55 참조). 우리는 이를 앞의 1 : 12~26에 나타난 바울의 실존적/존재적 차원의 자기 수련의 모티브의 결론 장으로 이해할 필요도 있다는 것을 강조하고자 한다. 이러한 필자의 관점은 이처럼 1 : 12~26의 위로의 말들의 결론으로서 1 : 27~30로 생각하는 홀로웨이(Holloway)의 생각을 발전시킨 것이다. 홀로웨이에 의하면, 스토아적인 무관심을 나타내는 듯한 18a절의 "겉치레로 하나 참으로 하나"나 20절의 "살든지 죽든지"의 모티브는 27b절의 "내가 너희에게 가 보나 떠나 있으나"에서 다시 유사하게 나타나서 모두 위로의 기능을 담당함으로써 서로 밀접하게 연결되어 있다는 것이다. 더군다나 12절의 "내가 당한 일이"가 30절의 "너희에게도 그와 같은 싸움이 있으니 너희가 내 안에서 본 바요 이제도 내 안에서 듣는 바니라"과 서로 상호 연결되어 있다는 것이다(Holloway, 앞의 책, 115-116). 이에 더 나아가서 바울은 복음을 19~23절에 나타나는 삶과 죽음의 실존적 체험과 연관시키고, 이 체험을 결국 1 : 29~30에서는 고난(πάσχειν)과 싸움(ἀγῶν)이라고 명명하고 있는 것이다. 여기에서 싸움은 외부의 적, 로마제국과의 싸움만이 아니라 내부의 적, 즉 복음에 적합하지 않는 삶의 방식과의 실존적 싸움의 의미가 내포되고 있다는 것은 자명하다.

[1 : 27-28] 여기에서 우선 바울은 "오로지 복음에 합당하게 생활하라"고 권면

한다. 그리고 바울이 가서 빌립보 성도들을 보고 만나든지, 바울이 함께 하지 않게 되든지, 그들이 행해야 할 것을 바울은 다시 자세하게 제시한다. 이것은 복음의 신앙을 지키기 위해서 함께 한 뜻으로 싸우게 될 때 오직 한마음으로 굳게 서서 대항하라는 것이다. 또한 대적하는 자들에 의해서 어떤 일에 대해서도 협박당하지 말라는 것이다. 왜냐하면 이런 용맹스러운 행동은 그 적들에게는 멸망의 증거이지만, 빌립보 성도들에게는 구원의 증거가 되기 때문이다. 여기에서 개역개정역에서는 잘 나타나지 않지만, '생활하라'는 명령법을 내용상 다시 기술한 것이라고 볼 수 있는 '굳게 서라', '함께 싸우라'와 '두려워하지 말라'라는 명령의 어조가 전면에 부상하지 않으므로 그 긴급성과 강렬한 호소가 약화되어 있다. 더군다나 헬라어로는 '함께 싸우면서'로 번역될 수 있는 분사형태의 '신아트룬테스'(συναθλοῦντες)가 '너희가 대항하여 굳게 서라'로 번역될 수 있는 '스테케테'(στήκετε)라는 단어를 꾸며주는 방식으로 사용되었지만, 우리 말 번역 "서서-협력하는 것"에는 "함께 싸우면서 맞서라"라는 중요한 어감이 전혀 나타나지 않는다.

27a절의 "복음에 합당하게 생활하라"에서 '생활하라'라는 표현은 헬라어 명령법 형태 '폴리튜에스테'(πολιτεύσθε)라는 독특한 동사가 사용되었다. 바울은 일상적으로 다른 서신의 권면들(롬 6 : 4, 고전 3 : 3, 고후 5 : 7, 갈 5 : 16, 엡 2 : 2, 빌 3 : 17, 살전 2 : 12)에서는 그냥 '행하라'(페리파테오 : περιπατέω)란 표현을 하였지만 여기에서 특별히 "도시국가(πόλις : 폴리스)에서 시민으로서 살라"는 독특한 표현을 사용하고 있는 것이다. 우선 27절의 '복음에 합당하게 생활하라'에서의 '생활하라'(폴리튜에스테 : πολιτεύεσθε)라는 표현은 헬라어 폴리튜오마이(πολιτεύομαι)의 명령법 형태이다. 이것은 그리스 도시국가에서 사회생활을 하는 것처럼 공동체의 생활에 적합한 의무와 책임을 담당하라는 함의를 갖고 있는 단어이다. 폴리튜에테(πολιτεύεσθε)라는 표현이 단순히 바울서신들 안의 '행하라'는 의미를 갖고 있는 다른 표현들(περιπατεῖν , ζῆν, ποιεῖν, προνεῖν, βλέπειν 등)과 같은 의미인지,

아니면 보다 정치적인 특별한 의미가 있는지 토론이 있어 왔다. 1954년에 브로이어(R. Brewer)의 연구 이후 빌립보서의 전체 맥락에서 이 의미가 '행하라' 라는 단순한 의미를 넘어서 로마 제국에 대한 정치적 태도를 반영한다는 주장이 더 설득력이 있다고 여겨져 왔다(R. R. Brewer, "The meaning of Politeuesthe," *JBL* 73(1954), 76–83 ; O'Brien의 주석, 145–147).

이러한 독특한 표현이 의미하는 바는 최근 학자들이 바울의 로마 제국에 대한 정치적 태도와 관련된 쟁점이 제기되어 다음의 세 가지 방식으로 주석되고 있다. ① 호돈과 그닐카에 의하면, '폴리튜에스타이'(πολιτεύεσθαι)는 문자적 의미로 이해하기보다는 은유적으로 해석하면서 하늘나라에 속한 시민권(빌 3 : 20)을 가진 그리스도인의 특별한 생활 태도를 강조한다. 호돈(G. F. Hawthorne)에 의하면, 바울이 '페리파테인' 대신 의도적으로 '폴리튜에스타이'을 사용한 것은 로마제국의 시민생활에 대해서만이 아니라 교회공동체 시민으로서 적합한 공동체적 윤리(의, 평화, 믿음, 사랑, 상호 관계, 상호 의존, 선행, 상호 봉사, 예배 등 : 〈클레멘트 서신 1서〉 3 : 4 ; 21 : 1과 〈빌립보 사람들에게 보내는 폴리캅의 편지〉 5 : 2)에 따라 이 세상에서 시민생활을 하라는 권면으로 이해한다(호돈의 주석, 149–157). 또한 그닐카(J. Gnilka)에 의하면, 바울이 그리스도인의 적합한 삶을 살라고 권면했을 때 사용한 '행하라'의 뜻을 가진 '페리파테이테'(περιπατεῖτε) 대신 우연히 사용되었기 때문에 '폴리튜오마이'는 '생활하다'의 의미를 갖는 것으로 간주해야 한다는 것이다. 그래서 '복음에 합당하게' 라는 말은 "하나님께 합당하게"(살전 2 : 12), "성도들에게 합당하게"(롬 16 : 2), "주께 합당하게"(골 1 : 10), "부르심에 합당하게"(엡 4 : 1)와 유사한 방식의 표현이라는 것이다(그닐카의 주석, 168–173). 이러한 삶은 로마제국의 시민권에 대해서는 무관심할 것을 촉구하는 것으로 이해하게 된다. 그래서 로마제국의 시민의 의무를 수행하지 말고 오직 복음에 충실하여 하늘나라의 시민으로서 생활하라는 의미로 해석하는 것이다. 이것은 로마제국에 대해서 특별히 시민활동을 지지하거나 이에 대해서 적극적으로 저항하지도 않고 다만 그리스도인의 삶에 충실하게 의무와 책임을 다하면 이러한 로마의 시민적 삶에도 자연히 모범이 될 것이라는 것을 암시하게 된다. ② 윈터(Winter)에 의하면, 복음에 합당한 삶이란 빌립보 교인들이 로마제국의 시민의 의무도 충실하게 수행하여 교회 내의 분쟁이 로마 법정에까지 가지 않도록 서로 합심해서 복음에 부합되는 시민생활의 조화로운 삶의 모범을 보이라라는 말이 된다. 그래서 이러한 해석은 교회와 로마제국에 대해서 이중적 충성을 요구하는 것이라고 생각한다(Paul Winter, *Seek the Welfare of the City*(Grand Rapids : Eerdmans, 1994), 82-104). 이러한 바울의 이중적 충성은 헬라 도시가 국제화되면서 개인의 지역적 삶의 양식과 로마제국에 대한 국제적 삶의 양식을 둘 다 보호하려는 세네카의 스토아 철학의 정치에 대한 이중적 자세와 유사한 경향을 가지고 있다고 지적되기도 한다("Paul and Seneca," Lightfoot의 주석, 305-308). ③ 브로이어(Brewer)와 드 보스(De Vos)에 의하면, '복음에 합당하게 살아라'라는 권면은 로마 제국의 시민권과 질적으로 다른 하늘의 '시민권'(폴류튜마)(3 : 20)을 가진 자로서 로마제국의 시민의 권리를 완전히 포기하고 로마제국의 정치에 저항할 것을 암시적으로 제안하는 것으로 이해하는 것이다. 이때 하늘나라의 시민권을 가지고 복음에 합당하게 사는 것이란 그리스도가 종의 형체를 취하신 것처럼(2 : 7) 로마 제국에서의 사회적 지위, 특권과 권리를 자발적으로 포기하고 자신을 노예로 간주하고 사는 것을 말한다는 것이다(R. R. Brewer, "The meaning of Politeuesthe in Philippians 1 : 27", JBL 73(1954) : 76-83과 De Vos, *Church and Community Conflicts*, 282-286).

최근 여러 학자들이 지적하듯이, 우리는 27절 해석에 대한 세 번째 입장이 2 : 28~30의 투쟁적 수사학의 분위기와 잘 어울리는 점을 어느 정도 인정할 수 있을 것이다. 왜냐하면 여기에서는 적에 대해서 대항할 것을 촉구하고 있는 것처럼 보이기 때문이다. 다시 말해서, 27~30절에서 '함께 서 있으라'는 명령, '두려워하지 말라'는 명령, 그리고 멸망의 증거와 구원의 증거의 이

분법 등은 위협이 되는 적대적 세력과의 전투상황에서 빌립보 성도들이 서로 협조하여 적과 대적하라는 내용이 압도적이다. 빌립보서 1 : 13의 '시위대'와 빌립보서 2 : 25(몬 1 : 1)의 '군인'이라는 군대 용어를 사용하는 것처럼 바울은 다른 서신들에서도 종종 군사적 은유를 사용해 왔다 : 전투 병기와 무기들이 언급된 데살로니가전서 5 : 8, 군대에서 명령을 내리기 위해서 사용되는 트럼펫이 언급되는 고린도전서 14 : 8, 군사적 명령문의 형식을 가진 권고가 나오는 고린도전서 16 : 13(E. M. Krenz, "Military Language and Metaphors", *Origins and Method*(Sheffield : Sheffield Academic Press, 1993). 105–127 참조) 특히 28절은 "한 영과 한 뜻으로 굳게 서라"에서 사용된 헬라어 '스테케테'(στήκετε)라는 단어와 "복음의 믿음으로 함께 싸우라"라는 권면의 쉰아테룬테스(συναθλοῦντες)는 위협이 되는 상황에서 적극적으로 대처할 것을 나타내는 단어들이다. '굳게 서라'는 단어 '스테케테'는 전투 과정에서 자주 사용되는 전통적인 단어는 아닐지라도 전쟁의 대열에서 이탈하지 말고 도망하지 말라는 지시어와 연관된다(Krentz, 121–122 참조). 빌립보서 이외의 구절들에서 28절의 스테케테를 바울이 사용하였을 때에는 비록 바울이 특정한 정치적인 입장을 밝힐 때가 아닐지라도 기독교인의 사회적 삶에서 방해가 되는 포괄적인 적들과 투쟁하는 것과 관련해서 공동체의 윤리적 권면을 할 때이다(빌 4 : 1이나 고전 16 : 13, 갈 5 : 1, 살전 3 : 8, 살후 2 : 15).

하지만 과연 바울이 정말 이 구절을 통해서 구체적으로 공공(public)의 삶의 방식에 위협이 된다고 여겨지는 로마제국에 대해서 특별히 저항하라고 권면하는 것일까? 이 세 번째 입장에서 문제가 되는 것은 구체적으로 어떤 정의의 기준과 방식으로 불의한 것에 저항할 것을 촉구하고 있는지 말하지 않고 있다는 것이다.

특히 위의 세 가지 입장들 중에 특정한 입장을 지지하는 이유는 27절의 적대자들이 누구인지에 따라 달라질 수도 있다는 점도 주목할 필요가 있다. 주로 많은 학자들이 적대자들을 3장의 유대주의자들이나 헬라적 유대계 선교사들로 해석하여 ①번이나 ②번의 입장을 취택하기도 한다. ③번을 택하는 학자들은 적대자들을 3장의 적대자들과 상관없는 로마제국이라고 생각하는 경향이 많다. 하지만 27~30절의 적대자를 3장의 적대자와 매우 밀접하게 연관되는 로마제국의 시민권력의 담당자들과 연계된 원시영지주의적 엘리트로 간주하였을 때에는 27절은 로마제국 내에서 로마 시민권을 가지고 사는 공공 삶과 그리스도 제국의 시민으로서 살아야 할 복음의 내용과 이에 합당한 삶과의 충돌이 가장 격렬하게 일어나는 포괄적인 사회적 상황을 반영하고 있을 뿐 로마제국에 대해서 직접 저항하고 있다고 볼 수는 없을 것이다. 이러한 충돌이 구체화되는 경우는 로마제국의 황제나 통치자 숭배만이 아니라 시민제의를 포함하여 기독교인에게 부당하게 요구하는 로마제국의 공공 세력과의 충돌이라고 볼 수 있을 것이다. 이때 적대자들은 로마제국의 제의를 담당하는 당국과 이에 동조하는 지방관리, 그리고 이들과 생업을 하게 되어 복음과 로마제국 당국의 권력과의 충돌을 피해야 한다고 생각하는 엘리트계층의 원시영지주의 적대적 세력 일반을 의미할 수 있다고 간주된다. 더 나아가서 '멸망의 증거'라는 말이 나오는 것을 볼 때 이 적대자들은 원시영지주의에서처럼 그리스도의 십자가의 구원능력을 인정하지 않고 이에 기초한 복음에 따라 기독교인의 독자적인 정치적 주체성을 확립하려는 적합한 삶의 방식을 방해하는 사람들로 이해할 수가 있을 것이다(3장의 적대자가 엘리트적 원시영지주의자라는 필자의 입장에 관해서는 "빌립보서 3장의 적대자 논의–". 「신학과 문화 : 19집」(2010), 41–48, 55–59 참조). 이에 따라서 우리는 빌립보서 3 : 27~30에서 바울이, 단순히 로마제국에 대해서 순응하거나(①), 회피하거나(②), 저항하는(③) 정치적 태도를 직접적으로 표출하기보다는 로마제국의 기독교 박해와 정치이데올로기를 지지하는 엘리트적 원시영지주의의 삶의 자세를 극복할 수 있도록 그리스도인의 고유한 신앙 형태의 확립을 촉구한다고 볼 수 있다.

위에서 제시한 27a절의 주석과 직접 연관되는 27b절의 내용은 '내가 들을 수 있도록'으로 번역되는 가정법 동사 '아쿠오'(ἀκούω)와 함께 목적절을 이끄는 '히나'(ἵνα)로 시작되기 때문에 헬라어 번역에 유의하면, 27a의 '복음에 합당하게 생활하라'는 명령의 목적을 구성한다. 그래서 개역개정역에서 "이 일을 듣고자 함이라"라는 동사가 28a의 끝에 나오지만, 사실 헬라어 원문에서는 27b절의 '바울이 가보나 떠나 있으나' 바로 다음에 "너희들에 관한 것에 대해서(타 페리 휘몬 : τὰ περὶ ὑμῶν) 듣는다"가 먼저 나오고, 그 다음에 '아쿠오'의 목적절을 이루는 호티(ὁτί) 이하의 내용(27c–28a)이 나중에 나오게 된다. 여기에서는 목적절에 해당하는 27c와 28a의 호티가 이끄는 내용이 바로 바울이 가 보나 떠나 있으나 빌립보 교인들이 실천해야 할 것이다. 특히 목적절을 이끄는 히나가 때로는 명령문 뒤에서는 명령의 내용을 재기술하는 효과가 있다는 것을 고려하면 '서다'와 '협력하다'의 동사들은 명령조의 의미를 담고 있다고 볼 수 있을 것이다(Reumann의 주석, 265 참조) 더군다나 이것은 빌립보 교인들이 서로 한마음 한 뜻으로 협력하고(27c) 두려워하지 않게 될 뿐만 아니라(28) 1 : 12~26의 바울의 투쟁의 경험에서처럼(30) 고난의 투쟁에 당당하게 참여하게 되기를(29–30) 바라게 된다는 27c~30절의 내용과 밀접하게 연관된다. 결국 여기에서는 바울 자신이 빌립보 교인들에게 가 보나 떠나 있으나 그들에 관한 소식에 대해서 빌립보 교인들이 서로 한마음 한 뜻을 협력하고 두려워하지 않게 되었다는 좋은 소식(27c–28a)을 그가 듣고자 한다는 것이다(Silva의 주석, 80–81, 88 Reumann의 주석 265 참조). 또한 여기에서 "가 보나 떠나 있으나"는 단순히 바울이 석방되거나 지금 감옥에 있게 되는 것만 나타내는 것이 아니라 석방되어 그들을 직접 방문하거나 지금과 달리 순교하게 되거나 다른 곳에 가게 되는 경우 모두를 염두에 두고 있다. 여기에서 특히 강조하는 것은 바울이 가면 문제를 직접 해결할 수 있지만 현재에는 갈 수 없으니 가서 만나게 될 것을 강조하게 되는 것이다. 이것은 바로 빌립보 교인들이 바울이 없는 경우에 분열되어 바울의 투옥 자체를 복음과 연결시켜서 무엇이 가장 긴요한 것인지 명료하게 함으로써 진정으로 빌립보 교인들을 위로하려 하는 것이다(본서 1 : 10 주석 참조). 또한 여기에서는 2 : 12에서처럼 바울은 순교를 앞두고 있는 바울의 부재하는 상황에서 그들 자신이 공동체의 분열을 막아야 할 뿐만 아니라(2 : 12 주석 참조), 바울이 없는 상황에서도 디모데후서 4 : 2에서처럼 때를 얻든지 못 얻든지 바울은 빌립보 교인들이 복음을 위해서 대적자들과 당당하게 투쟁하는 끈질기고 단호한 자세를 갖게 되기를 요청하는 것이다.

다른 한편, 27c절에서 한마음으로 굳게 서서 함께 한 뜻으로 협력하라는 바울의 권면은 '한마음으로'(엔 헤니 프뉴마티 : ἐν ἑνί πνεύματι) 결연하게 맞서고(스테케테 : στήκετε), '한 뜻으로'(미아 프쉬케 : μιᾷ ψυχῇ) 복음의 신앙을 위해서 함께 싸우게 될 것을 명령조로 말하고 있는 것이다. 여기에서 스테케테는 '히스테미'(ἵστημι)의 완료형으로서 단순히 선다는 의미보다는 자신의 초소에서 한 걸음도 옮기지 않고 결연히 맞선다는 군사 용어이기도 하다(Reumann의 주석, 265). '한마음'은 헬라어로는 '공통의 영'을 의미하고, '한 뜻으로'는 '공통의 혼'으로라고 번역될 수 있다. 호머의 고전 작품(Homer, *Iliad*, 4 : 360–361 ; 22.262–265 ; Odysseus 6.180–185 ; 15 : 195–198) 속에서는 한 영과 한 혼이라는 표현은 사실은 둘 다 친구끼리 마음이 일치되어 서로 공통의 정신을 공유한다는 의미에서 우정관계를 나타내는 용어들이다. 바울이 같은 의미를 두 가지 서로 다른 용어로 표현한 것이라고 볼 수 있지만 위의 고전 시대의 용례, 아리스토텔레스의 용례, 헬레니즘의 용례에서는 각각 약간씩 다른 의미로 바뀌게 되기 때문에 우리는 그 용례에 따라 우정에서의 어떤 점이 강조되는지 살펴볼 필요가 있다. *Eudemian Ethics*(Eth. eud.) 7 : 4.1–2에서 아리스토텔레스는 이상적인 우정관계를 모든 것을 함께 공유할 수 있는 평등한 지위를 가진 친구와의 평등한 관계로 이해하려 하였다. 그래서 그는 '미아 프쉬케'라는 용어를 평등한 관계로 모든 것을 공유한다는 의미에서 진정한 친구는 또 다른 의미에서의 자기 자신이라는 의미로 이해하였다(J. T. Fitzgerald, "Paul and Friendship", J. P. Sampley, *Paul in the*

Greco-Roman World(Harrisburg : Trinity Press, 2003), 320-331). 또한 아리스토텔레스는 〈니코마코스 윤리학 : *Ethica Nichomachea*〉 9.8.1 ; 9.8, 2(1168b)에서 우정을 나타낼 때 친구는 모든 것을 공유하고, 서로 평등하다는 의미에서 '한 뜻으로'를 사용한 적 있다. 또한 이암브리쿠스도 〈피타고라스의 생애 : Iamblicus, *Vita Pythagorica*, 30.167〉에서 황금시대에는 모든 사람들이 한 몸과 한 혼이 된다고 표현한다(Reumann의 주석, 267과 O'Brien의 주석, 151).

그 이후 헬레니즘 시대에는 서로 지위나 종족이나 성이 다른 사람들이 서로 뒤섞여서 사는 상황에서 '한마음으로'와 '한 뜻으로'가 제시하려는 이상적인 우정관계와 서로 일치하여 공동체를 형성하는 기본적인 공통의 목표를 의미하는 정치적 경향이 많아졌다. 그래서 필자의 견해로는 이 용어를 단순히 우정관계와 관련해서 개인적 차원의 친구관계에 적용하기보다는 정치적 갈등의 차원에서 사용된 아리스토텔레스와 플라톤의 정치학적 논의의 맥락에서 새롭게 이해할 필요가 있다. 특히 플라톤이나 아리스토텔레스의 정치철학에서는 도시국가의 공동체의 삶 속에서 인간의 인격이 더 높은 영혼으로 고양되는 것을 나타내기 때문에 '높은 차원의 공동체의 정신을 받들어서'라는 의미를 갖고 있다고 보아야 할 것이다(플라톤의 〈공화국〉, 제7권 521c-536e, 아리스토텔레스 〈니코마코스 윤리학〉, 6권 1장과 아리스토텔레스, 〈정치학〉 제 1, 7-8권 ; 이에 관한 해설에 관해서는 C. Pickstock, "Justice and Prudence", *Postmodern Theology*(Oxford : Blackwell Pub. 2001), 162-176과 이 주석 책 3 : 20 주석 참조). 왜냐하면 이 프쉬케는 ① "몸의 기능이 일하도록 생명의 기운을 돋구어 주는 관점에서 지구상의 생명"이란 일반적인 뜻 이외에, ② "여러 가지 다양한 양상들 중 내적인 인간 삶의 장소나 그 중심, 즉 영혼"이란 뜻을 갖고 있기 때문이다(*BDAG*, 1098-1099). 이처럼 이것은 위의 단어 해설의 두 번째 의미를 발전시킨 것으로써 공동체의 혼, 얼, 또는 정신이라는 뜻을 가진 용례라고 볼 수 있게 된다. 그래서 이 개인의 개성들이 연합되는 공동체의 구체적 연대감을 강조하는 경우에 '한 영'이란 고린도전서 12 : 4에서 처럼 은사들이 다양하지만 하나의 영으로 연합되는 개인들의 다양성 속에서 공동체의 일치를 의미한다. 반면 '한 혼으로'는 단순히 구체적 연대의 기능적 차원에 적용되기 보다는 정치적 공동체의 공통의 정신적 유대감과 연관된 우정의 모티브에 적용될 수 있는 표현이라 할 수 있다. 바로 빌립보서 1 : 27에서도 이처럼 우리는 공동체의 일치된 정신으로라는 의미로 상용되었다고 볼 수 있는 것이다. 이렇게 정치적인 맥락에서 '한마음으로'와 '한 뜻으로'를 이해하려는 또 다른 이유는 바로 27c에서 이 용어들이 바로 복음의 신앙을 위해서 협력하는 방식을 나타내기 때문이다. 여기에서 특히 '복음의 신앙'에서 '복음의'(투 유앙겔리우 : τοῦ εὐαγγελίου) 속격을 목적격이나 주격이 아니라 동격으로 이해하여 복음을 믿는 믿음보다는 복음에 기초한 기독교의 신앙이라고 이해하는 것이 더 설득력이 있다. 빌립보서에서의 복음은 1 : 12, 16에서처럼 로마제국과 대항되는 기독교 공동체의 정체와 관련된 그리스도의 죽음과 부활에서 오는 신앙의 근본 원리로 이해할 필요가 있다(12와 16절에 관한 앞의 주석 참조).

특히 28절에서 바울은 개역개정역의 내용에는 나타나지 않는 방식으로 헬라어로 보면 매우 모호한 방식으로 다음과 같이 선동적인 투쟁적 수사를 구사하게 된다. '이것'(헤티스 : ἥτις)이 한편으로, 저희들(그들)에게(αὐτοῖς) 제시되는 멸망의 표시('증거' : ἔνδειξις)이지만, '이것'이 다른 한편 "너희들"(ὑμῶν –빌립보 교인들)이 구원받는 표시라고 주장하고 있다. 이 헬라어 표현에서는 제시되는 대상이 '그들'이라는 점은 명료하게 말하지만 누가 멸망하는지는 나타내지 못하고 있는 반면, 제시되는 대상이 누구인지는 명료하게 말하지 않지만 빌립보 교인들이 구원받는지는 명료하게 나타내고 있다. 그래서 호돈은 이러한 문장의 생략된 부분을 넣어서 새롭게 번역할 것을 다음과 같이 제시한 바 있다. "(이것이)(한편으로) 저희에게는(너희가) 멸망할 증거요 다른 한편으로(너희에게는) 너희가 구원받을 증거다"(호돈의 주석, 152). 그러나 문법적으로 엄밀한 해결책으로서 제시되는 '믿음이 빌립보 교인들이 멸망하는 증거가 된다'는 호돈의 해석은 신학적으로 오해의 여지가 너무 많다. 우선 증거로 번역되는 엔데익시스(ἔνδειξις)는 '표시'(pointer나 sign)라고 번역해서 그 의미가 멸망과 구원의 논증적 성격을 나타내려는 것이 아니라 하나님께서 계시하는 어떤 것이 해석되어야 할 표시(sign : 기호)로 이해할 필요가 있다(*BDAG*, 323 ; Reumann의 주석, 270). 이러한 번역의 근거 중 중요한 것이 28c에서 이것이 하나님으로부터 오는 것이라는 내용이다. 하나님께 오는 것은 증거가 아니라 멸망이나 구원을 나타내는 결정적인 표시인 것이다(Reumann의 주석, 271, 290).

더군다나 이러한 주석의 타당성은 결국 이 문장의 주어인 '이것'의 의미가 무엇인지가 명료하게 나타날 때 멸망의 대상이 확정된다. 여기에서 멸망과 구원의 표시가 되는 지 밝혀주는 '이것'의 여성 단수 명사형 헬라어 '헤티스'(ἥτις)는 관계대명사로 표현되어서 구체적으로 선행사가 무엇인지 논의되어 왔다. 여기에서는 이 선행사가 앞의 27절의 맨 마지막 단어인 '믿음'(27c : 호돈)이라는 견해와 '두려워하지 않는 것'(28a : Silva) 또는 그 앞문장의 종속절의 일반적 내용(Martin의 주석, 84)이라는 세 가지가 서로 상반되는 견해가 있다(Silva의 주석, 80-83, 89-90과 호돈의 주석, 154-156, Reumann의 주석, 270). 또한 선행사가 앞에 있는 문장이 아니라 헤티스의 술어인 성과 수가 일치하는 엔데익시스(ἔνδειξις)로 생각하기도 한다(그닐카의 주석, 173-174). 이러한 견해를 발전시켜서 꼴랑즈는 이렇게 번역한다 : "그들에게 멸망의 표시가 되는 것은 결국 너희들의 구원이다"(Collange의 주석, 75). 하지만 이를 문법적으로 어느 특정한 단어 하나를 지목하기보다는 막연하게 나타내는 27절과 28절 상반절의 전체 내용을 의미한다고 보아야 할 것이다. 즉, 한마음 한뜻으로 굳게 서서 복음을 위해 함께 싸울 수 있도록 적대자들을 두려워하지 않고 대적하는 것이 적대자들이 멸망할 것이라는 표시인 반면 빌립보인들이 구원받게 될 것이라는 표시라고 해석할 수 있을 것이다.

더군다나 28절의 주석학적 특징에 비추어 보면 빌립보 교인들이 투쟁해야 할 대상인 적대자들이 누구인지의 쟁점에 어떤 해결점을 제시할지가 이 28절의 해석의 열쇠를 제공한다고 볼 수 있다. 주로 많은 학자들이 3장의 유대주의자들이나 유대적 선교사들로 이해하지만 이것은 분명하지가 않다. 더군다나 호돈은 위의 헬라어 번역의 방식에 따라서 멸망과 구원의 의미를 문장의 문법적 이유 때문에 단순히 굳은 의지를 이해하는 인식의 차이에서 오는 것으로 약화시키기도 한다(호돈의 주석, 156-157). 하지만 오히려 위의 27절의 주석과 연결하였을 때에는 로마제국의 공공 삶과 복음에 합당한 삶과의 충돌이 가장 격렬하게 일어나게 마련인 통치자 숭배나 시민 제의와 연관될 수 있다. 이때에는 로마제국의 제의를 담당하는 당국과 이에 동조하는 지방관리, 그리고 이들과 생업을 하게 되어 복음과 로마제국 당국의 권력과의 충돌이 불가피하다고 생각하는 적대적 세력 일반을 의미할 수 있다고 보아야 할 것이다. 특히 여기에서는 멸망의 표시가 되는 대상인 적대자는 단순히 다른 종류의 복음 선포자라기보다는 이 복음에 적합한 삶의 방식을 방해하는 사람들로 이해할 필요가 있다(위의 빌 1 : 27~28에 관한 주석에서 사용된 중요한 논의에 관해서는 김덕기, 2010, "바울의 로마제국에 대한 정치적 태도와 정치신학", 719-727 참조).

[1 : 29-30] 27~28절에서 그리스도인의 시민생활에 대한 구체적인 지침보다는 기본 자세를 강조한다는 점을 고려하면, 29~30절은 서로 힘을 합하여 굳게 서서 싸우고 두려워하지 말라는 명령(27-28절)의 신학적 근거를 제시하려 하고 있다. 개역개정역은 헬라어 어순과 문법적 구조와 상당히 다른 방식으로 전개되는 전형적인 문장이다. 헬라어로는 그리스도를 믿는 것뿐만 아니라 그를 위하여 고난을 받게 되는 것도 하나님에 의해서 은혜로 주어졌다는 것이다. 이러한 신학적 주장을 근거로 빌립보 성도들은 바울이 경험한 같은 투쟁(ἀγῶων)에서 오는 고난을 기꺼이 받아들여야 한다고 권면하고 있는 것이

다. 그런데 이러한 일은 이들이 이미 이전에 바울에게서 이미 보았고 지금도 그에게서 듣고 있는 것이라고 주장한다(빌 1 : 30). 특히 27~28절에서 제시한 그리스도인의 로마 제국에 대한 정치적 태도와 관련된 신앙의 한 유형을 신학적으로 정당화하기 위해서 바울은 29절에서 단순히 로마제국의 외적 통치 권력에 저항하는 직접적 방식을 제시하는 것이 아니라, 또한 단순히 자신의 실존적 문제만이 아니라, 정치적/사회적 문제와 연관하여 신앙의 시련이 닥쳐왔을 때 직면하게 되는 고난을 극복하기 위해서 고난이 은혜로 주어질 수 있다는 참신한 신학을 제시하고 있다. 여기에서 은혜로 주어졌다는 수동태 동사의 헬라어 에카리스테(ἐχαρίσθη)는 주어가 하나님이라는 것이 암시되었다는 의미에서 이 신학적 선언이 기독론적(christocentric)이라기보다는 신중심적(theocentric)이라는 것을 확인시켜 준다.

기독론적 관점보다는 신중심주의적인 관점에 의하면, 그리스도를 믿는 것뿐만 아니라 그를 위하여 고난을 받게 되는 것은 단순히 예수의 고난에도 불구하고 불굴의 정신으로 구원을 이룩한 영웅적 태도에 우리 스스로가 동의하는 헬레니스틱 영웅 문화의 관점에 의해서가 아니라, 수난에 참여하는 것 자체가 새로운 신적 인식의 계시사건으로서 하나님에 의해서 은혜로 주어졌다는 것을 암시한다. 바로 이런 의미에서 그리스도를 위해서 고난을 받게 되는 것이 은혜로 주어진 것이라고 말하는 신학적 선언은 바로 빌립보 전체에 나타나는 순교 모티브와 연관된다고 보아야 할 것이다. 이것은 빌립보서 전체 주제인 순교 모티브(2 : 7-8, 2 : 17-18, 3 : 10-11, 3 : 20-21, 4 : 11-12)가 가장 분명한 형태의 신학적 선언으로 나타난 것이다. 이러한 순교 모티브의 신학적 주장은 로마서 8 : 32에서처럼 동사형 '카리조마이'(χαρίζομαι)는 궁극적으로 하나님이 아들을 주시는 구원론적 의미와 연관된다. 이를 토대로 고린도전서 2 : 12와도 유사하게 고난이 하나님의 은혜로 주어지는 것이라는 것을 통해서 구원 사건과 연관된다는 점을 암시하고 있다.

29절에 제시된 수난에의 참여 신학은 바울이 이러한 고난이 그리스도인이 가져야 할 신앙의 한 자세라고 제시하는 고린도후서 4 : 10("우리가 항상 예수의 죽음을 몸에 짊어짐은 예수의 생명이 또한 우리 몸에 나타나게 하려 함이라")과 일관성이 있다(Cousar, 앞의 책, 46). 여기에서 그리스도의 고난에의 몸적 참여는 빌립보서 3 : 10과 3 : 21에서처럼 비천한 몸으로부터 그리스도와 함께 영광의 몸으로 부활하게 되는 은혜로 나가는 것이라면, 결국 이러한 부활과 관련되는 하나님의 은혜에 대한 확신은 빌립보서 1 : 29에서 고난에 참여하는 그리스도인의 금욕주의적 윤리적 삶의 태도를 통해서 그리스도인의 새로운 신앙 유형을 확립하게 되는 기초가 된다는 암시를 받게 된다. 또한 빌립보서 1 : 29에서 고난이 그리스도를 위한 것이라고 한 매우 특이한 표현은 고린도후서 12 : 10과 유사하다. "그러므로 내가 그리스도를 위하여 약한 것들과 능욕과 궁핍과 박해와 곤고를 기뻐하노니 이는 내가 약한 그때에 강함이라" 이 두 가지는 헬라어 '휘펠'(υπέρ)의 번역어로서 사실은 그리스도를 '대신해서'로 번역될 수 있는 것이다. 그래서 *KJV*와 *NKJV*는 이 부분이 "대신해서"(on behalf of)로 번역되어 있다. '대신해서'라는 표현은 그리스도가 이미 구원을 완성했다는 신학을 거절하는 효과가 있다. 그리스도를 닮아야 한다는 표현의 과장된 표현으로 수사학적으로 아이러니 효과가 있다. 이런 극단적으로 성도들이 그리스도를 닮아야 한다는 표현을 하는 또 다른 신학적 이유는 나중에 3 : 10에서 보다 분명히 제시하게 된다. 바울은 빌립보서 3 : 10~11에서 비로소 고난의 이유는 그의 죽으심을 본받아 그와 함께 부활하려 한다고 말한다 : "내가 그리스도와 그 부활의 권능과 그 고난에 참여함을 알고자 하여 그의 죽으심을 본받아 어떻게 해서든지 죽은 자 가운데서 부활에 이르려 하노니". 이런 의미에서 빌립보서 1 : 29에서 고난에의 참여가 하나님의 은혜라는 이유는 바로 그리스도를 대신해서 그의 고난에 참여하게 됨으로써 그리스도와 함께 부활에 참여할 수 있게 되기 때문이라고 이해할 수 있는 것이다.

더군다나 '카리조마이'라는 단어는 단순히 구원론적 의미만이 아니라 바로 순교적 사랑과 정의에의 참여가 가능한 윤리적 의미를 내포하고 있다는 점이 주목된다. 에베소서 4 : 32("서로 친절하게 하며")와 골로새서 3 : 13("누가 누구에게 불만이 있거든 서로 용납하여 피차 용서하되 주께서 너희를 용서하신 것같이 너희도 그리하고")에서처럼 하나님께서 어떤 대가도 없이 베풀어 주시는 특권의 선물과 호의에 근거해서 서로 용서할 것을 제안할 때 쓰는 점을 주목할 필요가 있다. 서로의 아픔을 하나님이 주신 것으로 이해하면 그리스도의 고난에 근거하여 서로의 고난에 참여하면서 용서하며 용납하는 윤리적 의미도 내포할 수 있을 것이다(*EDNT III*, 456–457 ; Kittel–Bromiley, *TDNT*, 1304–1305). 그리스도를 위해 수난 받는 것이 그리스도를 믿는 것과 마찬가지로 하나님이 은혜로 주셨다는 것을 강조한 이유가 무엇인지가 중요하다. 바울은 로마서 8 : 19~39, 고린도전서 4 : 9~13, 고린도후서 4 : 7~12, 11 : 23~29에서 그가 고통을 당하는 경험을 말하면서 이것은 자신의 업적으로 자랑하려는 것이 아니라 그리스도와 하나 되는 경험으로 서로의 아픔에 동참하여 그리스도의 고난에 근거한 새 공동체를 건설하려는 것이라고 말한다(Cousar의 주석, 46).

30절에서 바울은 빌립보 성도들도 바울 자신이 이전에 그리고 지금도 경험하고 있는 것과 유사한 싸움을 행하고 있다고 말한다. 여기에서 이 싸움의 헬라어 '아곤'(ἀγῶν)은 원래 그리스의 원형 경기장에서 권투 선수나 레슬링 선수, 육상 선수가 운동 경기에서 경쟁하는 것(히 12 : 1)을 의미하였지만 도덕적 함양을 위해서 자신의 정념과의 투쟁이나 정치적 박해자나 사탄과의 순교적 투쟁의 의미 둘 다를 가능하게 된다. 바울서신에서는 이 싸움이 복음을 위한 투쟁으로 자주 사용되어 왔다(살전 2 : 2, 고전 9 : 24–27(동사), 골 2 : 1)(*EDNT* I, 25–27). 바울은 스토아 도덕 철학의 '덕 함양을 위한 투쟁'의 문화전통과 헬라 유대철학의 '순교적 경건을 위한 투쟁'의 문화전통에서 영향을 받아 사도적 봉사를 통한 '복음을 위한 투쟁'과 관련된 독특한 용례를 창안하였다고 볼 수 있을 것이다(*TDNT* 1 : 139–140과 Reumann의 주석, 273–274).

특히 27~28절의 로마제국에 대한 신앙인의 기본 태도와 29절에서 순교 신학의 토대를 제시한 것을 염두에 두고 빌립보서 1 : 30을 주석하게 된다면, '고난'(πάσχειν)과 '싸움'(ἀγῶν)은 그리스도인의 새로운 신앙형태로서 기독교의 '금욕주의'(ἄσχησις: 자기-수련)의 영성훈련과 연관시킬 필요가 있게 된다. 금욕주의(ἄσχησις)는 원래 운동 경기자가 체력과 실력을 향상시키기 위한 신체적 목표를 위해서 스스로 절제와 자기 부정을 수단으로 수행하는 "훈련, 연습, 실행"의 의미를 내포하고 있었다. 헬레니즘 시대에는 신체적 운동의 차원을 넘어 철학적, 영적, 윤리적 차원에도 적용되어 신체적 자율 규제보다는 종교적 수행을 위한 금욕주의 형태를 의미하게 되었다(이에 관해서는 왕인성, 2006, "신약성경에 나타난 금욕주의의 기원과 독특성", 「부산장신논총 6집」(2006), 43-65 참조). 30절에서 빌립보 성도들도 바울이 이전에 그리고 지금도 경험하고 있는 것과 유사한 싸움을 행하고 있다고 말한다. 헬라어 ἀγ ῶν(싸움, 투쟁) 단어와 이러한 금욕주의적 문화와 연관시켜서 논의하기 위해서는 이 단어가 원래는 그리스인들이 그들의 위대한 국가적인 경기에 참여하는 그리스 사람들을 의미하거나 남자들만의 합창대가 등장하게 되는 게임에서 상을 위한 시합을 의미하기도 하였다는 것을 염두에 둘 필요가 있다.

여기에서 파생하여 보다 일상적인 삶에서의 논쟁이나 다툼, 그리고 나아가서 법정투쟁의 의미로 발전했고, 결국은 자기 내면의 투쟁이나 소송, 위험에 직면하여 수행해야 할 위험스러운 행동 패턴을 말한다. 이러한 의미들을 토대로 바울은 데살로니가전서 2 : 2, 고린도전서 9 : 24~27, 골로새서 2 : 1에서 결국 스토아 도덕 철학의 '덕 함양을 위한 투쟁'의 문화전통과 헬라 유대 철학의 '순교적 경건을 위한 투쟁'의 문화전통에서 영향을 받아 사도적 봉사를 통한 '복음을 위한 투쟁'과 관련된 독특한 용례를 창안하였다고 볼 수 있을 것이다(Kittel & Friedrich, *TDNT* I(Grand Rapids : Eerdmans, 1967), 139-140과 Reumann의 주석, 273-274 ; *LSJ*, 18-19). 그래서 빌립보서에서 이 단어와 관련되는 바울의 자기-수련의 모티브란 그리스도의 겸손을 닮으려는 바울 자신의 소명의 체험과 현재의 치열한 투쟁의 삶(빌 1 : 12-30, 3 : 1-17)이다. 특히 바울이 강조하는 바울과 빌립보 공동체가 공유해야 하는 '같은 싸움'과 관련해서 바울이 자신의 실천적 모범을 닮기를 요청한 부분(1 : 30)은 단순히 로마제국과의 정치적 투쟁만을 강조한 것이 아니라 오히려 당시 철학과 종교가 구체적인 헬레니즘의 영성 수련의 윤리적 실천을 중요시하는 경향을 반영한다(헬레니즘 철학과 종교에서의 영성 훈련 실천에 관해서는 피에르 아도, 「고대 철학이란 무엇인가(서울 : 이레, 2007), 232-314 참조).

특히 이 30절에서 중요한 것은 바울과 빌립보 성도들이 함께 공유하고 있는 '싸움'이 무엇인지에 관한 것이다. 루디아의 활동(행 16 : 13-15, 40), 간수의 활동(행 16 : 23 -36), 에바브로디도, 유오디아, 순두게, 클레멘트의 활동 등(빌 2 : 25-30, 4 : 2-3)이 관련될 수 있지만 이러한 활동은 고난을 받은 구체적인 경험이 언급되지 않았기 때문에 바울이 언급한 공동의 싸움과는 관련성이 약하다. 이 공동의 싸움은 무엇보다 바울과 점을 치는 노예소녀의 착취자들 사이의 갈등(행 16 : 19-24 ; 살전 2 : 2-4)과 같은 경험이 빌립보 성도들에게도 있었다고 생각할 수 있을 것이다(C. S. de Vos, "Finding A Charge that Fits", *JS NT* 74(1999), 51-63). 학자들은 데살로니가전서 2 : 14~16의 상황에서처럼 이 경험을 로마제국과 같은 외부의 종교적 탄압이라기보다는 유대인들의 박해로 이해하기도 한다(그닐카의 주석, 175-176). 빌립보 성도들이 당한 경험은 결국 사도행전 16 : 19~24에서처럼 로마제국의 종교정책 때문에 이들이 박해를 받게 된 것, 그리고 이와 관련하여 경제적 착취나 사회적 박탈감의 손해를 받는 것과 관련된다고 추측할 수 있을 것이다. 이런 의미에서 복음에 대한 공적 신앙고백과 이에 적합한 공공생활은 언제든지 반(反)로마적 행위로 로마제국의 당국에 의해서 고소당할 수 있다는 점을 유념하면, 이것은 로마제국과 원시기독교 사이의 신앙적 충돌과 관련될 뿐만 아니라 빌립보서에서 바울은 반(反)제국주의적 정치적 입장과 이에 저항하게 되었을 때 결국은 얻게 되는 경제적 손실과 사회적 소외와 박탈감을 무릎 쓰고 외적 내적 적들과 싸울 것을 암시적으로 드러낸 것이라고 볼 수 있을 것이다.

2. 연합과 상호 배려에 대한 부름(2 : 1–4)

> [1]그러므로 그리스도 안에 무슨 권면이나 사랑의 무슨 위로나 성령의 무슨 교
> 제나 긍휼이나 자비가 있거든 [2]마음을 같이하여 같은 사랑을 가지고 뜻을 합
> 하며 한마음을 품어 [3]아무 일에든지 다툼이나 허영으로 하지 말고 오직 겸손
> 한 마음으로 각각 자기보다 남을 낫게 여기고 [4]각각 자기 일을 돌볼뿐더러
> 또한 각각 다른 사람들의 일을 돌보아 나의 기쁨을 충만하게 하라

2 : 1~4은 앞장 1 : 27~30과 내용과 그 사회적 정황이 같은 것으로 간주할 수 있을 것이다. 그 내용과 사회적 정황이 평행되는 것을 제시하면 다음과 같다(Reumann의 주석, 323 참조).

<table>
<tr><th colspan="2"></th><th>보내는 사람(바울)</th><th>빌립보 사람들에 대한 행동 지침</th><th>자세한 권면 내용</th></tr>
<tr><td rowspan="2">내용</td><td>2 : 1–4</td><td>나에게 더 큰 기쁨을 주시오, 헬라어 <원문 참조>(2 : 2a)</td><td>동일한 생각을 품고 있도록, 같은 사랑을 가지고, 뜻을 같이하여, 한마음을 품음으로써(2 : 2)</td><td>다툼이나 허영으로 하지 말고 오직 겸손한 마음으로 각각 자기보다 남을 더 낫게 여기고 다른 사람들의 일을 돌보아라(3–4절)</td></tr>
<tr><td>1 : 27–30</td><td>바울이 가보나 떠나 있으나(1 : 27b)</td><td>복음에 합당하게 시민생활하라(27a)</td><td>한마음과 한 뜻으로 복음의 신앙을 위하여 협력하라(27c)
대적하는 자들 때문에 두려워하지 말고 같은 싸움을 할 것을 각오하라(28–29)</td></tr>
<tr><td colspan="2">정황</td><td>바울이 투옥되어 있음.</td><td colspan="2">빌립보 교회가 로마로부터 핍박받고, 행동하기를 주저하게 됨(정황에 대한 ① 호돈과 그닐카, ② 윈터, ③브로이어와 드 보스의 견해에 대한 자세한 토론에 관해서는 1 : 27–28 주석 부분 참조)</td></tr>
</table>

[2 : 1–2] 바울은 여기에서 로마제국의 위협과 당시 공권력에 대한 태도로 인하여 생긴 다양한 반대와 분열에도 불구하고 서로 한마음으로 연합할 것을 촉구하고 있다. 그리스도 안에서 권면, 사랑의 위로, 성령의 교제, 긍휼과 자비가 있든지 마음, 사랑, 뜻을 합하여 바울 자신의 기쁨을 이룩할 것을 권면한다. 이러한 생각을 제시하는 방식은 헬라어 원문으로 보면 생략과 반복이 거듭되는 시적 표현에 가깝다는 점이 잘 드러난다. 이를 문자적 의미를 살리고 생략을 채워서 운율을 맞추어서 제시하면 네 가지 조건의 반복(εἰ τις)과 목적절을 이끄는 히나(ἵνα)와 연결되는 네 가지 방식으로 연합할 것을 권면하는 문장으로 다음과 같이 읽어 낼 수 있을 것이다.

1절 : 그러므로 그리스도 안에서 어떤 권면이(있다면)
어떤 사랑의 위로가(있다면),
어떤 성령의 교제가(있다면),
어떤 진정한 사랑과 동정심이(있다면),
2절 : 너희는 동일한 생각을 품고 있도록,
같은 사랑을 가지고,
뜻을 같이하여,
한마음을 품음으로써,
나의 기쁨을 가득하게 하라

1절에서 그리스도 안에서의 권면(파라크레시스)과 사랑의 위로(파라무티온)는 서로 유사하지만 좀 다르다. 그리스도 안에서의 권면은 교회에서의 공적인 측면에서 서로를 격려하는 것이지만, 사랑의 위로는 그리스도의 사랑에 기초한 보다 친밀한 사적인 관계에서 위로하는 것을 말한다(*EDNT III*, 26–27, 32나 *BDAG*, 766, 769). 성령의 교제는 빌립보서에 자주 나오는 교제의 주제(1 : 7 주석 참조)와 연결된다. 특히 교제(코이노니아 : κοινωνία)의 모티브에 관해서는, 1 : 5~8에서는 바울의 빌립보 교인들에 대한 사모의 마음이 복음과 은혜의 교제(코이노니아 : 1 : 5, 7)와 1 : 30~2 : 1에서는 바울의 복음을 위한 투쟁과 한마음의 교제(코이노니아 : 2 : 1)와 3 : 1~15에서는 바울의 개인적인 이력과 믿음의 경주와 고난에의 참예함(코이노니아 : 3 : 10)과 4 : 10~15에서는 바울의 자족함의 삶의 비결과 고난과 복음에의 참예함(코이노니아 : 4 : 14-15)과 서로 연결되어 있다. 문법적으로는 성령과의 교제(성령이 교제의 주격 역할)와 성령이 주는 교제(성령이 교제의 목적격) 둘 다 가능하지만, 신학적으로는 고린도후서 13 : 13의 '성령의 교통하심'처럼 후자가 더 적합하여 교회 안에서 성령이 임재함으로써 형성되는 은사로서의 교제라는 의미가 더 적합할 것이다. 긍휼과 자비는 서로 유사한 말이다. 하지만 빌립보서 1 : 8('예수 그리스도의 심장')과 빌레몬서 7과 20('성도들의 마음'), 빌레몬서 1 : 12('내 심복'), 골로새서 3 : 12(긍휼)에도 나오는 헬라어 단어 스프랑크나(σπλάγκνα= 스프랑크논의 복수)는 사도행전 1 : 18(창자)에서처럼 그 어원이 '내장'이나 '창자'이다. 고대에는 이런 인간의 몸의 일부가 인간의 심리적인 상태를 나타내는 비유적 의미로 발전하는 경향이 있다. 그래서 이 문자적 의미에서 유래하여 성도들 간에 주로 공유하는 연민과 동정심의 감정이나 긍휼을 베푸는 사람이 개인적으로 느끼는 애끊는 공감의 심정을 뜻한다(*BDAG*, 938과 *EDNT III*, 265-266 참조 ; 빌 1 : 8 주석 참조). 반면 자비(오이크틸모이)는 인간들 간에 공감하는 자비의 감정만이 아니라 자비를 받는 사람이 느끼게 되는 하나님으로부터 오는 은혜의 감정에 기초하여 다른 사람의 불행에 대한 배려심, 동정심, 자비, 그리고 공감의 열정이라 할 수 있다(*BDAG*, 700과 *EDNT II*, 505 참조).

헬라어 성경에서는 바울의 기쁨이 2절에 언급되지만 개역개정판 한글 성서에서는 4절에 나온다. 여기에서는 바울이 기쁨을 갖도록 하는 이유를 접속사 '히나'(ἵνα)가 이끄는 가정법 문장으로 네 가지를 보여준다. 같은 마음을 품게 되고, 같은 사랑을 갖고, 뜻을 같이하고, 하나의 마음을 갖는 것이 그 목적이다. 헬라어로는 '토 아우토 프로네테'라는 '같은 마음을 품게 되도록'이라는 가정법 동사가 쓰였고, 분사로 같은 사랑을 갖는 것과 하나의 마음을 유지하는 것이 표현되고 있는 반면, '뜻을 같이하고'는 남성 형용사 복수형으로 영어 be 동사에 해당하는 헬라어 분사형 '온테스'(ὄντες) 생략된 채로 '쉼프쉬코이'가 쓰였다. 이렇게 반복해서 마음과 사랑과 뜻을 같이하고 하나가 되게 하는 것은 고대의 우정과 관련된 표현들이 반복되어 사용되었다고 여겨진다. 더군다나 "마음을 같이하여 같은 사랑을 가지고 뜻을 합하며 한마음을 품어"(2절)는 바로 고대 우정의 이상적 형태에서 사용되는 용어(예를 들면 '쉼프쉬코이'와 '토 아우토 프로네테', '토 헨 프로눈테스')와 내용을 담고 있다고 알려졌다. 그런데 고대의 우정은 단순히 개인적 차원만을 나타내는 것이 아니라 사회적 · 공적 · 정치적 관계에서 폭넓게 사용되는 문화적 관례로 이해할 필요가 있다. 특히 헬레니즘의 도덕주의 전통에서는 바로 우정의 이상은 항상 모든 것들을 공유하고, 한마음과 한 뜻을 갖고, 동등성을 유지하고, 친구가 '제 2의 나'가 되는 것이라고 여겨진다. 그래서 헬라어 '쉼프쉬코이'는 σύμψυχοι로서 아리스토텔레스가 이상적 우정을 말할 때 진정한 친구는 또 다른 자기 자신이라고 하였던 바로 그러한 이상적 우정을 뜻하는 용어라고 볼 수 있다(Fitzgerald, 2003, "Paul and Friendship", 320–331 ; 1 : 27 주석 참조). 바울에게 이러한 쉼프쉬코이는, 2장 19절의 '안위를 받다'고 번역된 '유프쉬케오'(εὐψυχέω)와 '뜻을 같이하여'로 번역된 2장 20절의 '이소프쉬코스'(ισόψυχος)와 서로 연관되어, 단순한 친구가 아니라 그리스도의 복음에 의해서 적과 싸워서 정치적인 공동체를 유지하는데 동참하는 영적인 동지의 의미를 내포하고 있다.

특히 가정법 동사 '프로네테'와 분사형 '토 헨 프로눈테스'의 동사 원형 '프로네오'(φρονέω)는 우리말로 번역되기 어려운 단어로서 빌립보서에서 많이 나오는 단어이다. 이 동사는 ① '어떤 것에 관련해서 어떤 견해를 갖거나 생각하거나 판단하다'는 의미가 있다. 바로 여기에서 파생하여 ② '어떤 것에 대해서 조심스럽게 고려하거나 마음을 쓰다'라는 뜻과 ③ '이러한 조심스러운 생각에 근거하여 어떤 태도를 발전시키거나 어떤 마음을 쓰다'라는 의미도 내포한다(*BDAG*, 1065-1066). 그래서 최근에는 이 '프로네오' 동사가 친구에 대해서 염려해 주는 단어로서 고대의 우정관계를 묘사하는데 사용된다고 강조한다. 그래서 바울은 "너희 안에 이 마음을 품으라"(프로네테 : 2 : 5)고 명령하거나, 유오디아와 순두게에게 "같은 마음을 품으라"(토 아우토 프로네인 : 빌 4 : 2)는 권면을 하게 될 때 우정관계를 돈독히 할 것을 촉구하는 의미가 있다(Fitzgerald, 2003, 앞의 글, 320-331 참조). 하지만 여기에서도 바울은 단순히 개인적인 우정관계를 나타내려하기보다 여기에서 더 나아가 헬레니즘 시대의 공동체의 다양한 성격의 공동체의 생각들을 정치적으로 조화시키려고 이 단어를 썼다고 보아야 할 것이다. 그래서 '마음을 품다'(프로네인)는 정치적 통치자가 가져야 할 지적인 덕목을 나타내는 명사형 '프로네시스'(φρόνησις : 슬기)와도 관련된다는 점을 강조할 필요가 있다. 이 명사형은 플라톤(Plato)에게는 정치적 정의의 이데아(원리)를 인식하여 이를 실천할 수 있는 분별력 있는 슬기를 의미하기도 하고(플라톤의 〈공화국〉 제4권의 433b), 아리스토텔레스(Aristoteles)에게는 과학적 인식(에피스테메)과 구별되는다 주어진 상황에서 유익함을 줄 수 있는 '실천적 지혜'를 뜻하기도 한다(〈니코마코스 윤리학〉, 제 VI 권 5장). 필자는 플라톤의 아이디어를 더욱 발전시켜서 특히 동양식으로는 뜻풀이를 하면, 공정함에 대해서 사려 깊게 공감하는 마음으로 이해할 것을 제안한다. 이러한 실천을 촉구하는 어근 '프로-'(φρο- : 생각하다)로 시작하는 단어들과 관련된 권면들은 빌립보서에서 1-4장에 걸쳐서 골고루 아주 자주 반복된다는 점(1 : 7, 2 : 2, 2 : 3, 5, 3 : 15, 3 : 19, 4 : 2, 4 : 10)에서 바울은 그리스도인의 이상적 공동체의 근거를 슬기롭게 생각할 것을 끊임없이 촉구하는 것이다(*BDAG*, 1065-1066 ; *EDNT III*, 438-439 ; 헬라어 '프로-'(φρο-)로 시작하는 단어의 반복 모티브의 중요성에 관해서는 Peter Doble, 2002, "'Vile Bodies' or Transformed Persons? Philippians 3 : 21 in Context", *JSNT* 86(v. 24.4 : June 2002) : 5-9 참조).

더군다나 이러한 한마음과 한 뜻을 가지고 프로네오의 동사를 사용하여 그리스도의 마음을 갖도록 촉구하는 것에 대해서 샘플리(J. P. Sampley)는 단순히 우정의 차원을 넘어서 사회적 합의에 의한 합의적 협업관계(consensual societas)로 이해하려 한다. 이러한 합의적 소시에타스는 법적 계약을 구체적으로 행하지는 않지만 구두로 합의하면 법적 효력을 발생시키는 협업관계를 의미한다. 이러한 협업관계는 구체적인 목표를 정하고 서로 다른 업무를 교환하면서 공동의 이익을 분배하는 사업 파트너십을 의미한다. 바울과 빌립보 교회는 서로 이러한 합의적 협업관계에 있었기 때문에 그리스도를 선포하는 공동의 목표에 서로 한마음과 한 뜻을 갖기를 촉구하고 서로 파트너십을 감당하기 위한 기본 태도를 제안한 것이라는 것이다. 그래서 바울은 서로 사랑하면서 다툼이나 허세로 속이지 말고 자기의 이익을 구하지 않고 서로 감당해야 할 일에 겸손한 마음을 갖도록 협업을 위한 기본 자체를 촉구하고 있다는 것이다. 그래서 2 : 2의 '한마음'과 '같은 마음'에 관한 언급은 앞에서 1 : 27에서 같은 마음과 뜻으로 복음에 합당하게 사는 것과 연관될 뿐만 아니라 2 : 5에서 그리스도의 마음을 가지라는 권면에서 반복된다. 2 : 2과 2 : 5 사이에 자기 자신보다 남을 낫게 여기고 다른 사람들의 이익에 더 관심을 기울이라는 긍정적 태도(2 : 2b, 2 : 3b)와 다툼과 속임으로 하지 않고 자신의 이익만을 구하지 말라는 부정적 태도(2 : 3am 2 : 4a)가 서로 대조되는 수사학적 구조로 권면하고 있다는 것이다(J. P. Sampley, *Pauline Partnership in Christ*(Philadelphia : Fortress Press, 1980), 62-72).

위의 우정이나 협업의 최근 연구 경향을 종합하여 더 발전시키려 하는 화이트(L. M. White)는 빌립보서 2 : 2~5과 2 : 6~11에서 추구하는 이상적 형태의 우정의 경우를 아리스토텔레스와 플루타크뿐만 아니라 특히 루시안(Lucian)의 *Toxaris*에서 발견할 수 있다고 제시한다. 특히 *Toxaris*, 27~34장에서는 귀족 데메트리우스(Demetrius)와 그의 노예 안티피루스(Antiphirus) 사이의 신분을 넘는 이상적인 형태의 우정을 그리고 있다는 것이다. 안티피루스가 범죄를 행한 것으로 잘못 기소되어 투옥되었을 때 데메트리우스는 간수가 더 이상 그의 노예를 자유롭게 방문하지 못하였을지라도 그가 자발적으로 투옥되어 안티피루스와 함께 고통을 나누려 한다. 투옥, 불명예, 궁핍함에 처하게 되었음에도 불구하고 그는 자신의 부, 지위와 자유를 버리게 되기까지 하였다. 그는 잘못된 기소가 교정될 때까지 안티피루스를 극진하게 섬기었고 질병과 고통에도 불구하고 그는 안티피루스에게 필요한 것들을 제공하게 되었다. 데메트리우스는 자신의 귀족의 지위를 버리고 안티피루스의 노예의 지위와 교환하면서까지 이상적인 우정을 나타내 보여주었다는 것이다. 그런데 바로 이러한 이상적인 형태의 우정 이야기는 빌립보서 2 : 1~3의 우정 촉구의 실질적인 모델이 되는 그리스도가 자신의 지위를 버리고 인간의 고통에 함께하신 것을 다루는 2 : 6~11의 내용을 해석하는 준거틀을 제공한다는 것이다. 바로 빌립보서 2 : 2~3에서는 이런 이상적인 형태의 우정을 그리스도인에게 적합하게 적용할 수 있는 이상적인 도덕적 모델을 갖도록 바울이 촉구하고 있다는 것이다(Aritoteles, *Ethica Nichomachea* 8.8155와 8.1167b ; Plutarch, "How to Tell a Flatterer from a Friend"(Mor. 51B와 65AB), Lucian, *Toxaris*, 62 참조)(L.M. White, "Morality between Two Worlds", *Greeks, Romans, and Christians* ed. D. L. Balch & etc.(Minneapolis : Fortress Press, 1990), 210-213 ; 우정의 이상적인 형태에 관한 다양한 토론을 갈라디아에서 적용한 한국 학자의 연구의 예로는 왕인성, "갈라디아서의 가족 관련 은유의 배경과 우정 모티브와의 관계," 「신약논단」 제11권 제1호(2004년 봄), 151-179 참조).

여기에서 우리는 단순히 우정을 나타내는 용어로서 사용된 유사성만 드러내기 보다는 바울이 '한마음'과 '같은 마음'을 강조한 보다 구체적인 역사적 이유를 제시하면서 왜 이런 우정의 용어를 사용하게 되었는지 검토하는 것이 더 중요하다. 고린도전서 1 : 10에서도 이와 유사한 용어가 나오는데 바울은 이 용어들을 사용하게 될 경우에는 단순히 우정을 통해서 목가적으로 개인간의 우정 문제를 풀어가려한 것이 아니라 공동체들 간의 갈등을 정치적으로 화합하기 위해서 이 용어들을 사용하게 되었다고 보아야 할 것이다. 특히 사회학적 비평을 사용하는 성서학자들 사이에는 교회의 내적 분열이 있었다는 점을 강조하기도 하고 교회 밖에서 오는 로마제국의 정치적 탄압 때문이라고 생각하기도 하였다(이러한 학자들의 논쟁에 관해서는 김덕기, "빌립보서의 정치적 쟁점에 대한 사회학적 이해와 정치신학 비밀코드", 「신학과 문화 : 제18집」(2009), 71–78 참조). 우리는 외적 핍박으로 내적인 분열이 일어나는 상황을 상정할 필요가 있다. 여기에서 같은 마음과 한 마음이 서로 다르다는 점을 강조하기도 한다. '같은 마음'은 3절에 나오는 겸손한 마음이고, '한마음'은 4절에 나오는 남을 낫게 여기는 서로 협동하는 마음이라는 것이다. 결국 같은 마음으로 품어야 할 겸손한 마음은 외부의 로마제국으로부터 오는 자신의 명예를 얻기 위해서 세속적인 명예를 주는 로마제국의 가치체계를 비판하기 위한 대안적인 삶의 방식을 말한다. 반면 서로가 남을 낫게 여김으로써 형성되는 '한 마음'은 이러한 외부의 로마제국의 시민권력에 복종하거나 황제숭배를 강요하는 교회에 대한 핍박으로 서로 분열된 마음을 극복하는 삶의 자세로 제안한 내용이다. 또한 여기에서 마음이라는 헬라어 뉘앙스는 지적으로 그 원리를 파악하여 어떤 행동을 수행할 것을 촉구하는 실천적 지혜를 강조하는 반면, 이렇게 한마음과 같은 마음을 갖는 방식으로 제시된 두 가지 덕목인, 같은 사랑과 같은 뜻은 지성에 대비하여 그리스도가 주는 사랑과 영혼을 감동시키는 방식으로 감성적인 차원에서 교회의 연합을 도모할 것을 제시하는 것이다.

[2 : 3–4] 우선 3절에서는 다툼과 허영으로 행동하는 것이 아니라 겸손한 마음으로 자기보다 남을 더 귀하여 여길 것을 권면한다. 여기에서 다툼과 허영은 겸손한 마음과 대조된다.

우리가 우선 주목해야 할 것은 빌립보서 2 : 2~3에서는 같은 마음과 겸손한 마음의 모티브들이 서로 밀접하게 연결되어 있다는 점이다 : "마음을 같이 하여 같은 사랑을 가지고 뜻을 합하며 한마음을 품어 아무 일에든지 다툼이나 허영으로 하지 말고 오직 겸손한 마음으로 각각 자기보다 남을 낫게 여기고"(2 : 2-3). 여기에서는 겸손한 마음(테 타페이노프로뉘네 : τῆ ταπεινοφροσύνη)의 공동교제는 남을 낫게 여기는 것을 포함한다. 특히 같은 마음을 품으라(3절)는 권면의 내용이 겸손의 복종이고, 그 실천의 모델이 그리스도와 바울이라는 점이다. 그리스도의 십자가의 복종(2 : 8)과 바울의 순교적 복종(2 : 12)이 그 모델로 제시된다 : "사람의 모양으로 나타나사 자기를 낮추시고 죽기까지 복종하셨으니 곧 십자가에 죽으심이라"(2 : 8) ; "그러므로 나의 사랑하는 자들아 너희가 나 있을 때뿐 아니라 더욱 지금 나 없을 때에도 항상 복종하여 두렵고 떨림으로 너희 구원을 이루라"(2 : 12). 바울은 단순히 겸손한 마음을 가져야 할 근거를 그리스도의 자기 비움의 모델에서부터 제시한다(2 : 8). 이것은 이상적 정치공동체의 설립의 이론적 근거를 신학적으로 제시하면서 내부의 분열과 갈등을 봉합하기 위해서 그리스도의 겸손의 정치적 리더십에 복종할 것을 설득하는 정치적 수사학일 수 있는 것이다(헬라어 '타프-'(ταπ-), 낮추다)로 시작하는 단어의 반복 모티브의 중요성에 관해서는 Doble, 2002, 위의 글, 9-16 참조). 이것 역시 바울이 새로운 기독교 공동체가 지향하는 삶의 방식을 겸손으로 제시함으로써 정치적 연대성과 결속력을 강화하는 수사학일 수 있는 것이다.

특히 3절에 나오는 합성동사 '겸손한 마음'(타페이노프로뉘네 : ταπεινοφροσύνη)(2 : 3)은 베드로전서 5 : 5, 골로새서 3 : 12, 사도행전 20 : 19, 에베소서 4 : 2에 나온다. 이 단어가 지시하는 겸손한 자세가 유익하지 못하다는 부정적인 평가를 받는 경우도 골로새서 2 : 1과 2 : 23에 나타난다. 이 단어와 연관되는 형용사형 '겸손한'(타페이노스)이나, 명사형 '겸손'(타페이노시스)이나 동사형, '겸손히 행하다'(타페이노오)는 빌립보서에서는 2 : 8 ; 3 : 21 ; 4 : 12에서도 다시 나오는 단어이다(*BDAG*, 989). 그레코-로만 문화권에서 이 겸손과 관련된 단어는 항상 노예나 천민들, 권력이 없는 낮은 계층의 사람들이 주로 비천한, 억눌린 상황이나 가난하거나 열악한 삶의 조건에서 살아가면서 취하는 저급한, 무능한, 복종적인 낮은 자세나 자신 보다 높은 지위의 사람들을 아첨하기 위한 낮은 자세를 나타내는데 주로 사용되어 왔다. 반면 유대교와 기독교에서는 하나님과 다른 백성들에게 취하는 긍정적인 자세를 표현하는 데 주로 사용되어 왔다. 겸손은 무엇보다 하나님에게 취하는 섬김과 복종의 자세를 의미하였다. 왜냐하면 하나님은 약하고 낮은 자를 택하시고(70인역 열상 18 : 23, 삿 6 : 15, 시 118 : 67), 비천하고 곤고한 겸손한 자에게 구원을 허락하시고 돌보시기(시 112 : 4, 시 101 : 18, 사 2 : 11, 겔 17 : 24) 때문이다. 이것은 또한 유대 백성들이 하나님 앞에서 금식을 하게 되는 때에 취하는 자기 비하의 자세와 연관된다(렘 16 : 29, 31, 사 58 : 3, 5). 쿰란 공동체 사람들은 자신들을 '가난하거나', '낮은', 또는 '곤고한' 사람이라고 인식함으로써 신의 자비에 의존하는 겸손한 자세를 표시한다(1QH 5 : 13–22, 1QS 2 : 24, 4 : 3, 5 : 3–4, 5 : 25). 그래서 예수님도 자신의 마음이 유순하고 겸손하다고 표현하셨다(마 11 : 29)(Cousar의 주석, 49쪽과 J. 그닐카, 「빌립비서 : 국제성서주석」(천안 : 한국신학연구소, 1988), 181 참조).

특히 3절에서는 다툼이나 허영으로 하지 말고 자기보다 남을 낫게 여기라고 권면하는 것은 헬라어로는 동사가 생략되어서 행하다의 분사형인 포이온테스(ποιοῦντες)를 넣어서 직역하면 '다툼에 따라서나 허영을 따라서는 아무것도 행동하지 말라'고 표현되어 있다. 이것은 단순히 개인적 관계를 감정적으로 대립하는 상황을 나타내기 보다는 경제적/정치적 투쟁의 상황에서 특정한 집단이 공동의 목표와 대의를 잃어버리고 자기가 속한 그룹의 이익만을 추구하는 이기적 태도를 비판하고 있다고 보아야 할 것이다. 다툼의 헬라어 에리테이아(ἐριθεία)는 고전 그리스어 용례에서는 다른 사람의 이익을 쟁취하여 정치적인 공직을 쟁취하려는 야심을 나타내는 데 쓰인 단어이지만 헬레니즘 시대에는 서로 이해관계를 두고 다투는 현상을 의미하는 것이 일반적이다(*BDAG*, 392). 또한 허영의 헬라어 케노독시아(κενοδοξία)는 케노스(헛된, 빈/틀린)와 독사(영광)가 합해진 문자적 의미와 연관되는 허영으로 번역되는 것이 일반적이지만 문맥에 따라서 속임수와 허황된 야심으로 번역될 수 있다(*BDAG*, 538-539). 이것은 1~2절의 같은 마음과 한마음을 깨는 가장 중요한 요인을 말하고 있는 것이다. '남을 낫게 여기다'에서 동사 '헤구모노이'는 '계산하다', '셈하다'라는 의미의 동사 '헤게오마이'의 분사형이다. 합리적으로 신중하게 생각하여 사실을 판단하고 이에 근거하여 확신을 갖는 것을 말한다. 빌립보서 2 : 6, 25, 3 : 7~8에도 이 단어가 사용되었고, 그 밖에 바울서신에서는 데살로니가전서 5 : 13과 고린도후서 9 : 5에 사용되었다(*BDAG*, 434). '낫게'로 번역된 '휘퍼콘타스'는 합성동사 휘펠(hyper)(위에)+에코(echō)(갖다)의 분사형으로 표기된 것으로써 은유적으로 '우월하게 있다' '우위에 서다', '능가하다'라는 뜻이다(Liddell & Scott, 1863). 이것은 빌립보서 3 : 8과 4 : 7의 용례와 유사하게 자신을 낮추는 겸손의 방식과 상응되도록 상대방을 나보다 낫게 여김으로써 결과적으로 그리스도가 자신의 지위를 낮추시는 것과 같은 겸손한 태도를 갖게 되는 것이다. 이것은 단순히 개인적인 품성과 관련된 태도만이 아니라 사회적 지위에 따라서 다른 사람들을 평가하는 고대 로마 제국의 문화코드에 대한 비판이라 할 수 있을 것이다. 신학적으로, 다툼(에리테이아)은 빌립보서 1 : 17에서 이미 나오는 단어로서 경쟁적 당파심을 가지고 화합을 깨면서 자신의 이익을 추구하는 죄의 세력이 일으키고 분열시키는 투쟁을 의미하고, 허영(케노독시아)은 공허한 명예를 추구하는 오만한 행위나 자신도 모르게 저지르는 망상과 오류의 자만의 행위를 뜻한다. 갈라디아서 5 : 26(케노독사이)에서는 헛된 명예 즉 허영의 의미가 분명하지만, 여기서는 빌립보서의 '하나님의 영광'을 강조하는 모티브(1 : 11, 2 : 11 ; 4 : 19, 20)나 그리스도의 영광된 몸(3 : 21)과 대조되어서 세상 것에 대해서 명예를 추구하려는 착각(3 : 19)의 함의가 덧붙여진 자만과 오만의 의미로 해석될 수 있을 것이다. 자신의 견해가 옳다는 착각에 빠져서 자신의 명예와 이익을 위해서 행동하여 공동체의 화합을 깨는 사람들에 대하여 바울은 남을 나보다 더 낫게 여기는 행동을 권면함으로써 공동체의 화합을 도모하고자 하는 것이다.

또한 4절에서는 자기 일뿐만 아니라 다른 사람들의 일을 돌보는 일을 권면한다. '바울의 기쁨을 충만하게 하라'는 1~4절까지의 주동사로서 헬라어나 영어번역(*NRSV* 등)에서는 어순상 2절에 나오는 동사이다. 여기에서 사용된 과거 명령형 동사, '충만하게 하다'(프레로사테)는 골로새서와 에베소서에서 이 동사의 명사형인 플레로마가 사용되어서 하나님의 육체로 거하게 하시는 성육신적 충만함(골 1 : 19, 2 : 9–10)과 교회가 만물을 충만하게 해야 할 책임(엡 1 : 23)을 동시에 연상시키고 있다(*BDAG*, 827–829). 동사형이 사용된 골로새서 1 : 24나 에베소서 5 : 18에서처럼 바울이 남은 고난을 채우거나 성령으로 충만해지는 것과 유사하게 바울이 제안한 겸손한 마음으로 같은 태도를 갖고 서로 남을 낫게 여기는 같은 마음을 갖는 성령의 교제로 바울은 기쁨으로 충만하게 할 것을 권면하는 것이다.

"자기 일을 돌볼 뿐 더러"는 헬라어 원문으로는 "자기 일만을 돌보지 말고 다른 사람의 일도"(메 타 헤아우톤 에카스토스 스코푼테스 카이 타 헤테론)라고 표현되었다. 그래서 자기 일을 돌보는 것을 부정하고 오히려 다른 사람의 일을 돌보라는 강력한 권고로 제시된다. 빌립보서 2 : 21에는 "자기 일을 구하고"에서나 고린도전서 10 : 24, 33, 13 : 5에서는 동사 '제테오'가 쓰였지만, 여기서 사용된 '스코페오'라는 단어는 빌립보서 3 : 17에서 '눈여겨보다'는 의미로 번역된 동사이다. '스코페오'라는 동사는 '제테오'와 같은 뜻을 가진 '~을 찾다' 이외에 '유의하다', '예의 주시하다', '깊은 관심을 갖고 관심을 어떤 것에 집중하다'라는 뜻을 갖고 있는 동사이다. 바울서신에서는 로마서 16 : 17, 고린도후서 4 : 18, 갈라디아서 6 : 1에 사용되었다(*BDAG*, 931). 이 동사가 강조하는 것은 자신들의 명예만을 추구하는 이기심이나 영적인 완벽함을 추구하는 자세를 비판하면서 다른 사람의 어려운 사정과 잘못 가는 것과 장점과 자질들에 대해서 배려와 관심을 집중하기를 권고하는 것이다(비교 고후 4 : 18, 갈 6 : 1).

3. 자기-비하의 최상의 모범으로서 그리스도에 대한 찬사(2 : 5-11)

5너희 안에 이 마음을 품으라 곧 그리스도 예수의 마음이니 6그는 근본 하나
님의 본체시나 하나님과 동등됨을 취할 것으로 여기지 아니하시고 7오히려
자기를 비워 종의 형체를 가지사 사람들과 같이 되셨고 8사람의 모양으로 나
타나사 자기를 낮추시고 죽기까지 복종하셨으니 곧 십자가에 죽으심이라 9이
러므로 하나님이 그를 지극히 높여 모든 이름 위에 뛰어난 이름을 주사 10하
늘에 있는 자들과 땅에 있는 자들과 땅 아래에 있는 자들로 모든 무릎을 예수
의 이름에 꿇게 하시고 11모든 입으로 예수 그리스도를 주라 시인하여 하나님
아버지께 영광을 돌리게 하셨느니라

보통 2 : 6~11은 1928년에 로마이어(E. Lohmyer)가 발표한 이 본문 연구 이후, 바울이 공동체의 예배의 삶의 정황에서 형성된 시적 리듬을 가진 찬가 형식의 전승을 빌립보공동체의 정황에 적합하게 수정하고 재구성하였다고 생각하는 경향이 강하였다(O'Brien의 주석, 186-198). (시적 형식에 관한 자세한 연구사에 관해서는 김덕기(2012a) 참조).

그래서 빌립보서 2 : 6~11의 문학적 구조에 관해서는 전통적으로 세 절씩 6개의 연을 가지고 있다는 로마이어의 제안을 수용하여 왔다. 또는 이를 보완하여 선재, 지상의 삶, 종말론적 고양의 주제에 각각 맞춘 3개의 연으로 축소시킨 예레미아스(J. Jeremias)의 제안이 주목받게 되었다. 하지만 바울이 시적 형식을 가진 찬양시를 개작하여 직접 수사학적 설득을 위해서 그리스도에 대한 찬사의 산문을 썼다고 가정하면, 피(G. Fee)와 로빈스(C. J. Robbins)는 라틴 문학에서 사용되는 수사학적 표본에 따라 콜론을 통해서 반복하여 설명하게 되는 두 개의 평행되는 긴 문장으로 구성된 단순한 산문의 수사학적 구조를 제시하기도 한다(C. J. Robbins, C. PP.S, "Rhetorical Structure of Philippians 2 : 6-11", *CBQ* 42(1980), 73-82 ; Fee, 1992, 앞의

글, 29–34, 39–46). 하지만 우리는 빌립보 공동체가 쉽게 이해할 수 있도록 그리스도에 대한 찬사(encomion : *encomium*)를 바울이 개작하였다고 가정한다면 이 찬사 장르는 라틴적인 산문 스타일을 가미한 다음의 세 가지 요소들(탄생과 신적 기원, 지상에서의 활동과 봉사, 부여된 지위를 포함한 명성)을 가지고 있다고 볼 수 있다(*WDNTECLR*, 145–147 ; Reumann의 주석, 365–374).

이를 더욱 발전시키면 이러한 찬사의 장르의 세 가지 요소들(탄생과 신적 기원, 지상에서의 활동과 봉사, 부여된 지위를 포함한 명성)은 그리스도가 자신의 비움을 기초로 지상에서 활동하고, 하나님이 이름을 부여하고 다시 그리스도의 지위를 회복하는 방식으로 네 단계로 변이하고 있다고 본다. 그래서 우리는 위의 산문의 특성들을 살리면서 다음과 같이 각각 네 연(stanza)으로 형성된 찬사를 제시할 수 있을 것이다. 이 구조는 ABA'B'의 구조라 할 수 있을 것이다. 비움(voidnes)과 음(ying)과 양(young)과 하나됨(oneness)의 단계로 변이하는 음양의 변이 양식으로 구조화할 수 있을 것이다.

빌립보서 2 : 6~11의 수사학적 의미구조와 사역

1. 그리스도의 존재론적인 비움(6–7)
2. 그리스도의 지상에서의 활동으로서의 자기 비하(7c–8)
3. 하나님이 그리스도에게 부여하신 이름(9–11)
4. 하나님이 그리스도에게 부여하신 '주'로서의 지위(10–11)

그런데 이러한 찬사 산문은 그 자체로는 너무 이해하기가 난해해서 주석자들은 신약의 다른 본문의 이야기와 비교해서 그 간(間) 텍스트적 해석(intertextual interpretation)에 의해서 그 의미를 알기 쉽게 설명하게 된다. 가장 많이 알려진 것이 예수의 유혹설화(마 4 : 1–11 ; 막 1 : 12–13 ; 눅 4 : 1–13)이다. 이것은 주로 '하나님과 동등됨을 취할 것으로 여기지 아니하시고'라는 구절을 설명하는 데 좋다. 또한 호돈은 예수가 그의 제자들의 발을 씻으

신 요한복음 13 : 1~5의 이야기를 가지고 그리스도가 자신을 낮추시고 종 됨의 섬김을 나타내신 것을 설명하고자 한다(호돈의 주석, 183-185 참조). 또한 하나님의 몰페(본체)라는 말을 설명하기 위해서는 같은 몰페가 사용된 변화산 이야기(마 17 : 1-8=막 9 : 2-8=눅 9 : 28-36)에 나오는 마가복음 9 : 8의 '변형되었다'(메테몰포테 : μετεμορφώθη)는 단어로 이를 설명하기도 한다. 여기서는 독자들을 위해서 사도행전 16 : 19~39의 바울과 실라가 감옥에 갇혔다가 지진이 일어나서 풀려 나온 이야기와 빌립보서 2 : 6~11을 비교하면서 본문을 쉽게 이해하면서 주석의 보다 복잡하고 어려운 부분을 숙지하는데 토대를 삼고자 한다(아래의 도표는 J. H. Hellerman, "Vindicating God's Servants in Philippi and In Philippians", *BBR* 20.1(2010), 87쪽에 나오는 도표를 참고하여 이 주석에서 제시하는 산문 형식에 맞게 수정하였다. 그의 견해에 대한 간략한 소개로는 김덕기(2012a)의 2 참조).

사도행전 16장과 빌립보서 2장 사이의 평행되는 의미구조

	바울과 실라(행 16 : 19-39)	메시야 예수(빌 2 : 6-11)
케노시스(비움)	투옥(23-24절)	그리스도의 비움(7a)
특권 포기	바울과 실라가 로마 시민권을 이용하기를 거절하고 오히려 기도하고 하나님을 찬송함(25절)	그리스도가 하나님과 동등함을 탈취해서 얻은 것으로 간주하지 않고, 오히려 사람들과 같이 되심(6절과 7c)
수난	로마 관원들의 손에 의해서 매 맞음과 투옥의 치욕을 기꺼이 당하였음(19-23절)	로마 관원들의 손에 의해서 그리스도가 노예의 지위와 십자가 처형의 치욕을 기꺼이 당하심(7-8절)
하나님의 초기 개입	지진이 일어나 옥문이 열림(26절)	하나님이 높이시고 이름을 주심(9절)
하나님의 신원	갑작스러운 지위 역전에 의해서 바울과 실라가 신원 받게 됨. 진정한 정체성의 표시로서 이들이 로마시민권을 갖고 있음이 공개적으로 인식되고 억압자들이 불명예를 당하게 됨(35-39절)	진정한 정체성인 신적인 '주'이심이 인식되고 모든 사람들에게 이것이 공개적으로 인정된다(10-11절).

이런 일련의 새로운 연구 경향과 주석적 쟁점, 산문의 수사적 형식, 그리고 평행구에 비추어서 우리는 2 : 5~2 : 11을 다음과 같이 주석할 수 있을 것이다.

[2 : 5] 2 : 1~4의 공동체에게 주시는 바울의 권면과 2 : 6~11의 그리스도 찬가를 연결시키는 고리 역할을 하고 있다. 우리말에서는 5절에 "너희 안에 이 마음을 품으라"라는 말씀이 우리들 각자의 마음속에 한마음, 같은 마음(겸손한 마음)을 가지라고 해석되기가 쉽다. 하지만 이 명령문의 헬라어, "투토 프로네이테 엔 휘민"은 "이것을 너희들이 서로 그 실천 원리를 의논하여 같은 마음, 한마음으로 공동 목표에 몰두하라"라고 의역할 수 있는 말씀이다. '프로네오' 동사는 *BDAG* 사전에 의하면 "조심스러운 생각에 기초하여 어떤 태도를 발전시키다"라는 뜻을 가지고 있다(*BDAG*, 1066 ; 2절 주석 참조). 여기에서 '이것'(이것)은 무엇을 지칭하는지 주석학적으로 토론되어 왔다. 1~4절의 바울이 권면하는 내용인지, 아니면 6~11절의 찬가의 내용인지, 아니면 6~11절의 내용을 압축하는 "곧 그리스도 안에서 있는 것"(호 카이 엔 크리스토 이에수 : 5절b)의 내용인가 문제이다. 우리는 2 : 6~11의 내용과 2 : 1~4, 12~18의 내용이 서로 상호연결된 것을 뒤의 2 : 12~13 주석 부분에서 충분히 논의할 것이다. 이것과 함께 '겸손함'(타페이노시스)과 '사려 깊게 생각하다'(프로네오)의 모티브 등이 서로 일치하는 것을 고려하면, 확실히 '이것이' 그리스도 안에 있는 것을 지칭하지 않고, 1~4절의 바울의 권면 내용, 즉 '너희들'이 생각해서 실천해야 하는 방식을 지시한다고 볼 수 있을 것이다. 그렇다면 5a의 번역도 너희들 서로 간에 바울이 권면한 것을 실천하도록 서로 의논하라는 내용이 될 수 있을 것이다. 그런데 "곧 그리스도 예수의 마음이니"라고 번역된 부분의 헬라어 표현("호 카이 엔 크리스토 이에수" : 5절b)에는 동사가 빠져 있다. 생략된 동사를 무엇을 넣어야 할지는 다양한 견해가 있어 왔다 : ① 영어 to be의 의미를 가진 "였다"(*KJV*와 *NRST*-txt)나 '이다'(*RSV*),

② "너희가 가진 바"(*RSV*와 *NRSV*-mg), ③ "그가 생각했던 바"(Plummer), ④ "적합한 것처럼"(Gnilka), "너희가 생각한 대로"(Tüsing), "생각해야 하는 것처럼" 등등. 그러나 필자의 견해로는, 4번처럼 보다 과감하게 창의적으로 번역할 필요가 있다고 생각한다. 그래서 생략된 동사를 '프로네오'(φρονέω)의 부정사형 '프로네인(φρονεῖν)과 '데이'(δεῖ)를 넣으면, "너희들이 그리스도 예수와 연합하여 실천하기 위해서 생각하여 취해야 하는 그러한 삶의 자세"라고 해석될 수 있다. 더군다나 "그리스도 안에서"의 의미에 대해서도 다양한 견해가 있다 : ① "예수 그리스도가 취하는 그러한 방식으로"라고 해석되는 윤리적-권면적 의미(Hawthorne), ② "예수의 자기-비하와 죽음과 부활에 의해서 형성되는 인격의 유형대로"라고 번역되는 기독론적-구원론적 의미(Käsemann과 Bornkamm), ③ "교회의 구성원으로서"나 "하나님의 백성과의 교제관계에서"로 번역되는 교회론적 의미(Martin) 그리고 ④ "그리스도와 연합하여"로 번역되는 신비주의적 의미(Deissmann)(Reumann의 주석, 340-341 참조) ⑤ 특히 최근에는 프로네인(마음을 쓰다)을 개인의 취향에 따라 생각하다는 문자적 의미로 이해하기 보다는 사회적 관계와 윤리적 행동을 촉구하는 고대 로마의 우정의 사회적 관습과 연관시키려는 도덕주의적 의미를 강조하려는 새로운 시도가 있었다(White, 앞의 글, 207-211). ⑥ 또한 서로 다른 장점을 가진 사람들이 공동의 목표를 향하여 합의하에 협업을 하는 사회적 협동의 파트너십과 연관되는 공동의 활동의 기반으로써 그리스도의 정신의 사회적 의미를 나타내기도 한다(Sampley, 1980, 앞의 책, 62-72 참조). 그래서 상호 관계를 갖는 방법에 대해서는, 서로에 대해서 예수 그리스도 안에서 발견될 수 있었던 그와 같은 근본정신을 토대로 서로 다른 생각들을 가진 사람들일지라도 돈독한 우정으로 협동하는 태도를 갖도록 하라고 해석할 수 있다는 것이다.

이에 대해서 필자는 여기에서 "그리스도의 자기-비하와 순교적 죽음과 연합하여"라고 번역될 수 있는 구원론적 의미와 신비주의적 의미 및 도덕주의적 의미가 복합된 방식으로 해석되어야 한다고 생각한다. 결국 바울은 1~4절에서 권면했던 서로 다른 사람들을 더 낫게 여기는 겸손한 자세로 그리스도가 주시는 구원 역사를 토대로 로마제국의 공리주의적 사회적 관계의 관습을 개선할 것을 권면하고 있다고 보아야 할 것이다. 또한 5절에서는 그리스도의 자기 비움과 자기 비하가 단순히 도덕적 모델로 제시되는 것이 아니라 그리스도 예수의 마음, 즉 그리스도의 구원의 드라마(2 : 6-11)를 토대로 그러한 정신에 기초하여 우리가 서로 공통의 복음 선포사업을 협력하여 실천할 것을 촉구하는 것이다. 이러한 실천은 그리스도의 자기 비움과 자기 비하의 구원론적 사건에 자기 자신을 그러한 그리스도의 신비와 연합시키려 하였을 때, 그리스도가 천상에서 행하셨던 자기-비하와 지상에서 나타나는 순교적 죽음으로 이룩하신 그리스도의 구원사건에 나타난 기본 정신을 토대로 우리의 이웃들에게도 또한 그러한 정신으로 새로운 파트너십의 협력관계를 실천할 수 있다는 말이다. 이러한 기본자세를 통하여 서로 다른 견해와 장점을 서로 나누면서 돈독한 우정으로 협력할 수 있는 사회적 협동의 토대를 마련하게 된다는 것이다.

[2 : 6] 6절에서 '하나님의 본체'(몰페 테우)는 같은 절의 '하나님과 동등 됨'과 함께 쓰이면서 2 : 7의 '종의 형태(몰페 둘루)'와 2 : 8의 '사람의 모양'과 평행된다. 형태(μορφή)로 번역되는 몰페라는 단어가 사전적으로는 확실히 감각으로 감지되는 어떤 것이나 인물이나 대상의 특징을 나타내는 "형식, 외향적 모습, 모양"을 의미한다(*BDAG*, 659). 이에 따라 그 형태를 소유한다는 말은 그 본성과 성격에 참여하는 의미를 내포하고 있다. 그래서 그리스도가 신적 형태를 소유하고 있다는 말은 눈에 보이는 모양에 있어서 신적인 형태를 갖고 있어서 신적인 성격에 참여하고 있다는 말이다. 신학적으로는 출애굽기 20 : 4와 33 : 20과 신명기 4 : 12에서처럼 하나님을 재현하는 어떤 시각적 모양을 인간이 볼 수 있도록 만드는 것이 금기시되어 있었기 때문에, 바울은

매우 조심스럽게 하나님이 인간의 모양으로 현현하는 모양과 관련되는 다음의 두 가지 장면을 연상시키는 전승을 활용하고 있다고 보아야 할 것이다 ; 〈이사야의 승천〉 8 : 9~10에서는 주 하나님이 인간의 모양으로 현현하시고, 〈솔로몬의 송가〉 7 : 4~6에서는 메시야(그리스도)가 인간의 모양으로 보이도록 나타나시는 고대 전승과 연관된다. 이러한 전승들은 유대교 신비주의 전통을 형성시키게 된 보좌 비전 전승의 성서적 전거(창 28, 겔 1, 겔 8 : 2-3, 단 7)와 외경의 에녹 1서 14 : 18~24와 쿰란의 천상의 예식인 "안식일 희생제사의 노래"(Songs of the Sabbath Sacrifice)와도 관련된다는 것이다. 이러한 신비주의적 전승과의 밀접한 연관성은 바울 자신이 이러한 신비주의 경험을 언급한 다른 구절들(고전 9 : 1, 고후 4 : 6, 고후 12 : 1 이하, 갈 1 : 12)과 사도행전의 소명기사들(행 9, 22, 26장)을 고려해 볼 때, 바로 매우 설득력 있는 주장이라 할 수 있을 것이다(M. Bockmuehl, "'The Form of God'(Phil 2 : 6), *JTS* 48.1(1997), 11-17, 19-20 ; idem, *A. Commentary on The Epistle to Philippians*(London : Black), 126-129).

하지만 이 몰페가 빌립보서의 공동체와 문학적 맥락에서 어떤 의미를 가질 수 있는지에 대해서는 각 학자들의 입장에 따라 다음과 같이 다르게 해석된다. 슈바이처(E. Schweizer와 J. Dunn)는 '형태'를 형상과 질료로 나누어질 수 없는 구약적 의미의 '형상'(에이콘 : εἰκών)으로, 마틴(R. Martin)과 그리스도가 가진 천상의 '신분'으로, 화이트(L. M. White)와 헬러만(J. H. Hellerman)은 노예의 신분과 대조되는 높은 사회적 신분으로, 그닐카는 "존재를 그 본질(우사 : οὐσία)로부터 규정하는 현존 방식"으로 이해하고자 한다. 오히려 특히 우리가 주목해야 할 것은 '하나님의 형상'이라는 표현이 아니라 '신의 형태 안에서'(엔 몰페 테우 : ἐν μορφῆ θεοῦ)가 사용된 점과 단어의 문자적 의미인 "감각에 의해서 감지되는 어떤 것"을 존중하여 '신적 옷에 휩싸여진 영광(독사 : δόξα)으로' 해석한 벰(J. Behm)의 연구이다. 이 벰의 연구에 의하면, 확실히 복뮤엘(M. Bockmuehl)이 그의 글에서 제시한 바대로, 몰페는 단순히 이미지나 본성이나 긴요한 성격과 같이 추상적인 의미를 담고 있는 기술적 용어는 아닐 것이다. 그렇다면 빌립보서 2 : 6에서 이렇게 하나님이 시각적으로 볼 수 있는 감각적 형태를 갖고 있었다는 의미가 무엇인지 새롭게 해석해야 할 필요가 있는 것이다. 이러한 논의에서 우리가 신학적으로 중요시해야 할 관점은 유대교의 유일신론과 갈등을 일으키지 않는 범위 내에서 유대 신비주의의 신의 현현의 전통의 전승을 살짝 빌려서 그리스도의 신적 특성과 인간의 윤리적 특성을 동시에 드러내기 위해서 얼굴 표정과 외형에 신적 영광이 잘 드러나는 헬라어 '형태'(몰페 : μορφῆ)라는 표현을 썼다는 점이다. 바로 그리스도의 신성과 인성의 공존을 드러내는 표현들은 그리스도 찬가에 신학적 측면과 윤리적 측면, 그리고 신앙적 차원과 역사적 차원이 함께 공존하고 있다는 점을 부각시킨다(이에 관한 자세한 논의에 관해서는 호돈의 주석, 189–193 ; Martin의 주석, 94–100 참조 ; White. 앞의 책, 212–215 ; J. H. Hellerman, *Reconstructing Honor in Roman Phillippi*(Cambridge : Cambridge Univ. Press, 2005), 131–132 ; 이 벰의 단어 연구에 관해서는 *TDNT vol. IV*, 742–759 참조).

위의 새로운 관점에 의하면, 이 신적 옷에 휩싸여진 영광이란 의미와 '종의 몰페'와 대조해서 쓰인 '하나님의 본체'에서는 확실히 눈에 보이는 모양으로 나타나는 신의 사회적 신분의 의미를 내포하고, 이는 곧 10~11절의 황제보다 뛰어난 '주'의 칭호와도 관련된다. 이런 의미에서 특히 우리는 빌립보서 2 : 6에 선재적 상태에서 그리스도가 하나님의 형태(ἐν μορφῆ θεοῦ)를 갖고 있고 있는 것을 로마의 황제숭배 전통과 관련시키는 접근방법을 주목할 필요가 있다. 보통 이 '형태'라는 단어에 대한 해석이 '신분'이나 창세기 1 : 26의 '형상', '영광', '현존 방식' 등으로 해석되지만, 빌립보서의 역사적 정황과 관련해서는 *TDNT*(Behm)와 *BDAG*의 사전적 의미를 살려서 그 본체가 잘 드러나도록 눈에 보이는 구체적 모양이나 "감각에 의해서 감지되는 어떤 것", 즉 '음성과 조응하는 가시적인 얼굴 표정 모습"의 의미가 구체적으로 어떤 특별한 인물이나 대상과 경쟁적으로 비교될 수 있는지 특별히 탐구할 필요가 있는 것이다. 다시 말해서 이러한 '하나님의 형태', 즉 하나님과 같이 보이는 표정, 모습은 하나님과 같은 모양을 드러내고자 했던 당시 황제 숭배와 어떤 관련이 있는지 살펴볼 필요가 있다. 하나님과 같은 모습에 가장 관심 있었던 황제는 카리귤라(주후 37-41)였다. 카리귤라는 신적 외모를 취하는 데 열중하였다. 그는 그리스로부터 가져온 가장 존경할 만한 신들의 형상에서 머리 부분을 제거하고 자기 자신의 모습을 대신 설치하였다. 그는 유대인 성전과 회당들에 놓여 있는 그의 황금으로 만든 동상에 자기 자신이 입었던 같은 옷들을 매일 입히게 하여 자신의 신성을 유지할 수 있도록 설치하였다. 이처럼 황제 숭배에서는 황제와 닮은 동상을 왕국 전체에 퍼뜨리는 것이 매우 중요했기 때문에 그리스도인들은 신적 외모와 관련된 쟁점을 피할 수 없었다. 그래서 이제 막 발전하고 있는 기독교 공동체들이 황제의 형상이 의미하는 제국의 '주'에 암묵적으로 대항하기 위해서 그들 자신의 '주'를 설정할 필요가 있었던 것이다. 이것이 빌립보서 2 : 6~8에 그리스도가 하나님의 형태를 본래 가지고 있지만 종의 형태를 취하는 '주'로 나타나게 된 것이다. 여기에서 종의 형태란 비록 엄청난 권력을 갖고 있을지라도 자기 자신의 정치적 야욕을 추구하려는 이기심을 버리고 종처럼 백성들을 돌보고 경계해야 하는 이상적 통치자의 덕목(ἀρετή)을 의미할 수 있다(이에 대해서는 Seeley, 위의 글, 55-60 ; 그닐카의 주석, 190-208 ; Martin의 주석, 94-100과 이에 대한 요약 설명에 관해서는 김덕기, "빌립보에서의 신학과 윤리의 관계", 「바울의 문화신학과 정치윤리」(대전 : 이화, 2007), 449-450 참조).

그런데 2장 6절에서는 그리스도가 바로 이러한 "하나님의 형체와 동등됨을 취할 것으로 여기지 않았다"(우크 할파그몬 헤게사토)고 표현한다. 여기에서 '취한다'로 번역되는 '할파그모스'는 번역하기 어려운 단어이다. 이 단어는 헬라어 '할파조'(ἁρπάζω)에서 온 단어로서 "어떤 사람의 재산을 포획하거나 공격하거나 도둑질하거나 탈취해서 빼앗는다"는 뜻을 가지고 있다(*BDAG*,

134). 학자들에 따라 매우 다르게 해석되는 단어로 유명하다. 예를 들면, 할파그모스는 "습득물을 행운으로 발견하다"라는 뜻도 있고(W. Jaeger), "신비로운 황홀경에 빠지다"라는 뜻을 가진 동사 '할파제인'과 연관시켜서 고린도후서 12 : 2~4에서처럼 하나님과 함께 하는 황홀상태에 있었던 것을 기술하고 있다고 생각하기도 한다(Hammerich). 또한 어떤 학자는 '할파그몬 헤게사토'를 관용어구로 취급하여 '자세를 취하다', '행운으로 생각하다', '이득으로 간주하다' 등으로 이해하기도 하고(Foerster), '이용하다'는 의미로 해석하여 6절을 "그는 하나님과 동등한 것을 이용할 수 있는 어떤 것으로 간주하지 않았다"라고 번역할 것을 제안하기도 한다(R. W. Hoover). 이것은 *NRSV*가 "이용할 수 있는 어떤 것"(something to be exploited)으로 번역한 것과 맥을 같이 한다. 또한 이 단어를 단순히 "움켜쥐거나 취득한다"는 의미로도 해석하거나(Moule), '빼앗다', '탈취하다'의 의미를 가진 '할파조'의 수동태 파생어로 '탈취되어진 것'으로 번역함으로써 이를 '헤게사토' 동사와 함께 연결시켜서 '이미 취한 것을 이용하다'의 의미로 해석하기도 한다(Wright)(호돈의 주석, 193-195와 Reumann의 주석 339-348 ; 할파조의 언어학적 연구에 대한 자세한 연구에 관해서는 R. W. Hoover, "The Harpagmos Enigma", *HTR* 64(1971), 95-119 참조).

하지만 필자는 '할파그모스'는 어미 마($-\mu\alpha$)가 아닌 한 수동태 '탈취되어진 것'으로는 번역되기 어렵다고 본다. 할파그몬 헤게사토를 단순히 '이용하다'는 의미의 관용어로 생각하는 후버(R. W. Hoover)의 제안이 가장 많이 지지되는 견해이지만, 얼마전 이에 대한 비판이 신중하게 제기된 것 것처럼 2 : 6의 맥락상 탈취의 의미를 없애기는 어렵다(이에 대한 가장 중요한 비판은 J. C. O'Neill, "Hoover on Harpagamos Reviewed", *HTR* 81.4(1988), 445-449 참조). 더군다나 단순히 관용어구로 사용하여 '이용하다'는 의미로 제시하는 것은 고대 그리스 문화의 신들의 세계에서 사용되는 그리스의 문예적 관습을 무시하고 단순화시킨 것이라고 생각한다. 오히려 이러한 탈취의 기본 의미를 기초로 가장 전형적으로 이 단어를 사용한 용례는 호머의 〈일리아드〉에서 제우스의 부인 헤라과 같은 신들이 제우스와 똑같이 되기 위해서 그와 동등한 신성을 강제로 탈취하려 하였다는 용례가 될 것이다. 제우스는 결국 이렇게 자기에게 도전하는 신들을 보복하는 것으로 이야기가 마무리진다(D. J. Lull, "The Iliad, the "Christ-Hymn"(Phil 2.6-11), and 'Political Theology'", *Sermon Note*(May 1, 2006), Wartburg Theological Seminary). 이렇게 호머의 시들을 읽었던 독자들은 이 6절을 결국 "그리스도가 하나님과 같은 본체를 자신의 명예에 유익하도록 강제로 탈취하지 않았다"라고 해석할 수 있을 것이다. 이러한 할파그모스에 탈취의 의미를 살려야 하는 또 다른 이유는 이 용어가 종종 영웅 제의나 로마 황제 제의와 관련해서 영웅이나 황제의 활동을 묘사하는 문헌에도 종종 사용되기 때문이다. 예를 들면, 플루타크(Plutarch)는 *Moralia*. 330D에서 이 용어를 알렉산더 대왕의 군사 전략을 언급하는 데 사용하였다. 또한 디오 크리소스톰(Dio Chrysostom)도 *De Regno iv* 95(Or. 4.95(Kingship : 왕권))에서 이상적인 통치자와 정반대되는 부적절한 통치 방법을 표현하기 위해서 이를 사용하기도 했다. 그래서 바울은 당시에 그리스 영웅인 헤라클레스나 헬라시대의 군주들이나 로마 황제들의 신성을 설명하기 위해서 이 용어를 사용하였던 대중철학의 언어를 차용한 것으로 여겨진다는 것이다(M. Tellbe, Paul between Synagogue and State(Stockholm : Almqvist & Wiksell Int., 2001), 254-257). 결국은 그리스도의 존재양태를 권력을 탈취하거나 신성의 명예를 빼앗는 지상의 통치자들의 통치 방식과 급격하게 대조시키기 위해서 6절에서 하나님과 동등 됨을 취할 것으로 여기지 않았다고 표현하게 되었다고 볼 수 있을 것이다.

다른 한편 신학적으로는 이러한 용어가 사용된 것은 창세기에서 아담이 하나님과 같이 되려고 선악과를 탈취하여 신과 같이 되려 하였지만 타락하여 에덴동산 밖에서 종노릇을 해야 했던 것과 정반대의 모습을 형상화하고 있다고 생각하는 것이 좋을 것이다. 그리스도는 신과 같이 되는 것을 거부하시고 신의 세계를 벗어나 종과 같이 인간의 형태를 갖고 내려오셔서 십자가에서 죽으셨다는 것이다(Cousar의 주석, 53-54 참조). 하지만 '근본 하나님의 본체시나'가 본성과 존재 방식과 관련되는 표현이라면, '하나님과 동등됨'은 하나님의 신분을 나타낸다고 구별할 필요가 있다. 일반적으로 고대 유대교에서는 인간이 하나님과 동등하다고 생각하지 않기 때문에 예수에 대한 신앙고백에서는 하나님과 동등하다고 표현하기 어려웠다. 그래서 '하나님과 동등함을 나타내는 신성을 하나님으로부터 탈취하여 자기 것으로 여기지 않는다'로 표현함으로써 그리스도에 대한 신앙고백과 유대교의 신관 사이에 충돌하지 않으면서도 그리스도의 신성을 매우 간접적으로 나타내는 그리스도론적 이해를 반영시키고자 하였다. 이렇게 할파가모스에 내포된 탈취함의 의미를 강조하는 것이 중요한 것은 바로 7절에서 그리스도가 자기를 비웠다는 것과 스스로 자신을 낮추었다는 능동적 의미와 십자가에 처형당했다는 폭력과 경쟁과 갈등의 상황을 암시한다는 측면에서 그 의미를 살릴 때 사회적 지위를 서로 차지하려고 몰두하고 있는 빌립보 공동체의 사회적 정황에 더 적합하다고 할 수 있을 것이다.

[2 : 7-8] 7절의 '그러나'(알라)로 시작하는 문장으로 시작함으로써, 6절의 하나님과 동등됨을 취하지 않으셨다는 부정적 진술과 대조적으로 7~8절에서는 그리스도가 긍정적으로 행하셨던 것이 무엇인지 잘 기술되었다. 우선 이것은 그리스도가 자신을 비우셨다는 것(헤아우톤 에케노센)이다. 분사형으로 기술된 종의 형체(몰페 두루)를 취하는 것이나 사람들과 같이 되는 것(엔 호모이오마티 안트로폰 게노메노스)은 이 6절의 동사 '비우셨다'(에케노센)는 본동사를 수식하는 역할을 담당한다. 그리고 사람들과 같이 되는 것이 8절에서는 반복되어 사람의 모양으로 나타나는 것(스케마티 휴레테이스 호스 안트로포스)으로 다시 반복되기 때문에 이 부분은 7절에서 어떤 기능을 하는지 주의가 요망된다. 필자의 생각으로는, 이것은 분사로 쓰여서 비우셨다는 동사와 직

접 연결되기보다는 또 다른 분사로 쓰인 "노예의 형체를 가질 만큼"을 수신한다고 제시할 필요가 있다. 그래서 7절을 번역하면, "오히려 자신을 비우셨는데 인간들처럼 되셨을 때 노예의 형체를 지닐 만큼 그렇게 하셨다"라고 번역하면 비움은 매우 독자적인 그리스도 자신의 천상에서의 활동이 되고, 그 비움의 정도를 나타내는 것이 노예의 형태이다. 이렇게 되면 비움의 구체성이 종의 형체를 취하는 것이고, 다시 앞에서 제시된 종의 형체를 취하는 것이 보다 구체화되어 8절의 자신을 겸손하게 낮추신 모양을 나타내는 방식으로 다시 반복된다. 이러한 구조에서는 천상에서의 그리스도의 비움이 그가 지상에 내려오심과 모든 지상에서의 내려오시는 구체적 방식을 결정짓는 중요한 동기가 된다. 이러한 의미구조는 이 찬가를 시의 형식으로 보면 나타나지 않지만 산문의 형태로 읽으면 잘 나타난다(앞의 "빌 2 : 6-11의 수사학적 의미구조와 사역" 참조).

그리고 이러한 그리스도의 자기-비움(7a)은 이 지상에서는 자기를 낮추시되 죽기까지 복종하게 되시어서(게노메노스) 결국은 십자가에서 죽으셨다는 것으로 그 절정에 이른다. 자기 비움(7절), 사람들과 같이 되심(7절), 인간의 모양을 취함(8절)은 모두 변형의 모양의 보편성을 나타내는 것으로 하나님이 인간이 되셨다는 신학적 주장이 은연중에 가지고 수사학적으로 달리 표현하고 있는 것이다. 하지만 종의 형체를 취하고(7절), 자기를 낮추시고(8절), 죽기까지 복종하여 십자가에 죽었다는 것(8절)은 보다 구체적으로 인간이 어떤 사회적 지위와 어떤 구체적인 행동을 하고 죽었는지 기술함으로써 사회적/역사적 존재양태의 특수성을 나타내게 된다. 이렇게 이 찬가에 나타나는 그리스도가 천상에서 행하신 존재론적인 비움이 단순히 사회적 지위가 하강된 특수한 변화만 보여주는 것이 아니라 바로 인간 전체를 향한 궁극적인 구원을 위해서 보편적인 본성의 변화도 동시에 보여주고 있는 것이다.

여기에서 특히 주목되는 점은 그리스도께서 노예의 신분을 취하고, 스스로 자신의 신분을 낮추었고, 결국 노예의 최대의 덕목인 복종을 하였고, 십자가에 처형되었지만 그가 '주'로서 인정받게 되었다고(11절) 기술함으로써 노예제도 자체를 공격하지 않으면서도 그리스도 복음의 해방적 차원을 비교적 매우 일관성 있게 제시한다는 점이다. 로마 시민들은 십자가 처형을 당하지 않는다는 것을 고려하면, 결국 그리스도를 마침내 전쟁노예로서나 혹은 끔찍한 범죄를 저지른 노예로서 십자가 처형되었다고 기술함으로써 모세보다도 훨씬 낮고 천한 지위를 갖고 더욱 비참하게 죽었다는 것을 극적으로 묘사하고 있다. 하지만 그리스도는 단순히 노예로부터 방면되는 방식으로 해방되는 것이 아니라 그의 원래의 신적 지위와 왕권, 그리고 우주의 지배자의 지위를 다시 회복하게 된다. 이것은 마치 헬레니즘 시대의 소설(Chariton의 〈Chaereas and Callirhoe : 주후 50년 경〉, 에베소의 Xenophon의 〈An Ephesian Tale : 주후 2세기 경〉, Longus의 〈Daphinis와 Chloe : 주후 2세기경〉, Achilles Tatius의 〈Leucippe and Kleitophon : 주후 150-175년경〉 등)에서처럼 왕의 아들의 지위를 가진 자가 해적에 의해서 포로가 되어 노예로 팔려갔지만 결국은 자신의 원래의 왕의 지위를 회복하는 것에 비유될 수 있을 것이다. 이런 방식으로 이 본문은 그리스도가 로마제국의 체계의 가장 비참한 방식인 십자가에 처형됨으로써 승리한 자에게 영예와 부와 권세를 부여하는 로마제국의 사회적 지위 부여 방식체계를 근본적으로 문제시하고 하나님이 결국은 자신을 낮추시는 그리스도에게 부여하게 될 신적 권능과 왕권에 찬사를 보내고자 하는 것이다(Briggs, 1989, 위의 글, 142-151 ; B. N. Fisk, "The Odyssey of Christ", in *Exploring Kenotic Christology*(Oxford : Oxford Univ. Press, 2006), 45-73). 이러한 고대소설의 유사한 모티브와 빌립보서의 찬가가 결정적으로 다른 것은 찬가에서는 바로 그리스도가 자발적으로 이렇게 자신을 비우시고 노예가 되어 십자가 처형까지 당하셨다는 점이다. 이것은 바로 그리스도께서 스스로 노예가 되어 십자가 처형의 비참한 최후를 맞이함으로써 그 고대 위계주의적 사회의 정치적 모순을 드러내어 이 사회에서의 억압받는 자들을 해방시키고 그 사회를 혁명적으로 변화시킬 수 있는 전혀 새로운 패러다임의 왕의 등극을 찬양하고자 한다는 것을 암시하고 있다.

우선 7절에서 그리스도께서 자신을 비운다는 것은 자신의 신성을 벗어버린다는 말이 되기도 하지만, 보다 적극적으로는 신성의 효력을 중지하거나 거부한다는 말도 된다. 왜냐하면 헬라어 동사 케노오(κενόω)는 ① '비우다'와 그 은유적 의미인 '벗어나다', '고갈시키다'는 뜻이 있지만, 또한 ② '빼앗다', '효과를 중지하다', '무효화하다'라는 의미도 갖고 있기 때문이다(*BDAG*, 539). 확실히 신학적으로, 그리스도의 신성이 인성이 되었다는 보편적인 선언과 관련될 때에는 첫 번째 의미(①)가 더 연관된다. 그래서 고린도후서 8 : 9("우리 주 예수 그리스도의 은혜를 너희가 알거니와 부요하신 이로서 너희를 위하여 가난하게 되심은 그의 가난함으로 말미암아 너희를 부요하게 하려 하심이라")에서처럼 그리스도가 자신을 비운다는 말씀은 우리를 부요하게 하기 위해서 역설적으로 그리스도 자신이 그의 신성에서 벗어나서 노예의 신분으로 십자가에 처형될 만큼 완전히 신의 속성을 고갈시킨다는 말이다. 여기에서 그리스도가 스스로 가난하게 되심은 그리스도의 충만하신 영적 능력을 우리에게 부여하기 위해서이다. 더군다나 6~11절의 전체 구조에서 보면, 이 비움은 그리스도의 자기 비하의 하강 움직임의 첫 번째가 되면서 다음 움직임의 기초가 된다. 다시 말해서, 이 비움은 이와 연관되는 다음의 활동인 종의 형체를 갖고, 인간들과 같이 되고, 사람의 모양으로 나타나 자신을 낮추고, 죽기까지 복종하는 일련의 하강의 움직임의 첫 번째로 나타났다는 의미에서 이것은 철학적으로는 존재론적 비움으로 공(空 : voidness)이며 신학적으로는 하나님 자신이 자신의 보좌를 떠나는 케노시스(κένωσις)의 움직임으로 이해해야 할 것이다(케노시스 신학에 대한 최근 논의로는 C. S. Evans, *Exploring Kenotic Christology*(Oxford : Oxford University Press, 2006) 참조.).

하지만 이 그리스도가 자신을 비운다는 의미가 두 번째 의미(②)로도 쓰일 수 있는 것은 빌립보 교인들이 이 도시의 역사적 특성상 특별히 사회적 지위에 매우 민감하였기 대문이다. 빌립보 도시는 아우구스트 황제가 특별히 빌립보 전투와 악티움 전투에서 승리함으로써 새로운 황제로 등극하여 이 도시에 퇴역 군인들을 정착시킨 역사적 도시였다. 그래서 빌립보 교인들에게는 노예 신분으로서 십자가에서 처참하게 패배하였던 그리스도에게 하나님이 모든 왕권을 부여할 것이라는 바울의 주장은 로마 사람들이 전쟁에서 승리한 장군에게 신과 같은 매우 고귀한 사회적 지위를 가진 황제로 인정하고 이에 따라 가치를 평가하는 모든 사회적 지위 부여 방식을 적극적으로 거부하였다고 이해될 수 있다는 것이다. 그리스도는 다른 사람들이 사회적으로 인정하는 모든 방식을 거부하여 가장 낮은 지위인 노예가 되었고, 그리고 전쟁에서 패배하여 처참하게 죽게 되는 십자가에 처형되어 사회적인 지위가 완전히 박탈되었다는 것을 의미하는 것이다. 이런 두 번째 의미로 바울이 '케노오' 동사를 사용한 예는 로마서 4 : 14(믿음이 무효화 된다)와 고린도전서 1 : 17(그리스도의 십자가의 효력이 거부되지 않게 하려 한다)과 고린도전서 9 : 15(어떤 사람도 나의 자랑을 내게서 빼앗지 못하게 한다.)와 고린도후서 9 : 3(너희에 대한 우리의 자랑이 그 정당성을 빼앗기게 되지 못하도록)이다(D. P. Moessner, "Turning Status 'Upside Down' in Philippi", *HBT* 31(2009), 123-143). 이렇게 말함으로써 바울은 로마제국의 황제를 정점으로 형성되는 로마 사회 구조 자체와 비교되는 전혀 다른 의미의 그리스도의 왕권을 제시하려 했다고 볼 수 있을 것이다. 그래서 우리는 그리스도께서 본래 인간들이 추구하고, 로마 제국의 사회적 구조가 부여하게 되는 사회적 신분 자체를 스스로 거부하심으로써 전혀 다른 방식의 하나님의 아들과 하나님의 신성의 존재 양태를 역설적으로 제시하였다고 해석할 수 있을 것이다. 우리는 빌립보서 2 : 6~11이 모든 사회에도 적용할 수 있는 그리스도 복음의 신학적 원리의 보편성과 신앙인이 가져야 할 구체적인 사회적/정치적 삶의 양식의 특수성을 동시에 제시하고 있다고 보아야 할 것이다.

또한 "종의 형체를 취하였다"(라본)는 표현은 6절에서 하나님의 본체로 항상 존재하셨다(휘팔콘)는 정태적인 상태와 대조된다. 본체와 형체는 둘 다 헬라어로는 같은 '몰페'이다. 이것은 종이 갖고 있는 보여지는 모습과 그 속성을 자발적으로 취하셨다는 것이다. 특히 "종의 형체"에서 종의 헬라어 둘로스(δοῦλος)는 그레코-로만 시대에는 인간으로서의 모든 권리와 안전보장, 그리고 자기 자신의 출생 상황으로부터 소외되어 사회적 가족관계가 완전히 박탈당하여 사회적 죽음에 이르는 것이 법적으로 가능하게 되는 노예제에서의 노예 신분을 나타내고 있다. 이것은 빌립보 독자들 중 노예나 해방된 노예에게도 그리스도의 복음의 해방적 의미가 보다 적절하게 전달되도록 이들의 사회적 지위가 하강되어 겪게 되는 비루한 삶의 경험이 반영되어 있는 듯하다. 이러한 표현들은 결국 바로 원래는 신성을 가지신 그리스도가 자발적으로 노예가 되었다는 충격적인 선언을 통해서 빌립보 공동체의 구성원인 노예를 가진 자들에게는 단순히 노예가 도덕적으로 열등한 것도 아니고 주인에 의해서 조종될 수 없을 만큼 자유롭다는 것을 보여준다. 반면 사회적 지위가 낮은 노예나 해방된 노예들에게 이것들은 그리스도의 복음이 궁극적으로는 해방적 차원을 제공하고 있다고 여겨진다(Briggs, 위의 글, 142-146).

물론 종의 형체를 취하였다는 것은 전승사적으로는 이사야 52 : 13~53 : 12에 나타난 '야웨의 종'과 특별한 선교적 사명을 갖게 되는 야웨의 종처럼 하나님의 종의 사명을 담당하게 되었다는 것을 의미한다(J. Jeremias). 유대교 전승사적 관점에서 '종'은 하나님의 기름을 부음 받은 특별한 종으로서 역설적으로 하나님께서 가장 높이시려는 칭호를 아이러니칼하게 부른 것이라고 볼 수 있다. 또한 더 나아가서, 이 용어는 헬레니즘 시대의 유대 문학에서는 맥카비 혁명 이후에 하나님에게 적대적인 세력에 대항하여 죽게 되었던 의로운 순교자와도 관련시킬 수 있다. 이 의로운 순교자는 하나님을 위해서 고난과 비천함을 자기 자신에게 짊어지는 충실한 하나님의 종으로 묘사되었다(맥카비 후서 7 : 34). 후기 유대교 시기에는 순종이 중요한 신앙의 덕목이었고 죽기까지 하나님에게 신실하게 복종하였을 때 하나님에 의해서 하늘 보좌에 앉게 되는 종말론적 심판에 의해서 신원될 것이라는 기대가 있었다(E.

Schweizer). 2 : 7~8을 2 : 9~11을 함께 보았을 때에는 이러한 유대교 순교문학의 전통이 매우 적합하게 해석의 틀을 제공하고 있는 것이다(O'Brien의 주석, 220-221). 더군다나 신성을 가진 그리스도가 노예가 되었다는 것은 신이 승리한 자에게 사회적 지위와 명예를 주시는 분으로 알고 있는 로마제국의 종교적 문화 풍토에서 하나님 자신이 노예의 신분으로 낮아지고 로마 제국의 정치적/사회적 체계에 의해서 십자가에 처형되었다는 선언은 로마제국의 질서를 근원적으로 교란시키는 새로운 신관과 이에 기초한 혁명적 사회비전을 제시하고 있다고 여겨진다.

7절의 사람들과 같이 되는 것은 6절의 하나님과 동등됨을 취하는 것과 대조된다. 사람들과 같이 된다는 것은 '기노마이'(γίνομαι)로 표현되어서 사람들과 유사한 모양으로 생동감 있게 변형되었다는 말이다. 신학적으로는, 요한복음 1 : 18에서처럼 성육신의 의미를 내포하여 그리스도가 자신을 비웠다는 것은 인간의 몸으로 태어났나는 의미도 포함할 수 있을 것이다. 7절의 "사람들과 같이"라는 말은 '호모이오마'(ὁμοίωμα)라는 헬라어로 표현되었다. 이 단어는 ① 같은 경험을 가진 상태나 같음, 동일함, ② 모양이 비슷한 상태, 이미지, 형태라는 두 가지 의미를 갖고 있다(*BDAG*, 707). 위의 사전적 의미를 고려하면, 호모이오마는 원형과 복제물이 서로 가치가 똑같은 등가(等價)라는 의미가 있게 되어 7절의 내용은 "인간의 원형과 거의 똑같은 복제물처럼 생겨났다"(사역)라는 번역이 가능할 뿐만 아니라 "인간의 모양으로 나타났다"는 번역도 가능하다. 이렇게 호모이오마에 의해서 하나님이 인간과 같은 모양으로 나타나셨다고 표현하는 방식은 그리스 고전 철학전통에 나타는 미메시스(μίμησις : 닮음 또는 모방)의 개념과 정반대의 의미를 갖고 있다. 플라톤은 예술가들이 진리를 모방하는 듯하지만 진리를 왜곡시킨다는 의미에서 예술가들의 모방을 비판하였지만, 인간이 이데아를 통하여 하나님을 모방하여 그와 같은 품성을 가질 수 있다고 생각하였기 때문에 호모이오마와 관련되는 닮음은 인간이 하나님을 닮는다는 의미로 쓰였다. 소크라테스도 지상을 떠나 천상으로 피하여 하나님과 같이 될 것을 제안하기도 하고, 인간이 정의롭고 순수하게 되어서 하나님을 닮도록 충언하기도 하였다. 헬레니즘 시대에는 필로과 플루타크가 바로 덕을 통하여 하나님과 동화되는 것을 인생의 목표로 삼을 것을 제안한 바 있다(S. G. Eastman, "Philippians 2 : 6-11", JSPL(Fall, 2010), 12-13). 하지만 빌립보에서는 그리스도가 인간과 같은 모양으로 나타났다고 함으로써 하나님의 인간에 대한 참여를 더 적극적으로 보여줌으로써 인간이 하나님을 직접 닮기보다는 이 그리스도의 성품과 덕을 닮도록 그리스도가 매개역할을 하고자 한다.

다른 한편, 호모이오마는 바울서신에서 '유사한 모양'이나 '같음'의 의미로 주로 쓰였다. 로마서 1 : 23에서는 이 단어는 인간의 우상숭배의 현상을 표현하는 데 사용되었다 ; "썩어지지 아니하는 하나님의 영광을 썩어질 사람과 새와 짐승과 기어다니는 동물 모양의(엔 호모이오마티) 우상으로 바꾸었느니라". 로마서 5 : 14에서는 아담의 죄와 그 후손의 죄가 유사하면서 약간 다른 형태라는 것을 표현하기 위해서 쓰였다 ; "그러나 아담으로부터 모세까지 아담의 범죄와 같은(에피 토 호모이오마티) 죄를 짓지 아니한 자들까지도 사망이 왕 노릇하였나니 아담은 오실 자의 모형이라". 그리고 이 빌립보서 2 : 7~8에서처럼 사람의 유사한 모양이나 형태상 사람의 모양의 용례와 가장 비슷한 방식으로 호모이오마가 나오는 성경구절은 로마서 8 : 3이다 ; "……곧 죄로 말미암아 자기 아들을 죄 있는 육신의 모양으로(엔 호모이오마) 보내어 육신의 죄를 정하사". 로마서 8장 3절의 '육신의 모양으로'(엔 호모이오마티)의 의미는 죄가 있는 인간과 똑같은 모양으로 나타났다고 보기보다 하나님의 형체를 가진 선재하였던 신비스러운 모양을 갖고 있었기 때문에 인간과는 약간의 차이를 나타낸다는 것이다. 여기에서는 '본질은 차이가 나지만 모양이 비슷한'이라는 뉘앙스를 내포한다(O'Brien의 주석, 224-225과 비교).

이러한 하나님과 같은 존재가 인간 세계에 현현한다는 것은 구약에서 하나님이 이스라엘 백성의 고통 속에서 현현하신다는 표현과 매우 유사하기 때문에 그의 백성들의 고통과 역경을 인격적으로 동일시하시는 하나님의 열정을 드러낸다(출 3 : 7 이하 ; 레 26 : 11). 에스겔서와 다니엘서에 바로 하나님께서 인간과 같은 모양으로 나타나시는 기사가 나온다. 에스겔서에서는 원래의 모습을 닮은 이미지들이(겔 1 : 5, 16, 22, 26) 연속해서 나타나다가 마지막 에스겔 1장 26절에서 결국에는 "인간의 형상과 같은 모양"(ὁμοίωμα ὡς εἶδος ἀνθρώπου)을 한 비전으로 그 절정을 이루게 된다. 이것은 하나님이 인간들 속에 참여하여 그와 같은 모습을 드러내시면서 동시에 인간들과 피조물들과 결정적으로 차이가 난다는 모습을 보여주고 있다. 다니엘서 3 : 23~30에서도 사드락, 메삭과 아벳느고가 극렬히 따는 풀무불에 내던져졌을 때에도 느브갓네살이 "하나님의 천사와 같은 모양을 가진 네 번째 남자"(ἡ ὅρασις τοῦ τετάρτου ὁμοίωμα ἀγγέλου θεοῦ : 단 3 : 25)가 현현한 것을 보고 소스라치듯이 놀래는 장면이 나온다. 바로 이 네 번째 사람을 통해서 하나님이 이들의 고통 속에 참여하셔서 이들을 풀무불로부터 구출하시게 되었다는 것을 독자들은 즉각 알아차리게 된다. 결국 '호모이오마'라는 단어는 보이지 않는 하나님이 볼 수 있도록, 그림 이미지로 하나님의 모습이 나타나시되 피조물과 창조자가 구별되는 방식으로, 인간을 구속하기 위해서 인간의 고통과 역경에 인격적으로 참여하셔서 대화하시려는 하나님의 현현을 나타내고 있다는 것을 알 수 있다(Eastman, "Philippians 2 : 6-11", 12-17 ; M. Bockmuehl의 주석, 124-129, 134-138). 또한 이러한 배경에서 보면, 그리스도가 신성을 갖고 있지만 인간의 모양을 갖고 나타나신 것은 하나님의 현현의 또 다른 모양으로 볼 수 있을 것이다. 이것은 요한복음 1 : 14에서처럼 신학적으로는 성육신을 다르게 표현하고 있다고 해석될 수 있다.

이러한 표현은 8절에서 "사람의 모양으로 나타나사"라는 말로 다시 반복된다. 7절에서는 사람들과 비슷한 모습으로 변형되었다는 의미가 강조되는 반면, 8절의 "사람의 모양으로 나타나사"는 '스케마티'를 관점의 여격으로 간주하고 직역하면 "그 모양으로는 사람으로서 발견되었다"는 의미이다. 한국어 개역개정성서에서는 8절에 나오지만 헬라어나 *NRSV*에서는 문법적으로 8절의 "자기를 낮추셨다"는 본동사와 연결되는 분사의 형태로 7절에 나와 있다. 이것은 8절의 자신을 낮추셨다는 본동사와 연결되어서, 사람들이 그리스도가 인간이었다는 것을 발견하게 될 만큼 그리스도께서 자신을 낮추셨다는 의미이다. 어떤 학자들은 이것을 갈라디아서 2 : 17의 "만일 우리가 그리스도 안에서 의롭게 되려하다가 죄인으로 드러나면(휴레테멘) 그리스도께서 죄를 짓게 하는 자냐 결코 그럴 수 없느니라"의 내용과 연관시키려고 한다(O'Brien과 Martin). 또한 다른 학자들은 "모양이 인간과 같은"이라는 말을 다니엘 7 : 13("내가 또 밤 환상 중에 보니 인자 같은 이가 하늘 구름을 타고 와서 옛적부터 항상 계신 이에게 나아가 그 앞으로 인도되매")의 천상의 인자라고 해석하려 한다(Hawthorne, Lohmeyer). 전자는 의인 교리와 연결시키기에는 주제가 어긋나서 서로 그 연관성이 모호한 반면, 후자는 유대주의적 메시야적 차원과 연결시켜서 오히려 신학적 차원의 혁명적 성격을 감소시킨다. 오히려 7절에 나오는 인간의 성육신적 의미가 반복되는 것을 피하기 위해서라도 바울 사상의 가장 중요한 준거틀과 관련시키면서 오히려 6~7절의 주석과 일관되게 옛 아담과 대조되는 새 아담으로서 전혀 새로운 인간(롬 5 : 12-21, 고전 15 : 21-22, 44-49)이 등장하게 되었다고 해석할 필요가 있다. 그래서 이것은 시적 과장이면서 8절에 나타나는 구체적인 모습을 그리기 전 어떤 새로운 인간의 유형을 발견하게 될 만큼 그리스도가 자신을 낮추었다는 말이다. 그런데 그 모습은 8절 중반절 이하에서 볼 수 있듯이 죽음에 이르기까지 순종하는 순교자의 처절한 모양으로 나타나게 되었다는 것이다.

여기에서 스케마티에 대한 이스트만(S. G. Eastman)의 최근의 새로운 해석을 주목할 필요가 있다. 그녀는 특히 스케마티(όχή μα τ ί ι)가 6~7절의 '몰페'와 '엔 호모이오마티'와 함께 인간이 고매한 덕성을 통해서 신적인 성품을 닮아가도록 유도하는 미메시스의 철학적 전통과 연결된다는 점을 인정하면서 그 차이점도 부각시킨다. 빌립보서 2 : 6~11에서 특히 주목되는 것은 인간이 신을 닮는 것을 목표로 우선 먼저 신이 인간을 닮도록 우리에게 나타나는 모양을 나타내 보이고 있다는 점이다. 특히 무엇보다 이 스케마(σχή́μα) 라는 단어가 로마의 공연 문화에서 사용되는 배역들의 연기 공연과 연관시킨다. 그래서 그녀는 스케마타(스케마의 복수)를 상류계층에서 대중적인 판토마임이나 모든 계층들이 즐기는 거리 공연이나 축제 행렬에서 특정한 연기자가 어떤 배역의 정체성을 드러내기 위해서 입게 되는 연기 복장, 마스크와 댄스와 제스츄어의 의미를 갖고 있다고 주장한다. 스케마는 판토마임의 연기자들이 사용하는 화장과 복장처럼 변경되기 쉬어서 피상적인 어떤 것의 어감을 내포한다는 것이다. 이런 로마의 공연문화의 관점에서 보면 2장 6~11절에서 스케마 단어의 실마리가 주는 암시적 의미는 그리스도가 원래는 신성을 가진 자이시지만 인간의 배역을 공연하시게 되고 인간들은 이에 참여하여 응답할 것을 요구하고 있다는 것이다. 그런데 그리스도의 배역이 단순한 역할이 아니라 십자가에 처형되는 역할이기 때문에 그리스도가 인간의 모양으로 나타나신다는 표현은 당시 로마에서 죽기까지 싸울 것을 서약하면서 결국은 연기가 아니라 실제로 죽게 되는 비극적 현실을 드러내는 검투사의 비참한 최후를 연상시킨다는 것이다. 그런데 바로 그리스도가 노예로서 죽는 이 비참한 최후의 역할을 통해서 나타내려 하는 연기는 단순한 연기로서의 죽음이 아니라 진짜로 죽게 되는 죽음을 통하여 그는 공연장으로부터 신의 임재를 나타내고 사람들은 이 처절한 죽음에 진지하게 응답해야 하는 참여를 요구받는다는 것이다. 그래서 12절에서 바울이 "두렵고 떨림으로 너희 구원을 이루라"라 바울의 명령문에서 '두렵고 떨림'은 하나님의 임재가 나타났을 때 인간이 갖게 되는 경외의 반응에 대한 전통적인 표현양식이라는 것이다. 이것은 바로 그리스도의 죽음의 공연 드라마의 플롯을 하나님이 직접 만드시고 그 공연을 감독하시고 그 자신의 임재의 메시지를 제시하게 되는 것을 나타낸다는 것이다. 하나님이 감독하시고 그리스도가 연기하는 공연에 참여하게 되는 인간은 결국 어떤 실천으로 응답을 해야 할지 결정적으로 도전받게 된다(Eastman,

"Philippians 2 : 6–11", 7–12 ; idem, "Imitating Christ Imitating us", in *The Word Leaps the Gap*(Grand Rapids : Eerdmans, 2008), 434–448).

결국 2장 6절부터 11절까지 구약의 하나님의 현현과 유사하지만 결정적으로 차이나는 방식으로 매우 미묘하게 그리스도의 신성과 인성 둘 다를 표현하는 어휘들(호모이오마, 몰페, 스케마, 휴레테이스(발견되도록))이 반복해서 나오는 것은 이처럼 하나님이 인간의 고통에 참여하심으로써 그 고통의 원인이 되는 로마 종교와 유대종교와는 다른 방식으로 새 백성을 만드시는 하나님의 현현을 드러냄으로써 이러한 새로운 하나님의 역사에 독자들의 참여를 요구하고 있는 것이다. 이러한 복합적 의미를 가진 어휘들의 반복은 기존해 있는 신관과 종교, 즉 유대교와 로마 종교의 신성 자체의 이데올로기성의 경직성을 시적 언어로 급격하게 비판하고 새 하나님의 도래를 알리는 기능을 담당하고 있다고 보아야 할 것이다.

8절의 "자기를 낮추셨다"는 표현은 7절의 "자기를 비우셨다"는 말과 평행되게 서로 상응한다. '비우셨다'는 표현이 천상에서 일어난 일로서 신성으로부터 인간성으로 성육하기 전의 하나님 자신 안에서 일어나는 활동을 표현하였다면, 8절의 "자신을 낮추셨다"는 표현은 지상에서 어떻게 구체적으로 겸손한 삶의 방식을 나타내셨는지 기술하고자 한다. 8절의 '낮춘다'는 의미와 사망에 이르기까지 순종하는 모습에 대한 언급은 70인역(히브리어 성서의 헬라어 번역본) 이사야 53 : 8, 12을 반영하지만 "자기 자신을"이라는 재귀대명사의 목적어가 새롭게 첨가되어 자발적 의지(마 18 : 4에서처럼 : "그러므로 누구든지 이 어린아이와 같이 자기를 낮추는 사람이 천국에서 큰 자니라")를 강조한다.

"죽기까지 복종하였으니 곧 십자가에 죽으심이라"에서 우선 복종의 정도를 죽음으로 보았고, 죽음도 십자가의 죽음으로 그 죽음의 방식을 보다 자세하게 기술한다. 전통적으로는, "곧 십자가에 죽으심으로"는 바울이 첨가한 편집구로 보는 것이 많은 지지를 받아왔다. 하지만 최근에 9~11절의 절정으로서 "하나님 아버지께 영광을 돌리게 하셨느니라"와 처음부터 평행구처럼 의도적으로 대조된다는 점에서 6~8절의 절정으로서 이 "십자가에 죽으심으로"는 바울의 편집구가 아니라 바울 이전 전승에서 이미 형성된 것이라고 새롭게 제기되었다(O. Hofius와 F. F. Bruce). 그래서 이것은 그리스도의 십자가의 죽음과 바울의 순교적 죽음의 가장 치욕스러운 측면이 서로 공명하여 형성된 것이라고 볼 수 있을 것이다.

십자가의 죽음은 당시 강도, 노예, 살인자, 로마에 대항하는 반역자들에게 가장 처절하고 수치스러운 방식으로 그리고 처참하게 죽이는 사형죄의 정치적/군사적 처벌 방식이다. 이것은 가해자의 권력과 구경꾼들에게 그 가해자의 폭압적 권력에 대해서 엄청난 공포의 대상으로 느끼도록 교육적 효과를 극대화하고 있는 것이다(헹엘, 1982, 「십자가 처형」, 김명수 역(서울 : 대한기독교서회), 39-83 참조). 유대교에서는 메시야의 십자가 처형은 상상할 수 없는 것이며 이러한 십자가의 죽음은 하나님의 저주로 이해했다(신 21 : 23 ; 갈 3 : 13). 그리스도가 자발적으로 하나님의 뜻에 순종하도록 능동적인 행동을 하셨다는 것을 강조하기 위해서 변화와 나타남의 사건을 강조하는 '기노마이'의 분사형 '게노메노스'가 사용되었고, 그 순종의 정도와 척도를 표현하기 위해서 정도를 나타내는 전치사 '메크리'가 사용되었다. 그리고 그 죽음의 방식을 표현하기 위해서 "십자가에 죽으심이라"라는 표현을 통해서 죽음을 반복하고 전치사 '데'(δὲ)를 사용함으로써 앞에서 말한 죽음을 다시 자세히 설명하려 할 뿐만 아니라 문장의 맨 끝에 위치지움으로써 십자가의 죽음을 죽음의 순종의 절정으로서 매우 도발적으로 제시하고자 하였다. 이러한 의로운 순교자의 죽음의 순종은 단순히 하나님에 대한 순종으로서 종교적인 구속의 능력을 가져올 뿐만 아니라, 구체적으로는 많은 사람들을 섬김으로써 새로운 교회공동체를 구성하게 되는 헬라 문화의 숭고한 죽음의 전통과 연결된다(막 10 : 45, 눅 19 : 10, 히 10 : 7)(호돈의 주석, 200-202와 비교). 이제 그리스도께서 십자가의 비참하고 수치스럽고 참혹한 죽음에 의해서 의로운 순교자의 모습으로 죽으셨으니 빌립보 교인들이 당면한 순교의 위협에도 불구하고 끝까지 그리스도의 십자가의 복종을 보시고 베푸시는 하나님의 구원의 복음을 믿을 것을 권고하는 것이다. 그리스도의 십자가의 죽음은 우선 일차적으로 바울서신에서는 항상 구원의 중요성을 제시하기 위한 것이다 : '십자가'(스타우로)라는 명사형이 나오는 성서 구절은 고린도전서 1 : 17, 18 ; 갈라디아서 6 : 12, 14, 에베소서 2 : 16, 빌립보서 3 : 18, 골로새서 1 : 20 ; 2 : 14이지만, "십자가에 처형된다"(스타우로오)는 동사형이 나오는 성경구절은 고린도전서 1 : 13, 1 : 23, 2 : 2, 2 : 8, 고린도후서 13 : 4, 갈라디아서 3 : 1, 5 : 24, 6 : 14, 로마서 6 : 6, 갈라디아서 2 : 19이다. 하지만 빌립보서에서는 의로운 순교자의 원형을 제시함으로써 하나님의 신원(伸冤)이 나타나는 구속론적 중요성을 강조하고 있는 것이다(O'Brien의 주석, 228-232).

다른 한편, 우리는 고난 받는 의인의 헬라적 유대 전통과 달리 빌립보서의 찬가 8절에서는 복종의 대상이 모호하다는 실리(Seeley)의 견해를 주목할 필요가 있다. 특히 8절에서 특이한 점은, 일반적으로 우리가 알고 있는바, 교리적으로 표현된 대속적 죽음에 나타난 기독론적 단일성의 동기도 나타나지 않고 구체적인 복종의 방식으로서 십자가 처형의 동기를 보다 역사적으로 기술함으로써 이에 상응하는 윤리적 권면을 도출하지도 않는다는 것이다. 이것은 복음서에서처럼 지상에서 어떻게 십자가 처형을 당하였는지 기술하는 방식이 아니라 천상에서 모호하게 일어나는 그리스도의 죽기까지의 복종의 우주적 권능이 윤리적 이상을 구성할 수 있다는 새로운 신학적 사유 방식을 제기하고 있다고 여겨진다(D. Seeley, "The Background of the Philippians Hymn(2 : 6-11)", *JHC* 1(fall 1994), 52-55과 이에 대한 요약 설명에 관해서는 김덕기, "빌립보에서의 신학과 윤리의 관계", 448-449 참조). 실리가 언급한 복종의 대상의 모호성 보다 더 나아가, 마틴(Martin)은 특히 이사야 53장에서는 고난의 종의 복종의 대상이 하나님의 명령이라는 것과 이것이 대속적인 복종이라는 것이 명시적으로 언급되어 있는 반면, 빌립보서 2 : 8에서는 십자가의 죽음으로 죽기까지 복종하였다는 표현에서조차 복종의 대상뿐만 아니라 복종의 방식까지 모호하여 윤리적 속성이 배제되어 있다는 것을 강조한다. 반면 오시크(Osiek)는 실리가 지적한 복종의 대상의 모호성에서처럼 8절에 대해서 복종의 대상이 하나님이라고 명시하지 않는 점을 언급하지만, 복종의 방식에 관해서는 "자기를 낮추시고"를 '능욕당한다'는 의미로 번역할 수 있다고 간주하고 이를 "십자가에 죽으심이라"와 연결시킴으로써 십자가 처형에서 나타나는 모욕당함을 그 복종의 정치-윤리적 의미로 이해한다. 다른 한편, 그닐카(J. Gnilka)는 십자가의 죽음에 이르는 복종이 종말론적 성격과 구원론적, 실존적 의미를 드러내어 빌립보 교인들이 따라야 할 겸손의 윤리적 모범으로 제시된다는 점을 강조한다. 여기에서 필자는 특히 빌립보서 2 : 6~11에서 복종의 대상과 방법, 구체적인 핍박자가 언급되지 않고 있다는 것이 중요시되어야 할 뿐 아니라, 이러한 표현 방식이 바로 현실의 상황을 구체적으로 나타내기보다는 우주적 범주에 의해서 천상에서 일어나는 상황을 묘사함으로써 그리스도의 우주적 권능을 찬양하는 고대의 구원론을 나타내는 전형적 방법이라는 실리의 해석이 주목되어야 한다고 생각한다(Martin의 주석, 98-100과 Osiek의 주석, 62-63과 그닐카의 주석, 204-208). 여기에서 순종의 대상과 방법이 모호한 것은 구원사가 새롭게 전개되는 카이로스의 사건에 충실함을 극적으로 나타내기 위한 것이기 때문에 단순히 윤리적 의미에서의 복종을 의미하지는 않는다고 보아야 할 것이다. 다시 말해서 이것은 윤리적 모범을 위한 구체적 행동 지침을 제시하는 것이 아니라 하나님의 구원 드라마가 펼쳐지는 결정적인 사건과 이 사건에 대한 인간의 참여를 위한 극적인 결단을 유도하기 위한 그리스도의 구속활동에 대한 해석으로 볼 수 있을 것이다.

[2 : 9-11] 9절은 "이러므로 하나님이 그를 지극히 높여"로 시작함으로써, 6~8절에서 그리스도가 행하시는 자기 비하의 활동과 대조적으로, 하나님의 구속론적 신원(伸寃 : vindication)의 활동이 개시됨을 나타내 준다. '이러므로'는

헬라어 '디오 카이'로 이사야 53 : 12(70인역)에 나온다는 의미에서 수난과 신원 사이의 논리적 연결을 강조한다고 추론해도 될 것이다. 빌립보 그리스도인을 포함하여 그리스도인들이 공통으로 공유하고 있는 헬라적 유대교의 의로운 순교자 전승에 의하면, 그리스도가 십자가의 순교적 죽음에 이르기까지 자신을 낮추시고 하나님의 뜻에 복종하였기 때문에 당연히 하나님의 구속의 신원하심이 그에게 나타나는 것은 신학적으로 자명한 결과라는 것이다. 의로운 수난 받는 자에 응당 개입하시는 하나님의 구속활동을 9절에서 이제 구체적으로 제시하고 있는 것이다. 하나님의 신원 활동은 그리스도가 지극히 낮추시는 것에 대하여 대조되는 하나님이 그리스도를 지극히 높이시는 활동이다. 논리적 결과로서 하나님이 그리스도에게 하시는 모든 이름 위에 뛰어난 이름을 부여하시는 두 번째 행위를 묘사하는 9절의 동사 '주다'의 헬라어 동사는 일상적 용어로서 그냥 '디도미'(δίδωμι)가 아니라 '거룩한 주권적 행위로 은혜로 주다'라는 뜻을 함축하는 '에카리사토'(ἐχαρίσατο)로 표기되어 있다는 것이다. 이 동사의 원형 카리조마이(χαρίζομαι)는 빌립보서 1 : 29에서도 한 번 사용된 적이 있고, 단지 바울서신(롬 8 : 32, 갈 3 : 18, 고전 2 : 12, 몬 22) 과 누가의 문서(눅 7 : 21, 행 3 : 14, 27 : 24, 25 : 11)에만 사용되었다(*BDAG*, 1078). 특히 개혁신학과 관련하여 주석학자들 사이에 논의되는 중요한 쟁점 중에 하나가 이러한 하나님의 높이심이 무조건적인 은혜로 주시는 것인지, 복종에 대한 보상인지의 문제이다. 이것은 교인들의 의인의 조건을 문제 삼는 것이 아니라 예수의 유일한 복종의 실천에 대한 하나님의 고양이라는 점에서 의인의 무조건 주시는 은혜의 행위를 그대로 여기에 적용할 수는 없는 것이다. 그러므로 이제까지 의인에게 역사하셨던 신원의 활동을 예수에게 특별하게 적용되어 그닐카와 마틴의 주석에서처럼 은혜와 보상이 둘 다 적용되어야 할 것이다(Gnilka,의 주석 208-209와 R. Martin, 1997, *Philippians*, 232 ; 이에 대한 명료한 논쟁과 해결책에 대해서는 Mosés Silva, *Philippians : BECNT*, 2ed.(Grand Rapids : Baker Academic, 2005), 108-112

참조). 또한 그리스도가 십자가에서 수치스럽고 처절한 죽으심으로 그 이름의 명예가 실추되는 것에 대하여 하나님은 그리스도에게 '모든 이름 위에 뛰어난(휘펠) 이름을 주시는 것'으로 그를 신원하신다. 이러한 하나님의 전복적인 역전의 활동은 이미 "누구든지 자기를 높이는 자는 낮아지고 누구든지 자기를 낮추는 자는 높아지리라"고 말씀하신 것과 같다(마 23 : 12, 눅 14 : 11, 18 : 14). 이 말씀은 구약에서는 이사야 52 : 13("보라 내 종이 형통하리니 받들어 높이 들려서 지극히 존귀하게 되리라")과 고난 받는 다니엘을 신원하시는 하나님의 활동을 기술한 다니엘 7 : 14("그에게 권세와 영광과 나라를 주고 모든 백성과 나라들과 다른 언어를 말하는 모든 자들이 그를 섬기게 하였으니")에도 나오는 말씀이다.

여기에서 우리가 주목해야 할 것은 9~10절에서 '이름'(오노마 : τὸ ὄνομα)이라는 단어가 세 번이나 반복된다는 것이다. 그리고 하나님이 9절에서는 단지 이름을 주셨다고 하였지 그의 명예나 영광을 주셨다고 나오지 않는다. 10절에서도 그에게 주어진 이름은 '주'로서 이미 그가 6절에서 가진 하나님의 몰페를 지칭하는 것으로 그리스도에 대한 새로운 이름이나 새로운 사회적 지위가 부여된 것을 의미하고 있지 않는다. 9절에서 특히 이름을 부여하는 행위는 옥타비아누스가 원로원에서 황제 칭호를 갖기 전에 먼저 지존자라는 의미의 '아우구스트스'를 가졌던 것처럼 그의 지위 자체가 아니라 우선 그의 존재의 가치를 이름으로 의미를 부여하면서 황제에 등극하는 이전 과정으로서 상징적 의미를 갖고 있다. 이처럼 그리스도에게 이름을 부여한다는 의미는 종종 로마 황제에게 특별한 이름을 부여하는 것을 상기시킨다는 의미에서 로마 황제에 대해서 비판적이라고 할 수도 있을 것이다(Oakes, *Philippians* (Cambridge : Cambridge Uni. Press, 2001), 170). 특히 9절에서의 '이름'은 이미 가지고 있었던 그의 존재론적 지위가 알려져서 많은 사람들과 하늘과 땅과 땅 아래의 삼라만상에게 그의 천상의 신적 본체(2 : 6)를 가진 자로서의 비밀스러운 정체성이 공적으로 인정받게 되었다는 것을 의미한다(이러한 주석적 통찰에 관해서는 김덕기(2012a)와 김덕기(2012b)에 나오는 J. H. Hellerman의 글 참조). 일반적으로 헬라어 '오노마'는 그 이름이 지칭하는 대상이 갖고 있는 고유한 이름의 의미와 더불어 그의 행적에 기초하여 사람에게 부여되는 칭호나 명성과 평판의 의미를 갖고 있다(*BDAG*, 714). 하지만 이 주석에서 제시한 빌립보서 2 : 6~11의 의미구조에 의하면, 9절에서의 '이름' 부여는 칭호, 명성이나 평판의 의미가 아니라 은유적으로 사용되어 이름 아닌 이름을 부여했다는 의미로 과감하게 해석할 수 있을 것이다. 이것은 지상에서 그에게 붙였던 종이나, 인간이나 유대인 등의 모든 칭호나 사회적 지위를 비우셨다는 의미로 해석할 여지도 있는 것이다. 그래서 "모든 이름 위에 뛰어난 이름을 주었다"는 개역개정번역에서 '위에 뛰어난'의 헬라어 휘펠은 '뛰어난'이 없이 '너머'로 번역된다는 점을 고려하면 단순히 '모든 이름 너머 이름을 주었다'라고 번역될 수도 있을 것이다. 필자가 주목하는 것은 10절에서 이렇게 그리스도가 주로서 고백되기 전에 하나님께서 그를 높이셔서 이름을 주셨다고 한 부분이 7~8절의 그리스도가 자신을 비우고 자신을 낮추시는 것과 평행된다는 점이다. 이것은 하나님의 케노시스 활동으로 이해할 필요가 있으며, 이것이 바로 아시아 사람들에게 익숙한 종교철학적 의미의 공의 자리이며 평신도들에게는 2 : 6~11에서 비움의 영성을 보여주는 여지가 된다.

여기에서 9절의 "지극히 높이셨다"의 헬라어 '휘펠윕소센'은 '휘펠'(위로, 월등하게)과 '윕소오'(높이시다)의 합성어이다. 이 단어의 문자적 의미는 모세가 구리 뱀을 장대 끝에 높이 들었던 것을 기술하는 데 사용된 단어이다(요 3 : 14 ; 민 21 : 9). 여기에서 비교 대상이 무엇인지, 그리고 구체적으로 어떻게 높이실 것인지는 다음 문장과 연관된다. 여기에서 하나님은 다른 모든 이름과 전혀 다른 종류의 이름을 그리스도에게 주시는 것이다. 10절에서는 바로 이렇게 하나님의 두 가지 신원하시는 활동의 목적을 '히나' 접속사가 이끄는 문장으로 두 가지 중 하나를 제시한다. 그 하나는 하늘에 있는 자들과 땅 위와 땅 아래의 모든 자들이 그리스도의 이름 앞에서 무릎 꿇게 되도록 한다는 것이다. 위의 말씀은 결국 다른 천상의 존재들과 땅 위의 이름들보다 더 월등하게 그리스도를 높이고 천상의 존재들과 땅 위와 땅 아래의 존재들을 복종하게 하실 것이라는 것이다. 여기에서 "하늘에 있는 자들, 땅 위에 있는 자들, 땅 아래 있는 자들"의 세 가지 구분은 우주가 3층천으로 이루어졌다는 당시 고대인들이 가졌던 우주관을 반영한다. 이 우주에 있는 삼라만상 전부를 지칭하는 표현법으로 그리스도의 경배의 보편성을 나타내고 있다. 현실적으로는 천사들, 사람들, 마귀들과 같은 이성적인 존재만이 경배를 하게 된다(고전 4 : 9, 골 1 : 16, 20 ; 2 : 15, 엡 1 : 10, 3 : 10 참조)는 견해를 피력하지만(호돈의 주석, 206) 여기에서 중성으로 표현되어서 삼라만상 전체가 직접 경배를 한다는 말이 아니라 그리스도의 주권이 온 우주에 미친다는 말을 과장해서 표현한 것이라고 보아야 할 것이다. 하나님의 영광을 선포하는데 삼라만상이 동원되는 구약의 예(시 19 : 1-6, 비교 148)와 바울의 예(롬 8 : 19-22)가 있기 때문이다(Silva의 주석, 116).

이러한 빌립보서 2 : 9~10의 비교 대상들 중 특히 가장 적절하게 자칭될 수 있는 구체적인 천상의 존재들에 관해서는 에베소서 1 : 21의 "모든 통치와 권세와 능력과 주권과 이 세상뿐 아니라 오는 세상에 일컫는 모든 이름 위에 뛰어나게 하시고"에서 보다 구체적으로 나타난다고 볼 수 있다(롬 1 : 3-4와 히 1 : 3-4와 비교). 여기에서는 그리스도가 정사(알케)와 권세(엑수시아)와 능력(뒤나미스)과 주관하는 자(퀴리오테스)와 같은 천상의 존재자들(angelic be-ings)과 이 세대와 오는 세대에 이름이 붙여진 모든 이름들보다 뛰어나다는 것이다. 고대의 하늘과 땅 위와 아래 영적 존재자들은 하나님의 통치세계와 땅의 통치세계들을 매개하는 능력이 있다고 확신되기 때문에 주로 국가의 통치자들의 지배하는 능력에 영향을 준다. 그래서 유대교에서는 하나님이 지상의 국가들을 지배하는 권위를 이 영적 권세자들에게 위임하였다고 확신했다. 이러한 영적 권세자들에게 일어나는 일이 이 세상의 정치적 구도에 영향을 주고 있다는 것은 다니엘 10 : 13, 20에 잘 나타난다. 또한 이러한 천상과 지상의 초월적 권세자들에 대한 믿음들은 천체들이 그들의 삶의 모든 면에 영향을 주고 있다는 고대 세계관과 밀접한 연관성이 있다(〈희년서〉 2 : 2, 〈에녹1서〉 60. 11, 12). 특히 최근 성서학자들은 빌립보의 천상과 지상의 영적 권력자들과 밀접한 연관이 있는 골로새서 1 : 16과 에베소서 1 : 21의 정사(통치자들)와 권세(권세들)가 유대 묵시문학에서는 신명기 32 : 8~9와 연관된 72 민족들의 수호신이나 이스라엘을 압제하는 민족들의 통치자들을 조종하는 이 영적 존재(시 82 ; 단 10 : 13, 13 : 21, 12 : 1)라고 주장한다. 또 다른 학자들은 정사와 권세가 헬레니즘 철학에서 제우스, 크로노스, 헤메, 아프로디테와 같은 헬라의 신들이나 천사와 마귀들과 같은 반신(半神)과 영혼을 의인화하는데 사용된 용어라고 주장한다. 그래서 빌립보서 3 : 19~21에서 잘 볼 수 있듯이, 우리는 이러한 천상의 존재들이 단순히 독립적인 영역에서만 영향을 주는 배타적인 영적인 능력을 발휘하는 것이 아니라 사람들을 억압하는 현실 정치적 제도와 국가 체제의 핵심적인 구성 요체에 영향을 주는 스스로 우상화된 정치적 세력으로 재해석하는 것도 가능하다. 이런 점에서 우리는 최근 고고학자들과 성서학자들이 이들 정사와 권세와 능력과 주관자들은 아데미 숭배로 유명했던 에베소에 실제로 실행되었던 황제숭배의 대상들(쥬피터, 아우구스투스와 네로, 로마의 여신들)과 아데미와 마술과 점성술과 연관된다는 점을 논증해 왔다는 점을 주목해 보아야 할 것이다(홍성철, "에베소서 1 : 17-23에서의 정사와 권세와 로마 황제숭배사상", 「신약논단」 제15권 제1호(2008년 봄), 135-177).

그래서 빌립보서 2 : 9~10에서 그리스도가 땅 아래와 땅 위의 존재들 그리고 천상의 존재자들보다 더 뛰어나다는 것은 그리스도의 부활과 승천에 의해서 이들과의 전쟁에서 그리스도가 승리했다는 것을 의미한다. 그렇다면 바로 그리스도의 영적 지위가 빌립보 도시를 지배하는 권세자들에게 통치권을 부여한 당시 로마 제국주의에서 로마의 황제들과 그들에게 통치권을 위임한 최고신인 주피터보다도 뛰어나다는 말이다. 결국 이러한 표현은 빌립보에 있는 천상의 세력으로 황제숭배와 관련 있는 황제와 주피터와 제우스 숭배와 여신 숭배와 주술, 점성술 등에 대해서 반대하는 것을 의미한다. 하늘과 땅 위와 땅 아래의 어떤 영적인 세력들을 굴복시키셨기 때문에 우리가 이들의 권세에 의존하거나 이들의 세력에 굴복하지 말 것을 요구하는 것이다. 그래서 결국 이 본문 말씀을 통해서 바울은 바로 지상과 천상의 세력과 이 세력을 통해서 자신들의 정치적 질서를 확립하려는 우상화된 세속적 세력과 각종 무당의 주술과 점성술과 같은 유사종교의 영적 세력들에 굴복하지 않는 삶을 살도록 암시적으로 촉구하고 있는 것이다.

10~11절에서는 하나님이 그리스도를 월등히 높여서 모든 이름과 전혀 다른 이름을 부여하시게 되는(9절) 이유를 구체적으로 제시하고 있다. 특히 10절에서는 모든 무릎을 예수의 이름에 꿇게 하시고, 또한 11절에서는 누구든지 예수 그리스도를 주라고 시인하게 하시는 것이다.

10절에서 예수의 이름에 모든 무릎을 꿇게 하신다는 말씀은 예수라는 이름에 경배하는 것이 아니라 예수에게 속한 것에게 경배한다는 뜻이다(호돈의 주석, 204-205). 이런 의미에서 이 이름은 칭호가 주는 직능과 권위와 능력을 포함하는 넓은 의미의 권세로 해석될 필요가 있다. 특히 이름과 가장 밀접하게 주어지는 '주'라는 칭호는 바로 다른 권세들 보다 뛰어난 주권적인 권세를 의미한다. 특히 찬가에서 이 '주'라는 칭호를 붙일 만한 예수의 이름에게 경배한다는 것은 그리스도가 모든 주술적으로 이름을 불러서 불러낼 수 있는 모든 신성과 초월적 능력들 보다 더 우월하시다는 점을 확인시키는 것이다. 이 칭호는 원래 유대적 팔레스타인 기독교에서 사용된 것이 헬라적 기독교로 이전되어 고린도 교회의 예배 시에 사용된 '마라 나타'(고전 16 : 22 : "우리 주여 오시옵소서")에서처럼 아람어 '마레'(Mare : 우리 주)라는 칭호에서 유래하였다. 이 '마레'는 동양의 신성을 가진 자들에게 붙여진 칭호였다. 그리고 이것은 예수가 공생애 때 아람어로 마레라고 불렀기 때문에 아람어에서 헬라어로 번역되는 과정에서 퀴리오스라는 칭호로 발전되었을 가능성이 있다. 아람어의 마레의 '우리 주'와 칭호와 신적 지위로 불리는 퀴리오스의 '주'는 반드시 똑같은 의미를 갖고 있지 않기 때문에 부셋(W. Bousset)이 주장하는 바와 같이 구원을 가져오는 밀의 종교의 이방신에게 적용된 헬레니즘 종교로부터 영향을 받아 헬라적 원시기독교가 더 발전시켰다고 보아야 할 것이다. 결국 바울 이전에 이미 이 용어는 유대적 원시기독교의 용례와 헬라적 원시기독교의 용례가 합해져서 그리스도에게 적용되었다고 보아야 할 것이다. 이런 의미에서 유대 종교문화와 헬라 종교문화가 함께 뒤섞인 복합적 뉘앙스를 가진 독특한 용어라는 것을 알 수 있다(G. Strecker, *Theology of the New Testament*(Westminster : John Knox Press, 2000), 84-91).

이에 덧붙여서, 우리는 로마제국이 통치자 제의를 통해서 로마제국이 식민지 지역을 통합하려는 사회 정치적 정황에서는 이 용어가 주권적 권세가 가장 높은 황제에게 붙이는 칭호로도 사용되었다는 점을 고려할 필요가 있다. 헬레만에 의하면, 당시 특히 동방에서는 로마 황제를 '주'(퀴리오스)로 부르는 것이 점점 일상화되기 시작하였다. 특히 이 '주'의 칭호는 일찍 클라우디우스 황제 시절에 황제들에게 적용되기 시작하였고, 네로의 재임시절(54-68)에는 이런 칭호부여는 훨씬 많이 퍼지게 되어서 고린도에서는 네로가 퀴리오스로 불린 비명이 발견되었다. 이것은 네로가 신으로 불렸다는 의미를 갖는다(J. H. Hellerman, *Reconstructing Honor in Roman Phillippi*(Cambridge : Cambridge Univ. Press, 2005), 149-153). 다른 한편, 오우크스는 좀 더 조심스러운 입장을 취한다. '주'는 공적인 칭호로 사용되는 것은 드물고 대중적으로 사용되었다. 도미누스(dominus)는 '구원자'(소텔)라는 칭호와 함께 초기보다는 1세기 이후에 황제의 업적을 기념하기 위해서 드물게 문헌에 사용되었다(Oakes, 2001, *Philippians*, 171-172). 또한 황제 칭호와 관련되는 정치문화적 풍토에 관해서는, 특히 고대 로마제국의 귀족 문화에서는 더 높은 지위의 귀족이 더 낮은 귀족에게, 그리고 같은 귀족 계급의 일원들이 서로에게 새 명예와 새 칭호를 부여하는 것이 상례였다. 그리고 이러한 새 명예와 새 칭호는 반드시 공적으로 모든 사람들에게 알게 하는 것이 당시의 로마 제국의 정치문화였다. 이런 정치문화에 비추어 보면, 확실히 그리스도에게 모든 이름 위에 뛰어난 이름을 준다는 것은 로마 황제를 정점으로 하는 로마제국의 명예 경쟁 문화(*cursus honorum*)을 근본적으로 문제시하는 중요한 도전으로 볼 수 있을 것이다(Hellerman, 2005, 위의 책, 149-153). 이런 정치문화에서 보면, 9절의 주어가 6~8절에서와 달리 하나님이 되어 그리스도에게 공적으로 새 칭호와 명예를 부여하는 것을 쉽게 이해할 수 있을 것이다. 결국 10절에서 하나님이 그리스도에게 당시의 로마 황제에게 주는 가장 높은 칭호를 부여함으로써 삼라만상에게 이를 공포하는 모습을 묘사하고 있다는 것을 알 수 있다.

그런데 신학적으로 보면 이것은 결국 그리스도가 부활 후에 고양되어서 승천하신 후 그의 영적 권세의 위계적 질서가 무엇인지를 기술하는 종말론적 선언의 일부분이다. 하나님이 만물을 그리스도의 발아래 복종케 하시고 천상의 존재들을 다스리도록 하나님이 주시는 천상의 권위에 관해서는 바울서신에서 다음과 같이 다양하게 나오는 것이다. 부활과 승천 후에 갖는 그리스도의 권세와 영적 지위는 데살로니가전서 1 : 10, 갈라디아서 1 : 1, 고린도전서 15 : 3, 로마서 1 : 4에서 부활과 관련해서, 빌립보서 2 : 9에서 승천과 관련해서, 로마서 8 : 34, 골로새서 31장과 에베소서 1 : 20에서 부활과 승천 둘 다와 관련해서 부여된 그리스도의 권능에 대한 기술이 더욱 발전된 것이다. 특히 바울은 고린도전서 15 : 20~28에서 이미 시편 110과 8 : 6을 인용하면서 그리스도가 부활을 통해 우주적 투쟁의 승리로 인하여 이들 천상의 존재들(통치, 권세와 능력)을 자신의 발아래 복종하게 하여 만물을 다스리게 되었다고 선언한다. 이러한 신앙고백은 이것의 최초의 형태인 고린도전서 8 : 6("또한 한 주 예수 그리스도께서 계시니 만물이 그로 말미암고 우리도 그로 말미암아 있느니라")이 확장된 것이라고 볼 수 있다. 더군다나 이것은 이사야 45 : 21("나 외에 다른 신이 없나니 나는 공의를 행하며 구원을 베푸는 하나님이라 나 외에 다른 이가 없느니라")과 45 : 23("내게 모든 무릎이 꿇겠고 모든 혀가 맹세하리라")의 고백을 예수의 이름에게 적용시킨 것이다. 이사야서에서는 모든 이름 위에 뛰어난 이름(9절)은 주 이신 야웨이시기 때문에 모든 사람이 고백하는 칭호의 이름은 예수가 아니라 '주'라고 보아야 할 것이다. 이사야에서 예언한 종말론적인 유일신 사상은 이제 모두가 예수를 주의 이름으로 경배하는 사건에서 성취된 것이다.

11절의 "모든 입으로 주라 시인하게 하셨다"라는 표현에서 '시인하다'의 헬라어 "엑소모로게세(−(장음))타이"(ἐξομολογήσηται)는 신앙을 고백하다는 의미가 아니라 공적으로 인정한다는 의미이다. '히나' 접속사가 이끄는 가정법 과거 모양으로 읽게 되는 경우 가장 큰 문제는 악의 세력까지도 자발적으로 그러한 고백을 할 수 없다는 것이다. 그래서 칼빈(J. Calvin)은 여기에서 자발적인 복종을 의도하고 있지 않다고 보았다. 신학적으로 칼빈이 의도한 주석에 더 잘 맞게 하려면 결국 다른 사본들(알렉산드리아(A. C), "서방"(D, F, G)에 가정법이 아니라 직설법 미래로 나와 있는 헬라어(엑소모로게세타이 : ἐξομολογήησεται)를 선택하는 편이 더 나을 것이다. 그러나 어느 것을 선택하든지 중요한 것은 바울에게는 고린도전서 15 : 24~28에서처럼 모든 권세자들이 제거되어 그리스도에게 복종하게 되는 권력의 세기적인 이동이 확실하다는 것이다. 더군다나 이것은 이사야 45 : 23(70인역)의 내용을 인유하면서 유대교의 유일신 신앙이 예수 그리스도에 대한 신앙으로 대체된 종말론적 신앙이다(Silva의 주석, 110-112, 116). 이런 의미에서 예수 그리스도가 주라고 고백하는 것은 신앙고백의 형태로 원시기독교가 자주 사용되는 것을 주목할 필요가 있다(행 2 : 36, 롬 10 : 9, 고전 11 : 23, 12 : 3, 16 : 22). 이러한 원시기독교의 신앙고백과 다른 점은 예배공동체의 일원만이 이를 고백하는 것이 아니라 모든 천사들과 권세자들과 정치적 통치자들과 사탄들이 전부 그리스도가 주라는 것을 공적으로 인정하게 되었다는 말이다. 그래서 이것은 천상의 권세자들과 지상의 정치가들과 하데스의 악의 세력들이 그리스도와 싸워서 패배하여 이 모든 삼라만상을 다스리는 권세와 그 주권을 그리스도가 가지게 하심으로써 하나님께서 종말론적으로 하나님 나라를 완성하실 것이라고 확신하는 것이다.

그런데 이렇게 그리스도를 퀴리오스(주)로 인정하는 것의 궁극적인 목적은 예수를 또 다른 신이나 영웅으로 만드는 것이 아니라 바로 아버지 하나님께 영광을 돌리기 위한 것이다. 그래서 9~11절의 주어가 하나님이시기 때문에 궁극적인 목적을 11절 맨 마지막에 헬라어로는 부사절(에이스 독산 테우 파트로스 : εἰς δόοξαν θεοῦ πατρός–"하나님 아버지께 영광을 돌리게 하셨느니라")을 덧붙이게 된 것이다.

위에서 제기한 빌립보서 2 : 5~11의 주석의 내용을 보다 분명하게 이해하면서 최근에 부상하는 새로운 정치윤리적 해석을 위해서는 우선 그리스도 찬가를 몇 가지 종교사적/사회사적 배경에 의해서 새롭게 조명할 수 있어야 할 것이다(아래의 내용은 필자의 글, "빌립보서에서의 신학과 윤리의 관계", 「바울의 문화신학과 정치윤리」(대전 : 이화, 2007), 447–451의 내용을 재구성한 것이다). 다시 말해서 이 찬가는 ① 이사야 45장과 '야훼의 종'(사 52–53장)에 관한 유대적 전승(특히 사 45 : 23 : "땅 끝의 모든 백성아 나를 앙망하라 그리하면 구원을 얻으리라 나는 하나님이라 다른 이가 없음이니라 내가 나를 두고 맹세하기를 나의 입에서 의로운 말이 나갔은즉 돌아오지 아니하나니 내게 모든 무릎이 꿇겠고 모든 혀가 맹약하리라 하였노라."), ② 고난 받는 의인에 관한 헬라적 유대 전승(그닐카가 이와 연관되는 사람의 아들 전승, 야훼의 종 전승, 구약의 의인 전승, 지혜사상 전승, 원인간 전승, 선재 사상 전승을 포괄적으로 다루었다 ; 그닐카, 「빌립비서」, 228–240 참조), ③ 로마의 황제 숭배의 전통들이 특히 관련될 수 있다. 실리(Seeley)는 다른 많은 성서학자와는 달리 헬라적 유대교의 고난 받는 의인 전승과 황제 숭배 전통을 다루고 있다는 점에서 주목할 필요가 있다(Seeley, 1994, "The Background of the Philippians Hymn(2 : 6–11)", 49–50).

4. 이 세대의 악과 싸워서 구원을 이루라는 당부와 자신의 희생적 순교에의 각오(2 : 12–18)

12그러므로 나의 사랑하는 자들아 너희가 나 있을 때뿐 아니라 더욱 지금 나
없을 때에도 항상 복종하여 두렵고 떨림으로 너희 구원을 이루라 13너희 안에
서 행하시는 이는 하나님이시니 자기의 기쁘신 뜻을 위하여 너희에게 소원을
두고 행하게 하시나니 14모든 일을 원망과 시비가 없이 하라 15이는 너희가 흠
이 없고 순전하여 어그러지고 거스르는 세대 가운데서 하나님의 흠 없는 자
녀로 세상에서 그들 가운데 빛들로 나타내며 16생명의 말씀을 밝혀 나의 달음
질이 헛되지 아니하고 수고도 헛되지 아니함으로 그리스도의 날에 내가 자랑
할 것이 있게 하려 함이라 17a만일 너희 믿음의 제물과 섬김 위에 내가 나를
전제로 드릴지라도 17b나는 기뻐하고 너희 무리와 함께 기뻐하리니 18이와 같
이 너희도 기뻐하고 나와 함께 기뻐하라

2 : 6~11과 12~18절과의 관계와 관련하여 우리는 그리스도 찬가(2 : 6–11) 전체를 직설법의 선언이라고 할 때 이에 상응하는 명령법의 권면(2 : 1–4, 2 : 12–16)이 한 쌍을 이루게 된다는 점을 고려할 필요가 있다. 이 두 곳에서는 그 주제나 모티브와 언어가 다음과 같이 서로 유사하여 찬가에서의 신학적 선언의 윤리적 함의를 더욱 명료하게 드러내준다(이를 위해서는 Georg Strecker, 2000, *Theology of the New Testament*, trans. E. Boring(Westminster : John Knox Press), 73–74와 Schnelle, *The History and Theology*, 138–139 참조).

① 12절의 "항상 복종하여(휘페쿠사테 : ὑπηκούσατε) 두렵고 떨림으로 너희 구원을 이루라"는 바울의 권면말씀은 "자기보다 남을 낫게 여기는" 겸손한 마음(타페이노프로쉬네 : ταπεινοφροσύνη)을 요구하는 권면(3절)과 유사하여 찬가의 7절, "오히려 자기를 비워 종의 형체를 가지사"의 직설법과 연결된다.

② 14절의 "모든 일을 원망과 시비가 없이 하라"는 바울의 권면말씀은 "다

툼이나 허영으로 하지 말고"(3절)라는 권면 말씀과 비슷하여 찬가의 8절, "사람의 모양으로 나타나사 자기를 낮추시고"의 직설법과 상호 연결된다.

③ 15절의 "이는 너희가 흠이 없고 순전하여 어그러지고 거스르는 세대 가운데서 하나님의 흠 없는 자녀로 세상에서 그들 가운데 빛들로 나타내며"는 바울이 교회에게 주는 권면말씀은 "각각 자기 일을 돌볼뿐더러 또한 각각 다른 사람들의 일을 돌보아"(4절)라는 권면 말씀과 유사하여 8절의 "죽기까지 복종하셨으니 곧 십자가에 죽으심으라"의 직설법과 서로 연결된다.

④ 16절의 "생명의 말씀을 밝혀 나의 달음질이 헛되지 아니하고 수고도 헛되지 아니함으로 그리스도의 날에 내가 자랑할 것이 있게 하려 함이라"는 권면말씀은 4절의 "나의 기쁨을 충만하게 하라"는 말씀과 비슷하여 바울이 제시하는 하나님이 그리스도를 주로 고양시키는 구원 활동에 대한 기술(9-11)의 직설법과 연결된다.

위에서 볼 수 있는 바와 같이 바울의 윤리적 권면말씀(14-16)은 빌립보서 찬가(2 : 6-11)를 매개로 권면의 형식으로 제기되는 찬가의 도입부의 권면 말씀(2 : 1-5)과 교차대구법의 평행구를 이루면서, 예수의 자기 비하의 삶의 스타일을 그 윤리적 모델로서 권장하고 있다고 볼 수 있다(김덕기, "빌립보에서의 신학과 윤리의 관계", 434-437).

[2 : 12-13] 우선 12절은 우리말에는 명쾌하게 드러나지 않지만, 1 : 27~2 : 4까지의 단락을 연결시키는 접속사 '호스테'(Ὥστε : 그래서)로 시작하고, 빌립보 교인들이 항상 복종해 왔던 것처럼(카토스 : καθὼς) 구원을 이루라는 명령문으로 구성되어 있다. 그래서 2 : 6~11에서 보여준 그리스도의 복종처럼 빌립보 교인들도 이러한 복종을 한 것을 '나의 사랑하는 자들아'라고 부름으로써 노골적으로 인정하면서 또한 그것을 더욱 완성할 것을 기대한다. 그리고 2 : 1~4의 겸손한 마음으로 자신보다 남을 더 낫게 여기고 자기의 일만이 아니라 서로의 일에 대해서 보살피는 자세를 다시 강조한다. 더군다나

이것은 바울이 함께 있거나 함께 있지 않거나 상관없이 두려움과 떨림으로 구원을 이룰 것을 권면한다. 여기에서 '있거나'의 헬라어 파루시아(παρουσία)는 몇몇 학자들은 미래에 다시 바울이 감옥에서 풀려나서 빌립보 교회에 돌아가는 것과 연관된다고 주장하기도 한다. 그래서 다시 감옥에서 풀려나서 함께 있게 되기를 기대하는 암시도 내포한다는 것이다(Reumann의 주석, 385, 406, 409). 파루시아/아파루시아(ἀπουσίᾳ)의 두 번의 반복은 파루시아가 그리스도에게 적용되었을 때 재림을 의미하듯이 보다 종말론적 미래(또는 전 미래)를 의미한다. 그래서 이것은 단순히 미래가 아니라 바울이 빌립보 교인들과 함께 함으로써 시작되었던 영원한 종말론적 사건과 다시 바울과 함께 그리스도의 도래를 경험하게 될 영원한 시간을 의미한다. 이때에는 바울이 지시한 것과 그리스도의 복종을 닮기 위해서 바울이 지시한 것을 따라하기만 해도 된다. 하지만 그런데 바울이 강조하는 것은 다시 돌아오는 것이 아니라 아파루시아(ἐν τῇ ἀπουσίᾳ) 바울이 없는 현재의 영어 상태이다. 이때에도 바울은 "너 자신의" 구원을 성취하라는 말씀이다. 이것은 바울의 부재가 오히려 스스로 다른 사람의 지시에 의해서가 아니라 성숙한 방식으로 자유인으로서 자족의 정신을 확립하라는 말씀이다. 그래서 이미 바울이 아파루시아 상태, 즉 감옥에 있으면서 생기는 갈등의 공동체의 문제를 보다 성숙한 방식으로 스스로 풀 것을 제안하고 있다. 그런데 중요한 것은 13절은 12절과 달리 빌립보 교인들이 안에서 행하시는 분은 바로 하나님이라는 것을 명시하는 것이다. 그래서 주석자들은 12~13절이 서로 긴장과 모순되는 모양을 갖고 있는 점을 해명하려고 애써 왔다. 우선 그 해결책을 논의하기 전에 12절의 '(너희 자신의) 구원을 이루라'는 말이 의미하는 바를 주석할 필요가 있다. 우선 '이루다'는 뜻을 가진 헬라어 '카텔가제스테'(κατεργάζεσθε)라는 말은 무엇인가를 행함으로써 노력을 얻는다는 뜻을 갖고 있다(롬 1 : 27, 2 : 9, 7 : 15, 17, 20, 13 : 10, ; 고전 5 : 3). 여기에서 파생하여 특별한 노력으로 어떤 상태나 조건을 일으키거나, 생산하거나 창조해 내는 것을 말한다(롬 4 : 15, 고후

7 : 10a, 롬 7 : 8, 7 : 13, 고후 4 : 17, 9 : 11)(*BDAG*, 531). 그런데 '너희 구원으로' 번역되었지만 사실 헬라어로는 '텐 헤아이톤 소테리안'(τὴν ἑαυτῶν σωτηρίαν)으로 표기되어 '너희 자신의 구원'이라는 의미이다. 그래서 이 구원을 이룩하는 분이 하나님이 아니라 너희이다. '너희 자신의 구원을 이룩하라는 말'은 이미 그리스도를 믿는 믿음으로 구원을 경험한 사람들이 구원의 의미를 깨닫고 이를 실천한다는 의미를 더 갖고 있다고 여겨지기도 한다(Reumann의 주석, 387, 408-409). 여기에서 구원이라는 말은 1 : 19의 '구원'의 의미에서처럼(앞의 1 : 19 주석 참조) 공동체에 적용할 때에는 구출이라는 말은 아니지만 공동체가 그리스도의 찬가에 나타난 종말론적 구원을 실천하는 것과 연관된다. 더군다나 바울이 부재하는 상태에서는 빌립보 공동체의 위기적 상황을 그들 스스로가 노력하여 극복해야 한다는 말을 하고 있는 것이다. 그런데 이러한 노력이 이제는 휴머니즘이 되지 않기 위해서 이제 바울이 없는 상황에서는 13절의 "너희 안에서 행하시는 이는 하나님이시니"에서처럼 하나님이 직접 함께 하신다는 말씀을 하고 있는 것이다. 달리 말해서 하나님의 일과 모순되지 않게 주석하는 방식은 바로 구원을 개인의 의인(義認)활동으로 보기보다는 보다 포괄적인 공동체의 복리가 위기에 직면한 상황을 벗어나 하나님과의 계약 관계를 완성하는 것과 연관되는 성화로 이해할 필요가 있는 것이다. 특히 이 구절은 2 : 1~4에서 제시한 한마음과 같은 마음으로 합심하는 것과 연결시켜서 하나님에 의해서 의롭다고 인정받은 개인이 이제는 공동체 안에서도 바울이 없는 상태에서도 성숙한 방식으로 공동체적으로 구원의 열매를 맺는 일로 간주될 수 있다는 것이다. 다시 말해서 구원을 이룩하라는 말은 하나님만이 행하시는 의인(義認)의 일을 감당하라는 말이 아니라 보다 포괄적으로 공동체의 복지를 증진하도록 사회적 관계에서 구원의 열매를 맺으라는 말이다. 이런 식으로 해결하면 13절에서 하나님이 행하시는 것이 자연히 12절의 인간의 노력과 상호 보완이 된다. 12절에서도 그냥 인간들의 노력으로 구원을 이룩하는 것을 보완하는 내용이 바로 '두렵고 떨림으

로'('포부 카이 트로무'), 즉 경외감과 존경과 명예를 하나님께 드리면서 이를 행하는 자세이다. 이 두려움과 떨림으로 행하는 것은 고린도전서 10 : 12("그런즉 선줄로 생각하는 자는 넘어질까 조심하라")에서처럼 바로 하나님 앞에서 하나님의 참여를 고대하는 방식으로 인간들끼리의 공동 노력을 도모함으로써 매우 겸손하게 행하는 것을 나타내기 때문에(고전 2 : 3 ; 고후 7 : 15, 엡 6 : 5/창 9 : 2, 출 15 : 16, 신 2 : 25, 11 : 25) 자연스럽게 13절의 하나님의 행하심과 연결된다. 바로 하나님은 자신의 즐거운 뜻('유도키아')을 위해서 우리들 안에서 바라는 것과 행하는 그것을 바로 더욱 증진시키시는 분이기 때문이다. 여기에서 중요한 것은 '너희 가운데'(ἐν ὑμῖν)가 단수가 아니라 복수로서 '공동체 안에서'라고 해석할 필요가 있고, 행하는 것('토 엔에르게인')을 행한다('엔에르곤')는 것은 앞의 12절의 우리의 행함을 더욱 강하게 촉진시키신다는 것이다. 이러한 표현은 1 : 6("너희 안에서 착한 일을 시작하신 이가 그리스도 예수의 날까지 이루실 줄을 우리는 확신하노라")에서처럼 우리가 시작한 선한 것을 하나님이 완성하실 것이라는 취지와 매우 유사하다는 것을 알 수 있다(Silva의 주석, 118-125의 내용 참조하여 재구성).

[2 : 14-16] 14~15절은 2 : 1~5에 반영된 공동체의 분열 문제와 관련 있는 것 같다. 구체적으로는 2 : 1~5이 공동체의 합심을 강조한 반면 14~15절은 공동체의 개인이 갖고 있는 도덕적 성향이 변화되기를 바라고 있다. 그런데 14절에서 '모든 일을 원망과 시비가 없이 행하라'는 말에 나오는 원망('공귀스몬')과 시비('디아로기스몬')는 헬라어로는 복수 형태로 사용되었다. '공귀스몬'은 원래는 낮은 목소리로 말하는 발언의 의미에서 파생하여 여러 가지 어떤 것에 대한 불쾌한 감정과 관련된 불평이 공적인 무대 뒤에서 폭발하는 것을 의미한다(*BDAG*, 204). 반면 '디아로기스몬'은 원래는 단순히 추론하는 과정이나 이성을 사용해서 도달하게 되는 추론의 내용을 의미하지만, 이러한 본래의 의미에서 더 나아가서 토론이나 논쟁과 의심들이 있는 논리적 주장이나

견해들의 논쟁이 결렬하게 일어나는 상황을 묘사한 것이다(*BDAG*, 232–233). 특히 '디아로기스몬'은 이방 법정에서 그리스도인들 사이에서 서로를 기소하는 상황도 나타낼 수 있다(Martin의 주석, 104). 그런데 '공귀스몬'은 히브리어 '테뤼나'(telûnāh)와 일치시키고 '디아로기스몬'의 동사형 '디아공귀조'는 히브리어 '룬'(lûn)과 일치시키면 구약에서 광야에서 이스라엘 사람들이 불평하는 상황(출 15 : 24 ; 16 : 2, 7–9, 12)을 생각나게 한다. 더군다나 2 : 15은 이스라엘 사람들이 '하나님의 자녀'가 아니고, '흠이 있고 삐뚤어진 세대'로서 묘사되어 있는 신명기 32 : 5와 유사한 표현이 나온다. 이것은 광야에서 이스라엘 백성들이 의견이 분열되었을 때 어떤 행실을 취하여 할지를 보여주는 고린도전서 10 : 1~13과 비슷하다. 그런데 출애굽기에서는 광야에서 불평했던 대상은 하나님이었고 구체적으로는 이스라엘 백성들 사이에서 분쟁이 일어나지는 않았고, 그들을 출애굽시킨 지도자 모세에 대해서 원망하였다. 하지만 빌립보서 2 : 14~16에서는 구체적으로 지도자 바울에 대해서나 하나님에 대해서 원망하고 있지는 않는다. 더군다나 신명기 32 : 5에서는 '흠 있는' 자녀들과 '거스르는' 세대 둘 다로 묘사되지만 빌립보서 2 : 14~16에서는 '자녀들'(테크나)은 빌립보의 하나님의 백성들을 지칭하지만 '세대'(게네아 : γενεά)는 분명히 같은 시기의 사람들이 특히 이방 환경에서 겪게 되는 같은 세대나 그 세대의 특징들을 지칭하고 있다는 점이 다르다(*BDAG*, 191). 다만 빌립보서 2 : 29에서 바울 자신이 아니라 교회 지도자들을 충분히 존귀히 여기지 않는 상황과 암시적으로 연결시킬 수는 있을 것이다(Silva의 주석, 123–125 참조).

15절에서 '흠이 없고'의 헬라어, '아멤프토스'(ἄμεμπτος)는 '헐뜯다'나 '비난하다'의 뜻을 가진 헬라어 동사, '멤프소마이'(μέμψομαι)의 파생어에 부정 접두어 '아'를 갖는 말로 '비난받을 만하지 않는'(살전 3 : 13, 눅 1 : 6, 히 8 : 7)이라는 뜻이다(*BDAG*, 629와 52). 이것은 빌립보서 3 : 6에도 쓰여서 율법 준수에서도 흠이 없는 경우에 가장 전형적으로 쓰였지만, 여기에서는 그리스도의 자기 비하를 닮는 데 있어서 "비난받을 만하지 않는"이라는 비유적 의미로 이해해야 할 것이다. '순전하여'의 헬라어, '아케라이오이/아케라이오스'(ἀκέραιοι/ἀκέραιος)는 포도주에 물을 타는 것과 같이 '섞다, 혼합하다'의 뜻을 가진 헬라어 동사, '케란누미'(κεράννυμι)의 파생어에 부정접두어 '아'를 갖는 단어이다. 이것은 '섞여 있지 않은' 포도주나 '혼합되지 않은' 금속을 지칭할 때 사용된다. 그래서 이 단어의 은유적 의미는 마태복음 10 : 16의 "비둘기와 같이 순결한"과 로마서 16 : 19의 "악한 데 미련하기를"에서 가장 대표적으로 사용되었듯이 순결한, 순수한, 순진한의 의미를 갖고 있다(*BDAG*, 540, 35). '흠 없는 자녀'에서 '흠 없는'에 해당하는 헬라어 '아모마/아모모스'(ἄμωμα/ἄμωμος)는 구약에서 하나님께 드리는 희생제물이 '아모마'인 것을 감안하면(출 29 : 1, 레 1 : 3, 10, 24 : 19-20, 21 : 16-23, 민 6 : 14, 19 : 2, 28 : 3) 바로 하나님께 드릴 만한 가치가 있는 완전한 희생제물이라는 의미(히 9 : 14, 벧전 1 : 19 참조)를 내포하고 있다. 이것은 결국 하나님의 백성들에 대해서 사용할 경우에는 도덕적 의미로 사용된다(골 1 : 22, 엡 1 : 4, 5 : 27 ; 계 14 : 5, 벧후 3 : 14, 유 24)(*BDAG*, 56 ; *EDNT* I, 73 ; *TDNT* IV, 830-831 ; O'Brien의 주석, 294). '빛들로 나타내며'에서 빛들은 단순히 일반적인 빛('포스')이 아니라 봉화, 등불, 항구의 등대를 의미하고 은유적으로는 하늘에서 빛을 비추는 발광체를 뜻하기도 하는 '포스테르'이다. 또한 '나타낸다'('파이네스테'/파이노)는 중간태로 쓰였을 때에는 일반적으로 '나타내다'의 의미를 갖고 있지만, 이사야 60 : 2와 마태복음 24 : 27에서 사용되는 바와 같이 '비춘다'는 의미로도 번역된다(*BDAG*, 1046-1047 ; O'Brien의 주석, 295-296). 여기에서는 '하나님의 영광'이란 표현에서 사용되는 영광의 헬라어, '독사'(δόξα)는 '큰 빛'이라는 뜻을 갖고 있다는 의미에서 세상을 비추면서 동시에 하나님의 영광을 드러낸다는 함축적 의미를 나타낸다고 할 수 있을 것이다.

또한 16절 처음 부분에서 개역개정역, '생명의 말씀을 밝혀'에서 앞 절의 '빛들로 나타내며'와 연관시켜서 '밝혀'로 의역된 분사형의 헬라어는 '에페콘테스'(ἐπέχοντες)로서, 번역본의 각주에서도 밝혔듯이, 문맥상 도덕적 행위의 습성과 관련되기 때문에(생명의 말씀을) '붙들어 계속 유지시킨다'는 의미가 더 적합할 것이다. 특히 이 단어가 여기에서처럼 분사로 사용되었을 때에는 '어떤 사람의 입에 컵을 제공해 주다'나 '아기에게 어머니의 젓을 대준다'는 의미가 있다(Cousar의 주석, 60 ; Reumann, 393-394). 그래서 생명의 말씀을 아기에게 어머니가 젓을 주는 것을 받아먹듯이 생명의 말씀을 붙들고 있어야 할 것을 그림언어로 제시하고 있는 것이다(Homer Il, 9.489과 22.89). 여기에서 생명의 말씀은 복음을 의미한다. 여기에서 '구원'의 복음이라 할 수 있는 생명의 말씀은, '파멸'의 복음(빌 1 : 28)과 대조되는 면을 고려하면, 로마 제국이 제공하는 죽음의 복음과 생사를 걸고 투쟁하는 싸움이라 추론도 가능하다. 이런 절박한 상황이 아니면 '생명의 말씀'이라는 표현이 나오기 쉽지 않을 것이다. 더군다나 바로 이어지는 종말론적 말씀과 연관된다면 이것은 더욱 개연성이 있을 것이다. 16절은 빌립보서 1 : 11("예수 그리스도로 말미암아 의의 열매가 가득하여 하나님의 영광과 찬송이 되기를 원하노라")과 빌립보서 1 : 26("그리스도 예수 안에서 너희 자랑이 나로 말미암아 풍성하게 하려 함이라")과 빌립보서 2 : 4하반절의 "나의 기쁨을 충만하게 하라"와 종말론적인 목적에 비추어서 윤리적 권면을 제시한다는 차원에서 그 형식이 유사하다. 위의 세 가지 권면과 다른 점은 빌립보 교회가 갖는 일방적인 심판을 권면하는 것이 아니라 빌립보 교회와 서로 상호 작용하여 얻게 되는 바울 자신의 달음질과 수고가 헛되지 않기를 바란다는 것이다. 그리고 이 종말론적 심판의 시험을 암시하는 '그리스도의 날'을 구체적으로 명시한다는 것이다. 그리스도의 날에 바울의 노력이 헛되게 될 수도 있고 자랑이 될 수도 있다는 가능성을 명시하는 바울의 진술은, 바로 각 사람의 공적과 맡겨진 일이 하나님의 종말론적 심판 때에 그 진정성과 칭찬의 평가가 시험된다는 신학적인 통찰이 나오는 고린도전서 3 : 13, 4 : 1~5과 관련하여 사용되고 있다. 개역개정판에서는 '달음질'과 '수고'가 명사로 번역되어 있지만 헬라어 '에드라몬'과 '에코피아사'는 각각 '트레코'(τρέχω)와 '코피아오'(κοπιάω)의 과거 동사형으로 쓰여서 '헛되게 달려가듯이 노력하지 않고'나 '헛되이 노력하지 않고'라고 번역되어야 한다. 바울이 사용하는 '달음질'과 '수고'가 헛되게 된다는 것은, 종종 바울이 표현하듯이(갈 2 : 2, 4 : 11, 고전 9 : 24, 빌 3 : 12-13) 자신의 노력으로 운동경기에서 열심히 달렸지만 패배하여 상을 받지 못하는 경우와 자신의 천막 치기 경험에서처럼(살전 2 : 9, 고전 15 : 10) 천막을 열심히 만들었지만 잘못 만들어서 제값을 받지 못하게 되는 경우의 두 가지 비유로 표현하고 있다(Deissmann, *Light*, 313-314). 여기에서 운동 경기의 은유는 특히 고대 철학자들이 다른 계급과 인종과 종교가 다른 타자들을 보다 자신 있게 통치하기 위해서 자신의 정념과 감정을 이성을 통해서 극복하려는 자기-정복(엥크라테이아)의 노력을 나타내기도 한다(김덕기, 2009, "빌립보서의 정치적 쟁점", 82-83과 "바울의 양심", 「양심」(서울 : 서울대출판사, 2012), 397-402 참조).

위의 구약의 인유와 상황 및 헬라어의 뉘앙스를 고려해서, 우리는 2 : 14~16의 자녀들이 거스르는 세대에 대항하여 빛을 나타내기를 권면하는 상황에서 내부 분열을 없게 하라는 바울의 권면이 구체적으로 어떤 공동체의 정황을 암시하고 있는지 상정할 필요가 있다. 공동체가 직면한 구체적인 사회적 문제와 신학적 차이가 무엇인지는 각 주석자가 강조하는 관점과 신학적 입장에 따라 다르게 취하게 된다. 몇몇 학자들은 유오디아와 순두게 사이에서의 복음에 위협이 되는 불화나 가정교회들의 지도자들 사이에 일어나는 리더십 갈등이거나 또는 신학적으로 바울의 복음과 다른 복음을 전달하려는 경쟁자와 논쟁하는 상황이거나, 공동체 내부에서 일어나는 일이 공적인 논쟁의 대상이 되거나 재판의 공적 상황으로 가는 경우라고까지 생각하기도 한다(Thielman, Peterlin, Winter의 견해들에 관해서는 Thielman의 주석(1995), 142-146과 김덕기, 2009, 앞의 글, 71-78 참조). 또한 어떤 학자는 헬라파와 히브리파와의 갈등(행 6 : 1)에서처럼 그리스어를 쓰지 않는 소수민족인(예 : 행 16의 루디아)이나 토착인들과 그리스어를 쓰는 시민들(또는 거주자들) 사이의 갈등이라고 보기도 한다(Reumann의 주석, 411). 또 다른 학자는 로마시민권을 가진 특권층을 중심으로 하는 엘리트층의 지배계층과 농촌 식민주의자들과 서비스업자의 중간층, 그리고 아마도 주로 해방된 시민 거류인으로 구성된 가난한 자들과 노예의 피지배계층 사이에서 겪게 되는 경제적 이해관계를 사회적 갈등의 핵심으로 보기도 한다(Oakes, *Philippians*(2001), 40–76, 103–128 참조). 이러한 문제를 해결할 수 있는 확실한 근거는 없지만 우리는 1장 27~30과 2 : 1~11과 함께 2 : 14~16에 암시된 수사학에 나타난 특징을 통해서 일관되게 나타나는 갈등의 근본 구조는 로마 제국의 정치적 상황에서 일어날 수 있는 시민권력과의 공적 갈등의 정황을 고려하지 않을 수 없는 것이다. 그래서 빌립보서 1 : 27~28에 대한 이 책의 주석에서 이미 기술하였듯이, 우리는 이미 황제 숭배(2 : 11)나 도시의 수호신, 조상신과 관련되는 시민제의(1 : 29)에 참석할 것인지, 말 것인지의 정치–윤리적 삶의 방식의 문제에 대해서 다른 견해를 가진 사람들이 분열을 일으키는 과정으로 설정할 것을 제안한 바 있다. 이러한 외부의 정치적 문제에 대해서 공동체 내의 의견이 갈라지는 경우를 이 구절에 적용한다면, '어그러지고 거스르는 세대'(15절)는 바로 이러한 로마제국의 외부 정치적 핍박이라 할 수 있고(Reumann의 주석, 411–414 참조) 반면 '하나님의 흠 없는 자녀들'이 원망과 시비가 없이 세상에서 빛들로 나타내라(14–15절)는 권면은 바로 공동체 내의 일원들 내부의 불화와 분열을 삼가라는 권면을 하고 있다고 볼 수 있을 것이다.

[2 : 17–18] 17절은 대체로 바울이 빌립보 교인들이 믿음으로 희생제사와 섬김을 하나님께 드릴 때 함께 자기 자신을 순교의 제물로 드리겠다는 의미로 해석해 왔다. 왜냐하면 전제(奠祭)는 이방인과 유대인 모두가 행하는 제사행위로서 신을 찬양하는 제사를 완전하게 하기 위해서 제물 위나 제단의 밑 부분에 짐승의 피를 뿌리거나 피를 상징하는 포도주를 붓는 헌주(獻酒 : libation 또는 drink–offering)의 제사의 한 부분(붓는 것을 뜻하는 nesek)이기 때문이다(창 35 : 14, 출 29 : 40, 41, 30 : 9, 레 23 : 13, 18, 37, 민 6 : 15,17, 왕하 16 : 13 ;

렘 7 : 18 ; 호 9 : 4 등). 하지만 1939년 맨슨(T. W. Manson) 이래 최근의 학자들(호돈과 Collange)조차 '전제로 드린다'는 헬라어, 스펜도(σπένδω)의 수동태 동사 '스펜도마이'(σπένδομαι)라는 동사가 '제물을 죽인다'는 의미가 없고, '전제(奠祭)로 드려진다'로 번역된다고 주장하기 시작하였다. 그래서 이 말은 단지 '포도주나 올리브유와 같은 액체로 된 제물을 바친다'(*BDAG*, 937) 또는 '헌주를 제물에 뿌린다'는 의미로 이해되어 순교의 의미가 없다는 것이다. 더군다나 순교로 해석될 때에는 17절 후반부의 바울이 기뻐한다는 것을 이해하기 어려울 뿐만 아니라 빌립보 성도들까지도 기뻐하라고 명령하는 것이 너무 과장되어 순교의 의미로 해석하지 말자는 것이다. 그러나 이 단어가 신약성서에서 또 한 번 유일하게 쓰이는 디모데후서 4 : 6("전제와 같이 내가 벌써 부어지고 나의 떠날 시각이 가까웠도다")과 〈로마서에게 보내는 이그나티우스 서신〉 2 : 2에서는 순교를 지칭하는 데 적합하게 나타나는 제의적 의미를 내포하고 있다는 것을 볼 때 반드시 그렇게 전통적 해석을 대체하기는 어렵다. 더군다나 바울이 빌립보 성도들에게 기뻐하라고 하는 것은, 일찍이 로마이어(E. Lohmeyer)가 바울과 빌립보 성도들이 당하는 핍박의 동일한 형편을 통하여 해결하려 했듯이, 바울과 이들이 똑같이 로마 제국으로부터 그리고 시민권력으로부터 핍박과 사회적, 경제적 압박을 당하고 있기 때문에 이것을 말함으로써 격렬한 저항을 여유 있게 할 것을 은근히 암시하고 있는 것이다(E. Lohmeyer, *Die Briefe an die Philipper, an die Kolosser und an Philemon, MeyerKEK* 9/1(Göettingen : Vandengoeck & Ruprecht, 1930) 9th ed. 1953 ; 호돈의 주석, 224-227 ; Coulange의 주석, 113-114 ; Martin의 주석, 106-108 ; Silva의 주석, 128-130 ; 그닐카의 주석, 249-251 참조).

더군다나 '너희 믿음의 제물과 섬김 위에'에 대한 해석은 헬라어 '믿음의'('피스테오스')와 제물과 섬김이 헬라어로는 여격으로 쓰였기 때문에 이에 대한 다양한 독해를 가져왔다. 우선 주목해야 할 것은 '투시아'의 번역어 제물과 '레이투르기아'의 번역어 섬김은 두 개의 명사를 사용해서 형용사와 명사의 의미를 나타내는 수사학적으로 중언법(hendiadys)으로서 두 명사가 하나의 제사드리는 행위를 나타낼 수 있다. 그렇게 되면 섬김(예배)를 위해 드리는 제물이거나 제물을 드리는 섬김(또는 예배) 두 가지로 번역될 수 있게 된다. 제물을 드리는 섬김은 선물을 받을 만한 제사('레이투르기아')로 표현한 빌립보서 2 : 30과 4 : 18(롬 15 : 27과 고후 9 : 12)에서처럼 빌립보 교회가 바울에게 주었던 선물을 통한 복음의 공통 기획을 위한 코이노니아(합의된 쏘시에타스)의 결속을 의미할 수 있는 것이다. 또한 '믿음의'를 주격적 속격이 아니라 목적격적 속격으로 이해하고 로마서 15 : 16에서처럼 바울이 제사장으로서 드린다고 볼 때에는, 빌립보 교인들이 섬김을 위해 드리는 제물을 표현하는 믿음을 위해서 바울 자신을 제물로 드리는 전제를 하나님께 제사 드린다고 해석할 수 있다. 바울이 제사장이 아닐 경우에는 빌립보 교인들의 제물 위에 자신의 목숨을 전제로서 드리는 것이 된다. 그러나 이러한 해석보다는 빌립보서 2 : 30("그가 그리스도의 일을 위하여 죽기에 이르러도 자기 목숨을 돌보지 아니한 것은 나를 섬기는 너희의 일에 부족함을 채우려 함이니라")에 나타난 생각과 유사하게, 빌립보 교인들이 바울을 위해서 믿음으로부터 생기는 제물로서 드리는 섬김의 목회(주격적 속격)에도 아직 채워지지 않는 부족분으로서 바울 자신도 함께 하나님께 드리는 온전한 제사가 되도록 포도주나 올리브유를 제물에 뿌리는 전제를 함께 드리겠다는 것이다. 이 부족분은 바로 자신이 감옥에 있어서 재판을 앞두고 있어서 나올 수도 있지만 혹시나 나오지 못해서 순교의 죽음이 되더라도 바울은 기뻐할 것이고, 그러니 빌립보 교인들도 기뻐할 것이라고 확신한다는 말이다. 결국 바울은 빌립보 교회가 바울이 감옥에 있음으로 인해 공동으로 기획된 복음의 파트너십(Consensus societas)이 좌초될 위기에서도 빌립보 교인들이 전달한 선물에 힘입어서 순교한다하더라도 공동기획인 복음 선포의 대의가 계속 될 것이기 때문에 함께 기뻐하게 될 것이라는 확신을 표명하고 있는 것이다(합의된 쏘시에타에 관해서는 이 주석 책 "빌립보서 서문 : 빌립보서의 집필 동기와 핵심주제"와 1 : 5, 4 : 15 주석 참조).

더군다나 17b절과 18절에서도 기쁨의 모티브가 여러 번 나오기 때문에 17절의 해석이 순교의 의미를 갖고 있지 않다는 반박이 있다. 하지만 18절에서도 복음이 순수하지 못하게 전달되기도 하고 다툼을 일으켜서 겉치레로 전달되어도 선포되는 것이 그리스도라면 기뻐하고 기뻐한다는 말에서 바울의 기뻐하는 이유가 역설적이라는 것을 알 수 있다. 여기에서 바울이 "구더기 무서워서 장 못담그냐"는 식으로 복음의 선포의 결과를 가져오기 위해서 부정적 과정이 있는 것에도 불구하고 오히려 자신은 희열을 느끼는 것이다. 1 : 20에서도 바울은 그리스도가 존귀히 여겨진다면 자신이 죽든지 살든지 상관하지 않는다고 말하는 것은 바울은 이미 순교의 자세를 이미 나타내 주고 있다는 점에서 기쁨의 모티브와 순교의 자세는 서로 모순되는 것이 아니다.

17b절의 '바울이 기뻐한다'는 문장은 '알라 에이 카이'(Ἀλλὰ εἰ καὶ)로 시작하는 17절 전반부에서 '에이'가 조건절을 이끌기보다는 양보절을 이끌어 '바울 자신까지도 전제로 드려질지라도 나는 기뻐한다'라고 현재형으로 번역할 수도 있다. 그러나 엄밀하게 말하면 17b절이 조건절에 대한 귀결문으로 현재형 동사로 쓰였지만 마태복음 5 : 29에서처럼 내용상으로는 미래로 번역될 수도 있는 문장이다. 17절에서 '그러나'(알라)로 시작하는 것은 16절에서 바울이 달음질과 수고로 열심히 노력해 왔다는 것이 17절의 비극적인 결과로서 순교적 죽음의 각오와 격렬하게 대조하기 위한 것이다. 또한 18절의 빌립보 교인들이 기뻐한다는 내용은 17b절의 "나는 기뻐하고 너희 무리와 함께 기뻐하리니"는 내용과 마찬가지로 '기뻐하리라'라고 미래로 번역될 수 있지만, 이것은 문법적으로 반복이 되기보다는 그 의미를 강조하기 위해서 명령형으로 번역되는 것이 자연스러울 것이다. 여기에서는 18절에서는 우리말과 달리 주어 '너희'가 나왔기 때문에 바로 명령형으로 번역하려면 '같은 방식으로 너희까지도 기뻐하고 나와 함께 기뻐하라'가 더 나을 것이다. 18절만 부각시켜서 단순히 우정관계를 나타낸다고 보이지만 이것은 위에서 토론한 17~18절의 순교적 모티브가 압도적이라 단순히 우정관계를 단순하게 묘사한

다고 보는 것은 적합하지 않다. 그래서 18절b는 바울의 기쁨과 빌립보 교인들의 기쁨을 밀접하게 연결하고 17절의 자신의 기쁨을 모방할 것을 은근히 제시함으로써 단순한 우정관계를 넘어서 같은 복음에 순교적 각오로 싸우는 동지의 상호 연대의 의미를 강조하고 있다고 보아야 할 것이다.

F. 복음을 위해 죽기까지 섬기는 디모데와 에바브로디도의 삶의 모범(2 : 19-30)

1. 디모데의 파송 약속(2 : 19-24)

19a내가 디모데를 속히 너희에게 보내기를 주 안에서 바람은 19b너희의 사정을
앎으로 안위를 받으려 함이니 20이는 뜻을 같이하여 너희 사정을 진실히 생각
할 자가 이밖에 내게 없음이라 21그들이 다 자기 일을 구하고 그리스도 예수의
일을 구하지 아니하되 22디모데의 연단을 너희가 아나니 자식이 아버지에게
함같이 나와 함께 복음을 위하여 수고하였느니라 23그러므로 내가 내 일이 어
떻게 될지를 보아서 곧 이 사람을 보내기를 바라고 24나도 속히 가게 될 것을
주 안에서 확신하노라

[2 : 19-22] 여기서는 빌립보 성도들에게 디모데를 보내려 하는 파송 목적(격려를 받으려 한다)과 추천 이유(진심으로 빌립보 교인들의 형편을 염려함)를 설명하고 있다. 하지만 다음에 나오는 29절에서처럼 에바브로디도를 추천하면서 제시한 당부의 말(그를 기쁘게 영접하라는)과 같은 구체적인 권면의 말은 빠져 있다. 단순히 교인들이 그를 원해서 보내는 것이 아니라 바울 자신도 용기도 얻고 안위를 받으려 하기 때문이라는 것이다. 또한 디모데가 믿음직하다는 추천 이유를 말한다. 디모데가 바울과 뜻을 같이하는 자로서 빌립보 교회의

사정을 잘 알고 있을 뿐만 아니라 이기적이지 않고 여러 가지 시련을 견디는 능력이 있다는 것이다. 더군다나 디모데는 바울에게 복음을 실천할 때 아들이 아버지에게 행하듯이 봉사하였다는 것이다. 그런데 일반적으로는 빌립보서 2 : 19~24를 2 : 6~11과 12~17과 연결시켜서 바울이 디모데를 보내려 한 이유가 단순히 그리스도의 겸손의 모델을 보여 주려는 것으로 생각하는 학자도 있다(Cousar의 주석, 65과 O'Brien의 주석, 313-327 참조). 하지만 그보다는 바울이 디모데를 보내는 이유는 다음과 같이 1 : 12~26의 교회의 사정과 관련시키는 것이 더 나을 것이다.

19절a에서 바울은 디모데를 속히 빌립보 교회에 보내기를 원한다. 바울은 성도들이 바울이 없는 사이에 생긴 분쟁을 해결하기 위해서 바울이 방문하기를 일차적으로 원했지만 올 수 없는 사정을 이미 1장 12~26절에서 설명하였다. 그래서 자신이 가는 것과 똑같은 의미를 가진 사람을 보내야 하는 상황에 있었다. 결국 바울은, 성도들이 바울에 대해서 기대하는 바도 응하고, 바울의 사도의 리더십에 대한 오해도 해소해야 하는 이중적인 이유로, 디모데가 바울을 대신해서 빌립보 교회를 방문하게 되는 '사도적 방문'에 버금가는 중요한 임무를 할 수 있는 자격을 설명해야 했던 것이다. 더군다나 바울 자신에게도 빌립보 교회의 내부 분열(빌 1 : 12-17)을 봉합하기 위해서는 디모데의 헌신을 필요로 했다. 또한 빌립보 성도들 중에 어떤 사람들이 그리스도의 일보다도 자기의 이해관계를 더 중요시함으로써 발생시킨 교회 분열의 문제도 해결하기 위해서는 남을 위해 봉사하는데 이미 연단을 받은 디모데가 적합하다는 것이 설득력을 얻게 되었다고 볼 수 있을 것이다. 더군다나 디모데는, 사도행전에서는 잘 기술되어 있지 않았을지라도(행 16 ; 1-34)(R. I. Pervo, *Acts*(Philadelphia : Fortress, 2009), 387), 바울과 함께 빌립보 교회를 개척할 때 바울과 함께 일하면서 믿음의 연단을 받게 되었기 때문에 빌립보 성도들을 잘 알고 있었다고 추론할 수 있다(빌 2 : 19-24). 그래서 바울 사도에 대한 오해도 풀고 공동체 문제도 해결할 수 있는데 적합하다고 생각하여 빌립보 공동체가 그를 보내줄 것을 요청했을 가능성이 높다는 것이다(Silva의 주석, 2, 136–138 참조).

특히 23절의 "내 일이 어떻게 될지를 보아서"라는 바울의 사정에 비추어서 19~22절을 해석하면 바울은 디모데를 보내는 데 주저하고 있다고 보여질 정도로 디모데를 필요로 하는 상황에 처해 있다고 추론할 수도 있을 것이다. 바울은 아들과 같은 디모데가 옆에 있기를 원했던 특별한 사정이 무엇이었는지 주석자들의 쟁점이 되기도 한다. 아마도 바울은 재판이 임박하게 다가오고 있어서 이를 대비하기 위해서는 그를 보필할 사람이 필요했을 것이다. 이러한 추론은 충분히 일리가 있는 것이다. 그 사이에 빌립보 성도들은 에바브로디도를 통해서 교회의 선물을 보내왔다(빌 4 : 10–20). 그래서 에바브로디도가 도착할 것을 생각하여 그때야 비로소 바울은 겨우 디모데를 보내기로 마음을 먹게 되었던 것이다.

19~20절에서 주목할 점은 디모데를 보내기 위한 목적을 구체적으로 명시하기 위해서 '히나' 접속사로 시작하는 목적절 이후에 우리말로는 번역이 되지 않은 '나 역시'('카고')와 '안위 받는다'로 번역된 '유프시코'(εὐψυχῶ)가 쓰였다는 점이다. '나 역시'라는 말이 암시하는 것은 바울 자신이 위로 받아야 할 뿐만 아니라 빌립보 성도들까지도 위로를 받아야 하는 것을 당연시한 말이다. 특히 19b절의 헬라어 '유프시코'의 동사 원형 '유프시케오'(εὐψυχέω)는 신약에만 단 한 번 기록에 남아 있는 희귀 단어(*hapax legomenon*)이다. 70인역 시편 54 : 14 이외에는 신약 이외에서는 거의 쓰이지 않는 단어이다. '용기를 얻게 된다'는 의미로도 쓰이고 위로 편지나 무덤의 비문에서는 안녕을 기원할 때 쓰는 단어이다. 위로 편지에서는 '기뻐하다'는 뜻을 내포한다. 편지 이외에서는 전쟁에서 '용기를 얻게 되다'나 환난에 빠졌을 때 '위로를 받는다'는 의미를 나타낸다(*LSJ*, 739–740 ; *EDNT* II, 90). 20절의 "뜻을 같이 하여"로 번역된 부분은 헬라어로는 부정대명사의 목적어와 이 목적어를 꾸미는 형용사 '이소프쉬콘'(ἰσόψυχον)으로 이루어진 구문이다. 이 단어는 '같

은'의 의미를 가진 이소스(ἴσος)와 '영혼'의 의미를 가진 프쉬케(ψυχή)가 합해진 합성단어이다. 이 단어는 2 : 2의 '쉼프시코이'와 2 : 19의 동사 '유프시케오'와 마찬가지로 영혼의 의미를 가진 '프쉬케'(ψυχή)라는 단어에서 파생된 것으로 일종의 수사학적 말놀이(word play)이다. 아리스토텔레스가 말하는 이상적 친구는 자신과 같은 또 하나의 자아라고 생각하는 이소프쉬콘, 즉 '같은 자기 자신'의 의미가 있다고 할 수 있다(Fitzgerald, 2003, "Paul and Friendship", 325–327 ; 2 : 2 주석 참조). 그래서 이 단어와 연관된 세 가지 말놀이는 이상적인 우정의 모티브를 나타내는 수사학적 효과가 있다. '이소프쉬콘'이 들어간 20절은 이 단어의 의미와 구문의 성격에 따라 다음의 두 가지로 번역되었다. ① 이소프쉬콘은 형용사로는 잘 쓰이지 않고 '같은 뜻을 가진', '같은 생각을 가진'(*LSJ*, 840), '많은 것을 공유하는'의 의미를 갖고 있다(*BDAG*, 481). 그래서 같은 뜻을 가진 동료라는 의미를 갖는 '이소프쉬콘'과 부정대명사가 합해져서 '바울이 디모데 외에는 같은 뜻을 가진 사람을 나는 갖고 있지 않는다'라는 표현을 하고 있다고 볼 수 있다. ② 다른 사전에서는 '마음을 같이 갖는다'는 뜻이 아니라 '마찬가지로 같은 도량이나 아량(magnanimity)을 가진'이나 '월등함을 가진'으로 번역될 것을 제안한다(*EDNT* II, 202). 그렇게 되면 바울이 디모데와 같이 월등한 인품을 가진 사람을 갖고 있지 않다는 의미를 나타낸다.

여기에서는 이 단어가 우정의 모티브와 연관된다면 첫 번째 의미가 더 타당성이 있다고 여겨진다. 중요한 것은 구문의 성격상 그 의미가 단순히 사전적 의미로 해결되지 않고 우정이 전제된다면 우정이 돈독한 경우에 애도하고 위로할 수 있다는 의미에서 다음과 같은 애도의 상황에 맞는 해석이 필요하다는 것이다. 애도 장면을 기술하는 문학(Euripides의 *Alcestis*, 328–329, Chariton의 *Chaereas et Callirhoë*, 3.8.7과 Virgi의, *Aeneid* 4.327–30 등), 애도 서신(Seneca의 *Ad Marciam de Consolatione*(마르시아 애도서신), 16.8 ; *Helvia de Consolatione*(헬비아 위로서신)), 역사책(타키투스의 〈연대기〉, 12.68)

에서처럼, 빌립보서가 일종의 애도서신이라면, 이 단어는 '같은 영혼을 가진' 이라는 문자적 의미를 가진 것으로 간주하여 이별했거나 죽어서 함께 있지 않은 사랑하는 사람을 대신하는 인물을 나타낼 수 있다는 것이 새롭게 중요시되어야 한다. 이것은 22절에 바울이 디모데를 자녀로 생각하는 것과 밀접하게 연관된다. 바로 애도 장면에서는 현재 함께 있지 않은 사랑하는 사람의 바로 직계 '자녀'라면 그 사랑하는 사람을 대체할 수 있기 때문에, 디모데를 자녀라고 말함으로써 그를 빌립보 성도들에게 올 수 없는 사랑하는 사람 바울을 대체하는 인물이 될 수 있다는 것을 암시한다는 것이다. 이것은 바울이 빌립보 교인들을 위로하는 방식이다. 예를 들면 *Ad Marciam de Consolatione* 에서 세네카가 어머니를 위로하기 위해서 유배당한 세네카 자신 대신에 손자 말쿠스(Marcus)와 손녀딸 노바틸라(Novatilla)와 대화하시고 돌보시라고 권면하는 경우를 우리는 참조할 수 있을 것이다(Seneca, *Ad Helvia de Consolatione, 〈Consolation to Helvia〉*, 18–19 ; 이에 대한 해설로서는 P. A. Holloway, "Alius Paulus", *NTS* Vol. 54(2008 Oct.), 542–546 참조).

21절에서는 우리말에는 번역이 되지 않은 접속사 '갈'(γάρ)이 쓰여서 20절에 디모데가 파송될 만한 자격이 있다는 것에 대해서 보충설명을 하고 있다. 우리말에는 주어가 '그들이 다'라고 번역되어 있지만 헬라어 원문에는 '모두'의 의미를 가진 '판테스'가 주어로 나와서 '자기 일'을 추구하는 모두와 '그리스도 예수의 일'을 추구하는 디모데를 비교하고 있다. 이것은 확실히 25~30절에 언급된 에바브로디도가 자기의 이익보다 그리스도의 일을 더 우선적으로 추구했다는 것이 명백하다면 문자적으로 모든 그리스도인들이나, 바울이 갇혀 있는 감옥과 가까이 있는 모든 로마 교회 성도들을 의미하지 않는 것이 분명하다. 그보다는 바울이 보내려고 했던 바울 주위에 있는 몇몇 동료들(2 : 4에서 언급되는 무리들이나 1 : 14에서 언급되는 무리들) 중에 다른 사람들 보다 더 뛰어난 디모데의 자격 조건을 과장법으로 표현함으로써 디모데가 바울 자신 곁에서 돕는 일이 매우 중요하기에 보내기 어려웠다는 것을 에

둘러서 암시하고 있는 것으로 보아야 할 것이다. 더군다나 보낼 수 있는 바울의 동료들 중에 특히 다른 사람을 제쳐놓고 그를 보낼 수밖에 없는 아주 중요한 이유를 제시함으로써 그리스도 예수의 일을 자기 일보다 더 열중하여 추구하는 헌신이 얼마나 중요한지를 간접적으로 말하고 싶어서 디모데의 신앙을 과장하여 표현하고 있는 것일 수도 있다. 그래서 더 나아가 이 성서 구절로 인하여 디모데가 빌립보서 2 : 6~11의 예수 그리스도의 겸손의 모델과 유사한 자기-희생의 모델이 된다는 것을 강조하기도 한다. 하지만 2 : 19~24절 전체의 흐름에서 압도적으로 제시하려는 사랑하는 사람인 바울 대신에 디모데를 보내려는 애도의 정황에 비해서는 미미하다. 또한 자기 일이나 그리스도의 일은 둘 다 헬라어로는 번역하기 어려운 중성 관사 '타'와 전치사 대명사 속격이 합해진 단어가 사용됨으로써 '자기 자신에 속한 것들'과 '그리스도 예수에게 속한 것들'이라고 직역할 수 있을 것이다.

또한 22절에서 디모데의 연단을 나타내는 헬라어 '도키메'(δοκιμή)는 바울서신 중 로마서 5 : 4, 고린도후서 2 : 9, 8 : 2, 9 : 13, 13 : 3에 나오는 단어이다. 이 단어의 뜻은 동사형(도키마조 : δοκιμάζω)의 능동적인 의미로 '시험한다'는 과정의 의미로 쓰이기도 하고(고후 8 : 2 ; 13 : 3) 로마서 5 : 4와 고린도후서 2 : 9와 빌립보서 2 : 22에서처럼 '시험당하다'의 수동적 의미를 내포함으로써 가치가 이미 입증된 결과를 나타내는 경우도 있다(*BDAG*, 256과 *EDNT* I, 341-343 ; 이 주석책의 빌립보서 1 : 10a의 '도키마조' 주석 참조). 또한 22절의 "자식이 아버지에게 함같이 나와 함께 복음을 위하여 수고하였느니라"에서 '수고하였느니라'는 헬라어 '둘류오'(δουλεύω)의 번역어이지만 그 의미가 정확히 전달되지 못하고 있다. 오히려 이 단어는 '노예'라는 의미의 명사 '둘로스'의 동사형으로 '자신이 노예가 된 것처럼 다른 사람을 주인으로서 받들듯이 섬겼다'는 의미를 갖고 있다(*BDAG*, 259 ; 빌립보서 1 : 1의 '둘로스'에 대한 주석 참조) 바울의 순교자적 신앙관에서는 항상 '둘로스'가, 당시 헬레니즘 문화권에서 부정적 의미를 갖는 것과 달리, 하나님 앞에서 교회나 사회에서 지위가 높은 자가 오히려 노예처럼 자신을 낮추어서 섬기는 것을 신앙의 모델로 생각하는 경향이 강하다. 그리고 고대 사회에서는 노예일지라도 주인의 신임을 받을 경우에는 해방된 노예가 될 경우 주인의 명예를 대신할 수 있기 때문에 주인이 신임하는 상속자나 후계자라는 의미를 내포한다. 그래서 디모데가 이러한 순교적 신앙에 의해서 종처럼 복음을 위해서 일한 것을 칭찬하고 있다. 특히 여기에서 디모데의 섬김의 태도를 "자식이 아버지에게 함같이"라고 표현하는 것은 고린도전서 4 : 17에서 바울이 디모데를 "주 안에서 내 사랑하고 신실한 아들"이라고 표현한 것과 맥을 같이한다. 바울은 디모데를 특별한 인물로 생각하는 것이 틀림없다. 바울이 자신을 아버지로 생각하는 것은 단순히 가부장제적인 은유를 사용하는 것이 아니라 자신이 진정한 신앙의 모델이라고 생각하는 것이 강조된 표현이다. 이 단락의 맥락에서는 바울 자신이 감옥에 있기 때문에 바울은 자신을 대신할 사람으로서 디모데를 보내면서 성도들을 위로하려 하기 때문에 결국 바울을 아버지처럼 섬긴다고 치켜세우면서 그가 아들의 자격을 가진 자라고 강조한 것이다. 아들 같은 디모데를 보내는 것은 바울이 가는 것과 똑같은 효과를 가져올 수 있기 때문에 이를 강조하고 있는 것이다.

[2 : 23–24] 23절의 '곧 이 사람을 보내기를 바라고'라는 부분을 강조하면 바울이 즉시 디모데를 보낼 것이라고 단순히 생각할 수 있다. 하지만 '곧'으로 번역된 헬라어 '엑사우테스'(ἐξαυτῆς)는 '그 시간 자체로부터'(엑스 아우테스 테스 호라스 : ἐξ αὐτῆς τῆς ὥρας)라는 말의 준말로서 '즉시', '단번에', '그 후', '곧', 또는 '속히'라는 의미가 있다. 이것은 행동의 속도와 관련되는 '빨리'나 미래의 짧은 시간과 관련되는 '곧'의 두 가지 의미를 다 가지고 있는 19절과 24절의 '타케오스'(ταχέως)와 유사어이다(*BDAG*, 992). 하지만 그 앞 문장의 조건을 이끄는 시간 접속사 '호스 안'('할 때')과 함께 쓰였을 때에는 의미에 압도당해서 '하자마자'로 번역되어 '즉시'라는 단어는 번역되지 않는

것이 적합할 것이다. 굳이 번역한다면, '즉시'보다는 '속히'라는 번역이 더 논리적으로 적합하다. 즉시 보낸다는 말이 아니라 빨리 보내게 되기를 바라는데 그 조건이 그 앞의 종속절로 표현된다. 다시 말해서 이 말 바로 앞에 나오는 '내가 내 일이 어떻게 될지를 보아서'라는 문장은 헬라어로는 가정법을 이끄는 종속절 '호스 안 아피도 타 페리 에메'이다. 이것은 '나에게 관련된 것들을 집중해서 살펴보자마자'라고 번역할 수 있는 문장이다. 그래서 *NRSV*는 물론, *The Reformation Study Bible(RSB)*도 "I hope therefore to send him just as soon as I see how it will go with me"로 번역되어 있다. 특히 '아피도'(ἀφίδω)라는 헬라어의 원형, '아포라오'(ἀφοράω)라는 단어는 '떨어져서'라는 의미의 접두어 '아포'(ἀπό-)와 '보다'의 의미를 가진 '호라오'(ὁράω)의 합성어로서 가정법 과거형이다. 이 단어는 그 어원의 의미와 비슷하게 요나서 4 : 5(70인역)에서처럼 단순히 '멀리서 보다'라는 의미도 있지만, 이 의미에서 발전하여 "다른 모든 일들을 제쳐놓고 특정한 것에만 전적으로 집중하거나 몰두하다"라는 뜻을 갖고 있다. 바로 이런 뜻으로 히브리서 12 : 2에 한 번 더 나오게 된다(*LSJ*, 292와 *BDAG*, 158 ; 호돈의 주석, 236). 그래서 개역개정번역에서 이 단어의 번역 '보아서'는 너무 평이한 번역이고 그 특수한 사정이 있다는 암시를 전혀 나타내 보이지 않고 있다. 이런 점에서 위의 문법과 어휘를 고려하면, 바울은 집중해서 해결해야 할 어떤 특별한 일 때문에 디모데를 보내지 못했다고 추론할 수 있는 것이다.

그런데 이 '내 일'이 구체적으로 무엇인지 학자들 사이에 다양한 견해들이 제기된다. 이를 토론하기에 앞서 우선 헬라어 원문의 의미를 분석할 필요가 있다. 이 말의 헬라어 '타 페리 에메'는 '페리'가 전치사로서 특별한 관심을 나타내는 전치사와 중성 관사 '타'가 함께 쓰여 '나와 관련된 것'이라는 직역을 할 수 있다. 이것은 바울 자신의 재판과 관련된 바울의 운명을 직접 나타내는 바울의 소송건이라기보다는 바울과 관련된 구체적인 사안을 지칭하는 다소 모호한 표현이다. 이 어구를 '개인적인 일'(personal affairs)이라고 번역하여 바울이 재판의 변호를 위해서 자료를 수집하는 일이나(호돈의 주석, 237-238), 사형의 결과가 나온다면 디모데를 보낼 필요가 없게 된다기보다는 재판의 결과가 어떻게 나오게 될지 모르는 상황이기 때문에 나쁜 일이 일어날 것을 대비하는 일이나(그닐카의 주석, 23), 재판에 대비하는데 신경 쓰느라 정신없는 사이에 심지어 빌립보 성도들 사이의 분쟁의 소식(1 : 15-17)을 듣고 이를 조정하는 목회 일(Collange의 주석, 117-118 참조) 등으로 해석하는 다양한 견해들이 있었다. 그중에서 가장 유력한 것은 코랑즈(Collange)의 제안일 가능성이 가장 높다. 왜냐하면 바울은 어떤 재판의 최악의 경우라도 이를 순교로서 감수할 것이라고 이미 말했기 때문에(빌 1 : 20b-23 ; 2 : 17) 이에 대해서 걱정하지 않고 있었다고 보아야 할 것이다. 더군다나 재판 문제를 돕는 사람들에 관해서는 사실 디모데 이외에도 얼마든지 로마 교회에는 다른 돕는 사람들이 충분히 있었을 것이다. 다만 바울이 빌립보 교인들의 애도의 감정을 위로할 디모데가 가장 적합하다는 것과 이 성도들 간의 분쟁을 가장 적합하게 해결해야 할 것만 몰두해서 생각하였던 것이라고 추론할 필요가 있다. 그럴 경우에 바울은 2장에서 빌립보 교인들이 사랑하는 사람인 바울 자신 대신에 디모데를 보내려 했고 단지 디모데를 보내기 전에 빌립보의 분쟁에 대해서 어떤 대책을 세워야 할지 디모데와 분명하게 논의할 시간이 있어야 했다는 것이 서로 일관된 논리로 성립되는 추론이다.

24절의 시작은 23절의 내용과 대조시키는 역할을 하는 헬라어 접속사 '멘'(μὲν : 23절)과 짝을 이루는 '데'(δὲ)로 시작한다. 23절은 디모데를 보내기를 희망하는 반면 24절은 바울 자신이 곧 빌립보 교회를 방문하게 되기를 확신한다. 학자들은 이 확신을 지나치게 강조하여 바울이 죽음이 임박했다는 확신을 전혀 하지 않거나 재판에서 무죄로 석방될 것을 확신하고 있다는 정도로 해석하는 경향이 있다(호돈의 주석, 238, *O*'Brien의 주석, 327 Coulange의 주석, 118). 더군다나 김세윤에 의하면, 자신의 복음이 로마제국에 해악을 끼치지 않다는 것을 확신하였기 때문에 19절('구원'이 종교적 의미의 구원이 아니라 감옥에서 풀려나는 것을 의미함)과 빌립보서 1 : 25("내가 살 것과……너희 무리와 함께 거할 이것을 확실히 아노니")에서 무죄 방면을 기대하였다는 것이다(빌 1 : 19-20, 25-26 ; 2 : 24). 더군다나 51년 가을 갈리오의 법정에서의 재판(행 18 : 12-17)에서 자신이 무죄로 방면되었던 것처럼 바울은 로마 재판이 어느 정도 공정하다고 생각하였기 때문에 빌립보에서도 자신이 곧 풀려날 것을 확신하였다는 것이다(김세윤, 「그리스도와 가이사」, 90-100 ; 김철홍, 위의 글, 25-28). 하지만 24절에서는 '확신하다'의 헬라어 '페포이타'(πέποιθα)가 완료의 의미를 갖고 있어서 문맥에 따라 '설득되어 왔다'의 문자적 의미로부터 유래한 '확신하다'를 나타낼 수 있기는 하다(*BDAG*, 792). 하지만 문자적 의미를 넘어서 문맥상 '페포이타' 바로 뒤에 나오는 '주 안에서'라는 말 때문에 오히려 확신보다는 기대를 완곡하게 말하고 있다고 해석할 필요가 있다(J. L. Sumney, *Philippians : A Greek Student's Intermediate Reader*(Peabody : Hendrickson, 2007), 62). 다시 말해서 방문이 이루어지기를 주 안에서 확신하는 정도는 강하지만 그 실질적 내용에 있어서는 단지 이루어지기만을 완곡하게 기대하는 것을 나타낼 수 있다는 점을 고려할 필요가 있다. 이 점을 고려하면, 헬라어 접속사 멘(μὲν)과 데(δὲ)가 이끄는 23절과 24절의 대조는 '디모데를 보내는 것'과 '바울이 직접 방문하는 것'에게 있지, '희망한다'와 '확신한다'의 대조에 있는 것은 아니다. 바울은 자기 자신을 대신해서 디모데를 보내기를 희망하게 되지만 이제 이에 만족하지 않고 직접 방문하게 되는 것이 '주 안에서' 확실하게 되기를 바라는 것이다. 고린도전서 4 : 17, 19에서처럼 바울은 종종 디모데를 자신이 가기 전에 보내는 것이 한 패턴이 되었다. 여기서 23절의 '엑사우테스'와 유사하게 '속히'의 헬라어 '타케오스'를 사용하여 디모데를 보낸 후 몇 주 안에 바울 자신이 다시 직접 방문하게 되기를 바란다는 점을 암시한다. 더군다나 이러한 간절한 바람은, 1 : 8의 사모하는 마음, 1 : 27과 2 : 12, 20의 바울이 함께 있기를 바라는 간접적인 표현과 앞의 주석에서처럼 20절의 '뜻을 같이하여'와 22절의 '자식'에 대한 위로의 간접적 표현을 고려하면, 바울의 직접 방문을 확신하기보다는 습관적으로 방문하기를 바라는 마음이 여기에서 좀 더 강하게 위로의 말로 표시하고 있는 것이다(위로의 말에 관해서는 2 : 20 주석과 연관되는 세네카의 두 위로서신 참조).

2. 에바브로디도의 질병 악화로 인한 파송 계획(2 : 25–30)

25그러나 에바브로디도를 너희에게 보내는 것이 필요한 줄로 생각하노니 그
는 나의 형제요 함께 수고하고 함께 군사 된 자요 너희 사자로 내가 쓸 것을
돕는 자라 26그가 너희 무리를 간절히 사모하고 자기가 병든 것을 너희가 들
은 줄을 알고 심히 근심한지라 27그가 병들어 죽게 되었으나 하나님이 그를
긍휼히 여기셨고 그뿐 아니라 또 나를 긍휼히 여기사 내 근심 위에 근심을
면하게 하셨느니라 28그러므로 내가 더욱 급히 그를 보낸 것은 너희로 그를
다시 보고 기뻐하게 하며 내 근심도 덜려 함이니라 29이러므로 너희가 주 안
에서 모든 기쁨으로 그를 영접하고 또 이와 같은 자들을 존귀히 여기라 30그
가 그리스도의 일을 위하여 죽기에 이르러도 자기 목숨을 돌보지 아니한 것
은 나를 섬기는 너희의 일에 부족함을 채우려 함이니라

[2 : 25–26] 25절에서 바울은 에바브로디도를 빌립보 교회에 보낼 필요가 있다고 생각한다. 여기에서 헬라어로 '생각하다'의 헬라어 '헤게사멘'은, 28절의 '보내다'의 헬라어 '에펨프사'처럼, 부정과거형이지만 서간체에서는 현재 진행하고 있는 상황을 묘사하고 있다고 보아야 할 것이다. 이것은 28절에서 바울은 23~24절에서 약속한 디모데의 파송보다 더 급하게 에바브로디도를 보내면서 빌립보 서신을 함께 전달하려 했을 가능성이 매우 높다. 에바브로디도라는 이름은 신약에서는 빌립보서(4 : 18)에서만 나오지만 로마시대에는 그리스와 로마 비문에 자주 나오는 아주 흔한 이름이다(J. B. Lightfoot, *Saint Paul's Epistle to the Philippians*(New York : Macmillan, 1903)의 주석, 122–123). 그 이름을 통해서 추론하면 부모가 사랑, 아름다움, 성적 본능, 다

산이 인격화된 미의 여신 아프로디테를 수호신으로 섬기는 가문의 그리스 인물인 것 같다. 에바브로디도는 '호감을 주는', '매력 있는'이라는 뜻이 있다. 이 이름과 기원이 같은 에바브라라는 이름은 골로새서 1 : 7, 4 : 12, 빌레몬서 23장에 나오는 에바브라와 같은 인물은 아닌 것 같다(Silva의 주석 142와 Collange의 주석 118).

25절에서 바울은 에바브로디도를 어떤 인물인지 묘사한다. 바울은 자기 자신과 관련해서는 형제, 동역자, 군사로 소개하고, 빌립보 공동체가 바울에게 그 자신에게 필요한 것을 돕도록 보냈던 사자(使者)와 돕는 자로 여긴다. 여기에서 바울이 에바브로디도를 형제로 생각하는 것은 동료 그리스도인이라는 것을 나타내며, 동역자로 소개하고 있는 것은 바울이 빌립보 교회를 설립할 때 그가 바울과 함께 활동했던 것을 암시한다. 또한 바울은 그를 사도('아포스토로스')라고 기술함으로써 사도나 감독의 교회 지위를 가진 인물일 수도 있지만, 이 단어의 헬라적 배경의 원래의 의미에 충실하여 고린도후서 8 : 23처럼 교회의 메신저나 또는 대사, 사신, 특사로 이해되는 것이 더 적합할 수 있다(*LSJ*, 220). 따라서 이 표현은 바울과 빌립보 교회가 서로 상하관계나 열등/우월의 관계가 아니라 평등한 관계라는 것을 암시한다. 군사라는 표현은 빌레몬서 2, 고린도후서 10 : 3~4, 디모데전서 1 : 18, 디모데후서 3 : 4에 잘 나타난다. 빌립보서에는 군사적 은유가 많이 나오는 것을 고려하면(빌 1 : 27-30, 3 : 18) 전우로서 적대 세력에 대항하여 함께 방어하는데 기여하게 되었다는 것을 암시한다(Krentz의 앞의 글, 105-127 참조). 따라서 이 표현은 이전에 바울이 복음의 대적자들과 함께 투쟁했고, 앞으로도 투쟁할 것을 기대하고 있다. 25절에 바울에게 필요로 하는 것을 제공하는 '돕는 자'의 헬라어 '레이툴곤'(λειτουργὸν)은 2 : 17의 '봉사'(레이툴기아 : λειτουργίᾳ)나 2 : 30의 '섬기는 일'(레이툴기아스 : λειτουργίας)로 번역되는 헬라어와 같다. 로마시대에는 이 '레이툴기아'는 종종 로마와 지방 엘리트들이 자신의 지위와 제국의 위계적 신분을 승격시키기 위해서 시민들을 위해서 자신의 개인 재산으로 제공하는 공공사업을 의미했다(*TDNT IV*, 215–225와 *LSJ*, 1036–1037과 Efrain Agosto, "Patronage and Commendation, Imperial and Anti-Imperial", *Paul and Roman Imperial Order*(Harrisburg : Trinity Press International, 2004), 116–119 참조). 하지만 빌립보서 2 : 17과 4 : 16~18에서 도움에 관한 말이 '투시아'(θυσία ; 희생제의)와 함께 사용된 것처럼 70인역에서 이 단어는 희생 제의와 연관된 섬김의 제의적 의미도 내포한다. 그래서 반면 바울은 에바브로디도를 자기의 지위를 높이기 위해서가 아니라 바울에게 필요한 것을 제공하고, 자신을 희생하여 봉사할 수 있는 사람으로 여긴다.

26절은 바울이 에바브로디도를 곧 보내야 할 이유를 설명한다. 그 이유는 에바브로디도가 빌립보 성도들을 매우 그리워하였고 그가 아프다는 것을 성도들이 듣게 되어 바울이 매우 걱정하게 되었다는 것이다. 그러나 학자들은 이보다 다른 특별한 이유가 있는지 제안하기도 한다. 로마이어(Lohmeyer)는 핍박이 있었다고 가정하고, 그닐카와 실바는 디모데가 당분간 빌립보에 가는 길에 장애가 있어서 그를 대신해서 에바브로디도가 가게 되었다고 주장한다(Lohmeyer의 주석, 119와 그닐카의 주석, 259–263과 Silva의 주석, 134–135, 138–142). 이 두 가지 견해들 중에는 그가 존경할 만한 일을 했고 그리스도의 일을 위해서 거의 죽을 뻔 했다는 29~30절의 내용을 통해 추론할 수 있는 것은 전자의 핍박의 이유가 더 설득력 있다. 26절에 나타난 이유는 그가 고향을 몹시 그리워했다는 것과 걱정이 많게 되었다는 것만 언급한다. '어떤 것을 갈망하다'와 '간절히 그리워하다'의 의미를 가진 에피포테오(ἐπιποθέω)의 분사형 '에피포톤'(ἐπιποθῶν)은 '보다'의 부정사형 '이데인'(ἰδεῖν)이 함께 나오는 것이 더 자연스럽다. 왜냐하면 로마서 1 : 11, 데살로니가전서 3 : 6, 디모데후서 1 : 4에는 함께 나오기 때문이다. 그래서 어떤 사본에는 이 '이데인'이 들어가 있다(*BDAG*, 377). 하지만 이 '이데인'이 나오지 않는 것은 이 단어가 다른 뜻을 함축할 수 있다는 것을 보여준다고 보아야 할 것이다. '간절히 사모하여'의 헬라어 '아데모논'(ἀδημονῶν)은 아데모네오(ἀδημονέω)의 분사형으로서 '고향을 떠난', '자기 자신으로부터 떠난'의 의미를 가진 어원 '아데모스'(ἄδημος)로부터 나온 단어이다. 그래서 이 표현은 1 : 8에 바울이 빌립보 교인들을 "얼마나 사모하는지" 말하였을 때 사용된 헬라어로 몹시 그리워하고 사모한다는 뜻을 가지고 있는 것은 틀림없다. 하지만 또한 이 단어는 일반적으로 '불안에 휩싸이거나 후회스럽거나 마음이 뒤틀린'이라는 의미를 갖고 있다. 그래서 마가복음 14 : 33과 마태복음 26 : 37에서 겟세마네 동산에서 기도하셨던 예수의 고뇌를 묘사할 때 사용되기도 하였다는 점을 고려할 필요가 있다(*LSJ* 사전, 21와 *BDAG*, 19 ; Collange의 주석, 120과 Reumann의 주석, 427). 그래서 라이트푸트(J. Lightfoot)는 이 단어를 "육체적 장애나 슬픔, 수치, 실망 등의 정신적인 근심에 의해서 형성되는 혼동되고, 침착하지 못한, 탈진되고, 반쯤 정신이 산만하게 된 상태"(Lightfoot의 주석, 123)를 의미한다고 주장한다. 더군다나 우리말 성서에는 번역되지 않지만 '모두'라는 의미를 가진 헬라어 '판타스'(πάντας)가 들어가서 성도들 전부를 그리워한다는 것은 약간 이상하거나 과장되어 표현된 것이다. 하지만 오히려 모두를 몹시 걱정하여 불안하게 되어 병이 악화되었다고 볼 수 있을 것이다. 그래서 에바브로디도가 단순한 향수병 때문이 아니라 빌립보 공동체 전부가 겪게 되었던 어떤 어려움에 대해서 매우 고민이 되어 불안한 마음이 되었기 때문에 바울이 재판을 앞두고 그의 도움을 받아야 할 결정적인 순간임에도 불구하고 그를 보내게 되었다고 볼 수 있다. 하지만 그 근원적인 설명을 하지 않은 대로, 바울은 에바브로디도의 병세를 덧붙여서 바울이 에바브로디도와 빌립보 성도들 사이의 서로 밀접한 관계와 가족관계로 몹시 걱정하는 상황을 설정하게 된다. 여기에서 우리는 에바브로디도를 바울이 보낼 수밖에 없는 상황을 묘사하지만 무엇인가 더 중요한 이유를 감추는 듯 표현 자체로는 왜 그를 보낼 수밖에 없었는지 설명이 여전히 불분명하다는 것을 알 수 있다. 결국 우리는, 그닐카의 조심스러운 설명을 넘어서 로마이어가 과감하게 제시한 데로, 이 구절에 반영되는 상황을 로마제국이 빌립보 교회가 요동칠 만큼 이 에바브로디도에게도 어떤 박해를 가함으로써 가족에게도 해가 되는 특별한 정치적 핍박의 정황으로 상정하는 것이 적합하다고 여겨진다.

[2 : 27-28] 27절에서는 에바브로디도의 병세를 다시 한번 말한다. 그는 거의 죽게 되었지만 하나님께서 그를 불쌍히 여겨서 바울의 근심을 면하게 하셨다는 것이다. 그가 어떤 병에 걸려서 죽게 되었는지 알 수 없다. '아팠다'라는 헬라어 '에스데네센'(ἠσθένησεν)은 병이 들어다는 데 초점이 있는 동사가 아니라 약하게 되었다는 의미가 강하다. 단순히 26절에서처럼 정신적인 스트레스 때문에 아팠는지는 알 수가 없지만 이것이 큰 영향을 주었다고 볼 수 있을 것이다. 그의 병은 거의 죽게 되었던 반면 그가 낫게 된 것은 기술되지 않은 채 하나님이 그를 긍휼하게 여기셨다는 말만 나옴으로써 단지 그를 낫게 된 것을 암시하게 된다. 이 긍휼을 베푸신 것은 바울이 매우 걱정하게 되는 상황을 면하게 하셨다. 이를 위해서 바울은 "내가 슬픔 위에 슬픔을 갖지 않도록"이라는 직역의 내용으로 표현하고 있다. '거의 죽게 되었다'에서 '거의'의 헬라어 '파라프레시온'(παραπλήσιον)은 '이웃(πλήσιον) 옆에(παρά)'라는 문자적 의미가 있다. 에바브로디도가 거의 죽게 되었다는 것을 말한 것은 빌립보서 2 : 6~11에서 그리스도께서 죽기까지 복종하셨다는 말을 연상시킴으로써 그의 행동을 순종의 모범으로 그리려 하고 있다는 것을 알 수 있다.

28절에서는 다시 한 번 바울은 에바브로디도를 급히 보내게 되는 이유를 밝히고 있다. 그것은 빌립보 성도들은 그를 다시 보게 되어 기뻐하게 되고 바울 자신의 근심도 덜게 하기 위한 것이기 때문이라는 것이다. 여기에서 '보내다'의 헬라어 동사는 과거이지만 25절과 에베소서 6 : 22와 골로새서 4 : 8과 빌레몬서 12절에서처럼 문법적으로 서간체 과거로 이해하면 "지금 편지와 함께 보내고 있다"는 현재의 의미를 갖게 된다. 그래서 바울은 아마도 에바브로디도 편에 전달해 준 경제적 선물에 대해서 감사한다는 4 : 10~20의 내용의 서신을 포함하여 빌립보서 1 : 1~3 : 1을 에바브로디도를 통해서 보내고 있다는 것을 표시하고 있다. 중요한 것은 27절에서 분명하게 회복되었다는 것을 언급하지 않고 있지만 에바브로디도가 아직 바울과 함께 있을 수 있을지라도 어느 정도 회복되어서 이제 돌려보내는 것이 추론된다. 여기에서 '급하게'의 헬라어 '스푸다이오테로스'(σπουδαιοτέρως)는 '의무와 책임을 담당하기 위해서 의식하는'이라는 뜻을 가진 스푸다이오스(σπουδαῖος)의 비교급이다. 이것은 '서둘러서'의 의미 이외에 '열심을 내어, 부지런하게, 위급하게'라는 뜻도 있다(*BDAG*, 939). 23절에서 이미 서둘러서 보낸다는 표시를 했기 때문에 더욱 위급하게 열성을 내어 에바브라디도를 보내고 있다고 말한다. 여기에서 '아뤼포테로스'(ἀλυπότερος)라는 헬라어는 '아'(ἀ ; 非)와 '뤼페'(λύπη ; 걱정)가 합성된 명사의 형용사형, 아뤼포스(ἄλυπος)의 비교급으로 '걱정이 없게 된'이 아니라 '걱정을 덜 갖게 된'의 의미이다(*BDAG*, 48). 바울이 그를 보낸 것은 빌립보 성도들이 그의 임무를 완성하지 못하여 그를 비난하는 것이 아니라 그를 통해서 하나님의 자비를 경험하게 하고, 바울이 걱정하는 교회의 분열에 대해서조차 해결하도록 힘쓰게 됨으로써 성도들도 기뻐하고 바울도 근심을 덜 갖게 하는 것이다.

[2 : 29–30] 29절에서는 '이러므로'(οὖν)로 시작해서 24절 이후의 에바브로디도에 관한 내용 전체의 결론을 도출하게 된다. 바울은 모두가 함께 기쁨으로 에바브로디도를 환영해 맞이하고 그와 같은 사람들을 존귀히 여길 것을 권면한다. 여기에서 '이와 같은 자들을'처럼 에바브로디도과 같은 그러한 사람들이라는 완곡한 표현을 쓴 것은 바울이 에바브로디도가 2 : 6~11의 구원의 복음에 적합한 삶을 산 그리스도의 모델이 된다는 것을 암시한다(Cousar의 주석, 66). '영접하다'의 동사 '프로스데코마이'(προσδέχομαι)는 종말론적 축복이나 그리스도를 기독교인들이 '열망하다'의 의미로 쓰기이고 하지만(딛

2 : 13, 막 15 : 43 ; 눅 2 : 25) 로마서 16 : 2에서처럼 '환영하다'의 의미를 갖고 있다(Sumney의 주석, 66-67). '그리스도 안에서'의 의미는 '열정을 가지고'나 '하나님이 원하시기를'이라는 의미로도 주석되지만(Silva의 주석, 141) 여기에서는 그리스도인이 서로 연합하여 정체성을 확립할 것을 강조하는 의미라고 볼 필요가 있다. 특히 '모든 기쁨으로'는 '순수한 기쁨'을 의미한다고 생각하기도 한다(Collange의 주석, 121). 하지만 이것은 2 : 1~4의 공동체의 분열 문제와 연결해서 보면 공동체가 '모두가 일치해서'라는 의미로 해석해야 할 것이다. 이렇게 에바브로디도가 바울을 섬기는 일을 바울이 중요시해서 모두가 함께 기쁨으로 그를 환영할 것을 권면한 것은 바로 빌립보 공동체가 바울이 투옥되었을 때 바울을 지지해야 할지 이를 철회해야 할지 공동체가 분열되었을 때 에바브로디도가 자신의 재산을 털어 반대를 무릎 쓰고 바울에게 자원해서 특사로 파송되어 바울의 재판과 관련된 특별한 업무를 하게 되었다는 것(본서의 "서론의 2. 빌립보서의 집필 동기와 핵심주제" 부분 참조)과 밀접한 연관성이 있다. 이제 바울은 파송을 반대하거나 비판하거나 무관심했던 모두가 기쁨으로 환영할 것을 권면하는 것이다.

30절에서는 에바브로디도가 그렇게 존경을 받을 만큼 기쁨으로 주 안에서 영접해야 할 이유를 설명하고 있다. 30절에서 에바브로디도는 '그리스도의 일' 때문에 자기 목숨을 걸고 거의 죽을 뻔 하면서도 자신을 희생하는 일을 감당하였기 때문이다. 여기에서 '그리스도의 일'은 빌립보서 1 : 5에서 빌립보 성도들이 참여한 '복음을 위한 일'과 연관된다. 또한 "그리스도의 일을 위해서 죽기에 이르러도 목숨을 돌보지 않았다"는 번역은 의역이다. 헬라어 원문에는 "목숨을 걸게 되어서 그리스도의 일 때문에 거의 죽음에까지 도달하게 되었다"고 직역할 수 있다. 이것은 27절에서 에바브로디도가 병으로 죽게 되었다는 말을 연상시킬 뿐만 아니라, 30절의 설명은 2 : 6~11에서와 같이 그리스도가 죽기까지 복종하였던 것처럼 자신의 생명을 아끼지 않고 자신을 희생하는 섬김의 모델을 의도적으로 제시하고 있다. 이러한 29절의 권면과 이에 대한 설명은 에바브로디도가 이들 성도들이 생각하는 것보다 너무 일찍 귀환하여 비난하게 될 것을 대비하여 하게 된 것이다. '도박에서 내기를 건다'에서처럼 '생명을 건다'는 의미로 사용된 동사는 '파라볼류사메노스'(παραβολευσάμενος)이다. 이 단어는 '파라볼류오'(παραβολεύομαι)의 분사형으로서 '어떤 항목이 놓여 있는 지점에 던지다'와 '운에(hazard)에 내맡기다'라는 의미를 가진 '파라발로'(παραβάλλω)에서 발전되어 '위험에 노출되다'와 '모험을 걸다'라는 뜻을 가진다(*BDAG*, 758–759). 이 단어의 교회 목회적 차원의 발전된 단어 '파라볼라노이'(παραβολᾶνοι – 라틴어 *parabolani*)는 '전염병에 걸린 사람들을 간호하기 위해 생명을 내걸고 치유하고 죽은 자를 매장하는 사람들'의 의미를 가진 것으로 언급되기도 한다(Lightfoot의 주석, 124와 *LSJ*, 1305). 아마도 에바브로디도의 이름이 내기 돈을 걸고 도박을 하는 사람이 행운이 깃들이기를 바라며 주문처럼 말하게 되는 '에바브로디도'의 의미인 '아프로디테의 여신의 사랑받는 자'를 연상시키기 때문에 바울이 '운에 내맡기다'의 의미를 의도했을 가능성이 제기되기도 한다(호돈의 주석, 249–250과 Silva의 주석, 142). 하지만 이보다는 바울의 복음의 정신이 바로 자신의 생명 전부를 내걸고 투쟁하며 참여하고 이 메시야적 결단을 중요시하는 생명을 거는 투쟁을 강조한다고 보아야 할 것이다. 이렇게 에바브로디도가 목숨을 걸고 그리스도의 일에 매진하였던 이유는 빌립보 성도들이 빌립보서 4 : 10~20에서 선물을 보내는 일과 같은 바울을 섬기는 공적인 일에 부족함을 채우기 위해서였다고 말한다. 여기서 부족함은 바울을 돕는 일에 게을렀다는 불평이 아니라 바울이 감옥에 있게 됨으로써 생기는 자연스러운 일일 것이다. 빌립보 성도들은 바울이 로마 감옥에 있는 동안에는 직접 섬기기에 부족하였기 때문에 파송된 에바브로디도가 이 부족함을 채우는 일에 목숨을 걸고 열심을 내었다고 칭찬하게 되는 것이다. 여기에서 섬기는 일은 2 : 17과 25절에서도 사용된 '자신의 사회적 신분을 높이기 위해서 자신의 재산을 들여서 행하는 공적인 사회사업'의 의미를 가진 헬라어 '레이투기아스'가 사용되었다. 이런 의미에서 에바브로디도는 단순히 교회의 공적인 일을 넘어서 바울이 감옥에서 재판에 대비하여 행해야 할 특수한 사적인 일을 담당하기도 하고, 빌립보 교회에서 벌어진 분열을 봉합하는 바울의 특수한 업무를 맡았을 가능성도 있다.

바울은 이제 디모데를 보내기보다는 에바브로디도가 더 이상 이러한 갈등으로 화병으로 시달리지 않도록 되돌려 보냄으로써 빌립보 교인들을 위로하게 된다. 이러한 행동은 사실 자신의 미래의 재판도 더 위험해질 수 있는 자기희생을 감수해야 하는 자기 자신을 전부 내던지는 모험적인 행동이었던 것이다. 바로 이런 이유에서 바울은 그가 죽음에 이르게 되면서까지 그리스도의 일에 임한 그를 칭찬하게 된다. 마찬가지로 또한 바울 자신이 자기희생의 복음의 모험 정신이 있기에 에바브로디도를 기쁨으로 영접하도록 빌립보 교인들에게도 권면하게 되는 이유가 되는 것이다.

제 Ⅱ 부

원시유대주의자들에 대한 경고 : 바울의 예와 가르침을 따라가기

빌립보서 3, 4장

A. 원시영지주의적 유대주의자들에 대한 경고 : 바울의 예와 가르침을 따라가기(3 : 1–21)
   1. 악한 실행자들에 대해 경계하라(3 : 1–3)
   2. 바울의 과거의 삶 : 특권과 개인적 성취(3 : 4–6)
   3. 급격한 도전 : 바울의 현재의 가치(3 : 7–11)
   4. 목적을 향해 달려가기(3 : 12–16)
   5. 참과 거짓의 모델 : 하늘나라의 이상공동체와 영광스러운 희망(3 : 17–21)

B. 결론적인 권면(4 : 1–9)

C. 빌립보인들의 선물에 대한 바울의 감사와 신앙적인 재해석(4 : 10–20)

D. 서신의 마감 인사(4 : 21–23)

| 빌립보서 3 : 1–4 : 18 |

원시영지주의적 유대주의자들에 대한 경고 : 바울의 예와 가르침을 따라가기

빌립보서 3장의 적대자에 대한 개론적 이해

빌립보서에서의 적대자의 정체성은 가장 뜨거운 논쟁거리이지만 명료한 해결의 방식이 잘 나타나지 않는다. 최근 슈넬레(U. Schnelle)는 그의 「신약성서의 역사와 신학 : 신약개론(1994)」에서 서신의 적대자가 누구인지에 대한 주석학적 논쟁점에 따라 다음과 같이 몇 가지 적대자들을 상정하게 된다 : ① 유대주의자들 : G. Lüdemann, G. Delling, G. Klein ② 유대계 그리스도인 선교사들 : G. Gnilka, G. Friedrich, U. Schnelle 등 ③ 유대 그리스도교 영지주의자들 : W. Schmithals, G. Bornkamm, Ph. Vielhauer 등 ④

3 : 3-11의 적대자는 유대인이고, 3 : 12에 반영된 적대자는 헬라주의적 방종주의자들 : M. Dibelius, G. Baumbach ⑤ 3중 적대자들 : R. Jewett. (U. Schnelle, The History and Theology of NT Writings(1994), 139-141). 여기에서 영지주의 견해에 대한 비판적인 고찰로서 헬무트 쾨스터(H. Koester)를 더할 필요가 있고, 유대주의자들의 견해는 최근 영미권에서 로마감옥설과 통일설을 주장하는 오브라이언(P. P. O'Brien)과 실바(M. Silva)가 주창하고 있다.

이 적대자를 재구성하는 데 가장 많이 동원되는 성경구절은 1 : 15~17, 27~28, 3 : 2, 18~19이고, 이에 대한 보조로 2 : 14~16과 3 : 12~16가 가장 많이 언급된다(W. Schmithals, Paul and the Gnostics(Nashville : Abingdon, 1972), 65-122 ; 실바의 빌립보서 주석(2005), 8). 보통 적대자는 3장에서 찾는 경향이 매우 뚜렷하다고 할 수 있다. 3장에서는 보통 할례(1-3), 온전함(12-15), 방종주의적 삶의 자세(18-19), 종말론(20-21)의 4가지 요소들이 복합되어 있다. 학자들은 이 네 가지 요소들이 모두 포함되어 있는 적대자를 나름대로 찾고자 하였다. 여기에서 가장 철저하게 주석학적으로 논증되기 까다롭지만 중요한 것은 영지주의자일 것이다. 슈미탈스(W. Schmithals)는 우선 영지주의가 할례를 강요할 수 있는 유대주의적 속성을 가질 수 있다는 점을 지적한다. 그 이유는 영지주의가 초기에 발생하였을 때에는 유대교에서 그 뿌리를 두었다고 볼 수 있다는 것이다. 온전한 자들(τέλειοι : 15a)은 영지주의자들이 성령에 도취되어 신적 황홀경을 체험함으로써 부활의 상태에 이미 도달하였다고 믿는 사람들로 잘 알려졌다. 그 밖에 슈미탈스가 이들이 영지주의자라고 확신하는 성서적 전거는 다음과 같이 여섯 가지이다 : ① 빌 3 : 2와 3 : 19에 따르면 적대적인 집단은 윤리에 있어서는 자유방임적이다. 왜냐하면 원시기독교나 초대교회사에서 기독교 내에서 윤리적으로 방종주의 운동은 영지주의자이기 때문이다. ② 빌립보서 3 : 4~6은 바울이 영지주의자들에게 말하는 것을 암시하는 고후 11 : 18, 21 이하에 나오는 것과 유사하다. ③ 빌립보서 3 : 8~11에서 바울은 영지(γνῶσις)를 다룬다. ④ 3 : 11 이

하에서 육체의 부활을 거부하거나 부활이 이미 일어났다고 생각하여 미래의 부활을 거부하는 것은 영지주의들의 전형적인 입장이다. ⑤ 빌립보서 3 : 12~14에서 바울이 주목하는 자랑하기의 특성은 고린도전서 1 : 18~31에서처럼 영지주의적 특성이다. ⑥ 빌립보서 3 : 15의 '온전주의자'(τέλειοι)는 영지주의의 전형적인 용어이다. 특히 슈미탈스는 여기에서 라이첸슈타인의 「헬라 신비종교」라는 책에서 발견되는 전거들을 제시하면서 고린도전서 2 : 6, 3 : 1에서 볼 수 있듯이 온전한 자들(텔레이오이, τέλειοι), 영지를 가진 자들(기노스티코이, γνωστικοί), 신령한 자들(프뉴마티코이, πνευματικοί) 등이 서로 교환될 수 있는 용어들이라고 주장한다. 이런 의미에서 여러 가지 바울서신의 적대자들인 유대주의자(갈라디아서)나, 열광주의자(고린도전서), 헬라적 유대계 선교사(고린도후서) 중에서 방종주의적 삶의 방식(18-19절)을 가질 수 있는 적대자는 오직 영지주의자들이었다는 점을 강조한다(Schmithals, 위의 책(1972), 100-101과 J. B. Tyson, "Paul's Opponents at Philippi" Perspectives in Religious Studies 3 (1976), 82-95 참조).

하지만 이에 대해서 비판적인 학자들에게는 방종주의적 삶이 영적 온전함으로부터 논리적으로는 도출될 수 있지만 현실적으로는 온전함이 도덕적 의미를 내포한다는 의미에서 이것은 방종주의적 삶과 모순적인 것으로 보인다. 특히 오늘날의 기독교인들에게는 과연 성적 방종주의가 가능한 것인지 의아스럽지만, 당시에는 영적 황홀경에서는 온전함이 성적 방종과 공존하는 것이 가능했다는 역사적 인식이 중요하다. 문제는 이러한 관점에서도 몸의 부활을 부인하고 비밀스러운 신적 인식을 중요시하는 영지주의자들이 어떤 계층과 문화적 차이(노예/시민, 여자/남자, 유대인/헬라인)를 가진 사람들인지, 이들이 로마제국의 시민권력에 어떤 태도를 가지게 되어서 바울이 신랄하게 신학적 비판을 하게 되었는지 물을 필요가 있다는 것이다.

이런 비판적 고찰을 통해서 필자는 3장을 주석할 때 다음과 같은 네 가지 새로운 접근방식을 제시하였다. 첫째, 빌립보서 3장에서는 로마 제국의 시민권력과 관련된 새로운 역사적 도전에 직면하였다는 것이다. 둘째, 적대자를 규정할 때 동조자가 있을 수 있다는 것이다. 셋째, 적대자는 영지주의와 헬라적 유대계 선교사들의 경향이나 유대주의적 요소를 함께 가진 혼합주의적 속성을 가지고 있다. 넷째, 삶의 방식과 관련되어 철학적 영향을 배제할 수 없다는 점에서 지식인 집단과 대중이 함께 논의되어야 한다는 것이다. 여기에서 적대자가 구체적으로 존재한다면 유대주의자(실바)나 헬라적 유대계 선교사(그닐카)라기보다는 성적 방종주의에 더 많이 노출되어 있는 '원시영지주의자'(Proto-Gnostics)라고 보는 것이 타당하다고 주장하였다. 이러한 이유를 빌립보서 3 : 12~14에서 "얻고자 하였다"는 말과 17~19절의 '온전함'에 대한 언급, 적대자의 삶의 방식 세 가지(19절 : 배를 신으로 섬기고, 부끄러운 일을 영광스럽게 생각하고, 땅의 것을 추구하는 것)는 단순히 기독교 내부의 신학적 토론이 아니라 고대 사회의 예언활동에서 신적 인식을 통해서 역사의식과 삶의 방식을 일관되게 포착하는 성숙한 그리스도인의 기본 자세와 연관되기 때문이다. 더군다나 이러한 예언활동에서 성적 방종과 로마제국의 클럽활동의 이방 문화가 서로 연계되어서 공동체의 갈등을 유발하는 상황을 상정하여 주석을 하게 되었을 때 적대자와 바울과의 더 역동적인 주석결과를 가져올 수 있다는 것을 제안하게 되었다.

중요한 점은 빌립보서 3 : 1~3 이외에 3 : 12~15와 17~19에서는 바로 이 유대주의적 경향과 영지주의적 경향 둘 다를 가진 혼합주의적 방종주의자의 제안을 받아들이고 이들과 유사한 삶의 방식을 좇는 이방인 그리스도인들이 함께 존재하고 있다는 것을 알 수 있다. 특히 3 : 12~15에 대한 주석을 예로 들면, 바울은 그리스도 체험을 한 그리스도인들은 어떤 시간과 역사이해의 유형을 가져야 하는지의 물음에 대해서 답변하고 있는 것이다. 바울은 이러한 문제에 관해서 이미 얻었고 온전히 완성하였다는 영지주의 경향도 비판하고, 이미 율법 속에서 완성되어서 더 이상 우리가 완성시킬 것이 아니라 법을 통해서 의를 이룩하는 것이라고 생각하는 유대주의자 경향도 비판하는 것이다. 그리스도에 의해서 붙잡힌바 그것을 완성하려고 좇아가고 있다고 표현함으로써 위의 두 가지 다른 역사 이해를 비판하고 있는 것이다. 한편으로, 초월적 신의 역사가 이미 완성되었다는 영지주의자들의 역사 이해도 비판하고 있고, 다른 한편 아직 초월적인 신적 인식의 완성이 율법 속에 이미 나타나서 이에 기초한 삶의 양식을 찾는 것만 있다고 생각하는 유대주의적 속성이나 유대인들의 역사이해를 비판하고 있는 것이다. 여기에서 이렇게 이미 온전함에 도달되었다고 생각하는 사람들이 로마제국의 시민권력과 관련된 엘리트 계층의 이방그리스도인이었을 경우에 이들이 바로 18~19절의 방종주의에 빠지기 매우 쉬웠을 것이라고 추론할 필요가 있다는 것이다. 특히 19절의 '그리스도의 십자가의 원수'(18절)라고 표현되는 적대자들은 그리스도의 십자가가 구원능력이 있다고 보는 유대주의자나 헬라적 유대계 선교사들이 아니라 이를 부인하는 공동체 내부의 원시영지주의자들이라고 볼 수 있다. 여기에서 원시영지주의는 우리가 생각하는 대중주의적 밀의 종교적 형태라기보다는 식자층의 영지주의라는 것을 제기할 필요가 있다. 이들은 단순히 슈미탈스가 말한 대로 신성에 관한 비밀을 전수 받는 영지주의의 종교적 차원만 가진 것이 아니라, 로마제국 내의 클럽활동에 갈 수밖에 없는 기독교인들의 삶의 방식을 옹호하는 신학자들과 이에 동조하는 이방그리스도인들이라고 볼 수 있다. 그들의 신은 배이면서 그들의 영광은 부끄러움에 있고, 땅에 것들을 추구하는 사람들이라고 말한 것은(19절) 공동체 내의 특정한 삶의 행태를 신학적으로 옹호하는 주장을 비판하고 있는 것이다.

특히 신학적 측면에서 중요한 점은 바로 종교체험에 의해서 이미 온전함에 도달하였다고 생각하는 사람들과 이러한 사람들이 지지하는 십자가와 상관없는 부활에 대해서 낭만적으로 생각하는 사람들, 그리고 이 황홀경의 종교체험을 강조하느라 오히려 온전함을 빙자하여 성적인 방종주의에 빠진 자들이 모두 이러한 역사이해와 신학적 근거를 토대로 자신들만 아니라 동조자들에게 자신들의 주장을 설득하고 있는 상황이 상정된다는 것이다. 바울이 온전한 자들을 비판하면서도(12절) "우리 온전한 자들"이라고 말한 것은 바로 진정으로 온전한 자들은 원시영지주의자들과 달리 바로 그리스도의 십자가가 구원의 능력이 있어서 그의 고난에 참여하게 될 때 그와 함께 부활에 참여하게 된다(3 : 10-11, 20-21)는 신적 지식의 비밀을 가진 자들이다. 바로 이들은 이러한 비밀에 기초한 역사의 목표를 정하고 다시 자신이 완성되지 않은 것을 알고 계속 경주하는 성숙한 그리스도인들이라고 볼 수 있다. 바울이 강조하는 신앙의 역설적 완성은 바로 특별한 위기적 국면에서 하나님이 자기 자신을 우리가 모두 따라가는 방식과 전혀 다르게 계시하시고 결국은 역사의 종착역이 언젠가는 새롭게 나타날 수 있다는 점에서 역사의 불연속성과 역사의 궁극적 목적을 동시에 인정하는 신앙의 자세를 제시하고 있는 것이다(더 자세한 논의에 관해서는 김덕기의 글(2010a), 37-67 참조).

원시영지주의의 개념

원시영지주의(Proto-Gnosticism)는 1966년 이탈리아 메시나(Messina)에서 개최된 영지주의 개념에 관한 학술대회에서 영지주의(Gnosticism)와 영지(Gnosis)의 엄격한 구별에 입각해서 형성된 영적 엘리트들에게 전수되는 비밀스러운 영적 지식을 추종하는 사상적 경향을 일컫는 기술적 용어이다. 신앙에 대한 지식을 특정한 사람에게 비밀스럽게 전수시키는 사변적 영지와 급격한 이원론을 통해 체계적인 구원론을 발전시킨 2세기의 영지주의가 엄격하게 구분되는 점이다. 2세기의 영지주의와 달리, 필로의 사상체계와 유사하게 영지의 개념에 기초한 원시영지주의는 유대교 지혜 사변과 헬라적 플라톤의 이원론을 그레코-로만 문화에 적합하게 적용하여 오직 특정한 입회절차를 거친 영적 엘리트들에게만 구원의 비밀을 전수해 주는 신비주의 사상이나 이에 기초한 종교활동을 말한다. 특히 고린도전서에 나타난 전형적인 원시영지주의를 추종하는 세력은 로마제국의 정치 이데올로기를 암암리에 지지하여 자유방임주의에 빠지거나 금욕주의의 도덕적 완벽성을 추구하면서 지식 계층의 이방 그리스도인들을 포교하는 특색이 있다. (이에 관해서는 전경연, 「고린도전서의 신학논제」(서울 : 대한기독교서회, 1988), 151-184와 Richard A. Horsley, "Gnosis in Corinth". *NTS* 27. 01(1980), 32-51와 Birger A. Pearson, *Gnosticism, Judaism, and Egyptian Christianity*(Philadelphia : Fortress Press, 2006), 165-182 참조).

A. 원시영지주의적 유대주의자들에 대한 경고 : 바울의 예와 가르침을 따라가기

1. 악한 실행자들에 대해 경계하라(3 : 1-3)

[1a]끝으로 나의 형제들아 주 안에서 기뻐하라 [1b]너희에게 같은 말을 쓰는 것이
내게는 수고로움이 없고 너희에게는 안전하니라 [2]개들을 삼가고 행악하는 자
들을 삼가고 몸을 상해하는 일을 삼가라 [3]하나님의 성령으로 봉사하며 그리
스도 예수로 자랑하고 육체를 신뢰하지 아니하는 우리가 곧 할례파라

[3 : 1] 1a절에서 "끝으로 나의 형제들아 주 안에서 기뻐하라"는 보통 1 : 1~2 : 30의 결론을 나타내는 구절로 이해될 수 있다. 왜냐하면 "끝으로"로 번역된 헬라어 '토 로이폰'은 편지나 글의 결어로 이해될 수 있기 때문이다. 이런 경우에는 대개 파편저작설을 주장하는 학자들이 이렇게 이해하려 한다. 더군다나 이 말은 에바브로디도를 기쁨으로 맞이할 것을 요구하는 바울의 부탁(2 : 28-29)과 어울려서 2장까지의 결말로서 기능하는 데 매우 적합하다고 생각된다. 반면 통일저작설을 주장하는 학자들은 헬라어 '토 로이폰'을 주제의 흐름을 바꾸기 위해 쓰는 말, '그런데', '더욱이', '다른 한편'으로 번역하려 한

다(호돈, 255). 이 주석에서는 통일저작설을 더 지지하더라도 '토 로이폰'이 위의 논의 흐름의 결론을 나타내고 있기 때문에 가장 번역하기에 일반적으로 쓰이는 '결국'(therefore)이라는 의미를 제안할 필요가 있다(파편저작설과 통일저작설에 대한 자세한 설명에 관해서는 김덕기(2013) 참조).

"주 안에서 기뻐하라"는 빌립보서에서는 자주 나오는 권면 말씀이다(1 : 4, 18, 25, 2 : 2, 17-18, 29, 29 ; 4 : 1, 4 : 10). 여기에서 "주 안에서"라는 말은 로마 황제를 '주'(퀴리오스)로 생각하는 정치문화적 풍토에서는 그리스도를 주로 섬기는 그리스도 시민으로 사는 사람은 결국 에바브로디도의 순교적인 헌신을 기쁘게 받아들여 할 책임이 있다는 것을 강조하는 것이라 볼 수 있다. 그래서 이 기쁨은 개인적 감정을 나타내기보다는 사회적 갈등이 야기되는 외적 핍박을 견디기 위해서 주 안에서 그리스도의 시민으로 사는 사람들의 결연한 자세를 나타낸다고 할 수 있을 것이다.

또한 빌립보 교회는 루디아, 유오디아와 순두게 등과 같은 여성들의 활동이 활발하다고 생각되기 때문에 헬라어는 '형제들아'만 나오지만 영미권의 새개정성서번역(*NRSV*)에서처럼 "형제 자매들아"(my brothers and sisters)로 번역될 수 있을 것이다.

3 : 1b의 "너희에게 같은 말을 쓰는 것이"는 흔히 1 : 1~3 : 1a의 파편 편지라는 것을 나타내는 증거로 흔히 논의되는 구절이다. 파편저작설을 부인하고 통일저작설을 주장하는 학자들은 "같은 말"(타 아우타 : 같은 것들)이 2 : 18의 순교적 정황에서도 바울과 빌립보 교회가 서로 교제하며 기뻐하라는 말들을 다시 반복하고 있는 것을 가리킨다고 간주한다. 또한 이러한 기쁨에 대한 권고는 1 : 18b~26에서도 반복하고 있는 것이기 때문에 복수로 나타내고 있다고 주장한다(Udo Schnelle, *The History and Theology of the New Testament Writings*(London : SCM Press. 1998), 136). 그러나 문법적으로는, 복수로 쓰인 "같은 말"은 3 : 2 이하의 복수의 말을 지칭할 수 있다(Sumney, 앞의 책, 70). 특히 3 : 2의 세 번 반복되는 '블레페테'(조심하라)라는 구체적인 반복어

구를 가리킬 수 있다고 주장한다(Cousar의 주석, 68). 우리는 파편저작설과 통일저작설 둘 다 각각 일리가 있지만 교인들의 입장에서 보면 3 : 1의 기쁨과 2절 이하의 적대자에 대한 경고가 다 걸리는 말로 이해할 필요가 있다는 것을 중요시할 필요가 있다. 1~2장의 흐름은 사회적 갈등이 있다는 것과 이를 극복하는 자세로서 주 안에서 기뻐하라는 말이 언급되었지만 이제 바울은 이를 또 반복하겠지만 좀 달리 말하겠다는 뜻이 될 것이다. 다시 말해서 이제까지 사회적 갈등에도 불구하고 주 안에서 기뻐하라는 말을 표층적으로 말하고 있지만 이제 이와 같은 말을 반복하는 근본적인 이유를 다음과 같이 신학적으로 새롭게 말하려 한다는 의미가 될 것이다.

[3 : 2] 3 : 2의 "너희에게는 안전하니라"는 말은 단순히 개인의 안녕을 나타내기보다는 너희가 핍박을 피하기 위해서 적대자들의 제안을 받아들임으로써 로마제국에 의해서 얻게 되는 정치적 안전과 달리 진정으로 그리스도 안에서 누릴 수 있는 정치적 안전도 포함한다고 할 수 있을 것이다.

개들, 행악자들, 몸을 상해하는 일을 삼가라는 2절의 말에서 '개들'과 '행악자들'은 바울의 복음과 대적하는 적대자를 지칭한다. 하지만 이들이 현재 존재하는 적대자인지, 단지 가상의 적대자로서 도래하게 된다면 조심하라는 것인지 해석의 쟁점이 될 수 있다. 일반적으로는, 3장이 나머지 서신과 함께 보내졌다고 주장하는 통일저작설을 지지하는 학자들은 '삼가라'로 번역된 헬라어 '블레페테'(βλέπετε)가 '피하거나 억제하거나 조심하라'는 강한 권고의 말보다는 단순히 '보다'에서 전이된 '주의 깊게 보라', '관심을 돌리라'는 제안의 말로 번역될 수 있다고 주장한다. 왜냐하면 '블레페이인'은 용례상 직접 목적어를 가질 경우에는 항상 '주의 깊게 보다'와 '관심을 갖다'는 뜻이 있게 되고, '삼가다'와 '경계하다'는 말로 쓰일 경우에는 일반적으로 분리의 의미를 가진 전치사 '아포'(ἀπό)나 부정을 나타내는 '메'(μή)가 함께 쓰이기 때문이다(G. D. Kilpatrick, "βλέπετε", *In Memoriam Paul Kahle*(Berlin :

Topelmann, 1968), 146-148). 사전적 의미로도 억제하거나 삼가다는 아니고 '보다', '관망하다'라는 말에서 파생되어 기껏해야 '경계하다', '주의하다'로 번역된다(*BDAG*, 179). *KJV*이나 *NRSV*에서 'beware of'(경계하라, 주의하라)로 번역되었지만, *RSV*에서는 'look out for'(-에 대해서 관망하라)로 번역되었고, *NIV*에서는 'watch out for'(-에 대해서 주의 깊게 관망하라)로 번역되었다. 이러한 새로운 번역은 일반적으로 3 : 1과 3 : 2이 그렇게 급격하게 연결되고 있지 않다는 견해를 비판할 수 있어서 통일저작설을 주장하는 학자들은 이러한 번역을 매우 중요시하고 선호하는 경향이 있다.

하지만 여기에서는 이 '관망하라'라는 말이 개들, 행악자들, 몸을 상해하는 자들에게 각각 적용되어 반복된다는 점에서 현실적으로 존재하는 적대자들을 '조심해서 지켜봐라'는 적극적인 해석이 더 설득력 있다고 볼 수 있다. 보다 중요한 점은 이들을 왜 조심해야 하는지 자세하고 구체적인 정황을 제시하지 않고 있지만, 매우 다급한 상황에서 바울이 특정한 사람들의 무리를 각각 달리 지칭하고 있다는 점이다.

더군다나 이들이 어떤 형태의 적대자인지에 대한 논의는 학자들 사이에 다양하게 토론된다. 이들이 다양한 종류의 적대자들을 나타내기보다는 한 가지 종류의 적대자들을 지칭한다고 볼 수 있을 것이다. '개들'은 유대인들이 이방인들을 향하여 퍼붓는 경멸적인 용어이다. 이들은 바울의 편에서는 유대인들을 의미하는지, 이방인들을 의미하는지, 갈라디아서에서의 유대주의자들인지 쟁점이 된다. 이들은 몸을 상해하는 일과 관련해서는 확실히 할례를 통해서 이방인들이 그리스도인이 될 수 있다고 생각한 유대주의적 속성을 가진 적대자일 가능성이 높다. 하지만 이들이 이방인들이라기보다는 이방인처럼 특정한 행위를 하는 사람들을 빗대어 비난하는 것이다. 이것은 이방인이나 하는 성적 방종과 정치적 술수를 행하는 자들을 비난하는 과장적 수사라고 할 수 있을 것이다. 이들이 개들로 불리는 이유가 이방인이나 행하는 정치적 술수를 사용하여 정치적 핍박을 면하게 하기 위해서 이방인에게 할례를 억지로 주는 유대주의 정치꾼들이라고 할 수 있는 것이다(M. Tellbe, "Sociological Factors behind Philippians 3 : 1-11", *JSNT* 55(1994), 97-121). 더군다나 이들은 18~19절의 십자가의 원수들로서 성적 방종주의적 특성을 가진 자들을 동조자로 가질 수 있게 된다. 그래서 이들은 정치적으로 로마제국의 관리들과 친할 수 있는 엘리트들일 수 있다는 것이다. 결국 이 적대자는 유대주의적 속성만이 아니라 원시영지주의적 속성과 로마제국에 대해서 호의적 입장을 가진 혼합주의적 그리스도인일 가능성이 높다(김덕기, "빌립보서 3장의 적대자 논의와 이와 연관된 주석적 고찰," 「신학과 문화」 19집(2010), 37-67 참조).

"몸을 상해하는 일"에 해당하는 헬라어는 '카타토메'로서 3절의 '할례'라는 말의 헬라어 '페리토메'를 조롱하는 말놀이일 수 있다. 개역개정에는 '몸을 상해하는 일'로 번역되었지만 이전 개역한글에서 사용되던 '손할례당'에서처럼 '몸을 상해하는 사람'으로도 번역될 수 있다. 이러한 할례를 중요시하려는 사람들이 있었다면 이들이 어떤 종류의 적대자들인지 논쟁이 있어 왔다. 가장 중요한 논의는 할례를 원시영지주의들의 표식으로 이해하거나 헬라적 유대주의 선교사의 자기 과시의 표시로 이해할 수 있다는 주장들이다. 하지만 이러한 견해들은 온전함의 모티브(15-16절)와 방종의 모티브(18-19절), 부활의 모티브들(20-21절)과 부합되는 적대자의 성격을 찾고자 하여 형성된 것이다. 하지만 이들은 핍박을 피하기 위해서 이방인들에게도 할례를 억지로 시키려는 유대주의적 경향을 가진 사람들로서 이해하려 한다면 이들의 행위는 정치적 충돌을 회피하려는 목적이라는 점에서 정치적, 사회적 핍박과 연관시킬 수 있을 것이다. 왜냐하면 당시 할례를 한 유대인은, 법적인 규정은 아닐지라도 유대 종교의 특수성을 인정하는 로마 제국의 정치외교적 관례상 다음의 몇 가지 특권들을 로마제국으로부터 갖게 됨으로써 정치적 핍박과 이로 인한 경제적 압박으로부터 벗어날 수 있었기 때문이다 : ① 종교적 자유가 허용되는 자치령 구성 허용 ② 안식일과 유대축제와 음식 규정 준수 허용 ③

로마제국 제의에 참여하는 것 면제 ④ 로마 군대 강제 복무 면제 ⑤ 성전세 징수와 송달 허용과 함께 직접세(인두세와 재산세) 면제(M. Tellbe, 2001, Paul between Synagogue and State, 37-59, 182-188). 종합하면 이들은 몸을 상해하는 일과 관련해서는 확실히 할례를 통해서 이방인들이 그리스도인의 정체성과 특권을 동시에 가질 수 있다고 생각한 유대주의적 속성을 가진 엘리트 정치인 그리스도인일 가능성이 높다. 바로 이들에 대한 신랄한 비판을 하기 위해서 바울은 조롱의 언어를 사용하게 된 것이다.

특히 여기에서 '행악하는 자'(카쿠스 에르가타스)는 고린도후서 11 : 13과 고린도후서 13 : 4에서처럼 바울과 경쟁하였던 헬라적 유대교의 지적 풍토에서부터 그리스도를 재해석하여 신적 영웅으로(테이오스 아넬 : θεῖος ἀνήρ) 이해하였던 그리스도 선교사들이 고린도후서의 적대자들과 같은 부류의 사람일 가능성이 있다는 주장이 제기되었다. 이들은 십자가의 그리스도를 강조하는 바울이 감옥에 갇혀 아무런 신적 능력도 발휘하지 못하는 바울이 사도로서의 자격이 없다고 생각한다. 그렇게 되면 앞의 개들이나 몸을 상해하는 자와 같은 부류의 갈라디아서의 적대자와 같은 전형적인 유대주의자와 잘 부합되지 않게 여겨진다. 이러한 주장은 대게 4~6절에 나오는 바울이 자신의 사도권의 정당성을 주장하는 구절과 연관된다. 왜냐하면 이 4~6절은 고린도후서 11 : 22("그들이 히브리인이냐 나도 그러하며 그들이 이스라엘인이냐 나도 그러하며 그들이 아브라함의 후손이냐 나도 그러하며")와 유사하기 때문이다(그닐카의 주석, 292-297, 332-336). 그러나 이들이 헬라적 유대계 선교사라는 주장은 앞에서 기술한 개들이나 몸을 상해하는 자와 같은 부류의 적대자의 전형적인 유대주의적 속성과 잘 부합되지 않게 여겨진다. 이 행악하는 자들을 방종주의적 행위를 하고, 억지로 할례를 강요하면서 정치적 핍박을 면하게 하고, 로마제국의 시민권력에 굴종하도록 요구하는 악한 행위를 하는 자로 기술하고 있다고 본다면, 바로 이러한 적대자들은 엘리트적 유대주의적 속성과 방종주의 영지주의자적 속성을 둘 다 함께 갖고 있는 혼합주의적 원시영지주의에 더 해당한다고 할 수 있다.

[3 : 3] 3절에서 결국 왜 이들을 경계해야 하는지 그 이유가 제시된다. 바울은 우선 어떤 자가 할례파인지 기술한다. 여기에서 할례파란 하나님의 유업을 계승하는 참 이스라엘을 지칭한다. 이것은 상대방이 육체를 절단하는 할례파인 것을 주장하는 그 용어를 사용하여 아이러니 효과를 나타내고 있다. 이것은 앞에서 2절의 조롱의 언어처럼 신랄하고 급격하게 이들을 비판하는 효과를 가져온다. 진정으로 할례파라고 한다면 사실은 내적으로 할례를 한 자라는 것이다. 이것은 로마서 2 : 25~29 "……무릇 표면적 유대인이 유대인이 아니요 표면적 육신의 할례가 할례가 아니니라 오직 이면적 유대인이 유대인이며 할례는 마음에 할지니 영에 있고 율법 조문에 있지 아니한 것이라……"과 유사하다는 것을 알 수 있다.

빌립보서 3 : 3에 의하면, 진정한 이스라엘 사람은 하나님의 성령으로 봉사하며, 예수 '안에서'(엔) 자랑할 뿐 육체를 신뢰하지 않는 자를 말한다. 영적 할례를 받은 참 이스라엘 사람들의 신앙양태의 세 가지 나열방식은 2절에서 개들, 행악자들, 몸을 상해하는 자들의 세 가지 속성들과 대조되는 방식으로 제시된다. 이 구절에서 바울이 논의하고자 하는 것은 무엇인가? 빌립보 교회에서 하나님의 성령이 아니라 다른 영을 받고 봉사하는 사람들이 있었다는 것을 암시하고 있다고 볼 수 있을 것이다. 이 다른 영을 받는 사람들은 성령의 은사를 받고 부활을 달리 해석하는 열광주의자들이라기보다는 하나님과 그리스도에 대해서 달리 이해하고, 부활 자체를 거부하고 성령의 은사 받은 체험을 영적 지위의 변형을 나타내는 증거로 생각하는 원시영지주의들을 가리키고 있다고 볼 수도 있을 것이다. 하지만 바울은 곧이어 예수 그리스도 때문에 자랑하기보다는 다른 것 때문에 자랑하고 육체를 신뢰하는 자가 있다는 것을 암시한다. 바울은 그리스도의 십자가를 자랑하기보다는 예수의 부활을 통해서 나타나는 계시나 그의 능력을 신뢰함으로써 그의 영을 받았다고 주장하는 사람들을 비판하고 있는 것이다. 이들은 다른 사람들에게 자신도 과시하고 다른 사람들에게 봉사한다고 생각하는 집단이라는 것이다. 특히 기적을 행하는 것과 같은 예수의 영웅됨을 자랑하고 있는 것이라고 할 때에는, 이 집단은 예수를 모세와 같은 영웅으로 생각하는 고린도후서의 적대자와 유사한 외부에서 들어온 헬라적 유대 선교사들이라고 볼 수 있다고 주장하는 학자들도 있을 것이라고 주장되기도 하였다. 그러나 중요한 점은 1~2절과 3절이 서로 일치하지 않는다는 점에서 적대자의 정체성을 일관성 있게 도출하려는 시도는 좌절되기가 쉽다. 이런 점에 비추어 보면, 그리스도를 신적 영웅(θεῖος ἀνήρ)으로 재해석하려는 헬라적 유대교의 경향을 가진 자로 해석하기보다는, 오히려 할례를 이방인에게도 요구하는 유대주의적 경향과 원시영지주의적 계시와 영지를 둘 다 강조하면서 정치적 영향력을 형성하려는 혼합주의적 원시영지주의자일 가능성이 더 높을 것이다.

슈미탈스는 3절의 적대자들이 할례를 강요하는 자들인지 자신의 할례를 자랑하는 자들인지 결정하기 어렵다고 논평할 뿐 3절을 자세히 주석하지 못한다(W. Schmithals, *Paul and the Gnostics*(Nashville : Abingdon, 1972), 65-122). 그래서 필자는 플라톤적 헬라지혜사변과 유대지혜사상을 혼합시킨 영적 구원의 지식을 추구하는 엘리트적 원시영지주의가 적대자라고 생각하면서 3절을 다음과 같이 과감하게 새롭게 주석할 것을 제안하고자 한다. 오히려 3절은 하나님의 성령을 봉사하는 것은 자신의 권력과 명예와 소유를 과시하는 삶이 아니라 약한 자와 불명예로 수치스러운 삶을 사는 자들과 같은 비천하고 사회적 지위가 낮은 자들에게 함께하시는 하나님의 성령을 충만하게 받는 것을 의미한다. 그래서 바울은 이러한 성령이 아니라 영지(그노시스 : γνῶσις)를 통해서 기사와 이적을 행하고 황홀경의 체험을 하는 데서 오는 신적 인식과 자유 그리고 영적 능력을 과시하는 자들을 비판하고 있다고 볼 수 있을 것이다. 이들은 소외된 사람들을 섬기고, 고난받는 자들과 연대하고, 그리스도의 십자가가 상징하는 교제와 연대의 삶의 방식을 제안하는 바울과 달리 오히려 위의 영적 특권을 바로 할례와 연관시킨다는 점에서 로마 제국의 권력자들과 연대하기 위해서 이들이 제공하는 육체를 신뢰하는 삶을 사는 방종주의적 사람들이라고 볼 수 있을 것이다. 결국 여기에서 바울은 신학적 적대자와 교리적인 논쟁을 하고 있다는 것이 초점이라기보다는 '육체'를 신뢰하는 삶의 방식을 비판하고 있다고 보아야 할 것이다.

2. 바울의 과거의 삶 : 특권과 개인적 성취(3 : 4–6)

> 4그러나 나도 육체를 신뢰할만하니 만일 누구든지 다른 이가 육체를 신뢰할
> 것이 있는 줄로 생각하면 나는 더욱 그러하리니 5내가 팔일만에 할례를 받고
> 이스라엘의 족속이요 베냐민의 지파요 히브리인 중의 히브리인이요 율법으
> 로는 바리새인이요 6열심으로는 교회를 핍박하고 율법의 의로는 흠이 없는
> 자로라

[3 : 4–6] 4절에서는 다른 사람들이 육체를 자랑한다면 바울은 이 육체에 대해서 더욱 자랑할 것이라고 생각한다. 여기에서 3 : 4~11까지 바울이 자신의 삶의 스타일을 제시하며 3 : 2~3의 적대자를 비판하고 있는 것인지, 아니면 이 적대자와 대조되는 자신의 삶을 모방해야 할 범례로 제시하는데 목적이 있는지 질문을 던질 필요가 있다. 수사학적 측면을 강조하는 최근 학자들은 후자를 중요시하려 하지만 우리는 바울이 진심으로 자신 생각이 다른 사람들을 향하여 신학적 논쟁을 벌이고 있다고 생각할 필요가 있는 것이다. 그럴 경우에 3 : 4의 '다른 이'란 적대자를 가상으로 제시하는 것이라고 보아야 할 것이고, '육체'(사르크스)는 갈라디아서의 성령과 반대되는 육체에 따라 사는 삶의 방식이라는 의미로 쓰였다기보다는 유대인의 할례가 상징하는 자신의 출신 배경에서 오는 특권들을 암시적으로 의미한다고 보아야 할 것이다. 이 구절은 고린도후서 11 : 22~23a("그들이 히브리인이냐 나도 그러하며 그들이 이스라

엘인이냐 나도 그러하며 그들이 아브라함의 후손이냐 나도 그러하며 그들이 그리스도의 일꾼이냐 정신없는 말을 하거니와 나는 더욱 그러하도다")과 유사하여 적대자가 고린도후서 11 : 16~12 : 11에서의 신인 기독론을 추종하는 헬라적 유대 선교사로 생각한다. 하지만 고린도후서에서는 바울이 자신의 사도성을 비판하고 있지만, 여기에서는 바울이 사도성이 아니라 유대인으로서의 출신성분을 그리스도를 만나서 버렸다는 점을 부각시키고 있으므로 유대인의 삶의 조건을 비판하고 있는 것이다. 여기에서 바울은 특히 그리스도를 만나서 이방인의 사도로서 소명을 받은 후에는 새로운 삶의 가치관을 갖게 되었다는 7~11절을 말하기 위해서 유대인의 특권을 가질 수밖에 없는 바울 자신의 출신과 삶의 조건을 나열하고 있는 것이다. 위의 1~3절에서 논의했듯이, 여기에서 적대자가 단순히 유대주의자라면 유대주의자들이 이방인에게 강요하는 할례가 무용하다는 논리를 바울이 갈라디아서처럼 제시해야 할 것이다. 그렇지만 여기에서 바울은 할례의 신학적 차원을 논의하기보다는 유대인의 혈통으로서의 '육체'를 자랑하면서 자신의 가치관의 변화를 포괄하는 이력을 직접 제시한다. 이런 의미에서 바울은 유대주의자와 직접 싸우기보다는 그리스도인의 정체성과 이와 연관된 삶의 방식을 갖는 것이 무엇인지 보여 주려 한다. 바울은 할례를 통해서만 기독교인들이 될 수 있다고 하는 유대주의자의 주장을 단순히 비판하기보다는 자신의 자랑할 내용을 아이러니컬하게 제시하고 있다. 그래서 여기에서 말하는 '육체를 신뢰할 만하니'는 유대인으로서 갖는 특권으로 주어지는 출신 배경을 자랑할 수 있다는 말이다. 유대인의 외적 조건이 되는 출생 성분이 자신의 정체성을 결정한다면 나도 그러한 자랑을 충분히 할 수 있다는 점을 제시한다.

5절에서 바울은 유대인으로서 자신이 가졌던 특권과 관련되는 특별한 조건들을 고린도후서 11 : 22과 유사하게 다음과 같이 네 가지로 제시한다 : ① 그는 8일 만에 할례를 받았다는 것(창 17 : 12 ; 레 12 : 3 ; 눅 1 : 59 ; 2 : 21)은 단순히 이방인들과 다를 뿐만 아니라 다른 유대인과 달리 태어날 때부터 독실한 유대인 가문에서 태어난 것을 자랑하는 것을 나타낸다. ② 이스라엘 족속이란 하나님과의 언약적 관계를 맺고 있는 거룩한 민족을 나타내는 것으로서 유대교로 개종한 2급의 유대인과 다르다는 것을 강조한 말이다. ③ 베냐민의 지파라는 것은 유대인 여러 지파 중에서도 이스라엘의 최초의 왕 사울(바울 이전의 자신의 이름)이 속하였던 특별한 지파였을 뿐만 아니라 야곱이 유일하게 약속의 땅에서 탄생시킨(창 35 : 9-19) 베냐민과 관련된 지파에 소속된 것을 자랑하는 것이다. ④ 히브리인 중에 히브리인이라는 것은 자신의 가문이 헬라적 삶의 스타일을 의도적으로 선택한 헬라파 유대인과 달리 아람어를 쓰는 히브리 문화를 자랑으로 생각하여 채택한 점을 부각시키는 것이다.

바울이 위에서는 자신이 자발적으로 선택하지 않은 특권을 가진 탄생의 조건을 기술하였다면, 이제 6절에서 바울은 자신이 의도적으로 선택한 삶의 여정을 다음과 같이 세 가지로 제시한다 : ① 율법으로는 바리새인이요 ② 열심으로는 교회를 핍박하고 ③ 율법의 의로는 흠이 없는 자로라. 여기에서 헬라어 '카타'($\kappa\alpha\tau\acute{\alpha}$)를 사용하여 어떤 잣대와 관점에서 보는 자신의 삶의 여정을 말하고자 한다. 율법을 중요시하는 정도를 말한다면(①) 바리새인으로 살기로 결심하여 이 파의 구성원으로 살았다는 점을 부각시킨다. 이것은 그가 사도행전 5 : 34 ; 22 : 3에서 자신이 자유주의적 해석을 주도한 당대 최고의 랍비 가말리엘의 제자였다는 것과 잘 어울린다. 갈라디아서 1 : 13~14에서처럼 열심의 정도를(②) 기술하려 한다. 바울은 율법의 열정으로 말미암아 교회를 핍박할 정도로 열정적으로 그 유대교의 정신을 추종했다는 점을 강조한다. 마지막으로, 율법의 의를 따르면(③) 흠이 없을 정도로 율법을 준수하였다는 것을 자랑한다. 여기에서 율법의 의로는 흠이 없다(아멤토스)는 것은 율법을 철저하게 준수함으로써 의를 이룩한다는 유대교의 정신을 철저히 구현하였다는 것을 나타낸다. 누가복음 1 : 6에서도 스가랴와 엘리사벳이 의인으로서 모든 계명과 규례대로 흠이 없다고 기술되었다. 이러한 활동은 바울이 이전의 자신의 열정에 대해서 로마서 7 : 5~11과 달리 전혀 후회하거나 죄의식을 갖지 않는다는 말이다. 이러한 태도는 바울이 믿음으로 의롭게 된다는 빌립보서 3 : 9과 대조된다.

그러나 바울이 자신의 삶을 회고하는 방식을 제기하는 것(빌 3 : 4-6)은 빌립보서 여러 곳에 나타나는 자신의 삶에 대한 고백적 언어들과 관련된다. 바울이 감옥에서 사형수와 같이 느닷없이 죽음에 직면한 듯 고뇌어린 비장한 각오를 말하게 된다(빌 1 : 20-21 : "……온전히 담대하여 살든지 죽든지 내 몸에서 그리스도가 존귀히 되게 하려 하나니"). 또한 자신의 삶에 대한 회고 부분(빌 3 : 4-8)에서 혈연, 지연, 학연, 신분, 열정에 대한 자랑과 유익하던 것을 해로 간주하고 배설물로 여길 것(3 : 8-9)이라는 새로운 각오를 다짐하는 모습은 새로운 사도로서의 소명체험 고백의 압권을 차지하고 있다. 그런가하면 그는 한 가지 푯대를 향해 달려가는 올림픽 운동선수처럼 하나님이 주시는 부름의 상을 얻기 위해서 자신을 가혹하게 채찍질하여 그리스도에게 잡힌 바를 좇아가고 있다고 고백한다(빌 3 : 12-14).

그러나 바울의 사도로서의 삶과 죽음의 고뇌, 소명체험과 경쟁적 목표를 향한 확고부동한 자기-수련(아스케시스 : ἄσκησις)에 대한 이러한 성찰은 단지 개인적 차원의 윤리적 실천만을 나타내는 것이 아니다. 바울의 실천적 모범을 강조한 부분은 당시 철학과 종교가 구체적인 영성 수련의 실천을 중요시하는 경향을 반영한다(이에 관해서는 피에르 아도, 「고대철학이란 무엇인가(1995)」 이세진 역(서울 : 이레서원, 2007), 232-314와 김덕기, "21세기 여성성을 통해 새롭게 읽는 고전 7 : 29~31의 기독교 자기 수련 문화 코드", 「생존의 수사학과 한국교회의 성서 읽기」(서울 : 한들출판사, 2007), 41-54 참조). 오히려 이러한 모티브는 다른 사람들을 설득하기 위해서 자기의 욕망을 다스리는 품성과 덕목과 관련된 '자기-정복'(ἐγκρατεία : 엥크라테이아)의 고대 정치문화를 반영한다. 그래서 위의 사도로서의 금욕주의(asceticism)적 자기-수련은 우리의 열정들과 욕망에로 이끄는 유혹을 극복하기 위해서 우리 자신의 기관을 끊임없이 정련시키는 고매한 작업으로서의 자기-정복의 실천을 수행한 것이라고 할 수 있을 것이다.

특히 운동 경기의 선수의 모습과 관련된 바울의 노력의 경주의 이미지(빌 3 : 9-16)는 단순히 자기-수련의 의미뿐 아니라 그레코-로마의 자기-정복의 정치문화에서 자신을 모델로 제시함으로써 공동체의 갈등의 문제를 자신의 덕과 품성의 권위를 통해서 해결하려는 자기-정복을 완성하는 현자의 모델에 비견할만하다. 현대와 달리 모든 재화가 한정되어서 모두가 욕심의 한계를 넘으면 다른 사람에게 피해를 주게 된다. 고대의 자기-정복에 내재하는 심리학은 사회적 계층의 차이를 반영하기 때문에, 바울의 빌립보서에서의 자기-정복의 모티브는 사회적 의미를 갖는다. 특히 여성과 노예와 야만인들은 일반적으로 적당하게 자신들의 욕망을 조절하지 못하여 그들을 지배할 수 있는 더 큰 이성을 가진 존재가 필요하다고 여겨졌기 때문에, 지배층이 특히 이들을 지배하기 위한 자기-정복은 통치 계급에겐 꼭 필요한 사회적 덕목이 된다. 현대에는 욕망을 잘 분출하는 것이 개인의 자아실현을 위한 권장할 만한 덕목이 될 수 있지만, 고대에는 욕망의 분출은 개인적인 것이 아니라 사회에 배반적인 적이며 모든 악들의 원천으로 이해되었다(Philo). 빌립보서의 경주의 이미지와 같이 자기-정복과 관련되는 것을 잘 나타내는 바울서신의 또 다른 본문은 "이기기를 다투는(ἐγκρατεύεται) 자마다 모든 일에 절제하나니 저희는 썩을 면류관을 얻고자 하되 우리는 썩지 아니할 것을 얻고자 하노라"(고전 9 : 25)이다(Stanly K. Stowers. A Rereading of Romans(New Haven : Yale University, 1994), 46-74).

이런 점에서 자기-정복의 모티브가 직접 반영된 빌립보서 3 : 9~16에 대한 전제로서 자신의 삶의 여정이 반영된 빌립보서 3 : 3~6에 육체를 신뢰하는 것에서는 바울 자신도 마찬가지라고 말하게 된다. 이것은 바울이 자신의 서신들에서 '육체'나 '자랑하다'가 부정적인 의미로 쓰여진 것과 날카롭게 대조된다. 특히 '자신의 율법으로는 흠이 없다'는 말은 특히 바울이 유대교의 자기-정복의 덕과 품성을 위해서 얼마나 자기 조절을 위해서 온 힘을 기울이게 되었는지 보여 주고 있다. 이것은 바로 자신이 욕망을 다스리고 조절하여 율법을 모르는 다른 사람들을 지배하는 데 조금도 손색이 없다는 자기정당화로 이해할 필요가 있을 것이다. 다시 말해서 현대에는 자기-수련을 개인의 욕심과 열정을 극복하는 이성에 의한 자기절제 능력으로 이해하였지만, 고대인들은 자기-수련을 이성이나 율법을 통해서 자신을 정련시키는 자기-정복으로 이해하였기 때문에 종교인의 품성과 덕은 계급, 성, 인종의 타자들을 다스리는 정치적 통치 능력과 직접적으로 연관되었다. 우리는 자기-정복의 모티브가 그리스, 로마, 유대 문화 속에서 어떻게 전개되었는지 아래의 도표를 통해서 간략히 이해할 수 있게 된다.

그리스, 로마, 유대 문화에 반영된 자기-정복 이해

	그리스 문화	로마 문화	유대 철학과 종교
현대 문화와 다른 고대의 사회적 조건	현대와 달리 모든 재화가 한정되어서 모두가 욕심의 한계를 넘으면 다른 사람에게 피해를 주게 된다.	고대의 자기-정복에 내재하는 심리학은 사회적 계층의 차이를 반영한다. 그래서 여성과 노예와 야만인들은 일반적으로 적당하게 자신을 조절하지 못하여 그들을 지배할 수 있는 더 큰 이성을 가진 존재가 필요하다고 여겨졌다.	현대에는 욕망을 잘 분출하는 것이 덕목이 될 수 있지만, 고대에는 욕망은 배반적인 적이며 모든 악들의 원천으로 이해되었다(Philo). 현대에는 자기-수련을 개인의 욕심과 열정을 극복하는 개인 이성에 의한 자기-절제 능력으로 이해하였지만, 유대인들은 자기-수련을 율법을 통한 자기-정복으로 이해하였기 때문에 사회 계층적 수준, 성적 위계질서의 수준, 종족적 타자 이데올로기의 수준에서 다스리는 통치 능력과 직접적으로 연관되었다.
자료	Alcibiades	프라우투스의 자기-정복에 대한 연극, 〈플루타크 영웅전〉에 있는 카토의 흉상에 대한 묘사	필론의 Mos.과 Spec. Leg.과 요세퍼스의 〈아피온에 반박하여〉, 〈유대전쟁사〉, 〈유대고대사〉, 그리고 〈제 4 맥카비서〉

자기-정복의 문화	소크라테스는 야망 있는 젊은이에게 자신의 열정과 욕망을 정복하는 방법을 터득할 때까지는 정치적 삶을 성공적으로 이끌 수 없다고 가르친다. 크세노폰에 의하면, 만일 도시를 구원할 수 있는 장군이나 아이들을 위한 보호자나 농장의 매니저가 되기 위해서는 술이나 성적 쾌락이나 잠에 대한 욕심을 지배할 수 있는 “자기의 배보다 더 강한” 사람이 되어야 할 것이다.	악티움에서의 옥타비아누스의 안토니우스에 대한 승리는 이성에 의한 자기-정복으로 외국인과 여성과 열정을 정복했던 아폴로가 이것들을 정복하지 못한 포도주의 신 디오니시우스에 대한 승리로 묘사되었다. 이것은 제국주의의 윤리와 이데올로기로서의 자기 정복이 세계정복의 기초라는 생각을 문화적으로 정착시키는 계기가 되었다.	유대인들은 황제 숭배 제의를 거절하는 대가로 율법에 의한 도덕적인 우월성을 아우구스트 혁명의 윤리적 이데올로기와 연관시켜서 찬양하는 전략을 취하게 되었다. 필론 : “율법(법)은 우리를 철학화하고 그럼으로써 영혼과 주도적인 정신을 증진시키도록 우리를 권면한다.” 배의 쾌락을 조절하는 신적인 법들에 순종함으로써, 비합리적인 감각과 영혼의 야성적인 과잉의 충동들을 조절하는 기능으로서 이성을 철학적 권면의 형태로 설정함으로써 유대인들은 몸과 영혼을 정화하게 되었다. 유대 백성들은 다른 백성들이 선택하였던 많은 거짓 신들에 대한 예배를 교정하였기 때문에 이성의 기능을 갖게 되었고, 한 하나님이 제정한 진리와 덕목을 가르치는 사명을 갖게 되었다. 이 모세의 법은 단순히 시민법만 아니라 이를 비판할 수 있는 자연법도 내포하고 있기 때문이다.

김덕기, 진교훈 외 “바울의 양심,” 「양심」(서울 : 서울대출판사, 2012), 397-402.

고대인의 자기-정복 이해는 특히 철학자들 사이에서 ‘절제 없음’의 덕목과 비교되면서 다음과 같이 더 명료하게 제시되었다. 아리스토텔레스는 「니코마케아 윤리」(7,1150b)에서 연약함과 열정과 자기-정복의 상호관계가 당대의 문화에서 어떻게 연관되는지 보여 주려 하였다. 절제 없음(아크라시아 : ἀκρασία)의 두 가지 형태인 ‘분별없음’과 ‘연약함’이 있다. 여기에서 연약함은 분별없음보다 더 의도적인 것으로 그들의 열정 때문에 그들의 결심을 지키는 데 실패하는 것을 말한다. 고대인들에게 연약함은 종종 미신이나 불합리한 망설임을 나타내는 의미를 내포하고 있다. 키케로에 의하면, 연약함은 “어떤 것들에 대한 온전치 못한 반감이나 혐오감”을 의미한다. 이처럼 연약함에서 수반되는 반감은 회피될 필요가 없는 것을 마치 회피되어야 하는 것처럼 생각하려는 완고하게 뿌리내린 격렬한 믿음에 의해서 산출된다고 볼 수 있다(Stowers, *A Rereading of Romans*, 42-65).

3. 급격한 도전 : 바울의 현재의 가치(3 : 7-11)

> [7]그러나 무엇이든지 내게 유익하던 것을 내가 그리스도를 위하여 다 해로 여
> 길뿐더러 [8]또한 모든 것을 해로 여김은 내 주 그리스도 예수를 아는 지식이
> 가장 고상하기 때문이라 내가 그를 위하여 모든 것을 잃어버리고 배설물로
> 여김은 그리스도를 얻고 [9]그 안에서 발견되려 함이니 내가 가진 의는 율법에
> 서 난 것이 아니요 오직 그리스도를 믿음으로 말미암은 것이니 곧 믿음으로
> 하나님께로서 난 의라 [10]내가 그리스도와 그 부활의 권능과 그 고난에 참여함
> 을 알고자 하여 그의 죽으심을 본받아 [11]어떻게 해서든지 죽은 자 가운데서
> 부활에 이르려 하노니

여기에서 바울은 3 : 4~6에서 제시한 자신의 삶의 가치관과 달리 새로운 삶의 가치관을 가진 극적인 변화를 제시한다. 중요한 점은 7~11절에는 자신의 가치관이 바뀐 결정적인 계기로서 드라마틱한 개종의 장면(행 9, 22, 27장)에 대해서 전혀 나오지 않는다는 것이다. 다만 무엇이 손해인지 무엇이 이익인지를 가늠하는 가치 기준이 전도된 점만 나온다. 이것은 무엇이든지 유익한 것으로 여기던 것을 손해로 여기고, 가장 중요시하였던 것을 그리스도를 위해서 배설물로 여기게 되었다는 것이다. 그리스도를 위하여, 그리고 예수를 아는 지식이 가장 고상하기 때문에 이미 얻었던 것을 잃어버리고, 대신

그리스도를 얻고 그 안에서 발견되려 한다는 대조적인 극적인 표현을 보여준다. 이것을 볼 때 바울은 종교체험으로서의 소명의 순간을 중요시한 것이 아니라 바울이 그리스도를 만난 후에 가치관이 변화된 것이 중요하다고 생각한 것이다. 이러한 표현은 자신이 소명 이후에 투옥되어 죽음에 직면하였을 때 자기 존재 이해가 완전히 변화된 상황에서 자신의 소명의 순간을 재고하면서 형성된 것으로 볼 수 있다. 여기에서는 단순히 그 소명의 순간을 중요시 한 것이 아니라 새로운 가치의 코드를 형성하는 인식론적 준거 틀이 바뀐 점을 강조하고 있는 것이다. 더군다나 바울이 구체적으로 어떤 이익인지 언급하지 않았지만 우리는 이것을 유대인들이 로마제국으로부터 얻어 낸 자치령의 특권들에 편승하는 것을 포기하는 것을 의미할 수 있을 것이다(유대인의 자치령의 특권 포기와 빌립보서의 정치신학의 주제와의 관계에 관한 자세한 설명에 관해서는 3 : 2 주석과 김덕기(2009)의 퍼킨스(P. Perkins)의 견해 참조).

[3 : 7–8] 7~8절에서는 몇 가지 특이한 표현이 있다. 우선 8절의 "내 주 그리스도"라는 표현이다. 이것은 바울이 만난 실존적 그리스도를 표시한다. 이것은 최근 성서학자들이 제시하는 '역사적 예수'와도 다를 뿐 아니라 원시기독교가 제시한 어떤 기준으로서 규범적인 케리그마의 단순한 내용과도 다르다는 것이다. 여기에서 자신이 만난 그리스도가 의미하는 바는 단순히 신앙의 내용만이 변화된 것이 아니라 그 신앙의 내용과 직접 관련되는 핵심적인 가치가 전도되었다는 것을 의미한다. 그래서 다른 사람들 일반이 아니라 바울 자신이 자신의 고유한 삶의 가치의 핵심을 전복시키면서 실존적인 상황에서 만난 그리스도를 바로 '나의 주'라고 고백하게 된 것을 나타낸다. 여기에서 바로 이러한 고백은 그리스도를 아는 지식이 가장 고상하다는 바울의 표현과 밀접히 연결된다는 것을 알 필요가 있다. 유대 문화에서는 하나님을 아는 지식은 헬라 사람이 말하는 움직이는 현상에서 어떤 원리와 그 운동의 원인으로서 신을 사변적으로 아는 것이 아니라 하나님이 새로운 미래를 위해서 자

신의 계획을 알리시기 위해서 하나님의 백성을 찾아오셨을 때 인간이 하나님과의 인격적인 만남을 통하여 어떤 새로운 언약관계에 있음을 발견하게 된다는 것을 의미한다(이와 유사한 주석에 관해서는 M. D. Hooker, "The Letter To The Philippians", *NIB* Vol. XI.(Nashville : Abingdon Press, 2000), 527 참조). 그래서 바울에게 이 그리스도에 대한 가장 고상한 지식은 바로 다메섹에서 그리스도인을 핍박하러 가는 도중에 오히려 자기가 핍박하는 그리스도 자신을 만난 후 자신이 고난받는 자와 동감함으로써(compassionate sharing) 비로소 자신의 율법에 대한 의가 틀렸다는 것을 알게 되는 것과 직접 연관된다고 할 수 있다.

바로 이러한 가치의 변화를 보다 확실하게 제시하기 위해서 종교적 용어 이외의 다른 용어를 보여 준다. 7절에서 유익(케르데)과 손해(제미안)라는 용어는 상업적 용어로 자신의 삶의 태도의 역설적 변화를 기술하고 있다. 7절에서 나에게 유익(케르데)이 되었던 것을 손해로 여긴다는 것도 역전이지만, 8절에서 그리스도를 얻는 것이란 표현은 '케르데'라는 명사형에서 파생된 동사 '케르데소'가 쓰여서 이전에는 손해가 되었던 그리스도를 얻게 되었다는 것을 암시한다. 바울이 여기에서 특별히 재미있는 표현을 통해서 과장법을 사용하고 있는 것은 그리스도를 위해서 모든 것을 잃어버리고 배설물로 여긴다는 표현이다. '배설물'로 번역된 헬라어 단수형 '스퀴발론'(σκύβαλον)은 배설물(excrement)이나 동물들의 시체나 거름(carcass, manure)의 한 부분, 그리고 쓰레기를 의미하는 것으로 전혀 가치가 없다는 뜻이다. 특히 빌립보서 3 : 8에서처럼 복수형 스퀴발라는 인간의 배설물을 의미한다(*LSJ*, 1616 ; *BDAG*, 932 ; Sumney, 앞의 책, 78–79). 그래서 *NKJV*와 *NRSV*에서는 이것이 rubbish(쓰레기, 잡동사니)로 번역되어 있지만 *KJV*에서는 dung(똥, 비료)으로 번역되어 있다. 이전의 이익으로 여겼던 것이라고 구체적으로 기술하지 않고 모든 것을 배설물로 여긴다고 말한다. 이것은 그리스도 체험 이후 가치관의 역전 이후에 새롭게 세상을 보았을 때 완전히 모든 것을 배설물로 여긴다는 과장법이 사용되는 것이다. 여기에서 배설물의 헬라어 '스퀴블라'는 바로 손해의 극단적인 모양으로 이해해야 한다. 이것은 개에게도 줄 수 있다는 의미에서 유대주의 적대자를 암시할 수 있다고 하지만, 단순히 상상력의 결과다. 그보다는 바울이 이전에 중요시 여겼던 것을 드라마틱하게 가장 더럽다고 생각하는 그것으로 이해한다는 것이다. 이것은 명예와 수치 사회에서는 불명예스러운 것으로 이해하였다고 해야 할 것이다. 그래서 가장 고상하게 생각하는 그리스도와 대조된다.

결국 이것은 가치가 없던 것은 있게 되고, 가치가 있던 것은 없어지는 이중 역전(double reversion)의 모양을 보여 줌으로써 종교체험에서 얻을 수 있는 신적인 계시의 급격성과 그 전복적 특성을 나타내고자 한다. 이와 같은 얻음과 잃음을 통해서 표현되는 이중 역전은 마태복음 16 : 26의 예수의 말씀("사람이 만일 온 천하를 얻고도 제 목숨을 잃으면 무엇이 유익하리요 사람이 무엇을 주고 제 목숨과 바꾸겠느냐")과 유사하다. 또한 감추인 보화와 진주의 비유(마 13 : 44-46)에서처럼 가장 귀하게 여기지 않았던 밭에 숨겨진 보화와 좋은 진주를 얻기 위해서 가치가 있다고 생각한 자신의 재산을 파는 행위와도 유사하다. 이런 이중 역전이 나타나는 결정적인 계기는 종교체험을 통해서 자신의 정체성이 극적으로 변화되는 경우이다. 모세가 부름받을 때에도 자신의 동족을 위해서 자신의 삶의 조건을 모두 내던진 것과 같은 특별한 경우에 그는 가장 귀한 동족의 해방을 계획하시는 하나님의 부름 때문에 자신이 가진 애굽 왕자의 특권을 배설물로 여겨서 이를 버리는 것과 유사하다.

또한 "믿음으로 하나님께로부터 난 의"(9절)와 관련된 '내 주 그리스도 예수를 아는 지식'(8절)과 '율법의 의'(6절)와 관련된 지식을 극적으로 대조해서 보여 준다. 이것이 무엇을 의미하는지는 3장의 적대자가 누구로 규정하느냐에 따라 달라질 수도 있을 것이다. 이것은 헬라적 유대계 선교사들(Gnilka와 Collange)과 같은 적대자에 대한 비판으로 보기에도 어려울 것이다. 더군다나 9절에서는 특히, 예수를 믿음으로 의롭게 되는 하나님으로부터 난 의를 율법으로 말미암는 의와 대조시킴으로써 이방인에게도 율법이 규정하는 할례를 강요하려는 유대주의적 적대자를 비판하고 있는 것도 아닐 것이다. 여기에서 사용된 지식의 헬라어는 확실히 영지주의자들이 말하는 밀의종교에서처럼 천상으로 올라갈 수 있는 특별한 지식인 그노시스(영지)와 같은 단어를 쓰고 있기는 한다. 하지만 그노시스(γνῶσις)의 사전적 의미는 ① 로마서 11 : 33이나 고린도전서 8 : 1, 7, 10, 고린도후서 4 : 6, 고린도후서 6 : 6에서처럼 어떤 것에 대한 터득이나 지적인 파악이나 그렇게 파악된 신적인 지식이란 뜻도 있고, ② 로마서 2 : 20, 고린도후서 2 : 14, 고린도후서 10 : 5에서처럼 신에 의해서 알려진 지식의 내용을 의미하기도 하고, ③ 디모데전서 6 : 20에서처럼 영지주의에서와 같은 이단적인 견해와 같이 의견을 달리하는 다양한 지식을 의미하기도 한다(*BDAG*, 203–204). 여기에서는 ①이나 ③의 내용보다는 단순히 지식의 내용을 의미하지만 맥락상 가치관이나 가치의 코드로 이해하면 될 것이다. 하지만 이 지식은 구원을 얻게 되는 비밀스러운 영지주의자들의 지식만을 구체적으로 비판하기 위한 것은 아닐 것이다(3장의 적대자에 관한 자세한 토론에 관해서는 김덕기(2010a) 참조). 필자가 생각하기에, 이러한 지식에 대한 언급은 단순히 종교적 내용만 의미하기보다는 철학자들에게나 지식인들에게도 복음이 제시하는 인식의 준거 틀과 이에 기초한 가치의 코드(code)의 유효성을 변증하기 위해서 그리스도를 믿는 믿음이 유대공동체와 로마제국과 차별화되는 새로운 공동체의 정체성과 가치의 코드의 확립과 관련된다는 것을 보여 주려는 것이라고 볼 수 있다.

여기에서 또한 생소한 표현은 '그리스도 안에서 발견된다'는 표현이다. 이것은 바로 직전에 언급한 8절에서 '그리스도를 얻는 것'이 무엇을 의미하는지 부연 설명하고 있다. 그런데 무엇이 발견되는지 나타나지 않고 있다. 이처럼 이 부연 설명에서조차 무엇이 발견되는지에 대해서 언급하지 않는 침묵의 방식은 사회적 모순을 그리스도 안에서 극복할 수 있다는 신념을 암시하는 종교체험의 급격성을 나타낸다고 볼 수 있을 것이다. '그리스도 안에서'란 그리스도와의 신비주의적 만남을 나타낼 뿐만 아니라 그리스도 안에서는 결코 개인적인 의미가 아니라 성만찬을 통해서 확립되는 그리스도와의 신비적 연합이 지속되는 공동체의 사귐을 내포한다. '그(그리스도) 안에서'(엔 아우토)라는 표현 속에는 바울이 율법의 의를 더럽힌다고 생각하여 그리스도인들을 핍박하러 다메섹에 갔을 때 광채 속에 나타난 그리스도의 수난의 모습을 보는 한 순간에 자신의 신학을 바꾸고 이에 따라 가치의 코드까지도 극적으로 변경시킬 수밖에 없었던 경험을 반영한다고 보아야 할 것이다. 이런 점에서, 그리스도를 얻는 것은 그와의 신비적 만남의 기억을 공동체의 성만찬 속에서 계속 유지함으로써 아직 발견되지 않지만 새롭게 발견될 수 있는 새로운 그리스도인의 정체성과 이에 기초한 새로운 가치의 코드(code)들을 갖게 된다는 것을 암시한다.

[3 : 9] 특히 9절에서 바울이 항상 쓴 '하나님의 의'(디카이오시넨 테우 : *δικαιοσύνην θεοῦ*)가 아니라 '하나님께로부터 난 의'(텐 에크 테우 디카이오시넨 : *τὴν ἐκ θεοῦ δικαιοσύνην*)라고 기술한 이유가 무엇인지 묻는 것이 매우 중요하다. 바울이 가진 의가 무엇인지 기술할 때 이러한 '하나님께로부터 난 의'로 표현하는 방식은 바울의 전형적인 표현인 '하나님의 의'와 어떤 차이가 나는지 묻지 않을 수 없다. 이것은 단순히 같은 의미를 단순히 표현방식만 달리하였다고 하기보다는 마태복음의 '의'(마 3 : 15 ; 5 : 6 ; 5 : 10 ; 21 : 32), '너희 의'(마 5 : 20 ; 6 : 1), '그의 의'(6 : 33)처럼 바울신학의 발전으로 이해할 필요가 있을 것이다. 이것은 위의 가치관의 변화의 내용을 설명하고자 한 것이라고 생각한다. 가치관의 변화는 새로운 삶의 방식을 요구한다. 그래서 하나님의 의가 단순히 하나님의 은혜를 통해서 의롭다고 선언한 신학적 측면을 강조한다면 하나님께로서 난 의는 부활의 권능과 그 고난에 참여하는 것이 가장 중요한 가치가 된다는 점을 깨닫고 그리스도의 고난과 죽으심을 본받아 결국에는 그리스도의 부활에 참여하게 되는 삶의 방식을 실천하

는 것이다. 여기에서 9절의 "하나님께로서 난 의"란 하나님으로부터 인정받는 의로운 삶의 방식이라고 이해해야 하고, 이는 그리스도의 수난의 삶의 방식이 가장 의미 있다고 생각하고 이를 실천하는 것과 연관된다. 이것이야말로 바로 빌립보서의 적대자들이 깨닫지 못한 핵심적인 가치관이며 삶의 방식이다.

여기에서 바울은 9절은 의인, 10절은 성화, 11절은 영화를 말하는 것처럼 신앙의 단계를 보다 더 깊은 단계로 끌어올리는 것 같다. 더군다나 3 : 9~11은 2 : 6~11의 주제를 매우 유사한 용어들을 통해서 새롭게 기술하는 것 같은 어감을 준다. 헬라어로는 '취할 것으로 여기다'(2 : 6)는 3 : 7~8에서 '여긴다'(간주한다 : '헤게마이', '헤구마이')는 동사에 나타나고, '형체'(2 : 7 : 몰펜)는 '변화시킨다'(3 : 10 : 쉼몰피조메노스)는 용어에 나타나고, '되었고'(2 : 7 : 휴레쎄이스)는 '발견된다'(3 : 9 : 휴레서)에, '주'(2 : 11 : 큐리오스)는 3 : 8에서의 '내 주 그리스도 예수'에 잘 나타난다(M. Silva의 주석, 155, 159-169). 그래서 이것은 바울과 그의 제자들이 함께 이 빌립보서의 중요한 자기-비움의 주제를 창의적으로 재기술한 흔적을 갖고 있다고 보아야 할 것이다. 이를 토대로 3 : 5~11을 2 : 6~11과 비교하는 도표를 제시하면 다음과 같다.

빌립보서 3장의 바울과 빌립보서 2장의 그리스도의 구조론적 비교

	바울(3 : 5-11)	예수 그리스도(2 : 6-11)
케노시스 (비움)	바울이 유익하던 것과 특권을 손해와 불이익으로 간주하게 됨(3 : 7)	그리스도의 자기 비움(7a절)
특권의 포기	당시 유명한 학자인 가말리엘에 의해서 바울은 사사받았지만 그는 자신의 유대적인 교육배경을 이용하지 않았다. 그는 또한 자신이 속한 혈연적인 가문의 특권도 유지하지 않았다(5-6절).	그리스도께서는 하나님으로부터 신적인 능력을 탈취하지 않았고, 그것을 자신의 이익을 위해서 이용하지도 않았고, 오히려 인간들과 같이 되셨다(6-7c절).

수난	그는 모든 것을 잃어버리는 수난을 당하였고, 그리스도를 얻기 위해서 모든 것을 배설물로 여기에 되었다(8절).	예수 그리스도께서 로마 군인들과 권세자들에 의해서 수치를 당하였고 그들에 의해서 노예로서 십자가에 처형되었다(7–8).
하나님의 초기 개입	하나님은 그를 의롭다고 인정하셨고 그를 죽은자로부터 부활에 이르게 하실 것이다(10–11절).	하나님은 어떤 다른 사람들 보다 높이셨다(9절).
하나님의 신원	하나님은 그에게 명예로운 상을 주실 것이다(3 : 12–14). 이것은 당시 올림픽 경기에서 승리한 사람의 이름을 미리 그의 아버지의 이름과 함께 호명하면서 모든 사람들에게 영예로운 가문을 빛내는 것과 유사하다.	그가 주로서의 진정한 정체성이 알려지게 될 것이고 그는 모든 사람들에게 공적으로 주로서 인정받게 될 것이다(10–11절).

J. H. Hellermann, *Reconstructing Honor in Roman Phillippi*, 64–109 참조

[3 : 10] 10절은 그리스도와 그 부활의 권능과 그 고난에 참여함을 알기 위해서 그의 죽으심을 본받는다는 것은 무엇을 의미하는가? 우선 그리스도와 그 부활의 권능과 고난에 참여하는 것이 나란히 나오는 이유는 무엇일까? 또한 부활의 권능과 고난에 참여하는 것이 다른 바울서신에서와 같이 순서가 반대로 나온 이유는 무엇일까? 우선 부활에 대한 강조보다는 그 과정으로서 그리스도의 고난에 참여하는 과정을 바로 그 뒤에 나오는 그의 죽으심을 본받는 것과 함께 중요시하려 했기 때문이다. 여기에서 '참여한다'는 헬라어는 상호교제를 의미하는 코이노니아를 의미한다. 이것은 코이노니아가 나오는 빌립보서의 다른 구절들에서처럼 다양한 맥락에서 사용되었다(다음 페이지의 〈표〉 참조). 이러한 교제의 의미가 다양하게 나타나면서 빌립보서의 주제를 형성하게 된 이유는 바로 공동체의 연대감을 새롭게 형성함으로써 로마제국의 정치적 공동체와 유대공동체의 정치적 공동체와 동시에 차별화된 그리스도인들의 새로운 정치적 정체성을 구성하려 했기 때문이라고 할 수 있을 것이다. 이러한 바울의 목회적 전략은 바로 바울이 로마시민과 유대인의 특권을 버리

고 오히려 고난받는 그리스도에 참여함으로써 형성된 새로운 그리스도 체험을 근거로 모든 그리스도인들의 연대감을 형성하려 했던 것이다. 그래서 빌립보서에서 그리스도 공동체의 상호교제(κοινονία)는 기독교 공동체의 정체성을 창의적으로 제시하려 했던 그리스도인의 '시민권'('πολίτευμα : '통치 공공 연합체')의 개념(1 : 13, 4 : 22, 1 : 27, 3 : 20)과 깊이 연관된다 : "나의 매임이 그리스도 안에서 온 시위대 안과 기타 모든 사람에게 나타났으니"(1 : 13) ; "모든 성도들이 너희에게 문안하되 특히 가이사의 집 사람 중 몇이니라"(4 : 22) ; "오직 너희는 그리스도 복음에 합당하게 생활하라 이는 내가 너희를 가보나 떠나 있으나 너희가 일심으로 서서 한 뜻으로 복음의 신앙을 위하여 협력하는 것과"(1 : 27) ; "오직 우리의 시민권은 하늘에 있는지라 거기로서 구원하는 자 곧 주 예수 그리스도를 기다리노니……"(3 : 20).

다른 한편 로마제국의 시민권력에 대항하는 기독교의 정체성은 역동적으로 확립되기 위해서 바울은 상호교제의 모티브를 다음과 같은 성경구절에서 제시한다(1 : 5, 7, 27 ; 2 : 1 ; 3 : 10 ; 4 : 14)(상호교제의 모티브의 중요성에 관해서는 김덕기, "빌립보서에서의 신학과 윤리의 관계," 「바울의 문화신학과 정치윤리」, 434-442 참조).

코이노니아의 사용 용례

성경구절	성서 내용	코이노니아의 주체와 대상
1 : 5	"너희가 첫날부터 이제까지 복음을 위한 일에 너희가 참여하고 있기 때문이라"	너희(빌립보 사람들)가 복음을 위한 일에 참여함.
1 : 7	"나의 매임과 복음을 변명함과 확정함에 너희가 다 나와 함께 은혜에 참여한 자가 됨이라"	너희가 은혜에 참여함.
2 : 1	"성령의 무슨 교제나 긍휼이나 자비가 있거든"	긍휼과 자비를 베풂으로써 나타나는 성령의 교제

3 : 10	“내가 그리스도와 그 부활의 권능과 그 고난에 참여함을 알려 하여 그의 죽으심을 본받아”	바울이 그리스도의 고난에 참여함.
4 : 14	“그러나 너희가 내 괴로움에 함께 참여하였으니 잘하였도다”	너희가 바울의 고난에 참여함.
4 : 15	“빌립보 사람들아 너희도 알거니와 복음의 시초에 내가 마게도냐를 떠날 때에 주고받는 내 일에 참여한 교회가 너희 외에 아무도 없었느니라”	너희가 바울의 일에 참여함.

위에서 제시한 빌립보 교회 교인들에 대한 고난의 참여 요구는 다음과 같은 역사적 배경에 비추어서 상호 연관시킬 수 있다. 이와 같은 역사적 조명을 통해서 알 수 있는 것은 결국 바울이 로마제국에 대비되는 기독교 공동체의 공공적 정체성을 확립하는 것이었다.

'고난에의 참여'와 '상호교제' 모티브의 상호관계

	바울이 빌립보 교회를 세울 때 (48–49년경)	바울이 감옥에 갇힌 때 (60–62년)	빌립보서 서신의 마지막 편집자가 처해 있는 박해의 시기 (도미티아누스 황제 : 81–96, 트라이아누스 황제 : 98–117)
정황	고난과 능욕 (살전 2 : 2) 여종 귀신 들린 것 치유 (행 16 : 16–18)	로마인의 황제숭배에 대한 오해와 거절, 유대인의 질시와 핍박, 유대적 그리스도인과의 신학적 경쟁관계	유대주의적 할례 강요, 헬라적 열광주의 신앙과 그 자유주의 삶의 방식의 혼종적인 경합의 정합
	고난의 상황의 반복적 패턴		
박해	빌립보 감옥에 투옥(행 16 : 19–40)	바울이 로마 감옥에 투옥 (1 : 1–18절)	공동체의 박해 상황
특징	자기-정복(3 : 9–16)과 자족의 삶 (4 : 10–13) : 새로운 삶의 존재양태 제시	바울 자신의 죽음에 대한 유혹 이김(1 : 19–23)=너희의 믿음의 진보 (24–29)	그리스도의 자기비하적 섬김의 삶을 닮는 바울의 삶을 닮을 것을 요청함

<table>
<tr><td>윤리적 동기</td><td>'상호교제'
〈partnership〉</td><td>'고난에의 참여'(빌 1 : 30)
〈participation〉</td><td>'닮음'(3 : 10, 3 : 17)</td></tr>
<tr><td colspan="4">바울의 고난의 참여와 빌립보 교회의 고난 참여 요구와 성령의 교제는 빌립보 교회의 시민적 정체성의 신학적 기반이 된다.</td></tr>
</table>

그리스도와 그 부활의 권능과 그 고난에 참여함을 알기 위해서 그의 죽으심을 본받는다는 말은 이해하기 어려운 표현이다. 필자의 견해로는 그리스도를 아는 것, 다시 말해서 그 부활의 권능과 그 고난에 참여하는 것을 함께 알기 위해서 무엇을 해야 하는지 주장하고 있는 것이다. 그렇다면 바울에게 그리스도를 안다는 것은 무엇을 의미하는가? 바울은 여기에서 헬라 문화에 영향받은 열광주의자나 원시영지주의적 요소를 가진 적대자와 싸우고 있는 것이라고 볼 수 있다. 그래서 원시영지주의에 대항하여 그리스도를 안다는 것은 단순히 그 부활의 권능만을 아는 것이 아니라 그리스도의 고난에 참여하는 것을 진정으로 아는 것이 중요하다는 것을 암시하려 한다. 여기에서 안다는 것은 8절의 내 주 예수 그리스도를 아는 지식이 가장 고상하다는 내용에 비추어서 해석할 필요가 있다. 이것은 원시영지주의와 달리 이 세상을 부정하고, 원래의 자기 자신의 존재의 비밀을 알고, 구원자와 하나가 되어 스스로 또 하나의 구원자가 되는 영지를 획득하는 것이 아니다. 바울은 8절에서처럼 가장 이익이 되었던 것이 가장 손해가 되고, 손해가 된다고 생각하는 것이 이익이 되는 가치의 이중 역전이 일어나도록 인격적 만남 속에서 그리스도가 가장 고매하다는 실존적 고백을 하는 것과 관련된다. 바울은 여기에서 예수를 단지 오직 천상의 영적인 구원자로로만 생각하고 있는 고린도전서 1~4장의 적대자들, 도마복음 공동체와 요한복음의 적대자들과 거의 같은 종류의 원시영지주의자의 적대자들과 싸우고 있는 것이다. 특히 구체적으로 부활에 관해서는 부활이 없다고 생각하는 고린도전서 15 : 12 보다는 부활이 이미 왔다고 생각하는 디모데후서 2 : 18("진리에 관하여는 그들이 그릇되었도다 부활이 이미 지나갔다 함으로 어떤 사람들의 믿음을 무너뜨리느니라")의 적대자와 더 관

련이 있다고 볼 수 있다.

그렇다면 이렇게 알게 되는 결정적인 우리들의 실천적 행동은 무엇인가? 원시영지주의적 적대자는 금욕주의나 방종주의에 빠지는 윤리적 패턴을 추종하였다. 반면 당시 스토아 철학자와 같은 지식인들은 우주의 원리와 자기 자신의 양심의 도덕적 원칙을 깨닫게 되는 것처럼 그리스도를 위의 두 법칙에 따라 알게 되는 사람은 자유로운 박애의 행동을 할 수 있다고 생각했다. 이러한 두 가지 행동의 패턴들과 달리 바울은 그리스도의 죽으심에 자신을 적응하기 위해서 스스로가 변형되는 행동(심모피조메노스)이라고 답변한다. 특히 그리스도의 죽음에 따라 자신을 변형시킨다는 말은 고린도후서 4 : 8~10("우리가 사방으로 우겨쌈을 당하여도 싸이지 아니하며 답답한 일을 당하여도 낙심하지 아니하며 박해를 받아도 버린바 되지 아니하며 거꾸러뜨림을 당하여도 망하지 아니하고 우리가 항상 예수의 죽음을 몸에 짊어짐은 예수의 생명이 또한 우리 몸에 나타나게 하려 함이라")에서 가장 잘 나타낸다고 할 수 있다. 또한 특히 우리가 눈여겨보아야 할 것은 골로새서 1 : 24에 나타나는 그리스도의 남은 고난을 교회를 위해서 자신의 육체에 채운다고 하는 바울을 닮은 것과도 관련될 것이다.

[3 : 11] 11절에서 부활에 이른다는 표현은 분명히 구원의 역사는 이미 시작되었지만 부활은 아직 아니라는 바울의 전형적인 생각과 차이가 나는 것 같아 보인다. 그래서 개역개정 "부활에 이르려 하노니"에는 안 나오지만 여기에 쓰인 카탄테소는 헬라어 조건절을 이끄는 '에이'(εἰ)와 함께 쓰여서 적대자의 입장과 달리 아직 아니라는 의미를 매우 강하게 내포하고 있다. 카탄테소는 '도달하다'나 '도착하다'의 의미를 가진 헬라어 '카탄타오'의 미래형 직설법이나 가정법 과거로 쓰였다. 현재형 카탄타오(καταντάω)는 지리적인 목적에 도달하는 것을 의미할 때 쓰이지만(행 13 : 51) 여기서는 어떤 목적이나 조건을 성취하거나 이에 도달하는 것을 의미한다(엡 4 : 13 ; 행 26 : 7)(*BDAG*,

523). 바울이 이렇게 가정법 과거형을 쓰는 신학적 이유는 '부활에 이르려 한다는 것'에서 부활에 도달하는 것이 아직 하나님의 심판이 남아 있어서 가정할 수 있는 미래로 이해할 수 있기 때문일 것이다(Sumney, 앞의 책, 82-83). 이에 덧붙여서 설명하면, 부활에 도달하는 것은 바울에게는 세례를 통해서 물 밖으로 나오는 것을 상징한다. 기독교인의 실천적 차원으로 말하면, 이것은 성화의 변형의 단계를 나타내는 것으로 로마서 6 : 1~11과 고린도후서 3 : 4~4 : 6, 고린도후서 2 : 11, 골로새서 2 : 12, 20, 3 : 1과 관련된다. 중요한 점은 바로 죽은 자 가운데서 이 부활에 도달하는 것은 그리스도의 고난과 부활에 참여하는 성화의 실천을 통하여 가능하다는 것이다. 그래서 이것은 성화의 단계를 넘어선 영화의 단계를 의미한다. 바울은 9~11절의 신앙의 성숙의 정도를 단계적으로 설정함으로써 빌립보 교회의 구성원들이 각각 자신이 속한 신앙의 단계를 넘어설 것을 자신의 신앙의 변화 단계 경험에 비추어서 설득하려 하고 있는 것이다. 그래서 12~15절에서 자신의 경험을 운동경기 선수들의 목표 달성에 비추어서 다음과 같이 제시하고자 한다.

4. 목적을 향해 달려가기(3 : 12-16)

> 12a내가 이미 얻었다 함도 아니요 온전히 이루었다 함도 아니라 12b오직 내가
> 그리스도 예수께 잡힌바 된 그것을 잡으려고 좇아가노라 13형제들아 나는 아
> 직 내가 잡은 줄로 여기지 아니하고 오직 한 일 즉 뒤에 있는 것은 잊어버리
> 고 앞에 있는 것을 잡으려고 14푯대를 향하여 그리스도 예수 안에서 하나님이
> 위에서 부르신 부름의 상을 위하여 좇아가노라 15a그러므로 누구든지 우리 온
> 전히 이룬 자들은 이렇게 생각할지니 15b만일 무슨 일에 너희가 달리 생각하
> 면 하나님이 이것도 너희에게 나타내시리라 16오직 우리가 어디까지 이르렀
> 든지 그대로 행할 것이라

우선 12~14절의 부정과 긍정을 두 번 반복하는 논의의 흐름을 알기 쉽게 나열하여 전체의 의미구조를 파악할 필요가 있다. 바울은 12a절의 신적 인식의 불완전성을 기초로 12b절의 역설적 인식의 중요성을 표현한다. 이 역설적 인식의 요점은 내가 붙잡는 그 무엇이 아니라 무엇인가에 내가 붙잡혀 지게 만드는 아직 미완성의 그 무엇을 여전히 내가 좇아간다는 표현이다. 바울은 고린도전서 1 : 18~2 : 16에서는 십자가의 지혜가 어리석게 보이지만 가장 지혜롭게 보인다는 역설적 인식을 말하였고, 고린도전서 8 : 2~3에서는 우리가 하나님을 아는 것이 아니라 우리가 하나님에 의해서 알려져야 한다고 말한다. 13~14절에서는 고린도전서 9 : 24~27에서처럼, 아직 완성되지 않는 그 무엇을 향하여 바울이 쫓아가고 있는 경기장의 선수의 모습을 그 비유로서 제공하고 있다. 이 비유를 통하여 바울은 예언 활동을 통하여 신적인 계시를 가장 잘 받으려는 다양한 경쟁적 상황에서 하나님이 평가하는 기준에 의해서 제공되는 상을 향해 최선을 다해 달려가는 자기-정복의 영성훈련 과정을 강조하고 있는 것이다(자기-정복의 문화에 관해서는 빌 3 : 4-6 주석 참조).

12절a : 부정 : 얻었다(람바노)는 것도, 온전히 이루었다(테데레이오마이)는 것이 아니다

12절b : 긍정 : 예수께 잡힌 바 된 그것을 잡으려고(카타람바노) 쫓아간다(디오코)

13절 : 부정-아직 잡은 줄로 여기지 않고 뒤에 있는 한 일을 잊어버린다

14절 : 긍정 : 앞에 있는 것을 잡으려고 몸을 뻗혀서(에페크테이노메노스) 푯대(그리스도 안에서 하나님이 부르신 상)를 향하여 쫓아간다(디오코)

[3 : 12] 12절에서 바울이 이미 얻었거나 온전히 이루었다는 것이 아니라고 주장하는 것은 바울의 적대자가 이미 얻었고 온전히 이루었다고 주장하고 있다는 것을 드러내는 것일 가능성이 높다. 특히 12절의 "온전히 이루었다"의 '테테레이오마이'(τετελείωμαι ; 동사 '테레이오오'의 수동완료형)는 15절의

"온전히 이룬 자들"의 '테레이오이'(τέλειοι)에서 반복된다. 일반적으로 '텔레이오오'(τελειόω)는 ① 어떤 활동을 성취하거나 목적에 도달하거나, 완성한다는 의미가 있어서 목적어를 갖게 된다. ② 그리고 신비종교에서는 어느 종교단체에 입문하다는 의미와 성화된다라는 의미, 그리고 ③ 신적 체험을 통해서 성숙한 자가 된다는 의미를 갖고 있다(*BDAG*, 996). 빌립보서 1 : 12에서는 목적어가 없기 때문에 바로 위의 신비종교에서의 ②, ③의 의미에서처럼 성화되거나 영적으로 신앙이 성숙된 자가 되었다는 의미를 내포한다고 생각해야 할 것이다. 특히 "이미 얻었다"(에라본)나 "온전히 이루었다"의 목적어가 없기 때문에 그 목적어가 무엇인지에 관한 견해는 학자들마다 다양하다. 1~11절의 적대자를 유대주의자나 유대인으로 보는 학자들(A.F.J. Klijn)은 '의'로 이해하거나, 8절의 '그리스도를 얻는 것'과 관련시켜서 '그리스도'로 이해하거나(Dibelius와 Pfitzner), 11절("어떻게 해서든지 죽은 자 가운데서 부활에 이르려 하노니")과 관련시켜서 '부활'로 해석하려 한다. 그런데 특이할 만한 것은 적대자가 영지주의자들(또는 원시영지주의자들)이라고 생각하는 학자(Schmitals)나 헬라적 선교사들(Gnilka, Collange)이라고 생각하는 학자들은 바울이 의도적으로 목적어를 쓰지 않았을 것이라고 주장하고 있다는 것이다. 특히 바울의 적대자들 중 하나인 원시영지주의자들은 말로 표현할 수 없는 축복을 모든 것 전부라고 생각하여 추구하는 대상을 구체적으로 언급하지 않는 경향이 있다는 것이다. 필자의 견해로는 단순히 부활이나 그리스도 자체라고 한정하기보다는 영적 체험으로 인해 신적인 인식에 도달하려는 헬레니즘의 예언활동 문화의 배경에 비추어서 '신적 인식'의 의미를 해독함으로써 그 내용을 이해할 필요가 있다(컬쳐 코드, culture code 풀이). 그래서 이 예언활동 문화에서는 예언과 같은 종교체험을 통해서 신적 인식에 도달하고, 다시 이 신적 인식에 근거해서 새로운 역사 이해와 구원론적 자기 이해, 그리고 이에 기초한 가치의 코드와 삶의 방식 등에 대한 포괄적 이해가 중요하다(*Laura Nasrallah, An Ecstasy of Folly*, Cambridge : Harvard

University Press, 2003).

이렇게 주석하게 되는 근거는 "하나님이 이것도 너희에게 나타내시리라"(3 : 15)라는 말씀이다. 여기에서 '나타내시리라'의 헬라어가 바로 신적 인식과 관련된 계시를 암시하는 아포칼립세이(ἀποκαλύψει)라는 점이 주목된다. 이 헬라어의 원형 아포칼륍토(ἀποκαλύπτω)는 묵시문학의 헬라어 아포칼륍시스(ἀποκάλυψις)와 유사하여 마지막 때에 하나님의 심판의 비밀이 나타는 것을 의미하는데 주로 사용되는 언어이지만, 헬레니즘의 포괄적인 배경에서는 밀의종교에서처럼 어떤 종교적 체험을 결정적으로 함으로써 얻게 되는 초월적인 신적 비밀을 인식하는 것을 나타낸다(*BDAG*, 112 ; *LSJ*, 201 ; *EDNT*, 130-132). 그래서 이것은 삶의 궁극적 의미와 소속된 종교 공동체의 정체성과 역사의 방향에 대하여 새로운 안목을 갖게 된다는 의미를 내포한다. 결국 바울이 얻고자 하는 것은 부활이나 의나 그리스도를 얻는 구체적인 교리가 아니라 포괄적으로 신적 인식을 얻게 되는 계시사건이었다는 것을 암시한다.

바울에게 신적 인식과 이에 기초한 구원에 관한 지식은 이미 그리스도를 만난 종교체험에서 시작하였지만 적대자와 달리 이미 이것이 온전히 이루어졌다고 생각하지는 않는다는 것이다. 이것은 바울이 역사 이해와 관련된 기독교인의 정체성에 관한 다양한 견해들이 경합하는 상황에서 제시하는 답변이라고 생각해야 할 것이다. 다시 말해서 그리스도 체험, 즉 인격적으로 그리스도를 만남으로써 신적 인식을 새롭게 갖게 되는 종교체험을 한 그리스도인들은 어떤 시간과 역사이해의 유형을 가져야 하는지의 물음에 대한 바울의 답변이다. 바울은 이러한 문제에 관해서 이미 얻었고 온전히 완성하였다는 원시영지주의도 비판하고, 이미 율법 속에서 완성되어서 더 이상 우리가 완성시킬 것이 아니라 법을 통해서 의를 이룩하는 것이라고 생각하는 유대주의자도 비판하는 것이다. 그리스도에 의해서 붙잡힌바 그것을 완성하려고 좇아가고 있다고 표현함으로써 두 가지 다른 역사 이해를 비판하고 있는 것이다.

초월적 신의 역사가 이미 완성되었다는 원시영지주의자들의 역사 이해를 비판하고 있고, 다른 한편 아직 초월적인 신적 인식의 완성이 율법 속에 이미 나타나서 이에 기초한 삶의 양식을 찾는 것만 있다고 생각하는 유대주의자나 유대인들의 역사이해를 비판하고 있는 것이다. '얻는다', '붙잡는다', '좇아간다'는 동사가 제시하는 가장 중요한 의미는 결국 예언과 같은 종교체험을 통해서 신적 인식에 도달하는 것을 말한다. 이러한 신적 인식은 구원에 대한 지식과 역사인식, 우주신식 그리고 이에 기반한 삶의 방식을 포괄한다.

[3 : 13] 13절에서 아직 잡은 줄로 여기지 않고 뒤에 있는 것을 잊어버린다는 말은 무엇인지 우리가 파악할 필요가 있다. 그리스도의 십자가에 나타난 신적 계시를 완전히 인식하였다고 생각하지 않는다는 말을 바울은 우선 하고 있는 것이다. 바울은 여기에서 그리스도를 완전히 인식하였다고 생각하는 원시영지주의자들의 주장을 우선 반대하고 있는 것이다. 또한 뒤에 있는 것을 잊어버린다는 것은 바울 자신의 체험이 반영된다. 바울은 이전에 유대교인으로서 율법에 의해서 온전히 의에 이르게 될 것이라는 생각을 하였고 이러한 율법의 조항을 전부 준수함으로써 얻게 되는 신적 인식, 구원 이해, 역사이해, 가치의 코드 및 삶의 방식을 더 이상 수용하지 않는다는 것이다.

[3 : 14] 14절에서 바울은 목표를 제시한다. 이 목표는 바울이 사도로 부르심을 받은 부름과 유사한 형식으로 우리에게 그리스도 안에서 완성되는 성화(聖化 : santification)의 부르심을 하나님이 주시는 상으로 제시한다. 바울은 이방인의 사도로서의 소명을 하나님이 그리스도 안에서 주시는 상으로 생각했던 것처럼 그리스도 안에서 완성되는 온전한 상태를 하나님이 주시는 또 하나의 상으로 이해했다는 것을 알 수 있다. 이러한 표현은 바울에게서 다양하게 나타난다 : 그리스도에 적응함(롬 8 : 29-30), 그리스도와의 교제(고전 1 : 9), 그리스도의 평화(골 3 ; 15), 성화(살후 2 : 13-14), 영원한 삶(살전 6 : 12)

이 상은 하나님이 우리를 불러서 이룩하시는 모든 구원사업의 총결산을 의미하며, 달리기 경주에서 경기의 후원자가 심판관을 통해서 베풀게 되는 경기의 상에 비유된다고 할 수 있을 것이다. 고대 사회의 올림픽 경기에서는 주도하는 심판관에 의해서 달리기 시합의 우승이 결정되었고, 경기 결과를 전달하는 자가 승리자의 이름과 그의 아버지의 이름 그리고 소속 국가의 이름을 불렀다. 이런 배경에서 보면, 이 운동경기를 개최하여 상을 결정하는 심판관은 하나님이시고, 예수 그리스도는 승리자의 영예를 미리 알리는 선구자로 이해할 수 있다는 것이다(Collange의 주석, 134–135). 이러한 견해들은 비록 마틴에 의해서 비판받고 있지만(Martin의 주석, 139–140), 비유의 구체성을 암시받는다는 의미에서 되새겨 볼 필요가 있다. 이런 비유에 의하면, 바울이 신적 계시가 완성되는 심판의 때가 아직 미래에 열릴 것이라는 생각을 하고 있다는 것과 그 심판관은 하나님이시고 그리스도께서 미리 우리에게 승리의 기쁜 소식을 알려 주실 것이라는 것이 자명하다. 여기에서 이미 경주자로서 부름을 받은 자가 이러한 영예를 얻기 위해서 모든 훈련의 역경과 고난과 경주의 싸움을 마다하지 않을 필요가 있을 것이다.

[3 : 15–16] 15절과 16절은 명확하게 어떤 의미인지 모호한 세 가지 문장으로 구성되었다(Silva의 주석, 177). 우선 15a절에서 온전히 이룬 자들은 이렇게 생각하라는 말에서는 "온전히 이룬 자들"(텔레이오이)이 누구를 말하는지, 그리고 "이렇게 생각하라"는 말은 무엇을 의미하는지 명료하지 않다. 단수형 '텔레이오스'(τελέιος)가 관사와 함께 독립적 용법으로 쓰일 때에는 일반적으로는 목적을 이룬 자나 흠이 없는 완전한 자를 의미하지만 이것은 신비종교의 맥락에서는 이미 신비체험을 통해서 이미 온전하다고 확신하는 성순한 신자를 의미한다(*EDNT* III, 343 ; Sumney, 앞의 책, 84, 87–88). 하지만 이에 대한 구체적인 해석에 관해서는 학자들의 다양한 견해들이 제시된다. 온전히 이룬 자라는 표현이 실제로 공동체 내부에 존재하였던 영적으로 온전히 이루

었던 신앙이 성숙한 자(고전 2 : 6 ; 14 : 20 ; 골 1 : 28 ; 4 : 12 ; 엡 4 : 13)를 의미하는지(O'Brien), 아니면 아이러니의 효과를 나타내는 바울의 적대자를 조롱하는 수사인지(Gnilka와 Lightfoot)가 학자들의 토론의 대상이다. 이 밖에도 페털린(Peterlin)은 12절을 '절대적' 온전주의자들이라면 15절은 바울이 인정하는 '상대적' 온전주의자들이라고 해석할 것을 주장하기도 하였다(D. Perterlin, *Paul's Letter*(Leiden : Brill, 1995), 83). 더군다나 코랑즈는 "소위 그렇게 주장하는 우리 온전한 자들은 이처럼 생각해야 하지 않겠는가?"라는 의문문으로 해석할 것을 제안하기도 하였다(Collange의 주석, 135). 여기에서는 바울이 적대자의 용어를 활용하여 12절에서처럼 이미 완전한 신적 계시를 포착하였다고 생각하는 사람들의 주장을 반박하고 있다고 볼 수 있을 것이다. 이런 의미에서 바울은 여기에서 슈미탈스처럼 여전히 온전한 자들이 있었다고 생각하여 아이러니 기법을 사용하였다고 볼 수 있을 것이다. 또한 이들은 적대자 자신들이라기보다는 이들에게 영향을 받아 스스로 온전하다고 생각하는 빌립보 공동체 일원들이라고 볼 수 있다.

또한 15b절에서 "만일 빌립보 교인들이 달리 생각하면 하나님은 이것도 그들에게 나타내실 것이다."라는 말에서 "달리 생각하면"은 무슨 말인지 알 수 없고, "너희에게 나타내실 것"이라는 말은 분명 모호하다(Silva의 주석, 177-179). 첫 문장은 뒤의 문장에 비추어서 뜻을 명료히 해야 할 것이다. "달리 생각하면"(프로네이테)은 바울이 1 : 27("너희가 한마음으로 서서 한 뜻으로 복음의 신앙을 협력하는 것")과 2 : 5("너희 안에 이 마음을 품으라 곧 그리스도 예수의 마음이니")에서 그리스도의 자기 비하를 닮으려고 일치하여 가져야 할 그리스도의 마음이지만 그렇지 않는 다른 마음(생각)을 가지게 되었다는 말을 표현할 때 쓰는 말이다. 영적으로 온전히 신적 계시를 성취했다고 자부하는 사람들은 아직 사실은 공동체의 일치와 화합을 이루지 못하였다고 생각하는 것이 좋다는 것이다. 두 번째 문장에서 "달리 생각하면"이란 사도가 지시한 내용을 잘 따르지 않아 의견들이 일치되지 않게 되면 하나님께서는 일치와 화합을 위한 계시의 말씀을 계시할 것이라는 말씀이다. 이것은 바울이 사도권에 근거한 지시사항을 바꿀 의향이 없다는 것을 천명한 것이다.

그리고 16절에서 “오직 우리가 어디까지 이르렀든지 그대로 행할 것이라” 라는 말에서 어디까지 이르렀다는 말이 무엇을 의미하는지, 그리고 그대로 행하라는 말이 무엇을 그대로 행하라는 말인지도 불분명하다. 이 말은 궁극적인 계시가 종말에 나타나겠지만 현재 도달한 신적 계시의 정도에서라도 진리라고 생각하면서 하나님의 사역을 실행할 것을 제시하고 있는 것이다. 여기에서는 이미 진리에 완전히 도달하였다고 생각하면서 어떤 덕의 실천을 실천하지 않으려 하는 원시영지주의자들의 견해에 반대하는 것이다.

5. 참과 거짓의 모델 : 하늘나라의 통치공공연합체(폴리튜마)와 영광스러운 희망(3 : 17–21)

> [17a]형제들아 너희는 함께 나를 본받으라 [17b]그리고 너희가 우리를 본받은 것처
> 럼 그와 같이 행하는 자들을 눈여겨 보라 [18]내가 여러 번 너희에게 말하였거
> 니와 이제도 눈물을 흘리며 말하노니 여러 사람들이 그리스도의 십자가의 원
> 수로 행하느니라 [19]그들의 마침은 멸망이요 그들의 신은 배요 그 영광은 그들
> 의 부끄러움에 있고 땅의 일을 생각하는 자라 [20]그러나 우리의 시민권은 하늘
> 에 있는지라 거기로부터 구원하는 자 곧 주 예수 그리스도를 기다리노니 [21]그
> 는 만물을 자기에게 복종하게 하실 수 있는 자의 역사로 우리의 낮은 몸을
> 자기 영광의 몸의 형체와 같이 변하게 하시리라

[3 : 17] 17a절에서 ‘함께 본받다’라고 번역되는 ‘심미메타이’(συμμιμεταί)는 ‘본받는 자’의 헬라어, 미메테스의 복수 미메타이(μιμηταί)와 ‘함께’라는 접두어 ‘쉼’(συμ)이 합성되어 형성된 복수로 된 합성어이다. 이 단어가 ‘너희가 되라’(기네스테 : γίνησθε)는 말과 쓰였을 때에는 “나와 함께 모방

하는데 있어서 동료자들이 되라"는 말보다는 "함께 참여하여 나를 창의적으로 닮은 자들이 되라"로 해석될 수 있다. 왜냐하면 헬라어 μιμηταί의 동사 μιμέομαι는 '재현하다', '묘사하다', '극적으로 표현하다', '초상을 그리다'(portray)라는 의미뿐 아니라 '모방의 수단을 통해서 창의적으로 표현하다'는 미학적 의미를 내포할 수 있다(*LSJ*, 1134 ; Sumney, 앞의 책, 91-92). 이뿐만 아니라 이 단어는 일반적으로 헬레니즘 세계와 헬라적 유대교 내에서 좋은 교육자 또는 선생이나 좋은 작가나 인물의 가르침만이 아니라 그들의 행동까지도 모방하고 닮으려는 문화적 풍토가 반영된 특별한 의미를 갖고 있다(M. Bockmuehl, *The Epistle to Philippians* 4th ed. BNTC(London : A. & C. Black, 1997), 228-229). 그래서 이 언어의 미학적 측면과 위의 문화적 풍토를 함께 고려하면 인물의 행동을 닮으려 할 때 단순히 복사판으로 원형 그대로 보존한다는 의미가 아니라 창의적으로 자기 것으로 삼아 새롭게 닮으라는 의미를 내포한다.

여기에서 바울은 아직 온전히 신적 계시를 파악하지는 못하였다고 생각하는 바울 자신(3 : 12b-14)과 이미 온전히 이루었다고 생각하는 적대자(12a) 중 하나를 선택하되 자신을 닮으라고 권면하고 있는 것이다. 그래서 바울에게는 자신의 새 신앙과 삶과 패턴과 가치의 코드(code of value)를 본받으라는 것은, 우리가 이미 하나님의 계시를 받고 온전하게 되었다는 적대자의 계시 이해와 달리, 바울의 사도권과 그리스도를 닮아감으로써 궁극적으로 하나님을 본받게 되는 도정(엡 5 : 1 "그러므로 사랑을 입은 자녀같이 너희는 하나님을 본받는 자가 되고")에서 중간 단계로서 제시되는 것이다. 그리고 하나님을 닮는다는 것은 단 한 번 도달되는 온전함의 도달 자체를 의미하는 것이 아니라 우리 안에 하나님이 자신을 드러내신 모양인 그리스도가 사는 삶의 패턴과 가치의 코드 즉, 그리스도의 겸손함과 순교의 모델(2 : 6-11)을 본받는 삶의 과정이 강조된다. 그래서 이러한 신학적 토대로 바울은 항상 그리스도를 본받는 영성에 도달할 수 있는 끝없는 노력과 그 초보 준비 작업으로서 바울을 본받을 것을 권면하고 있는 것이다.

바울서신 연구의 최근 논의에 의하면, 플라톤주의에서는 하나님을 닮으라는 모티브가 원형과 복사본 사이의 위계주의적 관계를 강조하는 형상론에서는 자주 나오지만, 유대교 내의 전통에서는 거의 나타나지 않는다. 플라톤에게 있어서 원형은 이데아이고 복사본은 이데아에서 이미 한 걸음 나아가서 더 열등하다는 위계주의적 인식론과 존재론이 암시되어 있어서 바울의 용례에도 이러한 우려가 매우 강하게 제기되기도 하였다(E. Castelli, I*mitating Paul*(Louisville : Westminster/Knox, 1991). 한편 이에 대한 적절한 비판도 제기되었다. R. F. Talbott, *Jesus, Paul, and Power*(Eugene : Wipf & Stock pub. 2010), 93-127 참조). 하지만 바울의 닮음의 모티브는 플라톤적이라기보다는 유대 문화권의 예수와 그 제자 간의 제자직의 모델에 기초하고 있다고 볼 수 있을 것이다. 이미 하나님을 본받으라고 하는 영성의 윤리적 특성은 예수님의 제자직에서 단지 암시하고 있을 뿐이다. 닮음의 모티브가 가장 잘 드러나는 누가복음 6 : 35~36에서 하나님의 자비로우심같이 우리도 자비로운 자가 될 것을, 마태복음 5 : 44~48에서 하나님이 온전하신 것같이 우리도 온전하라는 두 가지 규범적인 권면에 기초해서 바울의 사상이 발전된 것으로 보아야 할 것이다. 중요한 것은 예수나 바울은 플라톤주의의 위계주의적 관계를 모델로 닮으라고 하지 않았기 때문에 바울이 자신을 닮으라고 하는 것이 단지 자신의 가부장주의적 모델을 강요하는 방식으로 요청하지 않고 그리스도를 본받는 바울 자신을 본받으라고 하면서 이러한 위계주의적 리더십을 의도적으로는 빌립보 교회에 끌어들이려 하지는 않았다고 볼 수 있다.

이러한 바울 자신을 닮음의 모델로 제시하는 것은 단순히 교회의 리더십의 효율적 운영의 차원이 아니라 하나님을 닮는다는 신적 인식의 기본적 계시 이해와 관련될 뿐만 아니라 순교적 모델의 원형을 바울 자신이 아니라 그리스도의 자기 비하의 겸손(빌 2 : 6-11)에게서 끌어온다는 것은 바울이 닮음의 모티브를 위계주의적 인식론의 모델에 의해서 사용하는 것이 아니라는 것을 알 수 있다. 이미 바울 자신의 모델이 제한적이면서 매개적일 뿐 절대적인 원형이나 이데아로서 제시된 것이 아니라는 것을 우리는 고린도전서에서 다음과 같은 방식의 닮음의 권면에서 알 수 있는 것이다 : "내가 그리스도를 본받는 자 된 것같이 너희는 나를 본받는 자 되라"(고전 11 : 1). 특히 3 : 17에서 바울이 자신을 본받으라고 했을 때 본받는다는 말은 예술에서는 '창조적으로 재현하다'는 의미가 있기 때문에 단순히 똑같이 복사한다는 말이 아니라 행동의 윤리적 모범을 창의적으로 본받는다고 이해할 필요가 있는 말이다. 바울 자신을 닮으라는 3 : 17의 권면은 빌립보 내에서는 그리스도의 겸손의 모델(2 : 6-11)과 디모데(2 : 19-24)와 에바브로디도(2 : 25-30)의 순교적 모델을 닮음의 모델로 이미 제시되었던 것이다. 그리고 빌립보서 내에서 바울 자신이 닮음의 모델이 된다는 것은 이미 1 : 20~25에서도 바울이 이 세상을 떠나 그리스도와 연합되는 것을 포기하고 빌립보 교인들과 고난에 참여하는 자신의 모델을 닮으라는 암시가 이미 있었고, 그리고 3 : 17에 이 닮음의 모티브가 절정에 이르고, 그리고 마지막으로 4 : 8 이하의 내용에서 더욱 구체적으로 다시 한번 상세하게 제시된다. 이러한 모티브는 이미 데살로니가전서 1 : 6, 2 : 14, 데살로니가후서 3 : 7~9, 고린도전서 4 : 16과 11 : 1(엡 5 : 1 비교)에서 바울은 자주 자신의 삶과 목회 방식을 본받으라고 주장하게 된다(Bockmuehl의 주석, 228-229).

3 : 17의 내용은 사실 고린도전서 11 : 1에서 제시된 바대로 바울의 자유에 대한 태도가 그리스도를 닮은 데서 온 것이라고 주장하는 신학적 토대에 비추어서 해석하는 것이 좋을 것이다. 고린도전서에서 바울의 삶의 방식을 닮아야 할 내용은 자유의 삶의 방식이다. 그래서 갈라디아서 4 : 12에서도 바울이 이방인 그리스도인의 마음을 충분히 잘 이해하고 있으니 아직 성숙하지 못한 상태에 있는 갈라디아인이(갈 1 : 10 ; 2 : 4 ; 3 : 25) 바울 자신처럼 자유롭게 되어 성숙되기를 바란다고 말한다. 또한 고린도전서에서는 자신의 자유가 다른 형제들의 양심을 해치지 않아야 하고(고전 10 : 29), 하나님의 영광을

위해서 행하고(고전 10 : 31), 자신의 유익이 아니라 모든 사람을 기쁘게 하기 위해서 많은 사람의 유익을 위해서 행해야 한다는 것이다(고전 10 : 24, 33). 특히 여기에서 우리가 바울을 닮는다고 했을 때 주의할 점은 바울은 자신의 삶과 인격이 복음 선포의 내용을 구성한다고 생각하지는 않았다는 점이다.

그래서 빌립보서에서는 단순히 고린도전서의 자유의 삶의 방식을 넘어서, 바울은 자신을 닮는 것의 기초로서 바울 자신이 그리스도의 수난의 참여 방식을 닮는다는 것을 중요시 여기게 된다. 바울은 그리스도를 본받으려는 데 가장 결정적인 순간인 바울 자신의 소명을 기초로 그리스도의 자기 비움과 십자가의 순교를 본받았던 자신의 섬김과 선교의 삶만을 닮을 것을 권고한다. 이러한 수난에의 닮음의 권고는 이미 데살로니가 신자들에게 아가야의 모든 신도들에게 모범이 되기를 권면하면서 언급된 것이다(살전 1 : 6-7 ; 2 : 14). 바로 이렇게 단순히 자신의 섬김과 선교의 업적을 닮으라고 하지 않고 그리스도의 자기 비하와 그 고난을 본받는 자가 되는 바울을 닮으라는 바울의 역설적인 본받음의 명령은, 그리스도와 그리스도인 사이에 바울이 중개자가 되어서 수난을 닮기보다는, 영광의 결과물만을 모방하는 성공주의와 이와 연관된 권위주의적 위계주의에 빠지는 것을 방어해 준다. 이 권면은 다른 교회를 본받고(살전 2 : 14), 자신을 본받고(고전 4 : 16 ; 11 : 1 ; 빌 3 : 17 ; 살전 1 : 6 ; 살후 3 : 7, 9), 그리스도를 본받으라(살전 1 : 6)는 바울서신의 권면과 유사하지만 보다 극단적으로 그리스도의 자기 비하를 닮는 바울 자신의 신적 인식과 그 역사관과 윤리적 가치의 코드와 그 행동 양식을 닮으라고 권면하고 있다는 점에서 더욱 주목할 만하다.

더군다나 17b절에서는 바울이 "너희가 우리를 본받은 것처럼 그와 같이 행하는 자들을 눈여겨 보라"라는 말씀은 바울을 본받는 일이 단순히 개인적인 일이 아니라 교회의 모델로서 여러 사람들이 이를 행해야 할 중요한 사항으로 공적인 도덕적 모델로서 자신을 제시하고자 하는 것이다. 헬라어로는 "너희가 우리를 모범(튀포스 : τύπος)으로 갖고 있는 것처럼 그렇게 바른 길로 가도록 실천하는 자들을 자세히 살펴보라"고 권면하는 것이다. 여기에서 튀포스는 원래는 도장의 각인에서처럼 충격이나 압력의 결과로서 생기는 자국이나 흔적을 의미하지만, 디모데전서 4 : 12, 데살로니가전서 1 : 7, 데살로니가후서 3 : 9, 디도서 2 : 7, 베드로전서 5 : 3에서 사용되었듯이 주로 도덕적 또는 종교적 모델이나 패턴 또는 원형을 의미한다(*BDAG*, 1019–1020 ; *LSJ* 1835). 또한 '자세히 살펴보라'는 뜻을 가진 '스코페이테'는 스코페오(σκοπέω)의 2인칭 복수 명령법으로 '주목하다'는 뜻을 가지고 있다. '스코페오'라는 동사는 빌립보서 2 : 4에서도 사용된 동사로서 '특별한 것을, 쳐다보거나 음미하며 살펴보다', '예의 주시하다', '고찰하다', '조사하다'라는 뜻을 갖고 있는 동사이다(*LSJ*, 1613–1614 ; *BDAG*, 931). 하지만 목적어가 '바른 길을 행하는 사람들'('페리파테오'의 분사 독립적 용법)이기 때문에 "바른 길로 가도록 실천하는 자들을 주목해서 그들을 따르라"는 말이 될 수 있다. 또한 바울이 '우리'를 사용하는 경우에도 바울 자신을 의미하기 위해서 '나'를 사용하게 될 수 있기 때문에 이 '우리'는 자기 자신을 나타낼 수 있다(롬 1 : 5 ; 고후 11 : 6 ; 살전 2 : 18 ; 3 : 1–5). 결국 17절 전체를 주석하면, 바울은 여기에서 자기 자신을 닮은 사람이 되도록 노력할 것을 권면하지만 이를 실행하기 어렵다면 자신을 닮은 사람들을 주의 깊게 살펴보아서 그들의 삶의 방식을 따라가도록 노력하라고 권면하는 것이다.

이렇게 17절에서 다급하게 바울 자신을 닮고, 그것이 힘들다면 자신을 닮은 사람들의 삶의 방식이라도 따르라고 말하는 이유는 바로 우리말 성경에는 나타나지 않은 '그러므로'(갈)로 시작되는 18~19절의 말씀에 나타난다.

[3 : 18] 18절에서 바울은 눈물을 흘리면서까지 여러 번 말하였던 것은 많은 사람들이 '그리스도의 십자가의 원수'(대격)의 삶의 방식으로 살아가게(페리파테오) 되었기 때문일 것이다. 여기에서 '그리스도의 십자가의 원수'의 원어는 "그리스도의 그 십자가에 대항하는 그 원수들(투스 에크투루스 투 스타라우 투

크리스투)"로 번역되어야 할 것이다. 왜냐하면 여기에서 십자가에 대항하는 것이 상징하는 것은 십자가보다는 자신의 종교체험에 나타나는 것을 신적 계시로서 강조하려 했다고 볼 수 있기 때문이다. 더군다나 이 십자가에 저항하는 사람들은 자발적인 고난에 참여하는 삶의 방식을 거부하고 자신의 이해관계에만 몰두하는 가치체계를 그래도 유지하려는 사람들이라는 점을 더욱 분명하게 나타낸다고 생각한다. 그래서 여기서는 십자가의 부분적 형상이 사실은 바울이 전하려는 복음의 핵심 내용을 나타내는 환유적 표현으로 이해할 필요가 있다. 다시 말해서 십자가는 그리스도의 고난에 참여함으로써 구원을 얻고 새 삶을 영위하는 가치체계를 추구하는 십자가 복음을 나타낸다.

그래서 바울이 눈물을 흘리는 이유가 이 적대자들이 핍박해서인지 아니면 단순히 그들의 행동이 안타까워서인지 논의할 필요가 있다. 여기에서 그 이유는, 바로 십자가의 그 원수들이라는 표현과 관련시킨다면, 바울이 생각하는 십자가의 복음을 수용하지 않고 완고하게 바울과 대적하기 때문이라는 것을 알 수 있다. 그런 의미에서 이 적대자들이 단순히 유대법에 의하면 십자가에 처형된 메시야를 인정하지 않는 유대주의자(M. Silva)로 보기보다는 십자가에 처형된 그리스도와 관련 없이 영적인 통찰에 의해서 깨달음의 경지에 도달하였다고 생각하는 원시영지주의적 속성을 가진 사람들의 행동 패턴을 의미할 수 있을 것이다. 이들은 실제로 로마의 제국주의의 폭력과 통치 세력을 비판하는 척하면서도 십자가가 의미하는 폭압적 지배에 눈을 감고 이들의 세력에 동조하는 사람들이라 할 수 있을 것이다. 또한 여러 번 말하였다는 것은 말로나 서신(빌 1 : 27-30)으로 여러 번 습관적으로 언급하였다는 것을 의미한다. 이를 막아내기 위해서는 우선 바울 자신의 신적 계시 체험과 이에 기초한 삶의 방식을 모범적인 기준으로 제시하게 되는 것이다.

[3 : 19] 바울은 19절에서 이러한 십자가의 원수들의 마침(텔로스 : τέλος)은 파멸이라는 것을 명시적으로 선언한다. "그들의 신은 배요 그 영광은 그들의

부끄러움에 있고"라고 번역되는 개역개정역은 헬라어 분사 구문을 달리 적용하면, "그들은 그들의 배와 그들의 부끄러움에 대해서 자랑하는 것을 신적인 영광으로 생각하였다"고 새롭게 의역될 수 있다. 여기에서 '마침'의 헬라어 '텔로스'는 목적, 완성, 끝을 의미하고, 파멸의 헬라어 '아폴레이아'(ἀπώλεια)는 아폴루미(ἀπόλλυμι)의 명사형으로서 주로 파멸의 결과로 인하여 생기는 허비나 그 파멸의 과정 둘 다를 의미한다. 이 아폴레이아라는 단어는, 신약성경에서 쓰일 때에는 악인들에게 처하는 하나님의 영원한 멸망의 심판을 의미한다(마 7 : 13 ; 롬 9 : 22 ; 벧후 2 : 1 ; 3 : 7 ; 계 17 : 8, 11)는 점에서, 하나님의 심판으로서의 파멸을 뜻한다(*BDAG*, 127 ; *EDNT* I, 135-136). 그리고 이들의 삶의 방식은 다음의 세 가지로 묘사된다 : ① 이들은 자기 배가 신이라고 생각하게 되었고, ② 그들의 수치스러운 일에 대해서 자랑하는 것을 신적인 영광으로 확신하였다. ③ 또한 이러한 신념에 근거해서 이들은 땅의 것만을 자신의 삶의 목표로 추구해 왔다.

배로 번역되는 헬라어 '코일리아'(κοιλία)는 배에 들어가는 음식을 먹는 식사예법을 기술한 유대교의 음식 규정(막 7 : 19)과 연관된다고 생각할 수 있다. 그래서 여기에서 바울은, 갈라디아서 6 : 13에서처럼, 유대교의 음식 관례와 이와 연관된 할례까지도 비판하고 있다고 주장되기도 한다(호돈의 주석, 320-321). 다른 한편 코일리아를 고린도전서 6 : 12~13과 8 : 1~11 : 1, 로마서 16 : 18에서처럼 이방 종교에서 나타나는 모든 음식 관례와 연관시켜서 해석하게 되면, 바울은 이방 음식에 대한 원시영지주의의 자유주의적 태도까지도 비판하고 있다고 간주된다(Schmithals, *Paul and Gnostics*, 109-110 ; 김덕기, 「바울의 문화신학」, 168-182 참조). 하지만 어휘의 좁은 의미로서는, 구체적으로 음식 규정을 지칭하고 있다고 보기는 어렵다. 헬레니즘 문헌 일반에서 이 단어의 일차적 의미는 마태복음 15 : 17, 마가복음 7 : 19, 고린도전서 6 : 13에서처럼, 음식을 소화하는 몸의 아래쪽 동공의 배(비어 있는 구멍으로서 위)를 나타낸다. 하지만 그 이차적 의미는 사도행전 2 : 30, 요한계시록

10 : 9, 요한복음 7 : 38에서 보는 바와 같이 바로 이 배의 은유적 의미로서 감각적인 탐심과 연관된다(*LSJ*, 966-967 ; *BDAG*, 550-551). 그래서 여기에서 배가 의미하는 바는 육체적인 충동을 나타내고 있다고 볼 수 있다. 이것은 「예수의 시락서」에서는 성적으로 문란하고 퇴폐적인 사람들을 비판하거나, 필로(Philo)의 유대교 문헌에서는 유대인들이 출애굽기 32장의 금송아지 이야기를 연상시키면서 우상 숭배자들을 비난할 때 사용하는 말이다(de Vos, *Church and Community Conflicts*, 271-273 참조).

또한 '부끄러움'(아이스퀴네)도 유대교에서는 간접적으로는 이 육체적 충동의 근원이 되는 성적기관과 더 나아가서 이를 절단하는 할례를 암시하고 있다고 생각된다. 하지만 어휘의 의미로는 이를 입증하는 사례가 확실하게 제시되지는 못하고 있다. 그래서 이보다는 이것은 무엇보다도 1 : 20에서처럼 '존귀하게 된다'('메가리노')와 그 명사형의 유사어인 '영광'(독사)과 대조시킬 필요가 있을 것이다. 그래서 그들이 존귀하게 되리라고 생각하는 영광스러운 삶의 방식은 바로 수치스러운 성적인 만족에 집중하는 데 있다는 것이다. 하지만 결국 이러한 두 가지 육체적 쾌락과 성적 충동에 따라 사는 삶의 방식은 하나님의 심판에 이르게 되어 이 파멸(3 : 19)의 수치스러운 결과를 가져올 것이라는 것이다. 이 말은 호세아 4 : 7("그들은 번성할수록 내게 범죄하니 내가 그들의 영화를 변하여 욕이 되게 하리라")의 말씀에서처럼, 이스라엘 백성이 하나님에게 거역할 때 하나님의 예언자적 심판이 더 강해질 것이라는 역설적 정황을 생각나게 한다. 하지만 이것이 적대자가 유대주의자(실바)나 유대인(호돈), 유대주의적 완전주의자(쾨스터)라는 것을 입증하기보다는 오히려 슈미탈스가 주장하는 영지주의의 자유방임적 삶의 방식을 가진 적대자를 보다 더 지지하고 있다고 할 수 있을 것이다. 그리고 결국 이렇게 될 수밖에 없는 이유는 바로 그들이 하늘의 것이 아니라 땅의 일을 생각하기 때문이다. 여기에서 땅의 것들을 생각한다는 것은 이 세상의 육체적 욕망과 성적인 충동에 내맡기는 삶을 의미할 뿐만 아니라, 궁극적으로 우리의 삶의 근거가 되는 하늘의 '시민권'(빌 3 : 20)과 다른 종류의 터전을 지향하고 있다는 것을 극렬하게 나타내고 있는 것이다(Silva의 주석, 180-181).

여기에서 또한 이런 세 가지 삶의 방식을 따르는 사람들(19절 : 배를 하나님이라고 생각하고, 자신들의 영광을 부끄러움에 있다고 생각하는 사람들)과 깊은 연관을 가진 십자가의 그 원수들이 결국 누구인가가 문제이다. 보통은 십자가의 원수라는 말은 확실히 3 : 1~16의 적대자와 동일한 인물로서 바울의 신학과 대치되는 빌립보 공동체 외부에서 침입된 적대자를 나타내고 있을지라도 우리는 이들을 공동체 내부 사람들로 이해할 필요가 있다. 중요한 점은 이들이 십자가의 원수로 불려질 수 있는 가능성이 어떤 사람들에게 적용될 수 있는가의 문제이다. 이런 의미에서 이들이 단순히 유대인(호돈), 유대주의자들(Mueller)이나 헬라적 유대 선교사들(Gnilka)로 간주되기 어렵다는 것이다. 왜냐하면 유대주의자들이나 헬라적 유대계 선교사들은 십자가의 구원능력을 부인할 수는 없기 때문이다. 이들이 외부에서 유입된 적대자라기보다는 내부의 공동체 일원으로서 십자가의 구원 능력을 부인할 수 있는 유일한 가능성은 원시영지주의적 세계관을 가진 공동체 내부 유대적 경향을 가진 그리스도인들로 이해할 수밖에 없다(Schmithals & Koester).

그리고 이들의 사회적 지위를 유추할 수 있는 것은 이들이 음식 규례법을 부인하고 성적 방종주의에 빠지기 가장 좋은 사람들로서 상정될 수 있다. 그래서 이들은 아마도 로마의 클럽에 가서 음주가무로 방탕한 삶을 살아가는 로마 시민권을 가진 지식인(elite)계층으로 이해할 필요가 있는 것이다. 자기 배가 신이 되고 그들의 영광은 부끄러움이 된다는 것은 도덕적으로 해이하게 되는 상황을 기술하고 있다고 알려졌다. 이것은 영지주의적 속성을 가진 자들이 일반적으로 빠지는 성적 방임주의를 나타내고 있다고 보아야 할 것이다. 여기에서도 이러한 구체적인 적대자만이 아니라 보다 일반적으로 이들이 자극함으로써 영향을 받은 교인들의 경우에 이들은 로마 제국의 클럽 활동이나 시민제의 그리고 후원자의 연회 초청에서 자주 빠지게 되는 주색문화에 빠져서 종교적/도덕적 해이함이 함께 일어나고 있는 것을 나타내고 있다고 보아야 할 것이다(3 : 8-21에 반영된 적대자 논의에 관한 퍼킨스와 카터의 상반된 견해와 로마 클럽 문화에 관해서는 김덕기, 2009, "빌립보서의 정치적 쟁점," 「신학과 문화」, 82-90 참고). 이러한 클럽(콜리지아)의 연회나, 시민제의나 황제숭배에 참여하여 성적 방종주의에 빠지거나 우상의 제물을 먹을 수밖에 없게 되는 로마제국의 후원자 사회구조의 역사적 정황은 고린도전서 8~10장의 역사적 정황과 매우 비슷하다(고전 8-10장의 이러한 역사적 정황과 고린도전서에 반영된 후원제에 관한 자세한 설명에 관해서는 김덕기, "바울의 자유, 지식, 약함에 관한 복합문화적-교차문화적 읽기", 「바울의 문화신학」, 216-229 참조).

[3 : 20-21] 이제 3 : 20에서는 우리의 시민권이 '땅'에 있는 어떤 제국으로부터가 아니라 '하늘'로부터 유래하였다는 유랑의 정치신학이 나타난다. 우리는 이 '시민권'으로 번역된 '폴리튜마'(πολίτευμα)의 사전적 의미에 따라 몇 가지 주석을 아래와 같이 제시할 수 있을 것이다. 우리는 먼저 그리스, 유대, 로마의 축제기관, 제의사회, 군인 그룹들, 위의 나라의 기관들 등의 포괄적인 헬레니즘 문헌에서 사용된 보다 다양한 용례들에 대한 자세한 조사가 뤼데리츠(G. Lüderitz)에 의해서 제시된 점을 주목하고자 한다. 이에 따르면 이 폴리튜마는 이러한 공화국이나 사회기관이 운영될 수 있게 하는 통치활동이 일어나는 특정한 장소의 의미를 활용하여 시민생활을 누리는 삶의 방식과 이를 향유할 수 있도록 도와주는 국가뿐만 아니라 어떤 사회단체의 공공 사무소나 기관들을 관장하는 사회기관의 '통치공공연합체'(governing civic association)로 번역할 수 있다는 것이다(G. Lüderitz, "What is the politeuma?", *Studies in Early Jewish Epigraphy*, (Leiden : Brill, 1994), 183-225). 이러한 의미는 *LSJ* 사전에서도 '시민 협의체', '협동체'나 '연합체'의 의미로 명기되어 있다(*LSJ*, 1434). 그래서 최근 위의 폴리튜마의 용례에 기초해서 주석 책을 쓴 오시에크와 류만은 이것을 로마제국에 대항하는 기독교 제국으로 이해

하기 보다는 그리스도교 공동체의 주도적 통치 기관을 의미한다고 주장한다. 예를 들어, 류만에 의하면 폴리튜마의 용례는 이러한 공화국이 운영될 수 있는 통치활동이 일어나는 장소의 의미를 활용하여 시민생활을 누리는 삶의 방식과 이를 향유할 수 있도록 도와주는 국가의 공공 사무소나 기관들을 관장하는 가장 상부 기관인 수뇌부 '통치공공연합체'(governing civic association)로 번역할 수 있다는 것이다(이에 대한 간략한 설명과 그 주석에서의 중요성에 관해서는 Reumann의 주석, 575-577, 596-598 참조).

더군다나 20절 후반 절에서 헬라어로는 바로 그곳에서부터(엑스 후 : ἐξ οὗ)의 '후'를 단수 관계대명사 중성 속격으로 본다면 이 폴리튜마가 선행사가 될 수밖에 없다. 그래서 그리스도를 우리가 기다린다고 할 수 있었던 것도 바로 이 '통치공공연합체로부터'라고 번역될 수 있다는 점이 고려되어야 한다. 물론 하늘이 복수로 사용되었지만(엔 우라노이스) 바울이 사용하는 방식(살전 1 : 10)에 따르면 단수로 취급될 수도 있을 것이다. 하지만 땅과 하늘의 대조보다는 20~21절이 제시하는 그리스도인의 삶의 방식의 신학적 근거와 15~19절의 적대자의 삶의 방식의 신학적 토대가 서로 대조된다는 점이 더 중요시 되어야 할 것이다. 이런 관점에서 보면 이러한 신학적 선언(20b)은 그리스도인들이 하늘에 소속된 통치공공연합체에 지배를 받게 된다는 20a절의 언급을 보다 심화시켜서 적대자가 소속된 연합체의 삶의 방식과 대조되는 그리스도인의 삶의 방식의 신학적 근거를 제시하고 있다고 보아야 할 것이다(3 : 20).

또한 카터(W. Cotter)는 폴리튜마(πολίτευμα : "시민권")가 로마의 클럽을 의미할 수 있기 때문에 단순히 바울이 적대자의 교리적 측면을 비판한 것이 아니라 로마제국의 사회적 클럽에서 도덕적으로 문란한 삶의 방식을 비판한 것으로 새롭게 제안하게 된다(W. Cotter, CSJ, "Our Politeuma Is in Heaven", *Origins and Method*(Sheffield : Sheffield Academic, 1993), 92-104 참조 ; 이에 대한 간략한 소개에 관해서는 김덕기, 2009, "빌립보서의 정치적 쟁점", 88-95 참조). 그래서 이러한 바울의 표현은 적대자의 용어를 바울이 차용한 것으로 제시하고 있는 것이라고 보아야 할 것이다. 더 나아가서 이 폴리튜마가 적대자가 사용하는 언어를 바울이 차용하였다고 한다면, 20절에서 폴리튜마가 하늘에 있다는 주장은 20~21절이 제시하는 그리스도인의 공동체 삶의 방식의 신학적 근거와 15~19절의 적대자가 소속된 클럽의 삶의 방식의 신학적 토대가 서로 극렬히 대조된다는 점이 더 중요시되어야 할 것이다(*EDNT* III, 130). 결국 이것은 적대자가 이미 부활의 온전함이 완성되었다고 생각하며 살아가는 땅에 속해 있는 클럽의 삶의 방식에 대항하는 것이지 로마제국에 직접 대항하고 있는 것이 아니라는 것이다. 류만도 이 구절에 대한 그의 주석에서, 로마제국이나 로마 황제 또는 그 당국의 공무원들에 대항하였다고 보기보다는 적대자의 실현된 종말론의 신학과 그들의 폴리튜마 개념을 비판한 측면을 강조한다(Reumann의 주석책, 597-598). 그리스도인들이 하늘에 소속된 통치공공연합체에 지배를 받게 된다는 20절의 신학적 선언은 '시민권'이 하늘에 소속된 그리스도인의 사회정치적 삶의 방식의 사회정치신학적 근거를 제시하고 있다고 보아야 할 것이다(3 : 20). 이것은 적대자가 소속된 통치공공연합체가 지향하는 '땅의 일을 생각하는' 사회적 삶의 방식과 대조된다는 의미에서, 바울이 기독교인의 고유한 에클레시아의 정치적 주체성을 새롭게 주장하고 있는 것이라고 간주된다.

여기에서 이러한 통치공공연합체와 이것이 제공하는 특권이 단순히 이 땅 위의 특정한 지역에 근거해 있지 않고 하늘에 소속되었다는 주장은 이러한 폴리튜마가 예루살렘을 이상적 도성으로 생각하였던 유대 고전 정치신학에서뿐 아니라 헬레니즘의 뿌리인 그리스의 플라톤의 철학에서도 볼 수 있다는 점에서, 이상적인 정치체제에 대한 신학적 생각을 바울이 넌지시 제시하고자 하였다고 볼 수 있을 것이다. 이러한 정치신학적 발상은 당시 빌립보 교회 교인들이 로마의 시민권을 가짐으로써 당시 빌립보의 토지를 대량으로 분할 받을 수 있는 특권과 관련되기 때문에 교인들이 분열되어 있는 상황에서 제시되었다는 점을 주목할 필요가 있다. 그래서 보다 구체적으로는 그리스도인의 '통치공공연합체'와 이 기관이 발급하는 시민권은 궁극적으로 하늘에 소속되어 있기 때문에 우리가 현재의 땅을 매입하여 정착하려는 삶의 방식을 포기하고, 이 세상의 삶조차 유랑의 삶의 스타일을 이상적으로 간주하는 정치신학을 제시하고 있다고 보아야 할 것이다. 결국 에베소서, 베드로전서, 히브리서와 같은 신약 문서들과 2세기 로마 속사도시대의 「헬마스의 목자」와 「디오그네토스 서신」 같은 문서들은 우리의 통치공공연합체가 하늘에 있다는 정치신학을 파로이코스(나그네 : 엡 2 : 19, 히 11 : 9)와 파레피데모이(나그네 : 히 11 : 13, 벧전 1 : 1, 2 : 11)라는 용어들을 통하여 기독교인 정체성을 규명하고자 하는 유랑자(sojourner) 신학으로 발전하게 된다(Osiek의 주석, 104-105와 F. W. Beare, *A Commentary on the Epistle to the Philippians* (London : Adam & Charles Black : 1959), 136-137).

다른 한편, 그리스 고전철학의 관점에서는 하늘에 소속된 수뇌부 통치공공연합체와 시민권과 관련된 정치철학적 의미는 플라톤이 「공화국」에서 정치의 근본 목적이 영혼의 정화와 내면의 덕을 수련하여 존재의 변화를 경유하여 이데아의 세계에로의 영혼의 상승을 도모하는 것과 관련시킬 수 있다. 이것은 결국 모든 시민들이 영혼의 집단적 상승을 통해서 서로 연합하기 위해서 제의적 참여를 강조한 플라톤의 정치적 이상에 비추어서 재해석되어야 할것이다(C. Pickstock, "Justice and Prudence", *Postmodern Theology*(Oxford : Blackwell Pub., 2001), 162-176과 강유원, 「서구정치사상 고전읽기」(서울 : 라티오, 2008), 66-85 참조). 이러한 관점에서 보면, 기독교 공동체의 정치적 삶의 궁극적인 목적이 우리의 낮은 몸이 그리스도의 영광의 몸의 형태처럼 변형되는 것이라고 주장하는 21절까지도 바로 정치적 이상과 관련된 측면을 확실하게 내포하고 있다고 보아야 할 것이다. 그러므로 우리는, 바울이 시민으로서의 공적 삶(πολιτεύεσθε)과 이와 관련된 통치공공연합체(πολίτευμα)의 공공활동에 대한 언급(빌 1 : 13, 1 : 27, 3 : 20, 4 : 22)을 예수의 자기 비하와 바울의 비천한 삶과 이를 우리가 닮아야 하는 겸손한 마음과 상호연결시킬 필요가 있다('πολίτευμα의 모티브가 겸손한 마음과 연결되는 모양의 중요성에 관해서는 Doble, 2002, "Vile Bodies'-", 16-27 참조). 또한 이러한 바울의 폴리튜마를 교회들의 연대의식을 강화하는 사회적 상호교제(κοινωνία)의 모티브(빌 1 : 5, 1 : 7, 1 : 27, 2 : 1, 3 : 10, 4 : 14)와 연관시켜서 보다 포괄적으로 본문의 주제와 연결시킬 필요가 있는 것이다(김덕기, 2007, 앞의 책, 434-442 참조). 이렇게 하면, 결국 단순히 이 용어는 개인적인 종교적 의미나 공동체 내의 갈등만의 문제가 아니라 로마제국에 대한 기독교인들의 정치적 태도의 문제와 연관된다는 것을 암시받게 된다(Oakes, 2001, *Philippians*, 129-212와 P. Oakes, "Re-mapping the Universe", *JSNT* 27. 3(2005), 300-322 참조).

이러한 정치적 변증과 관련해서는 이 명사의 파생어 동사 '폴리튜오마이'를 살펴본다면 더욱 분명하게 이 단어의 정치적 측면을 내포하고 있다고 논의할 수 있게 된다. 이 단어의 파생어로서 동사는 빌립보서 1 : 27과 사도행전 23 : 1("바울이 공회를 주목하여 이르되 여러분 형제들아 오늘까지 나는 범사에 양심을 따라 하나님께 백성 노릇하였노라(페포리튜마이 토 테오 : πεπολίτευμαι τῷ θεῷ")에서처럼 희브리어적 어법의 '살다' 또는 '행하다'(페리파테오)라는 단어와 연관될 수 있을 것이다. 특히 바울은 이러한 어법의 단어를 이방 문화에 적용되었을 때 '폴리튜오마이'를 채택하였고, 이를 명사 '폴리튜마'로 전향시켜서 사용되었을 가능성이 높다. 특히 '폴리튜오마이'라는 동사가 사용된 사도행전 22 : 30~23 : 10의 맥락에서 비추어 보면, 산헤드린 앞에서 바울이 정치적 변증을 위해서 이 단어가 사용된 점을 고려할 필요가 있다. 그래서 빌립보서 3 : 21에서도 하나님의 제국에 소속된 '통치공공연합체'와 로마 제국과 관련된 현실 위에 토대를 둔 제국이 서로 대치될 수 있다는 것을 암시한다고 볼 수 있을 것이다(*EDNT III*, 130과 *BDAG*, 846). 더군다나 빌립보서 3 : 2~4 : 1의 맥락에서 보면, 온갖 탐욕과 그들의 수치심에서 영광을 찾는 것을 신으로 삼고 땅의 것을 생각하는 삶의 방식의 신학적 근거를 반대하고 있다고 생각할 필요가 있다. 이러한 삶의 방식을 영위하는 사람들은 그들의 시민권을 땅 위의 현재의 로마제국을 통해 이미 완성했다고 보는 적대자들에 의해서 형성되었다고 볼 수 있을 것이다.

여기에서 특히 천상의 폴리튜마를 로마제국에 대한 대항과 관련시켜서 주석할 수 있는 이유는 구원자의 헬라어 소텔(σωτήρ)이 로마 황제에게 적용되는 용어이기 때문이다. 그래서 당시에 모든 것들을 자기에게 굴복시킬 수 있는 황제 크라우디우스를 "세상의 구원자"로 부르기도 하였다. 또한 그리스도를 구원자로 고백한다는 것 자체가 로마제국에 대한 체제 전복적인 고백이었고 이러한 고백을 하게 되었던 빌립보 공동체는 핍박을 피하기 어려웠을 것이다(빌 1 : 27-30)(Oakes, 앞의 책, 140). 특히 폴리튜마와 '소텔'이 함께 사용된 것은 당시 31년에 옥타비아누스가 악티움 해전에서 안토니우스를 패배시킨 후 새로운 로마제국의 평화를 가져온 역사적 전환점을 환기시킨다. 그는 아우구스트(지존자)로 원로원으로부터 칭호를 얻게 되어 로마 제국의 주 구원자로 등극하게 되고, 빌립보에게 새로운 로마 제국의 특별한 식민도시인 "*Colonia Iulia Augusta Philippensis*"의 타이틀을 부여하게 된다.

이 서신에서 바로 바울은 로마제국에 저항하는데 의도적으로 주장하고 있다기보다는 그리스도인의 정체성을 새롭게 재규정하고자 했을 것이다. 이러한 입장의 근거가 되는 것은 아래 단락에서 제시하는 바와 같이 "우리의 시민권은 하늘에 있는지라"와 "구원하는 자 곧 주 예수 그리스도"가 고대 헬레니즘 배경에서는 단순히 종교적 의미만 아니라 정치신학적 의미를 내포한 포괄적인 문화적 코드(약호)를 내포하고 있기 때문이다.

우선 비록 20~21절이 정치적 의미를 내포한다고 할지라도 종교적 의미를 완전히 배제하고 있지는 않다는 것을 명심할 필요가 있다. 다시 말해서, 폴리튜마라는 단어 홀로는 사회적-정치적 의미가 있는 용어이지만, 바울이 20절에서 우리의 통치공공연합체가 하늘에서 군림하고 있고, 여기서부터 도래하게 될 그리스도를 우리가 기다린다고 말하는 것은 나름대로 고대의 우주관을 반영하고, 개인의 영혼의 근원에 대한 고찰을 매개로 사회적-정치적 이상을 제기하는 방식인 것이다. 통치연합체가 하늘에 있다는 의미는 바울이 종교적 언어로 표현하는 영적인 우주적 질서에 대한 다음과 같은 기본 생각을 반영한다. 바울에게는 골로새서 3 : 1~2와 에베소서 1 : 20~21에서처럼 하늘에서 그리스도가 주로서 하나님 우편에서 그리스도인들의 현재의 실존을 결정한다는 의미가 더 압도적이다. 이러한 문맥과 바울의 우주관 전체를 고려하면, 바울과 이방인도 소속되어 있는 빌립보 공동체의 구성원들이 함께 공유하고 있었던 이 구절의 문화사적 의미는 인간의 실존적 상황에서 종교적 체험을 통해서 파악하게 되는 인간 존재의 근원적 기원을 묻는 방식으로 고대의 정치적 이상을 투사하는 것을 확실히 알 수 있다. 다시 말해서 고대의 정치적 이상은 개인의 영혼의 본성에 대한 실존적인 종교적 물음과 분리되어 있지 않다는 점을 깊이 고려해야 한다는 것이다. 본문을 헬라문헌의 평행구와 비교해 보면 빌립보서 3 : 20은 이 평행구보다는 죽음 이후 몸과 영혼의 분리된 상황에서가 아니라 현재의 통치질서의 근거가 어디에 있는지를 더 잘 나타내고 있다고 할 수 있을 것이다(Boring, ed al., 1995, *Hellenistic Commentary*, 482).

Amphidamas에게 보내는 Heraclitus의 편지와 빌립보서 3 : 20과 비교

	암피다마스(Amphidamas)에게 보내는 헤라클레이토스(Heraclitus)의 편지, Nr.5 (주전 1세기)	바울서신 본문
본문 전체	그러나 만약 나의 몸을 치료하기 전에 수렁에 빠지게 된다면 나의 몸은 그것(몸)의 최후인 죽음에 이를 것이다. 그러나 나의 영혼은 가라앉지 않을 것이다. 그러나 그 후 그것은 영원한 것이 되어, 하늘 높이 올라갈 것이다. 나는 많은 인간들 중에서가 아닌 신 가운데에 한 시민이 될 것이다.	"그러나 우리의 시민권은 하늘에 있는지라 거기로부터 구원하는 자 곧 주 예수 그리스도를 기다리노니"

몸과 영혼	몸과 분리된 영혼 : 이원론	몸과 영혼의 분리가 나오지는 않는다.
시민 /시민권	신 가운데 한 시민이 될 것이다.	우리의 시민권이 하늘에 있다.
구속 방식	영혼이 영원한 것이 되어 하늘에 올라간다.	주 예수 그리스도의 도래를 기다림

더군다나 '소텔'(구원자)이 단순히 정치적 의미를 가진 황제만을 의미하는 것은 아니다. 헬레니즘 문화권에서는 다양한 종류의 구원자들로서 국가나 신들, 철학자나 의사(아스크레피오스), 장군(폼페이), 영웅(시저), 황제(옥타비아누스)를 의미할 수 있다. 그래서 바울은 바울의 7개 서신 중 빌립보서 3 : 20에만, 그리고 그 외에의 후기 바울서신에서 에베소서 5 : 23, 디모데후서 1 : 10, 디도서 1 : 4, 2 : 13과 베드로후서 1 : 1, 3 : 2에서만 이 용어를 극히 드물게 사용하게 된다(*BDAG*, 985 ; *EDNT III*, 326–327). 단지 용어는 다르지만 데살로니가전서 1 : 10("……이는 장래의 노하심에게 우리를 건지시는 예수시니라")에서는 예수를 '구원하는 자'(호 흐루오메노스)로 미래에 도래할 진노로부터 구해 주실 분으로 소개하게 된다. 그리고 '구원'과 '구원하다'라는 '구원자'의 파생어를 바울이 사용하는 경우에는, 종말론적 구원의 결정적인 개입에 의해서 악의 세력으로부터 그리스도가 하나님의 능력을 통해서 사람들 모두에게 궁극적으로 구원을 가져오는 마지막 때와 관련시킨다(롬 5 : 9, 고전 3 : 15, 5 : 5, 살전 5 : 19). 이렇게 드물게 사용되는 이유는 헬레니즘 문화에서 사용되는 구원이 개인인 밀의종교나 철학 클럽에 소속되었을 때 그의 삶의 개인적인 측면에서 일어나는 구원의 개인적인 체험 사건만을 연관시키는 것과 차별화시키려는 경향이 바울서신에 잘 드러내기 때문이라고 설명할 수 있을 것이다(Coulange의 주석, 140).

위의 종교사적 맥락의 관점에서 보면, 20절에서 바울은 인간의 본성에 대한 신적 통찰에 관한 종교체험을 암시하는 방식으로 궁극적으로 소속되어야 할 자신의 이상적 공동체의 비전이 이 세상의 로마제국의 현실이 아니라고 생각하였다는 것을 단지 암시하고 있을 뿐이다. 더군다나 바울은 그들의 시민권과 관련된 통치공공연합체는 하늘에 소속되었고, 이 하늘에 있는 통치공공연합체로부터 우리를 구원하기 위해서 오시는 주 예수 그리스도를 기다린다고 주장하는 것이다. 여기에서 '기다린다'(아페크데코메싸)의 헬라어 원형 아페크데코마이(ἀπεκδέχομαι)는 로마서 8 : 19, 23, 25, 고린도전서 1 : 7 ; 갈라디아서 5 : 5, 빌립보서 3 : 20. 히브리서 9 : 28에서 주로 '구속을 열망하다'의 문맥에서 사용된 단어이다(*BDAG*, 100과 *EDNT* I, 407). 여기서는 단순히 아무 일도 없이 기다린다(waiting)는 의미가 아니라 간절히 열망하며(anticipate) 준비하고 투쟁 속에서 기다린다는 의미로 해석해야 할 것이다. 여기에서는 추상적인 대상이나 이념을 희망하는 것이 아니라 그리스도에 대한 가장 고상한 지식인 부활의 권능과 그 고난에 참여하는 것에 관해서 알기를 열망했고(3 : 10) 우리의 비천한 몸을 영광의 몸으로 변형시킬 수 있는(3 : 21) 구원자이시며 주 그리스도의 현현을 기다린다는 것이다. 그래서 이것을 열망하는 방식은 심판에 대한 두려움이나 체념이 아니라 기쁨과 희열의 기대였을 것이다.

특히 빌립보서 3 : 20의 이끄는 접속사 '갈'(γάρ)은 의미론적으로는 '그러나'로 번역되는 경향이 불가능하지는 않지만 원래 헬라어 갈은 '왜냐하면'으로 번역될 필요가 있다. 이것은 18~19와 20~21절의 내용이 서로 대조되는 것을 넘어서 18~19절의 주장의 신학적인 근거를 제시하려 했을 것이다. 분명한 것은 '왜냐하면'으로 시작할 때 약간 논리적으로 매끄럽지 않다는 점에 관해서 학자들이 이렇게 '왜냐하면'으로 시작되는 20~21절을 원시기독교가 전수한 찬양시 전승의 편린으로 보는 경향이 많다는 점이다. 하지만 2 : 6~11처럼 완벽하게 찬양시의 형식을 갖추고 있지 않기 때문에 대체로 학자들은 찬양시의 형식으로 3 : 20~21이 그대로 삽입되었다고 생각하지는 않는다. 다만 빌립보서 2 : 6~11의 용어들이 3 : 20~21에도 많이 반복되어 사용된 점(휘파르케이/휘팔콘, 숨모르폰/모르페, 메타스케마티세이/스케마, 타페이노세오스/에타이노센, 큐리온 예순 크리스톤/큐리오스 예수 크리스토스 등)을 미루어 바울이 전승의 파편을 활용하여 직접 저작하였다는 견해가 더 우세하다(호돈 對 O'Brien). 이들과 달리 필자는 대체로 바울 홀로, 그리고 바울이 제자들과 함께 두 차례에 걸쳐서 빌립보서 2 : 6~11과 3 : 10~11에 기초하여 저작만 아니라 편집하고 재구성하였다는 독창적인 견해를 제안하고 싶다(바울과 바울학파(바울의 제자들)의 두 번의 편집 가능성에 관해서는 본서 '빌립보서 개론'과 김덕기(2013) 참조).

보다 주목할 점은 고린도전서의 전형적인 바울의 부활신학과의 비교를 통해서 나타나는 빌립보서 3 : 20~21의 독특한 신학의 발전양상이다. 3장 20~21절이 원시 기독교의 부활 전승이 찬양시로 승화된 것이라는 뚜렷한 증거가 확보되지 않았기 때문에 우리는 빌립보서 2 : 9~11과 빌립보서 3 : 10~11의 부활 신학을 더욱 발전시켜서 바울과 그의 제자들이 3 : 20~21에서 빌립보서 1 : 27에서처럼 독특한 '정치적 변혁'의 신학을 형성하려 했다고 볼 수 있을 것이다. 바울과 그의 제자들이 이런 방식으로 급격한 변혁을 위한 정치신학을 마련하기 위해서 고린도전서 15장에서의 부활 신학을 발전시킨 결과물로서 3 : 20~21을 제시하게 되었다는 주장이 더 합당할 것이다. 그 이유는 고린도전서 15 : 20~58과 빌립보서 3 : 18~21의 유사점에 관해서는 다음과 같이 다섯 가지로 제시할 수 있기 때문이다. ① 둘 다 부활에 초점이 있다. ② 둘 다 각자의 독특한 영광(δόξα)에 의해서 부활된 몸을 특성화하고 있다(고전 15 : 40–43), ③ 둘 다 부활을 종말론적 시간표와 연관시킨다. ④ 둘 다 "적들"을 눈앞에 갖고 있다. ⑤ 둘 다 땅의 것(에피게이아 : ἐπίγεια)/하늘의 것(에푸라니아 : ἐπουράνια)의 양극성을 갖고 있다. ⑥ 둘 다 시편(8, 110편)에 있는 성경적 하위본문을 넌지시 암시한다(Doble, "'Vile Bodies'–", 24).

반면 위의 유사성에도 불구하고, 우리는 빌립보서 3 : 21에서 낮은 몸을 영광의 몸과 같은 형체로 변화시킨다는 내용은 '육의 몸'에서 '신령한 몸'으로 다시 살게 한다는 고린도전서 15 : 44("육의 몸으로 심고 신령한 몸으로 다시 살아나나니 육의 몸이 있은즉 또 영의 몸도 있느니라")에 나타난 부활신학의 획기적 발전으로 이해할 필요가 있다. 고린도전서에서는 "일으킨다"(에게이레타이)는 동사를 사용하였지만, 빌립보서에서는 "형태를 변형시킬 것이다"(메타스케마티세이)는 동사를 사용하였다. 고린도전서에서는 육체적 몸(쏘마 프시콘)으로 심겨지지만 신령한 몸(소마 프뉴마티콘)으로 일으킴을 받게 되지만, 빌립보서에서는 우리의 비천한(타페이노세오스) 몸을 그의 영광(테스 독세스)의 몸의 모양과 같이 변형시킬 것이라고 주장하게 된다. 더군다나 가장 큰 차이점은 고린도전서 15장 전체 문맥에서는 하나님이 그리스도를 일으키거나 그리스도가 일으킴을 받게 된다고 묘사되었지만(고전 15 : 12-19) 빌립보서에서는 그리스도가 주어로 쓰여서 우리의 비천한 몸을 자신의 영광의 몸처럼 변형시킬 것이라고 주장하게 된다.

또한 15 : 50~51에서는 썩는 것이 썩지 않을 것으로, 죽은 자들이 썩지 아니할 것으로 다시 살아나고, 죽을 것이 죽지 않을 것으로 변화될 것이라는 것을 분명히 하지만, 빌립보서 3 : 21에서는 단순히 비천한 몸이 영광의 몸의 형태처럼 변경될 것이라고 기술하게 된다. 이렇게 21절의 '공동형태의'(숨모르폰 : 형용사)라는 용어를 사용한 것은 이것을 3 : 10의 "그의 죽음을 본받아"(숨모르포조메노스)와 빌립보서 2 : 6~7의 "하나님의 본체(모르페)시나"와 "종의 형체(모르펜)를 가지사"와 연관시키려는 편집자의 특별한 노력이 가미되었을 것이다. 다른 한편, 고린도전서 15장에서는 사망권세의 승리가 강조되었다면, 빌립보서에서는 시편 110 : 1에서 보듯이 왕위 승계식에 오른 왕의 위엄을 간직하여 얻게 되는 영광이 강조된다. 고린도전서 15 : 20~58과 빌립보서 3 : 21의 유사점에 관해서는 다음과 같이 여섯 가지로 제시할 수 있을 것이다.

고린도전서 15 : 44과 빌립보서 3 : 21의 부활 표현 방식

	고린도전서 15 : 44와 15 : 51–54	빌립보서 3 : 21
내용 비교	'육의 몸'에서 '신령한 몸'으로 다시 살게 한다.	그리스도가 우리의 비천한 몸을 그리스도의 영광의 몸과 같은 공동형태로 변화시킨다.
부활을 표현한 동사	"일으킨다"(에게이레타이)는 동사 사용	"형태를 변형시킬 것이다'(메타스케마티세이)는 동사 사용
헬라어 비교	육체적 몸(쏘마 프시콘)으로 심겨지지만 신령한 몸(쏘마 프뉴마티콘)으로 일으킴을 받게 된다.	비천한(타페이노세오스) 몸을 영광의 몸으로 변형시킬 것
주어와 태 표현방법	하나님이 그리스도를 일으키거나 그리스도가 일으킴을 받게 된다.	그리스도가 주어로 쓰여서 우리의 비하의 몸을 자신의 영광의 몸의 공동형태로 변형시키게 된다.
변화의 방식 (15 : 51–54)	썩는 것이 썩지 않을 것으로, 죽은 자들이 썩지 아니할 것으로 다시 살아나고, 죽을 것이 죽지 않을 것으로 변화될(알라게소메싸이) : 형태가 아니라 모양이 변화되는 정도가 모순을 일으킬 정도의 정반대가 되는 역설성이 강조됨("순식간에 홀연히 다 변화되리니"〈51절〉)	우리의 비천한 몸이 그리스도의 영광의 몸과 유사한 형태처럼 변형된다는 점에서 비천과 영광이 대조되는 몸의 형태가 변화를 강조한다.
구약 전승과의 관련성과 모티브	묵시문학적 심판의 때 사망권세와 싸워 이기는 마지막 때에 구원의 승리가 일어나는 부활 신학의 모티브가 강조됨.	시편 110 : 1에서의 왕위 승계식에서 얻게 되는 영광–선재와 자기–비하와 부활과 승천이 함께 연관되는 변신 모티브가 강조된다.

우리는 이러한 빌립보서 3 : 21의 편집자가 빌립보서 2 : 6~11와 빌립보서의 부활신학을 어떤 방식으로 변형했는지 살펴봄으로써 바울의 정치신학의 구조와 로마제국에 대한 정치적 태도를 추론할 수 있게 된다. 예를 들면, 21절의 '공동형태의'(σύμμορφον)라는 용어를 사용한 것은 이것을 빌립보서 2 : 6~7의 "하나님의 본체(ἐν μορφῇ θεοῦ)시나"와 "종의 형체를 가지사"와 3 : 10의 "그의 죽음을 본받아"(συμμορφιζόμενος τῷ θανάτῳ αὐτ οὗ)와 연관시키려는 편집자의 특별한 노력이 가미되었을 것이다. 특히 주목되는 점은 '낮은 몸'에서 '낮은'은 모멸감을 나타내는 명사를 수식하는 속격명사(ταπεινώσεως)의 헬라어로 표현되어 '모멸감을 견디는 비천한 몸'으로 번역될 수 있게 된다는 점이다. 이러한 유사성은 링컨(A. T. Lincoln)의 이에 대한 치밀한 연구를 기초로 최근에 오브라이언이나 실바 등의 주석자들에 의해서 일반적으로 바울이 직접 3 : 20~21을 썼다는 근거로 활용된다(빌 3 : 20-21이 2 : 6-11과 문학구조로나 교리적 용어로나 서로 유사하다는 토론에 관해서는 N. M. Flanagan, "A Note on Philippians 3 : 20-21", *CBQ* 18(1956), 8-9와 A. T. Lincoln, *Paradise Now and Not Yet*(Cambridge : Cambridge U. Press, 1981), 87-89 참조 ; 이에 근거한 주석에 관해서는 O'Brien의 주석, 463-472과 M. Silva의 주석, 183 참조).

하지만 이것은 바울과 바울학파가 함께 2 : 6~11의 용어를 차용하고 고린도전서 15장의 부활 전승을 혁신시켜서 전혀 새로운 정치신학을 창안하였다고 주장할 수 있을 것이다. 더군다나 이것은 빌립보서에서 명예를 존중하는 고대 그레코-로만 지중해 사회에서는 모멸감을 견딜 만큼 자신을 낮추는 비천한 삶의 자세를 표현하게 될 때 사용된 유사한 단어(타페이노프로시네 ταπεινοφροσύνη: 낮추는 생각)가 나타나는 구절들(2 : 3, 2 : 8, 3 : 21, 4 : 12)과 연관된다. 특히 2장 3절과 2장 8절에서는 그리스도가 자신을 비천한 몸으로 자신을 낮추어 형성하는 비천한 삶과 관련되고, 이에 조응하여 4 : 12에서는 바울이 이 비천한 삶에서 자족하는 삶을 나타내고자 한다(ταπ-접두어로 시작하고 비천함과 관련되는 빌립보서에서의 단어군의 분석에 관해서는 P. Doble, 2002, 앞의 글, 9-16 참조). (고대 1세기 지중해 세계에서의 명예와 수치의 문화인류학적 통찰에 관해서는 B. J. Malina, *The New Testament World*(Atlanta : John Knox Press, 1981), 25-50 참조).

반면 3장 21절의 해석에 관해서는, 호돈이 이미 지적한 바대로(호돈의 주석, 331) 자신이 스스로 비천한 삶을 만드는 차원을 나타내는 것이 아니라 모든 사람이 비천하게 될 수밖에 없는 삶의 실존적 정황(타락, 연약함, 부패성,

죽음과 연관된 불안 등)을 나타내 준다고 이해할 필요가 있다. 여기에서 호돈보다 더 나아가서, 우리의 비천한 몸은 빌립보서에서는 감옥에 갇힌 바울의 매인 몸과 관련해서 단순히 실존적일 뿐만 아니라 사회적이고 정치적인 차원을 갖고 있다는 점을 중요시 여겨야 할 것이다. 이 바울은 이제 자신의 매인 몸과 같은 우리의 비천한 몸이 하나님께 영광을 드러내는 자유의 몸으로 변형시킬 것이라는 미래의 갈망 속에서 우리의 몸의 변화를 사회적-정치적 차원의 미래의 교회 몸에로 변형될 것을 확신하고 있는 것이다. 이러한 변형을 가져올 분은 이미 천상의 몸에서 인간의 형체(스케마티-2 : 7), 더군다나 그것도 비천한 종의 몸의 형태(몰페-2 : 7)로 변형되셨던 분이시다. 그래서 바로 죽음에 매인 몸에서 영광의 부활의 몸으로 이미 변형되시도록 이러한 방식으로 스스로를 낮추셨던 분이 이제는 그리스도의 변신하는 몸의 모형으로 하나님의 능력을 통해서 우리의 비천한 몸을 변형시킬 수 있는 분으로 고백된다. 그래서 고린도전서 15장에서와 달리, 바울은 그리스도가 자신을 비천한 삶에로 낮추시는 삶의 형태를 취하였던 것과 유사하게, 이제 그리스도는 하나님의 능력을 통해서 만물을 자신에게 복종시키는 그러한 능력(카타 텐 에네르게이안)을 통해서 그리스도의 영광의 몸의 형체와 유사한 형태(숨모폰)로 우리의 사회적 몸의 토대를 변형시킬 것이라는 것이다.

여기에서 우리가 주목해야 할 것은 그리스도가 하나님의 본체-종의 형체-사람의 모양-비천한 삶과 십자가의 죽으심의 단계로 자신을 비하시켰지만 하나님은 이 그리스도를 하늘에, 땅에, 땅 아래에 있는 모든 자들을 굴복시키도록 그리스도를 지극히 높이신 것(빌 2 : 6-11)에 비추어서 그리스도 자신이 같은 방식으로 우리의 비천한 몸을 하나님의 변신(變身) 방식으로 자신의 영광의 몸의 형태로 변형시킬 것이라는 빌립보서 저자 바울과 바울학파의 해석자들의 논리적 추론이다. 여기에서는, 기독론의 그리스도 찬가의 형식을 정치신학적 선언의 형식으로 바꾸는 문화형식의 혁신이 나타날 뿐 아니라, 그리스도의 자기 비하에 대한 응답으로서 하나님의 높이심의 신학적 구조(빌

2 : 6-11)가 바울의 비천함과 우리의 비천함을 그리스도가 그의 영광의 몸의 형태로 변형시킨다는 변신 신학의 구조(3 : 20-21)로 신학적 구조가 혁신되는 것이 드러난다. 바울은 바로 로마제국의 구조에 희생된 바울 자신과 같은 비천한 몸을 그리스도가 영광의 몸으로 변형시킬 것이라고 믿게 되었다면, 바로 그리스도를 닮은 바울을 창조적으로 모방해야 하는 우리는(빌 3 : 17) 로마제국의 체제를 근본적으로 변혁시켜야 하는 정치적 태도를 암시적으로 요청받고 있다는 것이다.

빌립보서에서 바울(편집자 포함)은 우리의 비천한 몸을 감옥에 갇힌 바울의 매인 몸과 관련해서 단순히 개인의 차원만이 아니라 개인의 차원과 사회적이고 정치적인 차원의 틈새에서 새로운 신앙의 구조를 형성하게 된다. 바울은 이제 자신의 매인 몸을 모든 그리스도 제국의 구속신학의 토대가 되는 보편성을 담지하기 위해서 우리의 비천한 몸으로 승화시킨다. 바로 이런 식으로 바울은 우리의 비천한 몸을 그리스도 자신이 십자가에 이르기까지 복종하였던 비천한 몸과 동일시시킴으로써 하나님 자신이 아니라 그리스도 자신이 매인 이 비천한 몸을 하나님께 영광을 드러내는 자유의 몸으로 변형시킬 것이라는 새로운 신앙의 구조를 제시한다. 여기에서 빌립보서 3 : 20~21은 이제 '우리의 몸'의 변화에 대한 믿음을 통해서 우리가 사회적-정치적 차원의 '에클레시아의 몸'을 '로마제국의 몸'을 변형시킬 수 있는 토대로 인식할 것을 요청하는 정치신학을 비밀스럽게 제시하고 있는 것이다. 이러한 변형을 가져올 분은 이미 천상의 몸에서 인간의 형체(σχήματι-2 : 7), 즉 비천한 종의 형태(μορφὴν-2 : 7)로 변형되셨던 분이시다. 그래서 바로 죽음에 매인 몸에서 영광의 부활의 몸으로 변형되도록 이러한 방식으로 이미 스스로를 낮추셨던 분이, 이제는 그리스도의 비천한 몸이 영광의 몸으로 변신되는 몸의 변신 모형으로, 하나님의 능력을 통해서 이제는 그리스도 자신이 스스로 우리의 비천한 몸을 변형시킬 수 있는 분으로 신앙고백된다(빌 3 : 20-21에 관한 자세한 논의에 관해서는 김덕기, "바울의 로마제국에 대한 정치적 태도와 정치신학",

「신약논단」 17권 제3호(2010년 가을), 711–18, 728–753 참조).

B. 결론적인 권면(4 : 1–9)

> [1]그러므로 나의 사랑하고 사모하는 형제들, 나의 기쁨이요 면류관인 사랑하
> 는 자들아 이와 같이 주 안에 서라 [2]내가 유오디아를 권하고 순두게를 권하노
> 니 주 안에서 같은 마음을 품으라 [3]또 참으로 나와 멍에를 같이 한 자 네게
> 구하노니 복음에 나와 함께 힘쓰던 저 여인들을 돕고 또한 글레멘드와 그 외
> 에 나의 동역자들을 도우라 그 이름들이 생명책에 있느니라 [4]주 안에서 항상
> 기뻐하라 내가 다시 말하노니 기뻐하라 [5a]너희 관용을 모든 사람에게 알게 하
> 라 [5b]주께서 가까우시니라 [6]아무것도 염려하지 말고 다만 모든 일에 기도와
> 간구로, 너희 구할 것을 감사함으로 하나님께 아뢰라 [7]그리하면 모든 지각에
> 뛰어난 하나님의 평강이 그리스도 예수 안에서 너희 마음과 생각을 지키시리
> 라 [8]끝으로 형제들아 무엇에든지 참되며 무엇에든지 경건하며 무엇에든지 옳
> 으며 무엇에든지 정결하며 무엇에든지 사랑 받을 만하며 무엇에든지 칭찬 받
> 을 만하며 무슨 덕이 있든지 무슨 기림이 있든지 이것들을 생각하라 [9a]너희는
> 내게 배우고 받고 듣고 본 바를 행하라 [9b]그리하면 평강의 하나님이 너희와
> 함께 계시리라

중요한 점은 이제 바울은 4 : 1~9에서 세 가지 방식으로 권면의 말씀을 제시하고 있다는 것이다 : ① 2~3절은 개인적인 권면의 형식으로 주에 대해 굳건히 서서 연합할 것을 권고하고, ② 1절과 4~7절, 9절에서는 명령문의 형식으로 염려하지 말고 기도로 간구하여 하나님의 평화에 깃들기를 권고하고, ③ 8절은 덕의 목록을 제시하는 윤리적 권고의 형식과 함께 바울로부터 배우고 받고, 듣고, 보았던 것들을 행할 것을 제시해 주고자 한다(Silva, 191 ; Cousar, 82–87).

[4 : 1] "그러므로 나의 사랑하고 사모하는 형제들, 나의 기쁨이요 면류관인 사랑하는 자들아 이와 같이 주 안에 서라"는 보통 3 : 1로부터 3 : 21의 논리적인 귀결을 나타내는 구절로 이해될 수 있다. 왜냐하면 "그러므로"로 번역된 헬라어 '호스테'는 원리를 적용한 이후의 윤리적 권면으로 이해될 수 있기 때문이다. 이런 경우에는 대개 파편저작설을 주장하는 학자들은 이 구절로부터 바로 서신 B가 시작된다고 주장한다. 그래서 이들은 서신 B를 편집한 사람이 서신 C인 3장과 서신 A의 4 : 10~20을 연결시키는 고리 역할로 4 : 1을 첨가했다고 생각하게 된다. 이렇게 되면 4 : 1은 3 : 20~21의 말씀을 구체적인 현실에 적용하는 윤리적 권면의 말씀으로 이해하게 된다. 반면 통일저작설을 주장하는 학자들은 헬라어 '호스테'를 1~3장의 주제의 흐름을 통해서 이어져 온 논의의 절정으로 이해하려 한다. 이렇게 되면 그동안 2장에서 제시된 닮아야 할 좋은 예로서 디모데와 에바브로디도와 3장에서 제시된 닮아서는 안 될 모델인 원시영지주의적 엘리트들의 활동이 서로 대조되는 방식으로 바울의 신학적 원리가 제시된다고 보게 된다. 바로 이런 관점에서는 4 : 1부터는 이러한 신학적 원리가 구체적인 공동체의 문제에 적용되는 전환점을 나타낸다고 생각하게 된다. 그래서 4 : 2의 유오디아와 순두게의 갈등이 가장 중요한 공동체의 갈등으로 부각될 수 있다는 페터린(Peterlin)의 논지가 성립된다(Peterlin, *Disunity*, 101-132). 또 다른 학자들은 4 : 1을 3장의 결론으로 다루어서 단락 자체를 4 : 2로 새로운 주제가 시작하는 것으로 볼 수 있다(Silva의 주석 187-188). 여기서는 통일저작설을 주장하더라도 '토 호스테'를 페터린이 말하듯이 절정을 나타내는 수사학적인 표현으로 이해하기보다는 가장 번역하기에 일반적으로 쓰이는 '결국'(therefore)이라는 번역을 제시하고자 한다. 이렇게 되면 4장 전체가 결론적으로 말하고 싶은 공동체의 문제로 부각된다(파편저작설과 통일저작설에 관해서는 김덕기(2012a) 참조).

또 다른 편지의 구조 설명으로는, 오시에크(C. Osiek)에 의해서 제시된 바 2 : 1~3에서 시작한 생각의 불일치의 문제가 4 : 2~3로 끝나는 구조이다.

빌립보서 1 : 17, 2 : 12, 3 : 15에서 다툼과 의견 충돌에 대한 언급과 복종 요구는 갈등을 일으키는 행동 패턴을 교정할 것을 요구하는 윤리적 권면이 된다. 또한 빌립보서 2 : 2, 2 : 5, 3 : 15에서의 '마음을 같이 하라'는 이러한 권면은 이제 4 : 2에서 "주 안에서 같은 마음을 품으라"는 권면으로 반복된다. 4 : 1~3은 바로 이러한 불일치의 주제의 절정에서 유오디아와 순두게의 갈등을 그 절정으로 설정하고 있다는 것이다(Osiek의 주석, 112).

우리는 1장의 바울의 감옥에서 형성된 순교신학, 2장의 그리스도의 자기 비하의 신학, 3장의 가치의 코드가 변환되는 바울의 소명체험에서 오는 자기-정복의 윤리적 모델이 서로 갈등으로 점철되어 있는 빌립보 공동체 속에서 어떻게 적용될 수 있는지에 초점을 맞추어서 4 : 2~9을 주석할 필요가 있다고 생각한다.

[4 : 2–3] 4 : 2에서 '권한다'는 말을 두 번 사용하여 유오디아와 순두게 각각에게 주 안에서 같은 마음을 갖도록 각각 촉구한다. 여기에서 '권한다'라는 말은 헬라어, 파라칼레오(παρακαλέω)로서 다양한 의미(권면하다, 호소하다, 격려하다, 북돋다, 청탁하다, 요청하다 등등)가 있지만(*BAGD*, 764–765), 여기서는 각각 개인에게 두 번이 사용되어 단순히 '권면하다'는 말이 아니라 어떤 행동을 촉구하도록 개인적으로 친밀하게 간청한다는 말이다. 바울서신에서는 교회를 향하여 간청할 때 쓰이지만 구체적인 인물에게 적용하는 것은 매우 드문 일이다(O'Brien의 주석, 477). 본문에서는 이 두 번의 간청하는 동사 다음에 공통으로 주 안에서 같은 마음(토 아우토 프로네인 두 퀴리오 : τὸ αὐτὸ φρονεῖν ἐν κυρίῳ)을 갖도록 촉구하고 있기 때문에 두 여인 사이의 어떤 특정한 갈등을 암시한다. 또한 갈등의 원인에 대한 암시가 빌립보서 1 : 17, 2 : 12, 3 : 15에 나타나고 있지만 구체적으로 이것이 무엇인지 명료히 하지 않기 때문에 주 안에서 같은 마음이 무엇인지 알기 위해서는 3절의 내용이나 빌립보 교회의 상황이나 마케도니아의 사회생활에 대한 역사적 배경을 함께

보면서 재구성해 보아야 할 것이다. 결국 주 안에서 같은 마음을 갖도록 권면한 것의 진정한 의미가 무엇인지 알기 위해서는 우선 유오디아와 순두게가 어떤 인물인지, 그리고 갈등의 핵심이 무엇인지 알 필요가 있다.

보통 유오디아와 순두게는 각각 유대계 그리스도인과 헬라계 그리스도인을 상징하고, 3절의 '수주고스'(σύζυγος : "멍에를 같이한 자")는 이 둘을 중재하는 베드로로 이해되어 왔다. 또한 최근에는 가정교회의 두 대표들의 갈등으로 이해되기도 하였다(N. A. Dahl, "Euodia and Syntyche and Paul's Letter to the Philippians", *The Social World of the First Christians*(Minneapolis : Fortress, 1995), 3-14). 특히 마틴(R. Marin)은 단순히 교회 내의 영지주의와의 교리적 갈등으로 이해하는 것을 반대하면서 오히려 도마케도니아 지역에서 일반적으로 여성의 사회적 역할이 매우 강하였다는 역사적 배경과 관련시켜서 이 두 여인의 리더십으로 인한 갈등으로 이해하려 한다(Martin의 주석, 8, 152-153). 특히 여기에서 유오디아는 빌립보 교회를 창설하였던 루디아로 이해되기도 하였다.

이러한 일반적인 경향에 반대하여, 키트렛지(Kittredge)는 다음과 같은 새로운 접근방법을 제안한다. 더군다나, 킷트렛지에 의하면, 빌립보서는 '심의적 수사'(deliberative rhetoric)의 전형적 특성들을 다음과 같이 갖고 있다는 것이다. 이러한 심의적 수사란 ① 공동의 선 확립, ② 분파주의에 대항하는 논쟁, ③ 범례를 보이는 입증 방법으로 상대방을 설득하려 함의 세 가지 특징을 갖는다. 그런데 이 빌립보 서신은 특히 세 번째 모범적인 사례를 보이면서 상대방을 설득하려는 수사전략을 쓰고 있는 심의적 서신의 수사학적 장르로 이해할 수 있을 것이다. 바울은 처음에 자신이 죽음의 유혹을 벗어나 빌립보인들과 함께 살기로 한 삶의 모델(1 : 19-26)을 보여주고, 그리스도의 죽기까지의 겸손의 모델(2 : 6-11), 그리고 디모데와 에바브로디도의 모델(2 : 19-30)을 보여주고, 또한 의로운 히브리인으로서의 바울 자신의 전기적 삶의 모델(3 : 4-21), 모든 환경에서 지위를 포기할 정도의 자족하는 법을 배운 바울 자신의 삶의 비결의 모델(4 : 10-13)을 차례로 보여주고 있다는 것이다. 이처럼 일련의 좋은 모델과 극적으로 대조가 되도록, 바울은 1 : 15~17의 "다른 사람들", 1 : 28의 "적대자들", 2 : 22의 디모데와 대조가 되는 사람들, 3 : 18의 "적들"의 나쁜 모델과 그리고 유오디아와 순두게의 나쁜 모델을 마지막에 제시하게 되었다는 것이다. 그래서 위의 수사학적 흐름의 관점에서 보면, 빌립보서 3장에는 진짜 적대자가 아니라 가장 나쁜 모델을 보여주려 했을 뿐이라는 것이다. 이것은 이 서신의 전체 수사학적 구조에 비추어 보면 유오디아와 순두게에 대한 언급이 단순히 현실을 자세히 묘사하려 하는 데 있지 않고, 가장 마지막에 이 부정적인 모델의 절정으로서 유오디아와 순두게를 제시하려 한다는 것이다(C. B. Kittredge, *Community and Authority* (Harrisburg : Trinity Press, 1998), 94-100).

더군다나, 위의 수사학적 구조에 비추어 보면, 유오디아와 순두게에 대한 역사적 조건은 이제까지 위의 학자들의 주석 방향과는 다르게 다른 방식으로 다음과 같이 재구성 할 수 있다는 것이다. 킷트렛지에 의하면, 결국 유오디아와 순두게는 수사적 흐름상 바울의 생각에 동의하지 않은 독립적인 파트너 선교사들일 수 있다는 것이다. 그래서 그녀는 이 서신이 전형적인 '우정서신'(letter of friendship)의 형식을 갖추었음에도 불구하고, '복종'의 모티브가 압도적으로 중요한 신학적 모티브를 제공한다는 점에서 우정편지의 형식을 벗어나고 있다는 점을 주목한다. 복종의 모티브가 압도적인 이유는, 바울이 신학적 주제의 결정적인 수사학적 논의의 흐름에 따라 '그리스도의 복종'이 강조된 구절을 2 : 8에, '너희의 복종'이 강조된 구절을 2 : 12, 2 : 17, 3 : 17에 배치하고 있기 때문이다. 이러한 복종에 대한 빌립보서의 이해는 이전 학자들의 복종에 대한 해석학적 전이해와 상당히 다르다는 것을 보여주기 위해서, 키트렛지는 그동안 성서학자들이 바울의 복종의 의미를 탐구한 연구사를 다음과 같이 제시하고, 이에 대하여 페미니스트 비판을 제시한다 : ① 불트만 : 복종은 유대교 율법 계명의 행함에 대한 비판으로서 내용이 없이 하나님의 의지에 순종하는 태도를 말한다 ; ② 케제만 : 자유로운 복종을 말한다(롬 2 : 6-12, 5 : 18-19, 6 : 12-19) ; ③ 퍼니쉬 : 복종은 바울이 말하는 사랑의 공동체를 세우는 것이다 ; ④ 믹스 : 복종의 대상의 모호성을 드러낸다. 키트렛지는 이러한 이전의 복종에 대한 신학적 해석이 바울의 복종의 의미 속에 여성리더십을 억압하는 가부장제적 의미의 복종이 존재한다는 것을 비판하지 못한 점을 빌립보서 4 : 2~9에서 예시하려 한다. 결국 빌립보서 4장의 맥락에 비추어 보면, 바울이 여성리더십과 자신의 리더십의 충돌 속에서 복종의 주제가 절정에 이른다고 보았다. 그래서 이 문제에 몰두하고 있는 바울은 유오디아와 순두게와의 갈등을 중재하려 하기보다는 바울 자신을 모델(4 : 9)로 하면서 이들에게 복종을 요구하고 있기 때문에, 바울과 여성 파트너십 사이의 리더십 갈등을 해결하기 위해서 빌립보서 4 : 1~9을 썼다는 것이다(Kittredge, 위의 책, 13-36, 96-98).

특히 킷트렛지가 주목한 점은 바울이 유오디아와 순두게에게 명령하는 방식과 멍에를 같이 한 자('수주고스')에게 권면하는 형식이 극렬하게 대조된다는 것이다. 두 여성에게는 권위적인 관계에 쓰는 '파라칼레오'(παρακαλέω)를 사용해서 명령하고, 동료인, 멍에를 맨 '수주고스'에게는 에라타오(ἐρατάω)를 사용해서 권면한다. 킷트레지(Kittredge)에 의하면, 이 파라칼레오가 빌립보서에 나타난 '복종하라'(ὑπακούω, ὑποτάσσεσθαι, ὑποτάσσομαι)는 명령과 관련되어 지배자와 피지배자, 주인과 노예, 남편과 부인 사이의 위계주의적 사회관계에서 많이 사용된다는 것이다. 더군다나 바울서신에서는 개인 이름이 나란히 나오게 될 경우에는 이 둘 사이의 갈등을 말하는 경우가 거의 없다는 것이다. 예를 들면, 공관복음의 마르다와 마리아처럼, 로마서 16장에서도 두 사람이 파트너십으로 짝으로 나오는 경우가 두르보나와 두르보사(롬 16 : 12), 부르스가와 아굴라(16 : 3), 안드로니고와 유니아(16 : 7), 빌로로고와 율리아(16 : 15)가 나온다. 4 : 2의 유오디아와 순두게는 빌립보서 1 : 1의 감독과 집사일 가능성이 있어서 2장에 나오는 교회로부터 파송을 받은 디모데와 에바브로디도와 대조된다(Kittredge, 앞의 책, 93-94, 105-108).

다른 한편, 오시에크는 키트레지와 동의하면서 쟁점이 되었던 갈등의 원인이 단순히 개인적인 갈등도 아니었고 3 : 1~3에 나오듯이 할례 문제도 아니었다고 확신한다. 그러나 바울이 유오디아와 순두게와 리더십의 갈등을 갖게 되었는지에 관해서는 이를 부정한다. 왜냐하면 고린도전서와 후서에서는 바울이 여성들과 갈등을 일으켰을 때에는 이를 빌립보서에서처럼 숨기기보다는 노골적으로 드러내는 경향이 있기 때문이다. 빌립보서에서는 오히려 교우들에 대해서 힐난하거나 비판하는 모양이 강렬하지 않고 매우 호의적인 어조로 타이르듯이 말하고 있다는 것이다(Osiek의 주석, 113).

오시에크는 킷트렛지와 관점을 달리하여 유오디아와 순두게가 빌립보 교회에서의 공적인 지위와 이들이 일으킨 갈등의 사회적 성격을 보다 구체적으로 탐구하게 된다. 이들이 개인적인 명예를 쟁취하기 위해서 싸운 것이 아니라 교회의 공적인 지위를 갖고 서로 싸우게 되었다고 본다. 우선 이들이 로마 여성들이었다면 충분히 공적인 지위를 가질 수 있다고 보았다. 실제로 마케도니아 지역의 빌립보 교회에서는 여성의 사회적 지위를 가질 수 있는 사회적 환경이 충분히 조성되었다고 말한다. 예를 들어, 로마서 16 : 1~2에서 뵈뵈는 겐그레아 교회의 집사였다고 보고된다. 크리소스톰(John Chrysostom)에 의하면, 로마서 16 : 7에 나오는 유니아는 사도였다. 빌립보서 1 : 1에서도, 빌립보 교회에 감독들과 집사들이 있었다고 하면 이들 중 여성이 들어 있을 수 있었다는 것이다. 더 나아가서, 이들이 감독일 수도 있다고 생각된다. 왜냐하면 당시에 과부로서 재산을 물려받은 여성의 경우 가정교회의 재정적인 지원자가 될 경우에 이들 중 몇몇은 바로 감독으로서 운영위원회의 일원이 될 수 있었기 때문이다. 왜냐하면 당시에는 집의 소유자의 후원아래 개인 집에서 교우들이 모였고, 이 집을 제공하는 후원자는 교회의 사역을 인도하는 교회 지도자가 되어 교회의 운영위원회를 구성하였기 때문이다(롬 16 : 4-5 ;

고전 16 : 19). 이들이 문법적으로 4 : 3에 나오는 바울의 "동역자들"(신엘고이 : συνέργοι)로서 이해된다면 이들은 순회하는 선교사들로 간주될 수 있다는 것이다(빌 2 : 25 ; 고전 3 : 9, 살전 3 : 2)(Osiek의 주석, 110-111).

그러나 위의 두 인물이 교회에서의 공적 지위 때문에 서로 의견 차이를 가지게 되었는지 사실 입증하기는 어렵다. 이보다는 이들 사이의 갈등의 주제를 다음 4 : 10~20에서의 주제인 재정적 지원에 관한 의견 차이와 연관시키려는 몇몇 학자들은 이들이 바울이 감옥에 있는 동안 재정적 지원을 할 것인지에 관해서 서로 의견차이가 있었다고 주장하기도 한다(Peterlin, 앞의 책, 101-132). 필자가 보기에는 이들 사이의 의견 차이는 3장의 원시영지주의 엘리트들과 연관되는 원시영지주의의 신학과 그들의 사회적 지위를 연결시키는 방식으로 서로 의견의 차이를 가져왔다고 보아야 할 것이다. 다시 말해서 단순히 빌립보서 4 : 2~3에 나타난 유오디아와 순두게의 개인적인 갈등이나 어떤 리더십의 문제만을 부각시키기보다는 빌립보서 1 : 18, 28 ; 3 : 2~21와 관련된 교회 안의 불일치와 엘리트적인 원시영지주의의 교리적인 갈등과 관련시킬 필요가 있다. 필자가 보기에는, 빌립보서의 쟁점은, 고린도전서에서의 부활 신학에 대한 여성들의 이해를 바울이 교정하려 하였던 것처럼, 빌립보 공동체가 공유하는 가치의 코드와 이에 기초한 삶의 방식과 리더십의 스타일에 영향력을 주기 위해서 침투한 원시영지주의 신학과 그리스도의 부활이 이미 현재에 이루어졌다고 생각하는 여인들의 신학이 서로 경쟁하면서 형성되었다고 본다. 이에 맞서서 십자가의 고난을 강조하면서 부활이 미래에 이루어질 것이라고 생각하는 바울의 순교적 신학이 제기된 것이다. 이들의 갈등은, 결국 고린도전서 8~10장에서 극렬하게 드러나듯이, 로마제국의 황제숭배를 지지하는 엘리트적 원시영지주의 신학과 바울의 십자가 신학이 충돌하는 것과 연관된다. 이러한 신앙의 차이 때문에 바울을 지지하여 후원금을 보낼 것인지 말 것인지에 관한 쟁점에 휘말리게 되었을 때 이 둘 중 하나는 구체적으로 후원금을 보내지 않게 되어 서로 심한 갈등이 일어난 것으로 이해할 필요가 있다.

이처럼 감옥에 간 바울을 경제적으로 후원할 것인지에 대해서 결정해야 하는 여성 후원자가 개입된 리더십의 갈등은 사실 위의 신학적/신앙적 갈등의 투쟁의 결과물이라고 볼 수 있을 것이다. 바울은 이 로마제국의 후원제 위계주의 공동체를 비판하면서(김덕기, 2009 참조), 그리고 이들과 싸우면서 대체하는 공동체 정치신학을 제시하면서 자기도 모르게 바울, 디모데, 에바브로디도의 종의 섬김 모델의 '가부장제적' 리더십을 여성들에게도 같은 마음으로 가질 것을 강하게 권면하게 된다. 이에 대해서 유오디아와 순두게가 서로 이를 두고 다른 견해를 갖게 된 것이다. 이것은 고린도전서에서 여성 예언자들이 11장 2~16절에서 머리에 쓰라는 바울의 명령에 대해서 반발하기도 하고 또한 몇몇 유대 여성들은 머리에 쓰라는 바울의 권면에 순종하기도 한 것과 유사하다. 그래서 바울은 율법주의와 자유방임주의를 넘어서 율법 없이, 로마의 법 없이 그리스도의 겸손을 닮는 윤리적 자기 수련에 근거해서 공동체를 확립하려 하였다. 그래서 단순히 남성과 여성의 갈등을 개인적 차원에서 부각시키기 보다는 공동체 전체에 나타나는 바울의 리더십 경향을 다음과 같이 고찰할 필요가 있다. 이런 의미에서 빌립보서 4 : 2~3에서의 바울의 윤리적 권면들은 당시 헬레니즘의 우정 문화에 적용시켜서 확립한 고난에 참여하는 코이노니아 신학과 더 나아가서 바울의 역설적 신앙을 보편적인 변혁과 관련시키는 메시야 신학을 연관시킬 필요가 있다. 다시 말해서, 이것은 갈라디아서 3 : 28, 고린도전서 7 : 17~24, 29~31에서 보여주듯이 메시야 신학을 구체적으로 공동체 윤리에 적용시키는 예와 비슷하다고 보아야 할 것이다.

4 : 3을 4 : 2과 관련시켜서 논의해 보면, 우리는 여성들의 독립적인 파트너십의 목회와 바울의 리더십과 단순히 투쟁하고 있는 것이 아니라 오히려 진정한 목회를 위해서 또 다른 세력들과 투쟁하고 있다는 것을 알 수 있다. 여기에서 멍에를 같이한 자, '수주고스'는 에바브로디도(Lightfoot)나 바울의

아내로 해석되기도 하고(알렉산드리아의 클레멘트, 〈Stromata〉, 3.6.53), 단순히 수주고스라는 이름의 인물이라고 보는 학자도 있다(오브라이언의 주석, 480-481). 또한 그닐카는 이 구체적인 인물로서 그 이름을 형용사가 함께 쓰면서 불렀던 '진정한 수주고스'(*γνήσιε Σύζυγος*)를 구체적인 인물로 파악한다(그닐카의 주석, 266-267). 우리는 이 단어가 두 마리의 소가 짝이 되어 밭의 일을 할 때 서로 매일 수밖에 없는 강력한 동역자라는 의미를 가진 것을 알 수 있다. 더군다나 주목할 만한 주석 책을 쓴 실바는 실질적인 이름이 아니라 복음 사역에 충성을 다하는 사람들 중 누구나 교회의 구성원들을 총괄하고 있다고 보기도 한다(Silva의 주석, 193). *BDAG* 사전에서는, 이 단어가 일반적인 이름으로 사용되기보다는 이 단어와 합성된 이름이 주로 사용된다는 점이 지적된다. 재미있는 것은 이 단어가 그리스 문화권에서는 검투사들이 상대하는 적에 대해서 사용되기도 했다는 점이다. 그리고 유대교 문헌에서는 이 단어가 부인의 의미를 갖고 있기 때문에 4장 3절에서는 바울의 부인을 나타낸다는 견해도 많다. 또 다른 한편, 로마이어(Lohmyer)는 이 단어의 뜻을 바울이 옥중에서 함께 고락을 나누었던 '고난 중의 형제', 즉 동지로 생각한다(*BDAG*, 954). 다른 한편 이 단어가 사람의 고유한 이름으로 사용되었다는 견해도 점점 많아진다. 하지만 고대의 친구관계를 고찰하는 최근 연구에서는 키케로, 플루타크 등이 우정의 돈독함을 나타낼 때 이 단어를 사용한 용례를 들어서 이 단어가 돈독한 친구관계를 은유적으로 표현한 용어라고 생각하는 경향이 제기되었다(J. T. Fitzgerald, *Friendship, Flattery, and Frankness of Speech*(Leiden, Brill, 1996), 149). 결국 수주고스라는 인물 이름이 자주 쓰이는 것이 아니기 때문에 더 나아가서 이러한 특정하지 않은 이름이 후대의 독자들에게도 보다 역동적으로 일반화시킬 수 있도록 편집자가 삽입했을 가능성이 있다는 점을 고려해야 한다(편집일 가능성이 유일하게 슈미탈에 의해서 제기된 바 있다 ; W. Schmithals, "Die Irrlehrer des Philipperbriefes", *ZThK* 4(1957), 306). 이런 점에서 이 단어는 특정한 사람의 인물이 아니라 일반적으로 로마이어와 최근 고대 친구관계 연구 경향을 고려한다면, 그리스도의 고난을 닮은 바울의 옥중에서의 고난에 참여하였던 친밀한 동지들을 의미하며, 더 나아가서 이러한 복음의 고난에 참여하는 진정한 신앙의 동지의 의미를 가지고 있다고 할 수 있다. 여기서 주목해야 할 것이 '참으로'(그네시에 : γνήσιε)라는 형용사 호격이 수주고스를 꾸며주는 식으로 함께 쓰여서 이름뿐인 단순한 '동료'가 아니라 행동에 있어서도 진정한 의미에서 정말 멍에를 같이 하는 동역자라는 뜻이다. 이것은 빌레몬 11절의 '오네시모'처럼 바울이 좋아하는 일종의 말놀이라는 것이다(O'Brien의 주석, 480).

3절에서 바울은 멍에를 같이 한 '너'에게 단순히 위의 두 여인들뿐만 아니라 바울 자신과 함께 '힘쓰던' 글레멘드와 그 외에 바울의 동역자들을 도우라고 권면한다. 여기에서 '힘쓰던'에 사용된 헬라어 '신아테라오'(συναθελάω)는 운동경기에서 사용되는 용어로서 '경쟁하다'의 의미를 갖고 있어서 유오디아와 순두게 뿐 아니라 글레멘드가 바울과 함께 공동의 적과 싸우고 있다고 번역할 수 있다. 그 이름들이 생명책에 있는 자들은 두 여인뿐만 아니라 글레멘드와 '나머지 나의 동역자들'이다. 같은 마음을 가질 것을 요구하는 것은 킷트렛지와 달리, 바울의 리더십에 순종할 것을 요구하는 것이라기보다는 그리스도의 순종을 요구하는 것이기 때문에 역설적인 신앙에 대한 요구라고 볼 수 있다. 바울이 빌립보서 3장 17절에서 자신을 닮으라고 한 것은 항상 그리스도를 닮는 바울 자신을 닮으라고 한 것이고(고전 11 : 1), 이것은 순교적 삶의 방식을 닮으라는 것이다. 이 순교적 삶의 방식은 빌립보서의 구속신학(빌 1 : 27-30, 2 : 5-11, 3 : 20-30)의 비전과 관련된다. 여성들의 리더십과 바울의 리더십의 충돌이 있었더라도 바울이 자신의 리더십을 내세운 것이 아니라 그리스도의 겸손을 닮은 자신을 닮으라는 것이다. 그래서 바울은 3절 끝에 글레멘드와 바울과 함께 복음을 위해서 싸웠던 사람들의 이름들이 생명책에 써 있다고 말한다. 이것은 복음을 위해서 순교한 사람들을 하나님이 보상할 것을 간접적으로 말하고 있는 것이다. 바로 두 여인들이 서로 의견이 다르게 다투게 된다 하더라도 복음 때문에 근본적으로 싸우고 있는 사람들이 순교적 각오로 복음을 선포하려는 그러한 한마음을 갖도록 촉구하고 있는 것이다. 생명책에 이름들이 기록되어 있다는 말은 구약과 외경의 묵시문학(단 12 : 1 ; cf. 1QM 12 : 3)에 나타나 있고, 신약성서에는 누가복음 10 : 20 ; 히브리서 12 : 23과 요한계시록 13 : 8, 17 : 8, 20 : 15에도 나오는 것이다(O'Brien의 주석, 482–483).

결론적으로, 여성들이 비즈니스를 통하여 재력을 쌓아서 서로 다른 세력을 형성하고, 원시영지주의적 관점에 관해서 신학적으로 서로 다른 견해 차이를 가졌다 하더라도 복음의 멍에에 매인 진정한 그리스도인, 제 3자들이 누구든지 이 둘 사이를 중재함으로써 더 큰 세력과 함께 맞서서 생명책에 기록되는 영원한 복음을 고수하게 되기를 간곡히 부탁하는 것이다. 위의 토론의 중요한 쟁점을 도표로 제시하면 다음과 같다.

유오디아와 순두게는 서로 갈등이 있는가, 바울과 갈등이 있는가?

서신 전체에 대한 Kittrege의 견해	빌 4 : 2–3에 대한 Kittredge의 견해	김덕기의 견해
가) 서신의 수사적 특성 : '우정편지'–'심의적 서신' ① 공동의 선을 이루고자 한다. ② 분파주의에 대항하는 논쟁 ③ 모범을 보이는 입증 방법 나) 3장은 진짜 적대자가 아니라 수사에 불과하다. 다) Kittredge에 의하면, 복종하라는 명령은 지배자와 피지배자, 주인과 노예, 남편과 부	① 유오디아와 순두게는 수사적 흐름상 바울의 생각에 동의하지 않은 독립적인 파트너 선교사들이다. 예) 1 : 17, 3 : 15, 2 : 12. 같은 생각을 요구하는 것은 행동 패턴을 교정할 것을 요구하는 것이다 : 2 : 2, 2 : 5, 3 : 15. 이처럼 "같이 생각하라"는 권면은 우정 편지에서 종종 나오는 것이다. ② 유오디아와 순두게와 멍에를 같이 한 자와 대조된다. 두 여성에게는 권위적인 관계에 쓰는 παρακαλῶ를 동료인, 멍에를 맨 너에게는 ἐρωτῶ	① 신학 : 로마제국의 황제숭배와 바울의 십자가 신학이 충돌하는 것과 연관된다. 바울은 이 로마제국의 후원제 위계주의 공동체를 비판하면서, 그리고 이들과 싸우면서 대체하는 공동체 정치신학을 제시하면서 자기도 모르게 바울, 디모데, 에바브로디도의 리더십의 가부장제적 모델을 같은 마음으로 가질 것을 여성들에게도 강요하게 된다. 이에 대해서 유오디아와 순두게가 반발하게 된다. 이것은 고린도전서에서 여성예언자들이 11 : 2~16에서 머리에 쓰라는 바울의 명

인 사이에 많이 나온다. 이것은 헬라어 ὑπακούω, ὑποτάσσεσθαι, ὑποτάσσομαι 의 번역어이다.	를 사용한다. ③ 롬 16장에서도 파트너십의 짝으로 나온다. 예) 마르다와 마리아, 두르보나와 두르보사(롬 16 : 12), 부르스가와 아굴라(16 : 3), 안드로니고와 유니아(16 : 7), 빌로로고와 율리아(16 : 15) ④ 2장의 에바브로디도와 디도와 대조된다. 이들은 1장 1절의 감독과 집사일 가능성이 있다.	령에 대해서 반발하는 것과 유사하다. ② 주석 : 4장 2절은 여성들의 독립적인 파트너십의 목회와 바울이 투쟁하고 있다. συναθλέω는 경쟁하다의 의미를 갖고 있어서 유오디아와 순두게가 바울과 경쟁한다고 번역할 수 있다. 그 이름들이 생명책에 있는 자들은 두 여인이 아니라 클레멘트와 '나머지 나의 동역자들'이다.
바울의 복종의 의미에 대한 Kittredge의 비판적 고찰 : ① 불트만 : 복종은 유대교 율법 계명의 행함에 대한 비판으로서 내용이 없이 하나님의 의지에 순종하는 태도를 말한다. ② 케제만 : 자유로운 복종을 말한다. 롬 2 : 6–12, 5 : 18–19, 6 : 12–19 ③ 퍼니쉬 : 복종은 바울이 말하는 사랑의 공동체를 세우는 것이다. ④ 믹스 : 복종의 대상의 모호성을 드러낸다. 김덕기의 견해 : 바울의 복종은 바울의 메시아신학의 논리인 역설 더하기 변혁과 관련된다. 그래서 이것은 갈 3 : 28, 고전 7 : 17–24, 고전 7 : 29–31에 근거해서 해석해야 한다.	① 단순히 4 : 2–3만이 아니라 빌 1 : 18, 28 ; 3 : 2–21과 관련된 교회 안의 불일치와 관련시킬 필요가 있다. ② 그리스도의 복종이 강조된 구절은 2 : 8과, 12이고, 너희의 복종이 강조된 구절은 2 : 12, 2 : 17, 3 : 17이다. ③ 쟁점은 빌립보 공동체의 삶의 방식과 리더십의 스타일과 관련된 신학, 즉 그리스도의 죽음과 부활의 의미에 대한 현재적 의미 강조(여인들)와 미래의 의미 강조(십자가의 고난 강조 : 바울)에 대한 불일치가 있었다.	① 같은 마음을 가질 것을 요구하는 것은 바울의 리더십에 순종할 것을 요구하는 것이라기보다는 그리스도의 순종을 요구하는 것이기 때문에 역설적인 신앙에 대한 요구라고 볼 수 있다. ② 바울이 빌립보서 3 : 17에서 자신을 닮으라고 한 것은 항상 그리스도를 닮는 바울 자신을 닮으라고 한 것이고(고전 11 : 1), 이것은 순교적 삶의 방식을 닮으라는 것이다. ③ 이 순교적 삶의 방식은 빌립보서의 구속신학(1 : 27–30, 2 : 5–11, 3 : 20–30)의 비전과 관련된다. ④ 여성들의 리더십과 바울의 리더십의 충돌이 있었더라도 이는 차별과 관련되기보다는 차이와 관련된다.

[4 : 4–5] 4절의 "주 안에서 항상 기뻐하라 내가 다시 말하노니 기뻐하라"는 권면은 어떤 일이 있어도 즐거워하라는 말이다. 이 기쁨은 고난에도 불구하고 다른 사람들에게 정의를 드러내도록 함께 연대하며 극복하면서 기뻐하라는 것이다.

빌립보서에서는 이렇게 기쁨과 기뻐하라는 권면의 말씀이 많이 나온다. 바울의 기쁨을 표현한 성경구절은 빌립보서 1 : 4, 2 : 4, 4 : 1, 4 : 10, 빌립보 성도들의 기쁨이 나오는 성경구절은 빌립보서 1 : 25, 2 : 29이고, 그 외에 2 : 17~18은 바울과 성도들이 서로 기뻐할 것을 표현하고 있고, 하나님의 기뻐하심은 빌립보서 2 : 13과 4 : 18이다. 특히 4 : 4의 기뻐하라는 말씀은 3 : 1의 "끝으로 나의 형제들아 주 안에서 기뻐하라 너희에게 같은 말을 쓰는 것이 내게는 수고로움이 없고 너희에게는 안전하니라"는 말씀과 서로 연결되어 파편설을 주장하는 학자들은 3 : 1b~4 : 3이 파편서신이라면 3 : 1과 4 : 4이 기뻐하라는 권면의 말씀으로 서로 연결된다는 점을 강조한다. 빌립보서에 나오는 기쁨의 모티브를 종합하면 성도들이 바울의 투옥에도 불구하고 고난에 참여함으로써 기뻐하게 되면 바울도 함께 기뻐하게 되고, 이 기쁨에 동참하는 상호교제는 궁극적으로는 하나님을 기쁘시게 하는 예배가 된다는 바울의 기쁨의 신학이 제시된다.

위에서 반복되는 성경구절과 함께 4장 4절에 비추어서 바울이 기뻐하라는 권면은 다음의 세 가지 특징을 갖고 있다 : ① 바울은 어려움과 고난이 복음에 의해서 새 시대가 도래를 기대하고, 이를 선취하기 위해서는 필연적으로 나타나기 때문에 이 고난에도 불구하고 기뻐하라는 것이다. 복음의 기쁨은 바울의 순교의 기쁨이나 그를 다시는 못 보게 되는 비극적 상황에서 오는 역설적인 기쁨이라기보다는 새 시대의 도래를 경험하면서 오는 어려움에도 불구하고 누리게 되는 역설적 기쁨이다. ② 그리스도의 기쁨은 궁극적으로는 그리스도가 우리를 신원해 주실 것이라는 희망(2 : 9–11과 3 : 20–21)과 관련되는 기쁨이다. 그래서 바울은 그리스도가 곧 도래할 것이라는 기원을 바로

4장 5절에 함께 제시하였다. 바울이 감옥에 있지만 이것은 곧 풀려나리라는 희망이 아니라 근원적으로 하나님이 로마제국이 무고한 사람들을 감옥에 넣는 불의를 심판하시리라는 정의로 세상을 새롭게 다스리라는 하나님 나라의 새로운 통치에 대한 희망 때문에 기뻐할 것을 권면한다. ③ 바울이 제안하는 기쁨은 결국 상호교제에서 오는 상호 기쁨의 나눔을 말한다(2 : 17). 4 : 1~3에서 바울이 유오디아와 순두게가 바울의 여러 동역자와 함께 서로 화합하게 될 때 함께 기뻐할 수 있는 그러한 기쁨을 나누게 될 것이다. 그리고 이것으로 인하여 바울도 기뻐하게 되고(1 : 4, 2 : 4, 4 : 1), 궁극적으로는 하나님이 기뻐하시게 될 것이다(4 : 18)〈비교 : Cousar, 84-85와 Coulange, 144 참조〉.

5a절에서 이 기쁨이 나타나는 기독교인의 덕목은 관용이다. 이 관용은 헬라어로 에피에이케스(τὸ ἐπιείκης)로서 '양보하다'(εἰκάω)에서 온 형용사에 위에(ἐπί)라는 전치사를 붙여서 명사 에피에이케이아(ἐπιείκεια)와 유사하지만 좀 다른 뜻을 가지고 있다. 에피에이케스라는 단어는 "법률 조항의 문자가 지적하는 어떤 권리도 주장하지 않는"이라는 뜻을 가지고 있어서 양보하는, 신사적인, 친절한, 예의바른, 관용 있는의 의미를 갖는다(*BDAG*, 371). 에페이케스라는 단어는 '분별 있는/이치에 맞는'(reasonable) 또는 '가능성 있는'(probable)의 뜻을 가진 '에이코스'(εἰκός)라는 형용사(*BDAG*, 281)가 들어가서 엄격한 정의(아크리보디카이오스 : ἀκριβοδίκαιος)와 대조되는 분별 있는 정의로 이해된다. 다시 말해서 정의가 손상되지 않을 정도로 합리적인 관용을 뜻한다. 갈라디아서 5 : 22에서 그리스도인들의 덕목들이 다양하게 나오는 것과 달리 여기서는 단 한 가지의 덕목이 나오는 것이다. 이 명사형의 덕목 '에피에이케이아'는 디모데전서 3 : 3에서 감독의 덕목으로 제안되었고, 디도서 3 : 2와 야고보서 3 : 17에서도 관용적인 자세는 그리스도인의 덕목으로 나온다(그닐카의 주석, 269-270과 호돈의 주석, 344-345). 여기에서 바로 이러한 관용을 베푸는 것을 모든 사람들에게 알게 하라는 것은 그리스도인의 기쁨이 이기적으로 되는 것이 아니라 다른 사람들에 대한 관용

의 포용력으로 나타나는 것이 기독교인의 표식으로 알게 되도록 공표하라는 것이다. 더군다나 이 관용을 자신들의 지인들만이나 특정한 성, 인종, 학연, 지연, 혈연에 얽힌 사람들에게만 보여줄 것이 아니라 모든 사람들에게 한결같이 보여주라는 것이다. 이것은 그리스도인의 삶의 자세로서의 관용의 보편성을 말하는 것이다. 이러한 배려가 있는 정의에 기초한 합리적 관용의 정신이 타종교나 다른 이데올로기, 인종 성에도 너그러울 수 있는 현대 유럽의 토레랑스(관용의 정신)의 신학적 기초가 될 수 있을 것이다.

위의 관용의 정신을 보여주는 신학적 근거는 주께서 가깝게 오시기 때문이라는 것이다. 의인에게는 축복과 보상이 주어지고, 악인에게는 심판을 보상하게 된다(Martin의 주석, 155.).

4장 5b절의 주님의 재림을 빌립보서의 가장 중요한 주제가 있는 3 : 20~21에 비추어서 해석해 보면 그가 앞에서 그리스도의 고난에 참여하더라도 마지막 때에 비천한 몸을 영광의 몸으로 변형시키는 몸의 변형을 긍정하게 되기 때문에 기뻐할 수 있고 또한 이에 따라 관용의 정신을 보여줄 수 있다는 것이다. 빌립보에서는 주께서 가깝게 다가오는 것은 우리의 고난에의 참여가 마침내 진정한 복음을 위한 것일 때 영광의 몸으로 바뀐다는 확신과 연관된다. 이 확신 속에서 주님은 임박해서 도달하신다. 그리고 이 임박한 주님의 도래를 통해서 우리는 가지고 있는 것들을 내려놓고 버릴 수 있는 것이다.

다른 한편, 주께서 곧 임할 것이라(4 : 5b)는 말씀은 여호와에게 진실하게 간구하는 모든 자에게 가까이 할 것이라는 시편 145 : 18(70인역, 144편)에 나오는 인유(allusion)로 볼 수도 있다. 사실 '가깝다'(엥구스 : ἐγγύς)는 말은 결국 공간적으로 가까이 있다는 말이지만 신약성서 전체를 통해서 이 말은 시간적으로 임박하였다는 말을 은유적으로 표현하여 더 쉽게 느끼도록 한 것이다. 그래서 이와 같은 임박한 주님의 도래는 공의로운 심판과 직접 관련되기도 하고, 종말론적 권면의 경고로 나타나는 경우도 있다. 저주를 탄원하면서 나오는 "우리 주여 오시옵소서"(고전 16 : 22), 안식과 심판의 하나님의 공의로

우신 심판과 관련되기도 하고(살후 1 : 7-8, 계 1 : 7, 3 : 11, 22 : 20), 종말론적 권면을 위한 신학적 근거(롬 13 : 11, 히 10 : 24-25, 약 5 : 8)로 나타난다. 위에서처럼 종말론적 권면의 경고(명령법)가 주의 재림(직설법)에 대한 탄원과 관련되어 나타나듯이 빌립보서 4 : 5b도 명령법의 윤리적 권면(4 : 5a)에 대한 신학적 근거(직설법)로 제시되었다. 하지만 더 나아가서 순교자에게는 특권을 얻게 되는 언급으로 보는 로마이어(E. Lohmeyer)의 과감한 주석을 고려할 만큼 중요하다(그닐카의 주석, 270). 이러한 종말론적 메시지는 결국 의롭고 신실한 자에게는 하나님의 신원하심의 보상이 불의한 자들에게는 하나님의 심판이 임할 것이라는 정의의 관념을 나타낸다. 이러한 심판이 있기 때문에 모든 사람들에게 합리적인 관용과 배려가 있는 정의를 그리스도인의 덕목으로 보여줄 수 있는 것이다.

[4 : 6-7] 6절은 염려하지 말라는 금지의 명령과 감사함으로 기도와 탄원하기를 권고한다. 7절은 이러한 것들을 실천하는 사람들에게는 우리들의 생각의 계획과 헛된 생각을 뛰어넘는 하나님의 평강이 그리스도 안에서 우리들의 마음과 이성을 보호할 것이라는 약속의 말씀이다.

6절에서 '염려하지 말라'에서 사용된 헬라어 메림나오(μεριμνάω)는 빌립보서 2 : 20에서는 '관심을 갖다'는 긍정적 의미로도 사용된다. 하지만 4 : 6에서는 마음이 나뉘어져서(고전 7 : 32) 사람의 실존적 차원에서 불안을 동반하게 되고, 존재론적으로 하나님의 존재를 의심하게 되기까지 우주론적 차원을 포괄할 수 있다. 이것은 구약 시편에서 짐을 지게 되었을 때 우리가 요동치는 것을 멈추기 위해서 하나님을 의지하라는 구약 시편 55 : 22의 말씀과 관련된다. 이러한 구약의 인유가 잘 반영된 말씀은 베드로전서 5 : 7("너희 염려를 다 주께 맡기라 이는 그가 너희를 돌보심이라")이다. 특히 빌립보서 서신에서는 구체적으로 바울이 투옥되고, 원시영지주의의 위협으로 공동체가 분열되고, 로마제국으로부터 핍박을 당하여 경제적으로 궁핍하게 되는 것은 걱정을 유발하는 것들이다.

바울은 이러한 염려를 극복하는 비결을 서로 유사하지만 약간씩 뉴앙스가 서로 다른 기도(프로슈케 : προσευχή)와 탄원(데에시스 : δέησις)을 제시한다. 기도와 탄원을 하게 될 때에는 구할 것(아이테마타 : αἰτήματα)을 감사함으로 하나님이 알도록 하라(그노리제스쏘 : γνωριζέσθω)는 것이다. 여기에서는 하나님께 감사할 때 하나님은 그 간구의 내용을 구체적으로 알게 된다는 것이다. 여기에서 감사는 바로 4절의 항상 기뻐하는 것과 밀접하게 관련된다.

7절에서 이러한 기도에 대해서 하나님이 응답하는 방식이 무엇인지 제시된다. 하나님의 평강이 '지각', 즉 우리가 추구하는 이성의 기능보다 뛰어나기 때문에 우리들의 '마음'과 '생각'을 지키시는 방식으로 하나님은 우리의 기도에 응답할 것이라는 것이다. 이렇게 하나님이 우리의 이성적 생각을 뛰어넘는다는 신학적 통찰은 "우리 가운데서 역사하시는 능력대로 우리가 구하거나 생각하는 모든 것에 더 넘치도록 능히 하실 이에게"(엡 3 : 20)에 잘 나타난다. 평강(平康)은 평화(에이레네 : εἰρήνη)를 번역한 것으로 히브리어의 평화, 샬롬이 인사를 나타낼 수 있기 때문에 빌립보서 1 : 2에서처럼 평강이라고 번역한 것이다. 하지만 인사와 관련되어서 이 '에이레네'가 쓰여졌다고 하기보다는 민수기 6 : 24~26에 나오는 구약의 모세/아론의 축복기원("여호와께서는 그 얼굴은 네게로 향하여 드사 평강 주시기를 원하노라 할 지니라 하라")에 나오는 평화와 더 관련이 있다고 보아야 할 것이다(Cousar의 주석, 86). 중요한 것은 하나님의 평화라는 표현은 신약성서에 여기에서밖에 나오지 않는다는 점이다. 그리고 단지 골로새서 3 : 15에서는 '그리스도의 평화'(헤 에이레네 투 크리스투)가 나올 뿐이다(O'Brien의 주석, 496).

그래서 하나님의 평화는 단순히 평강의 내적 안녕이나 하나님이 주시는 종말론적 평화라기보다는 하나님이 구성하시는 평화의 방식과 능력을 의미할 수 있다. 여기에서는 하나님이 주시는 개인적인 평안함을 나타내기보다는 하나님이 평화를 만드시는 방식과 능력이 우리가 계획하고 생각하시는 미래의 계획 보다 뛰어나기 때문에 복음을 위해서 사용하는 우리의 행동과 감성에 매우 중요하게 영향을 주는 '마음'과 '생각'을 감찰하고 보호하신다는 말이다. 여기에서 '지키시리라'의 헬라어 '프루레세이'는 '프루레오'(φρυρέω)의 미래형이다. 이 동사는 군인들이 도시를 방어한다는 의미(고후 11 : 32)로부터 은유적으로 파생되는 '보호하다'의 의미를 갖는다. 갈라디아서 3 : 23, 베드로전서 1 : 5에서 은유적으로 쓰인 것처럼 빌립보서 4 : 7에서도 은유적으로 보호 감찰한다는 뜻으로 쓰여지고 있다(O'Brien의 주석, 498). 이것은 공동체가 분열되어 있어서 한마음을 갖고 있지 못하기 때문에 하나님의 평화를 만드는 방식과 능력의 오묘함과 뛰어남을 강조하는 것이다. 이러한 교회가 추구하는 '하나님의 평화'는 로마제국이 추구하는 '시이저의 평화', 즉 팍스 로마나(Pax Romana)와 대조된다는 의미에서(Cousar의 주석, 86과 Reumann의 주석, 637 참조) 하나님의 평화는 결국 하나님의 나라가 추구하는 평화의 방식이 '시이저의 평화'보다 뛰어나다는 암시적 의미를 도출할 수 있는 것이다. 인간의 생각으로는 로마제국이 군대를 통하여 모든 길과 바다를 보호하는 방식으로 평화가 유지시키려고 하지만 하나님의 평화는 그 십자가의 계시를 통하여 에클레시아(교회연합체)의 구성원들의 마음과 생각을 방어하는 방식으로 이룩된다는 것이다. 여기에서의 평화는 단지 갈등이 없다는 의미에서의 소극적 의미가 아니라 하나님의 평화는 갈등과 분열의 복잡한 상황에서도 그리스도의 마음을 닮음으로써 형성할 수 있는 평화이다.

여기에서 '지각'과 '마음'과 '생각'은 헬라어로는 훨씬 다양한 의미를 갖고 있는 것이다. '지각'은 '정신'의 의미로 번역되어야 할 누스(νοῦς)의 번역어이다. 누스는 인간에게 적용할 때는 주로 이성적인 정신 작용을 의미한다. 헬레니즘 문화권에서는 신적인 고양이 가능한 오묘한 사유 능력을 의미하기도 한다. 여기에서 '생각'은 헬라어로 타 노에마타(τὰ νοήματα)로서 노에마(νόημα)의 중성 복수형이 쓰였다. 노에마는 일반적으로는 누스가 작용해서 나타나는 결과물이다. 그래서 이 단어는 정신(mind) 속에서 행한 지적 과정에서 생긴 산물이나 생각과 정신 작용의 산물과 이해를 처리하는 기관을 의미하기도 한다(*BDAG*, 675). 그래서 오브라이언이 지적하였듯이, 이 타 노에마타도 생각할 수 있는 기능을 담당하는 우리의 이성적 활동의 기관으로 이해할 필요가 있다. 마음은 카르디아(καρδία)로서 심장의 문자적 의미에서 은유적으로 발전이 된 것으로서 행동의 의지와 느낌의 감성 둘 다에 영향을 주는 우리 몸의 기관을 의미한다(O'Brien의 주석, 498). 바울은 바로 이 노에마타와 카르디아를 다 보호하는 것이 하나님의 평화라고 말한다.

[4 : 8–9] 파편저작설을 주장하는 주석가들 중 그닐카(두 파편저작설)와 코랑즈(세 파편저작설)는 4 : 1, 8~9이, 3장 투쟁의 서신과 같은 시기에 썼다고 본다. 우선 그닐카에 의하면, 3장의 적대자에 대항하여 결론적으로 부탁하는 형식을 갖추고 있다는 것이다. 예를 들면 평강의 하나님이 지킬 것이라는 축도의 부분이 파편 서신의 마무리처럼 보이는 4 : 7과 새로 시작되는 것 같은 4 : 10이, 4 : 8~9과 서로 매끄럽게 연결되지 못한다는 것이다. 4 : 1의 일반적인 권면의 말씀이 8~9절에서 계속된다는 점에서 더 자연스럽다는 것이다. 또한 3 : 16, "오직 우리가 어디까지 이르렀는지 그대로 행할 것이라"에서 간략하게 제시된 권면의 말씀이 8~9절에서 보다 구체화된 점을 말한다(그닐카의 주석, 338–339). 코랑즈는 두 번 반복되는 모양이 4 : 8~9을 3장과 연관시키는 파편서신으로 확신하게 한다는 점을 강조한다. 예를 들면, "종말로"(토 로이폰 : τὸ λοιπόν)가 3 : 1a와 4 : 8에서 반복되어 파편서신의 마무리를 장식한다는 것이다. 4 : 4~7, 8~9이 서로 연결되어 제시되었다기보다 비슷한 권면형식으로 반복되는 것처럼 보인다. 또한 3 : 17의 바울을 닮으라는 권면이 4 : 9에서 반복된다는 것이다(Collange의 주석, 146).

우리는 바울이 여러 차례 썼던 메모노트들을 자신이 직접 편집하여 빌립보서가 완성되었다고 보기 때문에 위의 설명을 주목할 뿐 그대로 수용하지는 않을 것이다(본서 "빌립보서 서론(B.1)과 김덕기(2013) 참조). 중요한 점은 4~7절이 하나님의 평강으로 마무리되는 것과 비슷하게 8~9절이 평화의 하나님으로 마무리되는 점이다. 이 둘은 평화를 기원하면서 반복하여 윤리적 권면을 제시하고 있다는 것이다. 또한 신학적으로 주의 재림(5절)의 모티브는 7절에서 하나님의 평강이 빌립보 교인들을 지키고, 9절에서는 평강의 하나님이 그들과 함께 하신다는 파루시아 신학으로 서로 연결되고 반복된다는 점이다. 2~3절에서는 구체적인 인물에게 주는 권면, 4~7절에서는 종말론적 권면, 8~9절에서는 덕목과 전통에 근거한 권면으로 제시되어 주제 전달 형식의 통일성을 보여주고 있다.

주석의 문제 중 하나는 8절과 9절의 관계의 문제이다. 8절은 헬라의 전통적인 덕목들이 나오지만 9절은 바울 자신의 권위와도 관련되는 전승에 대한 언급으로 전혀 서로 다른 이 둘 사이에 어떤 관계를 설정하느냐가 주석의 논점이 되어 왔다. 다시 말해서 8절과 9절이 형식적인 통일성을 보여주지만 결국 어떤 관계를 설정하는지 주석학적으로 논의되어 왔다는 것이다. 예를 들어, 오브라이언과 복뮤엘(Bockmuhl)은 4 : 9이 8절의 내용을 정교하게 설명하고 있는 것이라고 주장한다. 특히 오브라이언은 9절의 시작 부분의 단어 '카이'를 '그러나'로 이해하기 어렵다고 생각하고, 8절의 덕목들을 빌립보 교인들이 바울로부터 배웠던 것이라는 주장한다(O'Brien의 주석, 508 ; Bockmuhl의 주석, 254). 이와 달리 피(G. Fee)는 9절의 시작 부분의 단어 '카이'를 '그러나'로 해석하면 *Good News Bible(GNB)*에서처럼 "너희들 중 몇몇이 다른 자세를 가지고 있다면"으로 번역할 수 있다는 것이다. 이렇게 되면, 비록 그러한 덕목들을 지니고 있더라도 이러한 덕목들을 바울이 제시하는 전승 존중의 관점에서 완전히 새롭게 볼 것을 제안하고 있는 것이라고 해석하고자 한다(Fee의 주석, 414-421). 이와 유사하게 호돈도 교회가 순종하는 구체적 실천을 유도하기 위해서 제시한 9절의 명령문을 8절보다 더 중요시 여긴다. 9절의 명령문은 '무엇이든지' 이외에도 두 가지 조건절('에이-')로 시작하는 8절에서 "탁월성을 단순히 인정한다 할지라도"라고 말함으로써 단순히 가능성으로만 제시한 일반적인 덕의 추구를 구체적으로 실천할 것을 촉구하게 된다. 이런 측면에서, 9절의 명령법은 결국 그 헬라의 도덕적 삶의 덕목이 아무리 우수하여도, 바울이 제시한 전승과 자신의 모범적 삶에 비추어서 새롭게 실천해야 한다는 의미에서, 8절에 대한 급격한 수정으로 이해한다(호돈의 주석, 350-358). 이 두 견해들을 종합하여 절충하려 한 류만은 8절은 일반적으로 도덕적 삶의 기준이 무엇인지 성찰할 것을 권면하고 있는 경우이지만 9절은 바로 그리스도인의 삶의 보다 구체적인 기준을 제공하는 것으로 해석할 것을 제안한다(Reumann의 주석, 640).

위의 토론에 대해서 보다 명료한 입장을 확정짓기 위해서는 8과 9절의 의미구조를 서로 비교하면서 제시할 필요가 있다. 아래 표에서처럼, 8~9절은 반복되는 운문과 명령형의 산문이 8절과 9절에서 각각 서로 반복되어 나란히 조화를 이루는 다음과 같은 하나의 일관된 의미구조를 이루고 있다.

8절과 9절의 평행구 도표

	8절	9절
반복구조 A :	진선미의 본질적인 측면 : "무엇에든지 참되며,(진) 무엇에든지 경건하며,(미) 무엇에든지 옳으며"(선)	간접 전승 : 너희는 내게 배우고 받고
반복구조 B :	진선미의 실제적인 측면 : "무엇에든지 정결하며,(진) 무엇에든지 사랑받을 만하며,(미) 무엇에든지 칭찬받을 만하며"(선)	직접 체험 : 듣고 본 바를
조건문	"무슨 덕이 있든지, 무슨 기림이 있든지"...	〈없음〉
명령문	"이것들을 생각하라"	"행하라"
결과문	〈없음〉	"그리하면 평강의 하나님이 너희와 함께 계시니라"

여기에서는 바울이 전형적으로 제시해 온 권면에서 볼 수 있는 종말론의 직설법과 윤리의 명령법이 나타나지 않는다. 직설법의 종말론 대신에 스토아 철학 전통에서 흔히 볼 수 있는 도덕적 교훈을 차용한 것으로 보인다. 8절의 이방 문화의 표현 방식과 대조적으로 9절은 바울의 원시 기독교전승과 체험 유지 명령에 의해서 균형이 맞추어진다. 또한 8절의 생각하는 것과 9절의 행하는 것이 함께 나와 이 둘 다를 중요시하고 있다는 점을 알 수 있다. 8절에서는 조건문이 첨가되었고 9절에서는 결과문이 첨가되었다. 그래서 이러한 균형잡힌 표현 방식은 기독교 윤리는 이방문화에 의해서만 표현되기 보다는 전승과의 대화로 형성된다는 점을 시사한다.

8절에서 조건문, "무슨 덕이 있든지, 무슨 기림이 있든지"는 "탁월함과 칭찬을 받고자 한다면"으로 이해할 수 있어야 문장의 핵심을 이해할 수 있다. 왜냐하면 덕은 인간 모두에게 보편적으로 적용할 때에는 단순히 '덕'이나 '덕성'으로 번역할 수 있지만, 헬라어로 아레테(ἀρετή)의 원래의 고유한 의미는 특정한 분야에서 그 분야에서 종사하는 사람이 그 분야에서 탁월함을 나타낸다는 뜻이다. 신에게 적용되었을 때에는 찬양받을 행동, 기적의 의미도 내포할 수 있다. 인간에게는 도덕적 탁월함을 주로 의미한다(*LSJ*, 238). 호머의 시대에는 원숙한 탁월함이나 타고난 성품을 의미했다. 특히 이 시대에는 주로 군사적 용맹과 군사적 공적에 대해서 그리고 공동의 이익을 가져오는 인격적인 자질이나 이와 연관되는 실천에 대해서 탁월함을 나타내는 것을 의미했다. 사회적 맥락에서는 주로 정의라는 의미도 내포하기도 했지만 플라톤이 말한 도시국가의 시민이 갖추어야 할 의, 절제, 경건 등의 덕목을 의미하기도 했다. 탁월함을 보여주게 되면 명성이나 영광의 결과를 갖게 되는 사회적 인정을 가져오게 되었다. 이 용어는 도덕성과 관련되는 스토아 사상에서 자주 논의되는 주제이기도 하다. 일반적인 의미는 찬양을 받을 가치 있는, 일반적이지 않는 성격 또는 성격의 탁월함이나 예외적인 공공의 덕성을 의미한다. 베드로후서 1 : 5a나 빌립보서 4 : 8에 이 의미가 적용될 수 있을 것이다.

또 이 단어의 또 다른 뜻은 베드로후서 1 : 3에서처럼 신적인 능력이 나타나는 것, 즉 기적을 의미했다(*BDAG*, 130). 특히 베드로전서 2 : 9("그의 기이한 빛에 들어가게 하신 이의 아름다운 덕")와 베드로후서 1 : 3("자기의 영광과 덕으로써")과 하나님에게 적용되는 속성을 나타내는 데 사용되었다. 이와 달리 베드로후서 1 : 5("그러므로 너희가 더욱 힘써 너희 믿음에 덕을, 덕에 지식을")에서처럼, 빌립보서 4 : 8의 맥락에서는 스토아 철학에서 흔히 인간 개인이 추구해야 할 중요한 목적에 해당하는 도덕적인 탁월함을 의미한다. 플라톤 철학에서는 4가지의 주된 덕목들, 지혜, 용기, 절제, 의가 도시의 사회적 신분과 일치되는 방향으로 조화로운 사회적 발전을 위해서 제시되어 더욱 사회적 의미를 강조하기도 하였다. 그래서 덕은 기독교 공동체가 가져야 할 사회적 덕목을 지칭하는 것이다.

또한 '기림'으로 번역되는 헬라어, 에파이노스(ἔπαινος)도 칭찬받을 만한 행동을 일컫는 말로서 다음의 두 가지 의미를 갖고 있다 : ① 이것은 칭찬이나 확인을 표현하는 행위나 찬양, 확인, 인정의 의미를 갖고 있다. 인간으로부터 인간에게(롬 2 : 29 ; 13 : 3, 벧전 2 : 14, 고후 8 : 18), 그리고 하나님으로부터 인간에게(롬 2 : 29, 고전 4 : 5, 벧전 1 : 7), 하나님에게 칭찬을 돌린다(빌 1 : 11, 엡 1 : 6, 12, 14)는 의미로 다양하게 사용된다. ② 또한 찬양 받을 만한 것을 의미하기도 한다. 빌립보서 4 : 8에서는 바로 이 두 번째 의미로 사용되었다고 할 수 있다(*BDAG*, 357). "무슨 덕이 있든지 무슨 기림이 있든지"라는 말은 명예를 존중하는 고대 지중해 사회에서는 단순히 개인의 탁월함만도 아니고, 또한 다른 사람에게 칭찬받을 만한 행동만도 아니라, "탁월함도 고려하면서 칭찬받을 만한 행동이 되려고 한다면"이라는 의미로 해석될 필요가 있다. 빌립보 사람들에게 이 말이 적용되었을 때에는, 결국 이 말의 뜻은 "빌립보 사람들이 로마 도시와 똑같은 특권을 누린다는 의미에서 매우 탁월하더라도 결국은 칭찬을 실질적으로 받아야 한다면"이라는 뜻으로 풀어서 설명할 수 있기 때문이다. 결국 중요한 점은 이렇게 두 가지 '덕'과 '기림'

에 관한 말은 위의 바울이 이 말 전에 제시한 8절 전체의 덕목들을 요약하면서 헬라적/로마적 의미의 덕이나 기림이 여전히 완전하지는 않기 때문에 9절에서 제시하게 되는 바울이 자신에게 배우고, 받고, 듣고, 본 바를 행하라는 제안으로 보충되어야 한다는 것이다. 이렇게 덕이 단순히 개인적인 덕목이 아니라는 것을 나타내기 위해서 기림과 함께 쓰인 이유는, 단순히 모든 재화와 서비스를 돈으로 환산하여 그 개인이 경험하는 효용 가치를 중심으로 평가하려는 현대사회가 아니라, 바로 바울이 살고 있는 고대 그레코-로만 시대는 그 효용 가치를 넘어서 함께 전승되어 온 문화의 존엄성에 기초한 실질 가치에 기초하여 집단적 사회의 질서를 존중하려는 명예와 수치의 가치체계가 작동되는 고대 사회이기 때문일 것이다(Reumann의 주석, 619-620, 640 ; D. A. deSilva, *Honor, Patronage, Kinship & Purity*(Downers Grove : InterVarsity Press, 2000), 1-93).

"-있든지"라는 표현은 접속사 에이(εἰ) 다음에 동사 없이 명사만 나와서 에이미(존재계사) 동사의 3인칭 에스티(ἐστί)가 생략된 것으로 본다면 (Sumney, 앞의 책, 106) "어떤 탁월함이나 어떤 칭찬과 같은 그러한 것이 도대체 세상에 있다고 한다면"이란 뜻이 된다. 이러한 수사법은 바로 "그러한 탁월함과 칭찬받을 일을 인정받으려면"이라는 내용의 시적인 표현으로 이해하면 될 것이다.

"이것들을 생각하라"는 명령문에서 "생각하라"는 로기조마이(λογίζομαι)의 명령형, '로기제스테'가 쓰였다. 일반적으로, 이 '로기조마이'는 계산하다, 셈하다, 고려하다(reckon)의 의미를 가지고 있다. 바울서신에서는 주로 인지적 과정에서 수학적이거나 계산과 관련된 용어이다. ① 그래서 그 뜻이 우선적으로 수학적인 과정에 의해서 결정하거나 계산하는 것을 의미하였다. 여기서 파생된 의미로서 '간주하다', '그렇게 취급하다', '고려하다'의 의미가 가능하다. 또한 이 계산의 결과로 '평가하다', '가치를 매기다'의 의미도 있다. ② 좀 더 추상적으로 발전해서, 이 단어는 '어떤 일에 대해서 조심스러운 생각을 하게 되다', '생각하다', '고려하다', '고찰하다', '마음속에 염두에 두다'의 의미를 갖게 된다. ③ '어떤 것에 대한 견해를 유지하다', '믿다', '어떤 견해에 동의하다'는 의미가 있다(*BDAG*, 597-598). 3 : 13에서는 이 단어가 ② 에서처럼 단순히 '여긴다, 그렇게 간주한다'라는 의미로 쓰였다. 하지만 여기서는 고린도후서 10 : 11에서처럼 심사숙고하여 그 덕목의 본질을 파악하고 평가하라는 것이다. 여러 학자들에 의하면, 빌립보서 4 : 8의 "이것들을 생각하라"에서 '이것들을'은 다음 도표 "빌립보서 4 : 8의 여섯 가지 덕목들의 특성"에 제시된 여섯 가지 덕목(참됨, 경건, 옳음, 정결, 사랑받을 만함, 칭찬받을 만함)을 지칭한다고 여겨진다(Sumney, 앞의 책, 106). 하지만 더 정확히 말하면, 오브라이언이 주장하듯이 6가지 덕목과 두 가지 가정되는 상황들을 모두 의미한다(O'Brien의 주석, 507). 그래서 여러 학자들은 '무엇에든지' 이후의 내용들을 '생각하라'의 목적어로서 나중에 나오도록 번역하게 된다(Collange의 주석, 146("apply your mind to whatever is true-)과 Silva의 주석, 191(keep your mind on that which is true,-)). 이렇게 되면 8절의 생각하는 것과 9절의 실천할 것들이 상호 연결되어서 서로 밀접한 관계를 형성하여 이 두 가지를 동시에 중요시하는 주석이 가능하게 된다(Collange의 주석, 146). 또한 호돈이 지적하였듯이, 이 덕목들은 빌립보 공동체 구성원들이 이방인이 추구하는 것들을 넘어서 이들에게 뒤지지 않는 방식으로 그 탁월함을 인정받을 것을 요구하는 것이다(호돈, 352). 이 덕목들은 스토아-견유학파의 대중철학의 자연 도덕(natural morality)의 가르침에 가장 가깝다(Collange의 주석, 146). 또한 이것들은 바울이 자신의 서신들(7가지 서신들 : 살전, 갈, 고전, 빌, 몬, 고후, 롬)에서 자주 나타나지 않기 때문에 기독교 공동체 안에서 즐겨 사용하였던 것이라기보다는 오히려 당시 대중 도덕 철학 교본에 나오는 이방문화의 덕목들을 발췌하여 사용한 것처럼 여겨진다(O'Brien의 주석, 300-301). 위의 덕목들의 특성을 유대문헌과 고대 그리스-로마 문헌의 덕목들과 비교하고, 필자가 제시하는 빌립보 공동체의 문제와 연결시키면 다음과 같은 도표를 제시할 수 있을 것이다.

빌립보서 4 : 8의 여섯 가지 덕목들의 특성

개역개정 번역내용과 헬라어 대조	*BDAG*에서의 기본적인 사전적 의미와 뜻 특이사항 (( )는 *BDAG*의 쪽수)	유대교 문헌과 신약성서 참조	고대 그리스-로마 문헌의 덕목 참조	필자의 로마제국과 빌립보 공동체와 연결하기
무엇에든지 참되며 =호사 알레데(ὅσα ἀλη θῆ)	사실이나 상상에 반대되어 진실한, 정직한(43), 이 두 가지 의미 중에 특히 여기서는 형이상학적 의미가 아니라 도덕적으로 거짓과 위선적 가장이 없이 참되며	고후 6 : 8	대중도덕철학	로마제국의 황제숭배에 대해서 이중적이고 위적이지 않게
무엇에든지 경건하며=호사 셈나(ὅσα σεμ νά)	존경을 받을 만한, 고상한, 품위 있는 ; 신들에게 적용될 때는 장엄한, 위엄 있는, 경외스러운, 위엄 있는의 뜻을 갖고 있다(919).	딤전 3 : 8, 11, 딛 2 : 2	스토아 철학자 에픽테투스는 도덕적으로 선한 것이라는 의미로 활용	그리스도인으로서 로마제국에 지나치게 아부하지 않게 품위를 잃지 않는
무엇에든지 옳으며 =호사 디카이아(ὅσα δ ίκαια)	올바름(rectitude)의 높은 기준에 일치하는, 바른, 공정한, 정의로운, 도덕적으로 의로운, 정의와 공정함의 요구에 책임 있게 대하는(245-247) 바울의 신학적 주제 의로움과 직접 관련되기 보다는 공동체의 선한 목적에 부합되는 기독교의 의로움의 미덕을 고취시키는, 분배의 문제에 있어서 명예가 존중되도록 공의로운 판단을 할 수 있는	행 10 : 22, 롬 5 : 7	그리스 네 가지 주요 미덕 중 하나 디카오시네(δικαιοσύνη)와 연관됨. 아리스토텔레스에게는 정의는 권리의 문제만이 아니고 명예와 시민의 미덕과 연관된다.	빌 1 : 7에서처럼 바울이 감옥에 있으면서 바울의 십자가와 부활의 복음을 지지할 수 있는지 아닌지 옳게 판단하는 것과 관련된다.
무엇에든지 정결하며 =호사 하그	제의 용어로서 신성의 속성이나 그 속성과 관련되는 모든 것에 있어서 순	고후 6 : 6, 11 : 2, 딤전 5 : 22, 약	Diogenes Laertius. 7, 119 Homer,	빌 1 : 17에서처럼 복음을 선포하는데 순수하지

나(ὅσα ἁγνά)	수한, 거룩한(13) 여기서는 행동의 동기가 순수하고, 성적으로 순결한, 또는 도덕적으로 흠이 없거나 시민 생활이나 공직에 흠 없는(*TDNT* I, 122)	3:17, 요일 3:3; 성적인 정결함-고후 11:2, 딛 2:5	*Odyssey*, 12.386; Euripides, *Hippolytus*, 316	않게 라는 의미와 연결됨
무엇에든지 사랑받을 만하며= 호사 프로스피레(ὅσα προσφιλῆ)	즐거움이나 기쁨을 불러일으키는, 마음을 달래주는, 유쾌한, 동의하는, 사랑스러운, 사랑을 불러일으키는, 친밀감을 주는 (886-887)	신약에서는 여기에서만 나온다. 구약외경, 집회서 4:7, 20:13 참조	Diodorus *Siclus*, 2.49.2 & 5.39.4	빌립보 공동체의 실제적 상황에서 사회적/공동체적 관계와 연관된다.
무엇에든지 칭찬받을 만하며 =호사 휴페마(ὅσα εὔφημα)	칭찬받을 만한, 좋은 소문의, 좋은 평판의(414); 여기서는 능동적으로 '매력적인'의 의미를 내포한다.	고후 6:8 "-악한 이름과 아름다운 이름으로 그러했느니라-"	Menander, Frgment, p. 194.	빌립보 공동체 안으로나, 밖으로나 좋은 평판을 받을 수 있도록 능동적으로 칭찬받을 만한 일을 할 것을 권면한다.

바로 바울은 이러한 고대의 영성훈련의 방식을 9절에 의해서 그 목표와 그 훈련의 정신을 연결시키기 위해서 8절의 마지막 부분에서 "이것들을 생각하라"는 명령법으로 제안한다. 그래서 9절은 카이(καί)로 시작하는데 이것을 논리적 귀결로 보면 8절에서 제안한 것처럼 6가지 덕목들을 숙고하게 되면 결국 이를 실천하기 위해서는 배우고 전달받고 듣고 본 바를 행해야 한다고 해석될 수 있다. 그래서 오브라이언과 몇몇 학자들은 바로 바울이 8절의 덕목들을 이미 실천하였으니 이를 본받을 것을 9절이 제안한다고 생각한다. 이에 대해서 류만은 카이를 '그러나'로 번역해야 한다고 생각한다(Reumann의 주석, 640). 하지만 여기서는 고려하고 숙고하고 명상하게 되면 결국 다음과 같은 결과에 이를 것이라고 말하면서 '그러면'이라고 번역할 필요가 있다.

다른 한편, 위의 8~9절은 '호스 메'(ὧς-μή)의 접속사가 이끄는 고린도전서 7 : 29~31에서처럼 일종의 금욕주의적인 자기-수련의 모티브를 제공한다(자기-수련의 모티브에 관해서는 이 주석의 빌 1 : 27-30과 3 : 4-6 주석 참조). 여기에서 바울이 제안하는 것은 단순히 사회적인 덕목만을 의미하기보다는, '고난'(πάσχειν)과 '싸움'(ἀγῶν)의 모티브가 자기 수련의 '금욕주의'(ἄσκησις: 아스케시스) 문화적 코드를 매개로 어떤 정치적 태도와 서로 연관되는 빌립보서 1 : 27~30에서처럼, 그리스도인의 사회적 덕목을 형성시키기 위한 자기수련의 방식을 제시하고 있는 것이다. 여기에서 아스케시스(ἄσκησις)는 원래 운동 경기자가 체력과 실력을 향상시키기 위한 신체적 목표를 위해서 스스로 절제와 자기 부정을 수단으로 수행하는 "훈련, 연습, 실행"의 의미를 내포하고 있었다. 헬레니즘 시대에는 신체적 운동의 차원을 넘어 철학적, 영적, 윤리적 차원에도 적용되어 신체적 자율 규제보다는 종교적 수행을 위한 금욕주의 형태를 의미하게 되었다. 이런 헬레니즘 시대의 금욕주의의 문화적 코드에 비추어 보면, 바울은 기독교의 금욕주의의 목표를 고통과 망상으로 가득 찬 자아를 해방시키는 것이 아니라 초월적 존재와 연합을 도모하는 것으로 설정하면서 자신의 자기 절제의 삶(고전 9 : 25-27)을 단순히 영혼/육체의 인간 이해의 이분법보다는 옛 시대와 새 시대 사이에 놓인 인간의 자기 이해와 연관시키려고 있다고 보아야 할 것이다(이에 관해서는 왕인성, 2006, "신약성경에 나타난 금욕주의의 기원과 독특성", 「부산장신논총 6집」(2006), 부산장신대학교 편, 43-65 참조). 또한 푸코는 아스케시스를 '자기 수련'이라고 번역하면서 그리스 고전 시대의 자기 배려 문화와 연관시키는 새로운 접근방법을 제안하기도 하였다. 푸코에 의하면, 헬레니즘 시대의 자기 배려는 자신을 변화시키는 각고의 노력이 첨가된 자기 수련의 측면이 강화되어 '자기관리 기술'(Self-Technology)의 방식으로 다음과 같이 발전된다 : ① 은둔, 고행, 자기 고립 ② 타인의 말을 경청하는 것 ③ 자신의 행위를 성찰하는 기술 ④ 자기 성찰을 위한 글쓰기 ⑤ 솔직한 대화 ⑥ 진리를 담대히 말하는 자유 실천을 나타낸다. 이것은 바로 미셀 푸코(M. Foucault)가 말하는 고대의 존재의 기술(τεκνή τοῦ βιοῦ)로서, 자기 위선으로부터 해방된 새로운 영혼을 가진 존재로 거듭나게 하는 '자기에의 배려'(ἐπιμέλεια ἑαυτοῦ)를 말한다. 여기에서 자기 배려는 자기 인식이 아니라 다양한 실천의 과정을 통해 단순히 정치권력만이 아니라 성과 죽음의 유혹으로부터, 그리고 자기-기만으로부터 해방되는 자신의 자유로운 영혼을 단련하는 것이다(이처럼 '자기에의 배려'와 '자기관리 기술'과 자기 수련에 관해서는 미셸 푸코, 「주체 해석학」(서울 : 동문선, 2007), 11-29, 39-63, 116-277, 342-356과 동 저자, 「성의 역사 제3권」(서울 나남, 1990), 53-87 참조). 이러한 바울의 신학을 푸코의 금욕주의 이해에 비추어서 바울의 몸 윤리를 새롭게 조명한 선행 연구는 목스네스가 이미 제안한 논문에 기초하여 제안한 것이다(이에 관해서는 H. Moxnes, 2003, "Asceticism and Christian Identity in Antiquity", *JSNT*(26.1), pp. 3-29 참조).

특히 8절에서 제시하는 바울의 자기-수련의 모티브란 그리스도의 겸손을 닮으려는 바울 자신의 소명의 체험과 현재의 치열한 투쟁의 삶(1 : 12-30, 3 : 1-17)에 기초하여 이방인의 사회적 덕목에 비교해도 손색이 없는 사회적 덕을 자기-수련에 의해서 완성하는 것이다. 이것은 바로 바울은 이미 8~9절에서처럼 '무엇에든지'로 시작하는 여섯 가지 덕목들을 실천한 모델로 제시한 1 : 21~23에서 죽음의 유혹으로부터 벗어나려 하는 자기와의 투쟁의 자기수련을 제시한 바 있다. 특히 바울이 강조하는 바울과 빌립보 공동체가 공유해야 하는 '같은 싸움'과 관련해서 바울이 자신의 실천적 모범을 닮기를 요청한 부분(1 : 30)은 단순히 로마제국과의 정치적 투쟁만을 강조한 것이 아니라 오히려 당시 철학과 종교가 구체적인 헬레니즘의 영성 수련의 실천을 중요시하는 경향을 반영한다(헬레니즘 철학과 종교에서의 영성 훈련 실천에 관해서는 피에르 아도, 「고대철학이란 무엇인가(1995)」, 이세진 역(서울 : 이레, 2007), 232-314와 김덕기, "21세기 여성성을 통해 새롭게 읽는 고전 7 : 29-31의 기독교 자기 수련 문화 코드", 「생존의 수사학과 한국교회의 성서 읽기」(서울 : 한들출판사, 2007), 19-54 참조).

이런 관점에서 보면 바로 '무엇이든지'로 시작하는 여섯 가지 덕목들과 관련된 양보절의 표현과 '무슨 덕이 있든지 무슨 기림이 있든지'의 두 번의 가정법의 표현의 의미는 바로 죽음의 유혹, 성적 유혹을 물리치는 자기-위선을 극복하는 '자기에의 배려'와 '자기관리 기술'과 관련된 자기 수련의 영성 훈련과 관련된다. 이에 더 나아가서, 필자는 여기에서 자기 배려는 자기 인식이 아니라 다양한 실천의 과정을 통해 자신의 자유로운 영혼을 그리스도와 바울의 모델에 따라 사회적 차원을 고려하여 단련하는 것이라고 생각한다. 고린도전서 7 : 29~31을 포함하여 몸 담론을 실존주의나 문화인류학의 접근 방법을 넘어서 정치적 차원을 고려한 자기 수련과 자기 배려의 입장에서 재해석한 바 있다(이에 대한 자세한 설명에 관해서는 필자의 책, 2007, 「바울의 문화신학과 정치윤리」, 187-191 참조). 마찬가지로 필자는 빌립보서 4 : 8~9도 바로 이러한 금욕주의 문화코드에 의해서 재해석할 필요가 있다고 제안하고자 한다. 우리는 이미 잘 알려진 금욕주의 자기수련 문화적 코드에 의해서 이미 재해석된 고린도전서 7 : 29~31과 비교하면서 빌립보서 4 : 8~9의 금욕주의 자기수련의 의미와 수사학적 특징을 제시하면 다음과 같을 것이다.

고린도전서 7 : 29-31과 빌립보서 4 : 8-9의 자기수련 비교표

고전 7 : 29-31의 수사학	고전 7 : 29-31의 자기수련	빌 4 : 8-9의 자기수련	고전의 수사학과 비교되는 빌 4 : 8-9의 수사학의 특징
1. 종말론적 선포 -종말의 때의 임박성 : 직설법	(29a) a. 진술 시작 표시 ("형제들아 내가 말하노니") b. 선포 : 선포의 근거-때의 임박성	'종말로'(τὸ λοιπὸν) "무엇에든지(ὅσα-) 참되며, 경건하며, 옳으며, 정결하며, 사랑받을 만하며, 칭찬 받을 만하며-" "무슨(εἴτις-) 덕이 있든지, 무슨 기림이 있든지-"	〈정〉 고전의 하나님의 역설적 구속활동 대신 빌에서는 당시의 그레코-로만 시대의 최고의 보편적 덕목 6가지와 이에 대한 두 가지 요약을 제시한다. 하나님의 역설적 구속이 이방 문화 속에 나타날 수 있다는 것을 암시한다.

2. 명령법의 권고	(29b–31a) a. 근거(τὸ λοιπὸν ἵνα καὶ) b. 권면 : “마치—아닌 것처럼”(ὡς μή)	8절 하반절 : “이것들을 생각하라” 9절 전반절 : “너희는 내게 배우고 받고 듣고 본 바를 행하라”	〈반〉 : 고전에서는 3개의 모순과 2개의 변혁을 암시하는 자기 수련을 통해서 당시 로마제국의 삶의 스타일과 맞서기를 원한다면, 빌에서는 6가지와 2가지의 헬라철학과 종교에서 제시하는 덕목들을 성찰할 뿐만 아니라 이에 덧붙여서 바울에게서 배우고, 받고, 듣고, 본 바를 실천할 것을 권면한다.
3. 직설법의 종말론적 선포	(31b) 위의 권면의 근거(γὰρ)— 이 세상의 제도의 임시성	평강의 하나님이 너희와 함께 계시리라	〈합〉 : 고전에서는 새 문명 전환을 위한 혁명과 혁신을 위한 자기수련의 기준이 이 세상의 제도가 임시적이라는 신학적 기초에 의해서 형성된 반면 빌에서는 바로 8~9절의 자기 수련의 기준은 바로 하나님의 평화가 도래하는 것이다.
4. 본문의 코드풀이 의 핵심	(31b)의 사역 : “이 세상의 법과 규칙이 변혁 될 것이다.”	우리의 보다 구체적 실천을 통해서 그레코로만 덕들이 로마 제국에 대비되는 하나님의 평화의 거대한 비전으로 통합된다.	고전에서는 양이 질로 변혁되는 하나님의 혁명은 새 문명을 잉태하게 되는, 특정한 때에 일어난다. 빌에서는 우리가 바울을 통해서 배우고, 받고, 듣고, 본 바를 실천하게 될 때 하나님의 평화가 임하는 진정한 혁명이 일어난다.

9절은 결국 위의 여섯 가지 덕목들을 온전히 자신의 것으로 삼기 위해서는 바울에게서 헬라어 단순과거(Aorist)로 표현된 배우고, 전달받고, 들었고, 보았던 것을 실천할 것을 요구받는 것이다. ‘실천하라’로 번역되는 프라세테(πράσσετε)는 ① ‘어떤 활동을 통하여 이룩하다, 완성하다, 행하다, 연습하

다(행하는데 몰두하다=살전 4 : 11, 행 19 : 19, 롬 2 : 25)' ② '어떤 활동에 참여하거나 어떤 식으로 행위하다' ③ '현재 진행되는 어떤 것을 경험하다'라는 세 가지 의미를 가진 프라소(πράσσω)의 명령형이다(*BDAG*, 860-861). 여기서는 바울은 ①의 의미로 주로 사용하였고, 아리스토텔레스에게서처럼, 실천적 지혜가 단순히 머리로 아는 것만이 아니라 음악 연주나, 요리나 조크하기처럼 연습을 통해서 습득하면서 행하라는 말일 것이다. 중요한 쟁점은 위의 네 가지의 실천 사항들이 전부 카이(καί : 그리고)로 연결되어 있기 때문에 "내 안에서"가 위의 네 가지 다 적용되는지(O'Brian의 주석, 511), 마지막에만 적용되는지, "들었고, 보았고"에만 적용되는지(Reumann의 주석, 621), 주석마다 다를 수 있다. 특히 오브라이언에 의하면, 엄밀하게 보면 맨 끝에 '보았고'에만 적용될 수 있지만 여기서는 바울이 수사학적으로 마지막에 붙인 것으로 이해하면 앞의 세 가지까지도 전부 적용된다는 것이다. 하지만 여기에서는 앞의 전승과 관련되는 것들은 바울로부터 비롯되지 않은 것이 있기 때문에 논리적으로는 뒤의 두 가지, 즉 바울에게서 들었고, 보았던 것을 기초로 앞의 두 가지를 실천할 것을 제안하고 있다고 볼 수 있다. 바울은 여기에서 사도로서 모범을 보였던 것을 자기 자신의 모범적 사례로 보고 전승의 내용을 구체적으로 삶에 적용하라는 의미로 사용했을 것이다. 실천해야 할 네 가지 사항들을 위와 같이 도표로 제시하면 다음과 같을 것이다.

빌립보서 4 : 9의 네 가지 실천 사항

빌 4 : 9	원시기독교과 바울서신에서의 사용용례 참조	의미의 특이사항	로마제국과 빌립보 공동체와 연결하기
배웠던 것과 받은 것들을 (행하라)	고전 11 : 23과 15 : 1~5에서처럼 '파라람바네인'(παραλαμβάνειν)은 부활 전승이나 케리그마	전승을 손상하지 않고 다른 사람들에게 전달한다는 의미이다.	3 : 10-11에서처럼 여기서는 그리스도의 십자가와 부활에 참여하기 위해서 로마의 황제숭배의 유혹을 극복하는 것을 의미한다.

	를 권위 있는 교회의 지도자로부터 전수한다는 의미이다.		
들었던 것들을 (행하라)	신비한 말이나 설교한 것을 일반적으로 의미할 수 있다.	여기서는 바울의 투옥과 투옥 속에서 복음을 유지하려 했던 것에 관하여 에바브로디도로부터나 누구든지로부터 구두로 들었던 것을 의미한다.	여기서는 바울이 그리스도의 겸손함을 따르는 한마음을 의미한다.
보았던 것들을 (행하라)	고전 11 : 1-단순히 말로 전수받은 어떤 전승만이 아니라 바울은 자신을 닮으라고 권고한다.	사도의 말만이 아니라 사도의 삶을 믿음으로 신앙의 표준으로 삼는 것을 말한다.	빌 3 : 17에서처럼 바울을 본받는 것을 의미한다. 바울은 자신이 투옥됨으로써 사도로서의 권위가 도전받았기 때문에 바울에게서 보았던 것을 실천할 것을 권면한다.

9b절에서("그리하면 평화의 하나님이 너희와 함께 할 것이다") 바울은 위의 숙고할 사항 여섯 가지와 실천할 사항 네 가지를 제시하고 이를 행하면 평화의 하나님이 빌립보 교회의 구성원들과 함께 할 것이라고 말한다. 여기에서는 직설법 현재형을 썼지만 일종의 미래의 약속과 기원을 간접적으로 표시한다. 평화의 하나님은 7절의 하나님의 평화와 연결되어 다시 한 번 로마제국이 추구하는 팍스 로마나와 시이저의 평화와 다른 방식의 평화를 추구하고 있을 때 함께 할 것이라고 약속한다. 로마제국과 달리, 바울이 보여준 모범적인 삶의 예를 실천을 할 때 평화의 하나님이 우리와 함께하여 우리의 실천을 통해서 진정한 하나님의 평화를 완성할 것이라고 암시한다. 이것은 4 : 23에 주 예수 그리스도의 은혜가 빌립보 교인들과 함께할 것이라는 축도와 유사하게 축복을 선언하는 축도의 형태를 가짐으로써 파편 편지의 마무리를 장식하고 있다. 평화의 하나님이 편지의 마무리구를 형성하는 방식은 데살로니가전서 5 : 23, 로마서 16 : 20(15 : 33), 고린도후서 13 : 11에 나타나는 형식이다.

C. 빌립보인들의 선물에 대한 바울의 감사와 신앙적 인 재해석(4 : 10-20)

10내가 주 안에서 크게 기뻐함은 너희가 나를 생각하던 것이 이제 다시 싹이
남이니 너희가 또한 이를 위하여 생각은 하였으나 기회가 없었느니라 11내가
궁핍하므로 말하는 것이 아니라 어떠한 형편에든지 내가 자족하기를 배웠노
니 12내가 비천에 처할 줄도 알고 풍부에 처할 줄도 알아 모든 일 곧 배부름과
배고픔과 풍부와 궁핍에도 처할 줄 아는 일체의 비결을 배웠노라 13내게 능력
주시는 자 안에서 내가 모든 것을 할 수 있느니라 14그러나 너희가 내 괴로움
에 함께 참여하였으니 잘하였도다 15빌립보 사람들아 너희도 알거니와 복음
의 시초에 내가 마게도냐를 떠날 때에 주고받는 내 일에 참여한 교회가 너희
외에 아무도 없었느니라 16데살로니가에 있을 때에도 너희가 한번 뿐만 아니
라 두 번이나 나의 쓸 것을 보내었도다 17내가 선물을 구함이 아니요 오직 너
희에게 유익하도록 풍성한 열매를 구함이라 18a내게는 모든 것이 있고 또 풍부
한지라 18b에바브로디도 편에 너희의 준 것을 받으므로 내가 풍족하니 18c이는
받으실 만한 향기로운 제물이요 하나님을 기쁘시게 한 것이라 19나의 하나님
이 그리스도 예수 안에서 영광 가운데 그 풍성한 대로 너희 모든 쓸 것을 채우
시리라 20하나님 곧 우리 아버지께 세세 무궁토록 영광을 돌릴지어다 아멘

바울은 10절에서 기뻐한다는 말을 하고 있지만 그 기쁨의 이유를 구체적으로 자신이 받은 성금을 받은 것 때문이라고 직접 언급하고 있지 않고 있다. 바울은 그 기쁨의 이유를 매우 모호하게 빌립보 교인들이 바울을 생각하는 것이 이제 싹이 나서 번성하기 시작하였기 때문이라고 비유적으로 표현을 사용하고 있다. 바울의 기쁨이 성금에 관한 것이라는 것은 오로지 당시의 구체적인 배경에 비추어서 그 말의 의미를 해석할 수 있을 뿐이다. 더군다나 11절 이후 12절부터 성금에 대해서 감사를 즉각 표시하기보다는 오히려 바울 자신

은 비천/풍부, 배부름/배고픔, 풍부/궁핍에도 자족함의 비결을 배웠다고 주장한다. 그리고 바울은 17~18절에서 바울은 자신이 받은 선물의 의미를 신앙의 언어로 새롭게 해석한다. 바울에게 보낸 빌립보 교회의 선물은 바울에게는 기쁨의 교제가 되었고 하나님에게는 하나님을 기쁘시게 하는 제물이 되었다는 것이다(18절). 에바블로디도를 통해 받은 코이노니아의 성금이 복음을 위해서 고난 받는 자와 함께 하는 참여라고 할 때 하나님의 은행에 저축이 된(17절) 칭찬받을 만한 일이라고 규정한다(14절). 이처럼 구체적인 복음 선포의 공동의 프로젝트를 통해서 서로에게 기쁨을 주는 사랑의 교제를 나누게 되었을 때 하나님께서는 이를 기뻐하시고(18절 하반절) 우리들을 축복하신다는 것이다. 그래서 이 편지는 축도로 끝나기 때문에 바울의 기쁨이 성도들의 기쁨으로, 그리고 하나님의 기쁨으로 그리고 하나님의 축복을 기원하는 방식으로 글의 흐름을 타고 있다. 10~20절은 다음과 같은 내용 구조로 표현할 수 있다.

바울의 선물에 대한 반응과 코이노니아의 신학적 해석(4 : 10~20의 의미구조)

1. 바울의 기쁨의 이유와 자족의 삶(10-13)
   1) 어려움/풍부함 속에서 감사하며 만족하는 기쁨의 삶(10)
   2) 자족에 대한 바울 자신의 삶의 자세(11-13)
2. 복음선포의 코이노니아(공동기회의 파트너십) 지속으로 인한 기쁨의 삶(14-17)
   1) 발신자가 보낸 선물에 대한 인정의 의미로 적극적 참여를 칭찬함(14-16)
   2) 선물은 수신자의 풍성한 열매를 위한 것(17)
3. 성금에 대한 바울의 새 해석(18)
   1) 성금의 의미 해석〈1〉 : 성금 송달은 에바브로디도 편에 전달받으므

로 풍족하다(18a).

2) 성금의 의미 해석〈2〉 : 복음 때문에 어려운 처지에 있는 사람을 돕는 것은 하나님께 드려진 예물이며, 이것은 하나님과의 교제를 완성하는 것이고 하나님을 기쁘시게 하는 것이다(18b).

4. 하나님이 빌립보 교인들의 필요한 것을 풍부하게 채우시겠다는 약속 또는 기원(19)
5. 바울의 축도 : 하나님이 주시는 축복(20)

그런데 위의 전체 구조의 흐름을 파악하였음에도 불구하고 빌립보서 4 : 10~20은 다음의 세 가지 질문이 주석학적으로 제기되어 왔다. 첫째, 감사의 말씀이 왜 빌립보서 서신 전체의 끝에 나왔는가? 둘째, 왜 성금을 받고 구체적으로 바울이 감사의 말씀을 언급하지 않았는가? 셋째, 왜 자족의 말씀을 하면서 냉정하게 선물을 요구한 것이 아니라고(17절) 말하는가? 첫째 질문은 과연 파편저작설과 통일저작설을 주장하는 학자들 사이에서 서로 의견이 다를 수밖에 없다. 파편저작설을 주장하는 학자들은 이것이 마지막에 편집되었다는 구체적인 이유를 편집을 할 때 감사의 말은 뒤로 가게 되었기 때문에 여러 가지 내용이 반복되는 인상을 받게 된다는 것으로 간략히 제시한다. 우리가 4 : 10~20 주석에서 중요시해야 할 것은 바로 바울이 세 번(4 : 14-19, 1 : 5-7 ; 2 : 25-30)이나 빌립보 공동체로부터 성금을 받았다고 언급하고 있다는 것이다. 이것이 바로 파편저작설을 주장하는 학자들에 의해서 제기되는 빌립보서 서신 끝에 나오는 이유 중 하나이다. 더군다나 세 번이나 바울이 결론을 언급한다는 것이다 : "하나님의 평강이 그리스도 예수 안에서 너희 마음과 생각을 지키시리라"(4 : 7) ; "그리하면 평강의 하나님이 너희와 함께 계시리라"(4 : 9) ; "나의 하나님이 그리스도 예수 안에서 영광 가운데 그 풍성한 대로 너희 모든 쓸 것을 채우시리라"(4 : 19-20). 또한 역사적 배경에 비추어서 이러한 이유를 제시하는 예를 다음처럼 볼 수 있을 것이다. 쾨스터는

90~100년경 빌립보 공동체가 로마로부터 핍박이 있었을 때 세 개의 파편 편지들을 하나로 편집하였고, 그래서 바울의 순교의 모티브가 가장 중요했기 때문에 이를 앞에 놓느라고 감사의 글은 뒤로 배치하는 방식으로 편집하게 되었다고 주장하였다(쾨스터의 이러한 편집에 대한 견해에 관해서는 서문 참조). 통일저작설을 주장하는 학자들은 당연히 경제적인 도움을 받는 것이 바울 자신의 경제적 자립의 원칙과 어긋났기 때문에 매우 민감한 사항이라 뒤로 미룰 수밖에 없었다고 주장하는 것이다(Silva의 주석, 200-201 ; O'Brien의 주석, 514-515 ; 호돈의 주석, 363-365). 우리는 바울 자신이 순교의 모티브를 강조하기 위해서 그리고 경제적인 도움에 대해서 새로운 신학적인 해석을 내리기 위해서 4 : 10~20을 뒤로 편집하게 되었다고 주장고자 한다.

위의 질문들 중 특히 두 번째와 세 번째가 나오게 되는 이유 중에 하나는 4 : 10~20에서는 4 : 10~13의 '자족의 삶'을 중심으로 두 가지 서로 상반되는 내용이 다음과 같이 서로 모순되는 모양으로 표현되고 있는 것 같이 보이기 때문이다.

한편으로는 빌립보 교인들에게 감사를 고백하고 있지 않다. 교인들의 도움이 지체된 것을 바울이 인내하였기 때문에 감사보다도 오히려 기쁨을 표현한다(10절). 빌립보인들에게 우선 자신은 자족할 수 있는 사람이라는 것을 강조한다(11-13절). "내게는 모든 것이 있고"(ἀπέχω πάντα : 18절)는 "여기 그 모든 것에 대한 나의 영수증이 있다"는 의미다. 이 말은 고대 문헌에 의하면, 상업 용어로서 어떤 물품을 송금하고 받은 그 물품에 대한 값을 다 받게 되었다는 영수 확인의 언급이다. 이것은 매우 냉정한 표현으로서 바울이 11절에서 표현한 큰 기쁨과 모순되어 보이고, 오히려 12~13절의 자족의 선언과 17절의 선물을 구한 것이 아니라는 언급과 맥을 같이 하여 전혀 성금에 대한 감사의 표시를 하고 있지 않는 듯하다. 하지만 다른 한편으로, 바울은 빌립보 교인들의 활동을 인정한다고 언급한다. 빌립보 교인들이 바울에게 성금을 보낸 것은 비록 늦었지만 잘한 일이라고 말한다(빌 4 : 10). 또한 바울은 빌립보인들에 마게도니아에서와 데살로니가에서 복음을 위해서 바울이 복음에 동참한 일은 참 잘한 것으로 칭찬한다(4 : 15-16)(호돈의 주석, 365.). 결국 위의 두 가지 서로 다른 견해들을 우리는 빌립보 교인의 선물에 대한 바울의 태도가 상호교제와 초연함을 동시에 나타내 보인다고 정리할 수 있을 것이다. 특히 4 : 10~20절은 빌립보 교회가 그들을 대표자로 에바브라디도가 가지고 왔던 선물을 바울이 공식적으로 다 받았다는 상업적인 표현, "내게는 모든 것이 있고"(18절 : '아페코 판타' : ἀπέχω πάντα)를 쓰면서 감사를 의도적으로 억제하고 있다고 여겨진다. 우리는 위의 내용을 도표로 제시하면 다음과 같을 것이다.

감사/상호교제와 자족성/초연함을 동시에 말함

감사 표현을 암시하면서 상호교제를 강조하는 부분	독립성과 자족성을 강조하면서 초연함(ἀπαθεία)을 강조한 부분
10절 : 바울의 큰 기쁨 나를 생각하던 것이 다시 싹이 남	11절 : 어떠한 형편에서든지 자족을 배움 : 가난과 풍부 12절 : "내가 비천에 처할 줄도 알고 풍부에 처할 줄도 알아 모든 일에 배부르며 배고픔과 풍부와 궁핍에도 일체의 비결을 배웠노라"
14-16절 : 바울의 괴로움에 동참한 빌립보서 교회가 바울을 도운 것을 칭찬함.	13절 : 내게 능력 주시는 자 안에서 모든 것을 할 수 있다.
18-20절 : 에바브로디도 편에 너희가 준 것을 받아서 바울이 풍족하다고 함.	17절 : 내가 선물을 구하는 것이 아니라 너희에게 유익한 풍성한 열매를 구한다.
10절 : 바울을 기쁘게 함.	18절 하나님을 기쁘시게 함

이렇게 서로 상반되는 바울의 태도에 관해서는 여러 가지 설명이 제기되어 왔다. 예를 들어, 케어드(G. B. Caird)는 한편으로, 바울이 빌립보 교인들이 경제적인 여유가 많지 않다는 것을 알고 있었기 때문에 진정으로 감사하는 마음을 갖고 있었지만, 바울은 지나치게 자신이 필요했다는 것을 축소시키면 감사의 마음을 갖지 않는다고 빌립보 교인들이 생각할 것이다. 다른 한

편 너무 감사하다는 표현을 하게 되면 그동안 빌립보 교인들이 보내지 않은 것에 대해서 죄의식을 갖게 될 수 있게 될 것이다. 이러한 복잡한 상황 때문에 바울이 10~20절에서 매우 미묘한 방식으로 그들의 현재의 도움에 대해서가 아니라 과거에 도왔던 친철함과 에바브로디도를 통해 보내준 것들에 대해서 향기로운 제물이요 하나님이 기뻐하시는 것이라는 신학적인 해석을 하게(14~18절) 되었다는 것이다(G. B. Caird, *Letters from Prison*(London : Oxford University Press, 1976), 152-153 ; Cousar의 주석, 89). 이 외에도 다음과 같은 다양한 해결책이 제시되었다 : (1) 현대인들은 먼저 물질적인 도움에 대해서 감사의 표시를 하는 것이 예의이지만 고대인들의 경우 그렇게 할 필요는 없었다(Silva, Peterlin). (2) 고린도전서 9 : 15~18에서처럼 바울이 선물을 받아서 너무나 당황하였다. 그래서 바울은 여러 가지 비즈니스 용어를 사용하여 이것을 냉정하게 묘사하고 있다(Martin의 주석, 161). (3) 바울은 그들이 자기가 세운 교회교인들로부터 도움을 받지 않는 원칙을 빌립보 교회가 준수하지 않았다(호돈의 주석, 195 ; Collange의 주석, 149). (4) 4 : 15에서처럼 마케도니아에서 처음으로 복음이 전달된 것에 대한 응답으로서 당연히 물질적 도움을 받을 수 있기 때문에 재정적 도움에 대해서 감사할 필요가 없었다(Glombitza). (5) 이전에 이미 감사의 표시를 구전으로든지 간단한 노트든지 전달된 적이 있다고 추측된다(Hooker의 주석, 471-473) (6). 4 : 10, 14, 18, 1 : 3~5에 이미 감사의 말이 숨겨져 있다(O'Brien의 주석, 58-61 ; Bockmuehl의 주석, 258). (7) 바울은 루디아와 비즈니스 계약이 되어 있거나 빌립보 교인들이 바울이 복음전도자들이 되도록 경제적 지원을 하고 바울은 마케도니아 지역을 빌립보 교인들을 대신하여 복음을 선포하는 로마식의 합의적 협업관계의 파트너십(consensual Societas)이 체결된 상태라고 추측된다. 그래서 바로 이렇게 감사가 없는 것은 이러한 체결이 완료된 상태에서는 재정적 지원이 당연하였기 때문에 감사가 필요하지 않았다는 것을 의미한다(Sampley)(Reumann의 주석, 685-687 ; J. P. 1980, Sampley, *Pauline*

Partnership in Christ, 51–77).

하지만 위의 다양한 해석과 달리 베리(K. L. Berry), 피쩨랄드(J. T. Fitzgerald), 류만과 스미트(Peter–Ben Smit)는 당시의 친구관계나 부모관계의 관습 때문에 감사의 말을 할 필요가 없었던 것이라는 견해를 다음과 같이 제시하였다. 우선 베리는 고대 로마에서의 우정관계가 모든 것을 공유하고(κοινὰ τὰ φίλων), 평등하게 되고, 한마음을 갖게 되어 '제2의 나'가 되는 친밀한 관계를 추구하는 이상적 단계로 도달하는 경우에는 오히려 감사의 말을 할 필요가 없다는 것이다. 다시 말해서 우정 관계의 질적 차이에 따라서 감사의 말이 필요 없는 경우가 있다는 것이다. 그래서 주로 에피큐로스 학파가 지향하는 우정관계처럼 단순히 공리주의적 이해관계로 엮어진 친구관계의 차원을 극복하기 위해서는 현자나 훌륭한 사람처럼 덕성을 키우거나 자족의 삶을 누리게 될 경우에는 보다 차원 높은 우정관계를 가질 수 있다는 것이다. 그래서 피쩨랄드에 의하면, 바울은 감사의 말을 할 경우에는 단순히 공리주의적 우정관계를 유지하겠다는 표시를 하는 것이 되기 때문에 이러한 관계를 교정시키기 위해서 바울 자신이 도달한 자족의 삶의 방식에 기초한 우정관계를 확립할 것을 촉구하게 되었다는 것이다(K. L. Berry, "The Function of Freindnship Language in Philippians 4 : 10–20"와 J. T. Fitzgerald, "Philippians in the Light of Some Ancient Discussions of Friendship", Fitzgerald, 앞의 책, 107–124과 142–160). 류만은 베리의 견해를 점 더 발전시켜서 당시 후원제 사회의 친구관계 설정 방식에 비추어서 4 : 10~20을 재해석할 것을 제안한다. 그는 피터만(G. W. Petermann)의 최근 연구를 인용하면서 우선 일반적으로 고대사회에서 공리주의를 넘어선 보다 친밀한 친구관계에서는 서로 물질적 도움을 주고받는 것에 대해서 말로는 감사의 표시를 하지 않고 물질로 보답해야 하는 관례가 있었다는 것이다. 말로 감사하다는 표시를 하면 이것은 빚을 지고 있다는 의미를 갖게 된다는 것이다. 더군다나 당시 후원제 사회에서 이해관계에 기초한 친구관계에서는 성금 송금과 같은 남의 호의가 있었을 때에는 이에 대한 감사와 함께 그 호의에 상응하거나 이보다 더 큰 물질적 보답을 약속하게 되어 있었다. 바울은 바로 이러한 로마제국의 일반적인 후원제의 사회적 관계를 별로 좋아하지 않았기 때문에 감사의 말로 즉각적으로 응답하지 않았다는 것이다(Reumann의 주석, 704 ; G. W. Petermann, "'Thankless Thank'", *Tyndale Bulletin* 42.2(1991), 261–270

또한 스미트에 의하면, 일반적으로 바울은 자기가 세운 교회와 단순히 우정관계를 설정하기보다는 부모 관계를 설정하는 경향이 많았기 때문에(고전 4 : 14–17과 고후 12 : 11–18과 살전 2 : 5–13) 바울은 감사의 말을 하지 않으려 했다고 볼 수도 있다는 것이다. 당시의 가족 편지들("Theon's Letter to His Father Theon", Oxyrhynchus Papyri(Poxy) I 119, "Theonas's Letter to His Mother and Lady, Tetheus", POxy XII 1481, "Letter of Sempronus to Maximus", *Select Papyri/Loeb Classical Library* 266, 319–320)에서 나타나듯이 아들이 이제 성장하였지만 부모로부터 경제적인 도움을 받게 되었을 때나 나이 많은 부모가 자식들에게 경제적 도움을 얻게 되었을 때에는 안 받을 수는 없지만 매우 불편한 심기를 갖게 되는 것이 당연할 것이다. 이런 것처럼 바울도 빌립보 교회와의 관계를 부모 자식 간의 관계로 생각하였기 때문에 감사의 말을 하지 못하게 될 수도 있을 것이다(Peter–Ben Smit, "That's Very Sweet of You, My Child, But No Thanks"(2006)–*Lectio difficilior* 1(2006)).

하지만 이러한 당시 우정관계나 부모관계의 사회적 배경에 기초하여 해석하는 방식은 최근 연구에서 몇 가지 중요한 측면을 조명하고 있지만 우정관계는 인간중심적 차원을 근본적으로 강조하기 때문에 바울의 신학적 측면을 간과하기가 쉽고, 부모관계는 바울이 혈연관계를 넘어서 복음에 의해서 자발적인 새로운 사회적 관계를 형성하려 하였기 때문에 은유로서 기능할 뿐 바울이 말하려는 새로운 사회적 관계의 핵심을 설명하기에는 한계가 있다. 그래서 우리는 당시 로마제국의 이데올로기와 교회의 신학이 서로 갈등관계에 있었다고 상정하면서(빌 1 : 12–17(살전 2 : 2과 비교) ; 빌 1 : 27–30 ; 행

16 : 20-21) 바울의 신학적 상상력을 재구성할 필요가 있는 것이다.

이런 관점에서 볼 때에는 바울이 감사의 말을 노골적으로 하지 못한 것은 바로 샘플리가 주장하는 구체적인 로마식의 합의적 협업관계(*Consensual societas*)의 체결과 유사한 형태로 서로 합의했거나 어느 정도 바울과 빌립보 교회 사이에는 서로가 암묵적으로 경제적 후원을 이미 약속한 상태에 있었기 때문에 감사의 말이 불필요했다는 설명이 상당히 더 설득력이 있다. 이러한 합의나 약속에 기초해서, 바울은 이러한 로마의 후원제 사회에서 통용되던 불평등한 구조 속에서 행하는 공리주의적인 이해관계에 기초한 사회적 관계를 거절하고, 그리스도 안에서의 희생제의에 기초한 협력관계인 코이노니아 방식을 추구했기 때문이라고 해석할 필요가 있을 것이다. 빌립보 교회의 구성원들이 로마제국의 후원제 구조에 의해서 어떤 불평등하고 불의한 구조에 연루될 수밖에 없는 이유는 보만(Bormann)에 의해서 다음과 같이 그 배경을 제시할 수 있을 것이다 : ① 빌립보 도시는 옥타비아누스가 주전 31년에 승리한 식민도시가 되었고, 그가 집권한 후 특히 네로 재위 시절(주후. 54-68)을 포함한 원수정 하에서는 줄리어스-클라우디우스 가문(주전 27-주후 68)의 피보호자(client)로 남게 되었다. ② 많은 정착민들이 족장들(the Princeps) 군대의 피보호자들이었다. ③ 시민들은 시이저에게 충성 맹세로 다짐하는 후원제의 연대에 의해서 황제의 피보호자들이었다. ④ 자유민들도 역시 로마제국의 후원제 체계의 한 부분에 속하여 피보호자였다. 그래서 바울은 하나님에 의해서 새롭게 "해방된" 코이노니아의 새 사회적 관계에 의해서 바로 이러한 불의한 후원제 제도를 변형시키기를 원하였다. 바울 자신이 바로 복음을 선포하고 빌립보를 방문함으로써 영적인 후원자(patron)로서 간주하기 시작하였다(빌 2 : 24 ; 2 Cor 7 : 5-6)(L. Bormann, *Philippi*(Leiden : Brill, 1995), 187-205 ; Reumann의 주석, 696-697). 빌립보서 4 : 10~20은 바로 당시 로마제국의 후원제 관계에서 형성되는 친구관계를 포함한 일반적인 사회적 관계를 질적으로 변화시킨 점을 강조한 에브너(Ebner)의 연구에 기초하여 류만은 바울이 빌립보서 4 : 10~20에서 인간들 끼리만의 주고받는 '상호우정의 코이노니아' 관계를 하나님께 드리는 희생제사에 기초하여 형성되는 '희생제의의 코이노이나' 관계로 변화시켰다고 주장한다. 하나님이 허락하는 방식으로 서로 각자가 경제적으로 자립하면서 하나님을 매개로 진정한 교제(코이노니아)와 연대의 새로운 관계를 형성하는 것이 새로운 그리스도인의 희생제사에 기초한 코이노니아 관계라는 것이다(Reumann의 주석, 686-693).

에브너의 패러다임 변이에 대한 류만의 도식화

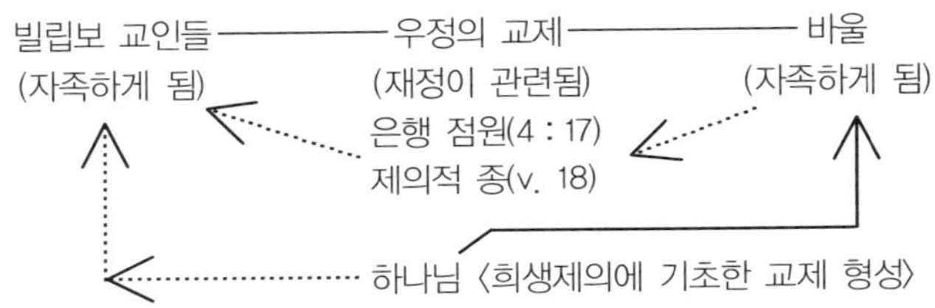

에브너의 견해에 동의하지만 이에 더 나아가서, 필자의 견해로는 단순히 친구관계의 문화적 관습 때문만이 아니라 영적인 유대에 기초한 그리스도의 고난에의 참여가 개인 간의 물질적 교환의 가치보다 더 크기 때문에 감사의 말이 없었던 것이다. 그래서 바울은 성금만이 아니라 에바브로디도 자신이 오게 된 것을 더 중요시 여겼다고 볼 수 있는 것이다. 다시 말해서 하나님의 복음 자체가 고난에 참여하며 역사의 현장에서 함께 동고동락하는 친교의 의미가 단순히 인간들 간의 우정에 기초해서 이를 인정하는 것보다 더 크기 때문에, 그리고 단순히 서로 물질적인 도움으로 감사하다는 말을 먼저 해 버리면 신학적으로 하나님께 감사해야 하는 일을 삭감시킬 수 있는 일이 되기 때문에 바울은 이 감사의 표시를 매우 암시적으로 제시하고 있는 것이다. 중요한 점은 바로 이와 같이 하나님께 드리는 감사와 인간들 간의 유대가 교차하는 하나님의 교회의 친교의 기쁨이 무엇인지 찾는 것이 매우 중요한 것이다.

이것은 바로 후원제 사회를 질적으로 변화시키기 위해서 바울이 하나님과 예수 그리스도와 바울의 관계에 기초하여 에클레시아의 상호 존중 코이노니아를 새롭게 형성시킨 것이라고 보아야 할 것이다. 바울은 여기에서 단순히 종교적인 차원에서의 코이노니아를 형성한 것이 아니라 바로 로마 사회의 후원제 사회의 친구관계에서도 내재하고 있는 모순 자체를 극복할 수 있는 질적으로 다른 차원의 코이노니아 관계를 형성하려 한 것이라고 보아야 할 것이다.

[4 : 10] 10절은 10~20절의 도입 부분의 역할을 하고 있다. 특히 여기에서 한국어 번역으로는 현재형으로 기술된 "내가 주 안에서 크게 기뻐함"은 헬라어로는 과거형 '에카렌'(ἐχάρην)으로 되어 있어서 사실 '기뻐했다'라고 번역할 수 있는 과거형으로 표시되었다. 특히 4 : 18과 함께 보면 바울이 에바브로디도를 통해서 성금을 받았던 것이 서신을 쓰기 훨씬 이전에 일어난 일로 여겨진다(M. D. Hooker, "The Letter To The Philippians", *NIB* Vol. XI.(Nashville : Abingdon Press, 2000), 542). 또한 2 : 26과 함께 보면 에바브로디도가 병에 걸려 있기 때문에 서로 모순되어 또 다른 서신이 있었다고 추론할 수 있게 된다. 그래서 이와 더불어 감사의 내용이 나오지 않는 점을 고려하여 학자들은 4 : 10~20에 전제된 몇 가지 역사적 정황에 대한 새로운 가설을 설득력 있게 제시하고자 시도 하였다. 가장 논란이 많은 역사적 상황으로는 바울과 루디아 사이에 맺었다고 생각되는 비즈니스 계약이나(J. Fleury) 경제적 상호협조를 위한 사회적 협약을 맺은 파트너십의 역사적 상황(J. P. Sampley)을 설정하기도 한다. 특히 샘플리(J. P. Sampley)에 의하면, 15절의 '코이네오'(κοινέω)라는 동사 사용과 4 : 10~20에 나타난 여러 번의 도움(16절)과 상업적 용어(18절) 사용은 충분히 바울과 빌립보 교회 사이에 복음을 전달하는 공통의 목적을 달성하기 위해서 경제적으로 서로 상호혜택을 줄 수 있는 합의적 협업관계(*consensual societas*)를 나타내고 있다는 것이다. 또한 4 : 10~20에 나타나는 서로 모순되는 상황을 설명하기 위해서 많은 학자들은 고

대 로마의 공리주의적 상호이익과 평등한 관계에서 한마음을 갖고 모든 것을 공유하려는 이상적인 형태의 우정이 동시에 존재하는 복잡한 우정 관계(A. Malherbe과 L. M. White)나 로마의 식민주의적 후원제 사회를 비판하려는 반식민주의 투쟁과 사회변혁 추구의 상황(L. Bormann)을 당시의 역사적 정황으로 설정하기도 한다(이에 대한 자세한 논의에 관해서는 Reumann의 주석, 693-687과 Reumann, 1996, 앞의 글, 90-98과 Sampley, 1980, 앞의 책, 11-20, 51-77 참조).

위의 세 가지 가설적인 사회적 정황 설명에 기초하여 텍스트가 전달하는 역사적 정황과 대화하면서 10절의 내용을 새롭게 주석할 필요가 있는 것이다. 빌립보 공동체의 역사적 정황과 이에 기초한 수사학적 정황은 바울의 투옥이 가져다 준 충격으로 인해 빌립보 공동체 일원들이 혼란에 빠지고, 슬퍼하게 되고, 공동체가 분열되기까지 하여 이에 대하여 합심하여 반응하는 방식에 대해서 시간이 오래 걸렸을 것이다. 다시 말해서 바울의 투옥 때문에 많은 빌립보 성도들 사이에서 바울의 복음의 본질에 대해서 새롭게 논의하게 되었을 것이고, 이를 지지할 것인지 말 것인지 의견의 불일치가 심하게 나타났을 가능성이 높다고 할 수 있을 것이다. 아마도 바울이 감옥에 갇히게 되자, 빌립보 교인들은 상당한 기간 동안 바울의 투옥에 대해서 어떤 입장을 취해야 할 지 상당히 고민을 하게 되어 공동체의 견해가 서로 갈라졌을 것이다(Reumann, 695-698 ; Osiek의 주석, 118 ; Peterlin, 앞의 책, 52-75, 206-228). 바울의 갑작스러운 투옥의 결과 바울에 대한 그들의 관심과 배려의 진정성에 대해서 바울이 의혹을 갖게 되었을 뿐만 아니라 이들의 어려움과 슬픔의 이유를 냉정하게 말하며 위로할 필요가 있었을지 모른다. 결국 에바브로디도가 빌립보 교회로부터 바울에게 투옥에 필요한 경제적 지원 성금을 갖고 옴으로써 그러한 의혹이 사라졌다고 볼 수 있고, 그 반응으로서 바울은 몹시 실망하고 있는 이들에게 그리스도 안에서의 밀접한 교제의 우정에 근거하여 위로의 말을 할 수밖에 없었을 것이다. 바울 자신이 매우 기뻐한 것과 다시 교인들이 바울의 투옥에 대한 관심으로 친밀한 우정관계의 싹이 다시 소생된 것을 바울이 언급한 것은 바로 이 교회가 바울을 경제적 도움을 어떻게 줄 것인지에 관해서 논의하는 데 시간이 걸려서 아직도 일치된 견해를 갖지 못하였기 때문에 바울은 우선 이들을 위로하며 이들의 슬픔의 이유와 연관된 잘못된 인식을 교정하는 말을 했을 가능성이 높다(수사학적 정황에 관해서는 Holloway, *Consolation in Philippians*, 41–54 참조). 여기에서 특히 2 : 25~30과 관련해서 주목해야 할 점은 에바브로디도가 여러 가지 의견들이 수렴되는 과정이 지나 시간이 지난 후에 마침내 자신이 직접, 교회가 일치된 견해를 갖지 못하였음에도 불구하고, 자신의 사업과 관련하여 겨우 바울에게 찾아와서 경제적인 협조를 보태어서 성금을 전달했을 가능성이 높다는 점이다(Reumann의 주석, 700–710).

사실 빌립보서에 의하면, 사도 바울은 감옥에 갇혀 있어도 기쁨을 만끽하고 있었다(기쁨 : 빌 1 : 4, 1 : 25, 2 : 4, 2 : 17–18, 4 : 1). 그래서 성도들에게 편지한 글의 부분 부분마다 '기뻐하라'고 권면한다(빌 1 : 25, 2 : 17–18, 2 : 29, 3 : 1, 4 : 4). 사도 바울이나 빌립보 성도들이나 다 로마 제국의 황제 숭배와 시민제의, 그리고 경제적 어려움 속에서 있었지만 기쁨을 누리기를 바라는 상황이었다. 4장 10절에서 바울이 크게 기뻐한다고 쓰는 이유가 바울의 역사적 정황에 비추어서 주석학적으로 매우 신중하게 토의되어 왔다. 한편으로, 바울은 결코 성금을 받지 않아 왔다(고전 9 : 3–18, 고후 11 : 7–10 ; 살전 2 : 9). 예외적으로, 빌립보 교회가 바울과 특별한 합의적 협업관계의 계약을 맺어왔기 때문에(J. P. Sampley) 이 빌립보 교회로부터는 성금을 받아 왔다(빌 3 : 15–16)(Silva, 200–201). 바울은 자존심을 버리고 성금을 받기를 원한다는 표시를 에바브로디도가 빌립보에 되돌아가게 전에(2 : 25–29) 이미 다른 성도 편으로 전달하였을 것이다. 그리고 그 후 그는 성금을 받게 되었을 것이다. 그 이유는 바울이 로마 감옥에 있었다면 그는 재판 계류 중의 가택연금과 같은 상황에는 재정적인 압박에 시달렸을 것임에 틀림없었을 것이기 때문이다

(O'Brien의 주석, 519). 바울은 스스로 천막 치는 일로(살전 2 : 9) 자립하며 살 수가 없었기 때문에 재정적인 도움이 절실해졌을 것이다. 다른 교회들보다는, 바울 자신이 어려웠을 때 유일하게 도와주었던 빌립보 교회에 청탁하는 것이 자연스러웠을 것이다. 이런 상황에서 빌립보 교회로부터 받은 성금은 오랫동안의 기다림과 인내 속에서 받게 되었을 것이고, 이것은 바울에게는 큰 기쁨을 갖게 되는 계기가 되었을 것이다. 그래서 바울은 빌립보 교인들이 전달해 준 선물을 받자 오래 기다리면서 받게 된 것처럼 매우 기뻐한다는 표시를 한다.

"크게 기뻐함은"(ἐχάρην)이라는 표현은 헬라어로 보면 과거 수동형으로 표현되고 있다. 바울은 그의 기쁨의 감정의 깊이가 매우 클(μεγάλως) 뿐만 아니라 그의 기쁨이 주님 안(ἐν κυρίῳ)에 있다고 밝힌다. 바울이 구체적으로 밝힌 기쁨의 이유는 단순히 물질적 도움이 아니라 빌립보 교인들이 바울에 대해서 "생각하는 것"(φρονεῖν), 즉 배려하고 관심 갖는 것에 있었다고 말한다. 그래서 14절에서도 바울은 단순히 선물 때문에 기뻐한 것이 아니라 에바브로디도에 의해서 전달받았기 때문에 기뻐한다고 생각한다. 아마도 이것은 빌립보서 2장 25절에 기술된 것처럼 바울이 필요한 것이 무엇인지 알아서 그를 돕기 위해서 특별히 에바브로디도가 파송되었다는 것을 감사하고 있다고 할 수 있을 것이다. "나희가 다시 싹이 나게 한다"(아네타레테 : ἀνεθάλετε)의 목적어로서 기능하고 있다. 여기에서 "다시 싹이 남이니"의 헬라어 ἀνεθάλετε는 ἀναθάλλω의 과거 2인칭 복수 형태로서 이전과 '동등한 상태에 있게 되다', '다시 성장하다', '다시 꽃이 피다'라는 자동사의 뜻도 있고 '이전 상태에 있거나 성장하거나 꽃이 피도록 촉진하다'라는 뜻이 있다(*BDAG*, 63). 그래서 빌립보서 4 : 10에서는 타동사로 쓰여서 "너희가 너희 추운 겨울이 지난 후에 봄의 징조가 싹이 나듯이 당신들의 나에 대한 관심을 재생시키고 있다"는 뜻이 된다. 이것은 바울이 빌립보 교인들이 결국에는 친밀한 교제를 유지시킨 것에 대해서 은유적 표현으로 칭찬하고 있는 것이다.

오랫동안 이 도움의 표시가 없었다가 결국에는 물질적인 도움의 손길이 다가왔다는 표현을 봄이 꽃을 다시 피는 현상에 빗대어서 표현하고 있는 것이다(Sumney, 앞의 책, 109-110). 또한 여기에서 "너희가 나를 생각하던 것이"라는 말은 헬라어로는 프로네인 휘펠(φρονεῖν ὑπέρ + 속격)의 형태로서 1 : 7("내가 너희를 생각할 때마다-")에서도 똑같은 헬라어로 언급되는 표현으로서 당시에 우정관계를 나타낼 때 쓰는 말이다. 빌립보서에서는 2 : 2, 5 ; 3 : 15, 16, 19 ; 4 : 2에서도 '생각하다'(프로네인)는 단어의 비슷한 형식으로 표현된다(Reumann의 주석, 648). 특히 바울이 빌립보 교인들에게 그들이 바울에 대한 생각은 있었지만 기회가 없었다고 말하는 것은 상대방이 일부러 상호관계를 거절한 것이 아니라고 말함으로써 고대사회에서 흔히 있을 수 있는 바와 같이 친구관계를 손상시키지 않으려는 예의 바른 언급이라고 할 수 있을 것이다. 바울은 이들이 의도적으로 선물 보내기를 늦춘 것도 아니고, 주저했다는 것이 아니라는 것을 강조하고 있는 것이다. 그래서 이것은 간접적으로 감사 없는 감사의 말도 아니고, 에둘러서 감사의 말을 전한 것도 아니고, 성금의 문제에 대해서 당황하여 꺼리는 것도 아니라고 생각된다는 것이다. 오히려 이 성금이 친구관계를 돈독히 하는 특별한 매개 역할을 할 뿐만 아니라 합의된바 있는 복음을 위한 공동 프로젝트가 지속되는 것이라고 바울이 말하고 있는 것이라고 할 수 있다는 것이다(A. J. Malherbe, "Paul's Self-Sufficiency", *Texts and Contexts*(Oslo : Scandinavian University Press, 1995), 816-818 ; Sampley, 앞의 책, 51-77).

[4 : 11-13] 이제 앞에서 제시한 10~20절의 의미구조와 〈감사/상호교제와 자족성/초연함을 동시에 말함〉 표에서처럼 서로 모순적인 것 같은 언급들을 염두에 두면서 바울이 자족의 덕을 주장한 11~13절에서 특히 자족의 의미를 간략히 제시하면 다음과 같을 것이다. 우선 '자족하기를'로 번역되는 그리스어, 아우타케스(αὐτάρκης)는 형용사 '만족하는'에서 온 것이다. 이 형용사는 사

실 견유학파와 스토아학파와 같은 헬라철학에서는 '자족'(αὐτάρκεια)의 덕목을 암시하기도 하지만 형용사형은 일반적으로 '만족하는'이라는 의미를 나타내기도 한다. 명사형 '자족'은 디모데전서 6 : 6~8와 고린도후서 9 : 8에서도 사용되었듯이 경제적인 자립뿐만 아니라 내적으로 자기 스스로 독립할 수 있는 상태를 의미한다(Reumann의 주석, 703). '자족하는'의 명사형 '자족'(αὐ τάρκεια)은 풍요함, 충분함을 의미한다. 이 명사형 단어는 다음과 같은 두 가지 외적/내적 상태를 나타낸다 : (1) 외적 상태 : 고린도후서 9 : 8("생각하는 자들의 다툼이 일어나느니라 그러나 자족하는 마음이 있으면 경건이 큰 이익이 되느니라 우리가 세상에 아무 것도 가지고 온 것이 없으매 또한 아무 것도 가지고 가지 못하리니 우리가 먹을 것과 입을 것이 있은즉 족한 줄로 알 것이니라")—적합한 것, 필요한 것, 실행해야 할 것을 충분히 갖고 있는 외적인 상태, 그리고 (2) 내적 상태 : 디모데전서 6 : 6("하나님이 능히 모든 은혜를 너희에게 넘치게 하시나니 이는 너희로 모든 일에 항상 모든 것이 넉넉하여 모든 착한 일을 넘치게 하게 하려 하심이라")—사람의 주어진 환경에 족하는 내적상태, 즉 자급할 수 있는 흡족한 마음의 상태를 의미한다. 견유학파가 내적상태를 외적상태와 관련시켜서 논의하는 것과 달리 (2)의 내적 상태는 헬라철학인 스토아학파에서 자신을 정복하는 내적 싸움을 매우 중요시하는 영성훈련의 한 덕목이다. 바울은 빌립보서 4 : 11~12에서 오히려 (1)번의 외적 상태를 나타낸다고 사전에서는 기술한다(*EDNT I*, 179과 *BDAG*, 152).

하지만 필자의 생각으로는 13절에 하나님께서 능력을 주실 때 모든 것을 행할 수 있다는 말씀에 비추어 보면 단순히 내적/외적 상태 중 한 가지가 아니라, 둘 다를 의미하게 된다고 보아야 할 것이다. 이렇게 주석할 수 있는 이유는 바로 바울이 스토아 철학자들뿐만 아니라 견유학파와도 비슷한 점을 가지고 있었기 때문이다. 여기에서 스토아 철학자 사이의 자족 이해의 유사점과 차이점을 다음과 같이 제시할 수 있다.

바울과 스토아 철학과의 자족 이해의 상호비교

	스토아 철학의 자족의 삶의 방식 : 에픽테투스(Epictetus)의 *Discourses* 3.24.64-75	그리스도인의 자족의 삶의 방식
자유의 추구 방식과 최고의 영웅적 모델	절대적 자유(모든 사회 인습으로부터의 자유 추구)로 자살을 숭상	상대적 자유(하나님 의존을 통한 이 세상으로부터의 자유 추구)를 추구함으로써 복음을 위해서 순교를 무릅 씀
구원과 해방의 방식	기계적인 자기 훈련을 통해 자연의 이치를 자신의 이성과 일치시킴으로써 자신과의 싸움에서 자신을 정복함.	인격적인 주님과의 연합을 통해서 복음을 깨달아 자신을 이웃 사랑의 코이노니아로 나아감.
어려움과 박해에 대한 자세	어려움에 처했을 때는 수동적이고 무관심하면서 이를 피한다. 때로 외부의 감정적 문제에 대해서는 준엄하고도 경멸에 가득찬다.	어려움에 처했을지라도 초연하면서도 이를 해결하기 위해서 적극적으로 다른 성도들과 코이노니아를 통해서 기쁨으로 극복하려 노력한다.
만족의 방식	불가항력적 형편을 신(곧, 자연)의 뜻으로 받아들여 숙명적으로 생각하고 세상사에 대해서 오히려 오만함을 통해 만족한다.	외적인 형편에 초연하지만 하나님이 모든 필요를 채워주실 것을 확신하면서 하나님의 능력에 대한 믿음으로 만족한다.

다른 한편, 바울의 자족 이해는 단순히 인간의 내적 차원만 관련되는 것이 아니라 외적 차원, 즉 사회적 차원에서도 그 개혁적 의미가 있다고 볼 수 있을 것이다. 이것은 단순히 고대의 친구관계 연구에서 말하듯이, 바울이 공리주의적 친구관계를 덕에 기초한 수준 높은 친구관계로 변형시키거나 단순히 친구관계가 진정성을 갖고 있다는 것을 설득하기 위해서 단순히 자족을 말하려 했던 것이 아니다(K. L. Berry, "The Function of Freindnship Language in Philippians 4 : 10-20", Fitzgerald, 1996, 앞의 책, 111-117과 Fitzgerald, 앞의 글, 157-160). 이를 넘어서 바울은 당시 헬레니즘의 인간적인 친구관계에 기초가 되는 로마제국의 후원제의 위계주의의 구조를 극복하기 위해서 사회적 비판으로 기능하는 견유학파적인 외적 의미의 자족을 주장하였다고 볼 수

있을 것이다. 달리 말하면, 로마제국의 후원제에 기초한 상호 의존관계는 실질적으로 그리스도의 수난에 의해서 형성되는 코이노니아의 정신을 구현하기 어렵다고 판단되었기 때문에 바울은 우선 자족의 정신으로 이렇게 로마제국의 후원제에 기초한 공리주의적 우정관계를 거부하려 했다고 볼 수 있을 것이다. 왜냐하면 아우타케이아가 견유학파에서 사용되었을 때에는, 단순히 내적인 해방을 추구하려 한 스토아 철학과 달리, 당시의 사회적 인습이나 제도의 근본적 모순을 급격하게 비판하기 위해서 사용되어 왔기 때문이다. 물론 견유학파가 일반적으로는 개인주의적 경향이 강하지만 평등주의의 사회적 차원도 있기 때문에 바울은 견유학파의 개인주의적 경향을 버리고(바울 사상의 견유학파적 특성에 대한 포괄적 이해에 관해서는 F. Gerald Dowing, *Cynics, Paul and the Pauline Churches*(London : Routledge, 1988), 26–173 참조) 대신 코이노니아를 위한 전제로서 자족의 정신에 나타난 평등의 사회적 차원과 사회비판적 요소를 그의 코이노니아 정신과 연결시켰다고 보아야 할 것이다.

아우타케이아의 사회비판적 방법은 우선 현자는 단순히 사회의 모든 제도나 기존의 기득권층의 가치관을 무조건 거부하는 것이 아니라 오로지 주어진 환경의 자원과 사회적 가치의 핵심을 파악하여 이용함으로써 자신이 어떤 다른 위계적 질서에 의존하지 않고 그 환경에 완벽하게 적응하는 것이다(아우타케이아의 이해에 있어서 견유학파의 사회비판적 방법과 그 성격에 대한 다양한 경향과 매우 미묘한 측면에 관한 자세한 설명에 관해서는 Malherbe, 1995, "Paul's Self-Sufficiency", 818–821 참조 ; 견유학파의 아우타케이아의 사용 용례에 관해서는A. J. Malberbe, *Cynic Epistles*(Missoula : Scholars Press, 1977), 124.25 ; 176.12 ; 244.4 참조). 이런 관점에서 보면 바울은 아우타케이아를 단순히 내적인 해방을 위해서도 아니고, 정치적 해방을 추구하는 급격한 혁명가나 지나치게 계산적인 개혁자의 방법이 아니라, 자연과 사회적 환경의 본질을 파악하여 가장 적합하게 적응함으로써 지나치게 위계주의적 사회질서나 인위적인 제도를 비판할 수 있게 된다. 이런 의미에서, 바로 바울의 자족은, 바로 지나치게 인위적으로 사람들을 이용하는 로마제국의 후원제의 핵심 모순을 극복하기 위해서, 이 아우타케이아의 사회비판적 요소를 사용했다고 볼 수 있을 것이다.

여기에서 바울은 빌립보 교인들이 보내 준 선물에 대해서 바울 자신이 기뻐했던 이유를 다시 한 번 설명하고자 한다. 그는 극심하게 궁핍한 처지에 처해 있었기 때문에 선물을 받은 것이 기뻐했던 것이 아니었다고 말한다. 그리고 자신은 어떠한 형편에 있든지 자족하는 방법을 배웠기 때문에 선물이 갖는 물질적인 이유로 기뻐했던 것이 아니라고 말한다. 11절에서 바울이 배웠다(ἔμαθον)는 의미는, 당시 헬라철학자들이 일반적으로 가정교사(4등급)나 소피스트들처럼 학교에서 돈을 받고 수사학을 주로 가르치는 사람들(3등급)이나 견유학파(2등급)처럼 구걸하면서 철학을 하는 사람과 달리, 자신이 직접 일하면서 철학을 실천하고자 했던 1등급의 철학자들처럼 자족의 정신을 실천에 옮겼던 경제적 자립에서 오는 특별한 비결을 터득했다는 뜻일 수가 있다(A. J. Malherbe, *Paul and the Popular Philosophers*(Minneapolis : Fortress, 1989), 11-24, 35-48).

다른 한편, 12절에서는 바울은 자족을 배웠던 것이 신비종교의 입문식에 들어가서 신의 비밀을 얻는 과정에서처럼 철저하게 배우게 된 것이라고 주장한다. '비결을 배웠노라'의 사전적 의미, '일체의 비결을 배웠노라'(12절)의 그리스어 '메뮤오마이'(μημύομαι –have been initiated)는 '시작하다, 가입하다'(μυέω)에서 왔다(호돈의 주석, 372-373). 일반적으로 사용되는 의미는 '비결을 배우게 되었다'는 의미를 갖는다. 하지만 고대 헬라의 신비 종교의 비밀과 특권에 가입하기를 원하는 사람들에게 요구되는 입교 의식을 가리키는 입문식에 참여한다는 의미의 전문용어이기도 한다(*EDNT II*, 444 ; *BDAG*, 660). 이 때에는 '침묵 속에서 비의를 전수하게 되었다'라는 의미도 갖는다. 이런 의미에서 이 단어는 '새 종교에 입문하여 그 종교의 구원의 비밀을 깨닫는다'는 말을 암시한다. 또한 이 단어의 명사형 미스테리온(μυστήριον)은 유대교에서 사용되는 70인역과 〈토빗서〉 12 : 7, 〈집회서〉 22 : 22, 〈다니엘서〉 2 :

28~29, 4 : 9에서 헬레니즘 시기에 거행된 신비의식의 영향을 받아 미래 사건이나 이 사건의 숨겨진 의미를 나타낼 때 사용되었다. 묵시문학에서는 선견자가 죄인과 의인의 마지막 운명에 대해서 표적이나 황홀경에 의해서 알게 되는 하나님의 비밀을 아는 것과 연관된다(*TDNT*, IV, 813-816, 828). 바울이 비록 일상적 용어로서 사용할 수도 있겠지만, 당시 독자들에게는 바울이 어떤 상황에서도 자족하는 삶의 비결을 단순히 쉽게 알게 된 것이 아니라 고대 종교에 입문식에서 그 종교의 핵심 구원의 비밀을 어렵게 얻게 되는 것만큼 힘들게 알게 되었다고 이해할 수 있는 것이다.

이것은 호머(Homer : Odysseus), 플루타크(Plutarch), 세네카(Secenca), 에픽테투스(Epictetus), 필론(Philo) 등의 저술에 잘 나타나 있는 그레코-로만 문화에 나타난 진정한 자유와 우정관계의 융통성과 문화적 적응(Adaptability)의 지혜를 발전시킨 바울의 목회전략(특히 고전 9 : 19-23, 롬 1 : 13-15)이라고 할 수도 있을 것이다. 그러나 고린도전서 9 : 19~23에서 바울이 유대인들, 율법 아래 있는 자, 율법 없는 자, 약한 자에게 선교를 위해서 자신을 그들의 형편에 적응시켰던 적응의 목회 전략을, 빌립보서 4 : 11~13에서는 이러한 적응의 목회 전략을 가난과 부유함의 상황의 보편적 정황에 창의적으로 적용하고 있다고 보아야 할 것이다.

가난한 형편이나 부유한 형편에서나, 자기 자신을 적응시키는 면이나 가난한 자나 부유한 자 모두에게 그리스도의 복음의 원칙에서 벗어나지 않으면서도 이런 다양한 사람들에게도 그리스도인으로서의 자족의 비결을 제시하게 되었다고 해석해야 할 것이다. 이것은 빌립보서 2 : 6~11, 갈라디아서 4 : 4~5, 고린도후서 8 : 9에서 제기되었던 것처럼, 그리스도가 단순히 신성에만 머물지 아니하고, 이를 벗어나서 노예의 형태를 입었지만 하나님께서 그를 다시 모두가 인정하도록 높이셨던 하나님의 겸손(divine condescension)에 대한 바울의 창의적인 신학적 적용이라고 볼 수 있을 것이다(문화적 적응과 이에 대한 바울의 창의적 재구성에 관해서는 C. Glad, "Paul and Adaptablility", in *Paul in the Greco-Roman World*, 17-41 참조). 특히 11~13절의 맥락에서 이 단어는 11절의 '나는 자족하기를 배웠노라'와 어울려서 가난한 자와 부요한 자가 각각 대처해야 할 각각 다른 구체적인 삶의 자세를 통해서 하나님의 계시를 얻게 되는 비결을 나타낸다(아래의 도표 참조). 이 단어는 11절의 '배웠다'(에마쏜 : ἔμαθον)와 12절의 '안다'(오이다 : οἶδα)와 서로 모순되는 듯하다. 그래서 αὐτάρκης와 어울려서 '훈련 받게 되었다'는 뜻으로 번역할 필요도 있는 것이다(Collange의 주석, 148-151).

13절은 11~12절의 자족함의 삶의 비결이 스토아 철학과의 결정적인 차이를 드러낸다. 바울이 "모든 것(πάντα)을 할 수 있다"는 말은 11~12절의 두 가지 서로 상반되는 상황인, 비천함(ταπεινοῦσθαι 2 : 8과 3 : 21)에 직면해서도, 부요함(περισσεύειν)에 직면해서도 이를 대처하는 비결을 알(οἶδα καὶ) 뿐만 아니라 이를 지배하고 이길 만큼 충분히 강하다(ἰσχύω : -할 힘 또는 능력이 있다, 할 수 있다)고 주장한다(갈 5 : 6에서도 단어가 사용됨 : 호돈, 374-375). 이렇게 바울이 서로 다른 형편에서도 스스로 만족하고 자립할 수 있었던 것은 자신에게 능력을 부여하시는 분(ἐν τῷ ἐνδυναμοῦντί με)과의 특별한 관계를 갖고 있기 때문이라고 볼 수 있다. 이러한 표현은 제 2 바울서신에 승천하신 그리스도가 그리스도인 각 개인에게 주시는 능력이 현재에도 계속해서 미치게 될 때 표현하게 된다(엡 6 : 10, 딤전 1 : 12, 딤후 4 : 17, 2 : 1). 본문에서는 이 부분에 대해서 전혀 나오지 않고 있지만 많은 미국 성서 번역에서는 그리스도가 첨가된다(*AV, RSV, NEB, JB, NASB, NIV*). 빌립보서 맥락에서는 단순히 하나님이라기보다는 헬라어 '엔'(ἐν : 안에)이 있어서 그리스도의 고난에의 연합(3 : 10-11, 3 : 20-21)이라고 볼 수 있을 것이다. 또한 이것은 바울이 약하였을 때 그가 진정으로 강하다고 말하는 바울의 역설적인 능력을 의미한다(고후 12 : 9-10)(O'Brien의 주석, 527).

말허비(Malherbe)는 아우타케이아를 고대 사회의 '우정'(필리아 : φιλία) 관념에 비추어서 해석할 것을 권고한 바 있다. 친구관계가 단순히 필요에 의해서 공리주의적 차원에서 형성되는 정도가 아니라 어느 정도 질적으로 품위와 덕을 가진 사람들 간의 우정을 유지하기 위해서는 현자들은 서로 의존적이지 않고 오히려 서로 각각이 자족하는(self-sufficient) 삶을 영위할 수 있어야 한다는 것이다(A. J. Malherbe, 1995, 앞의 글, 813-826 ; Silva의 주석, 204-205). 하지만 아우타케이아는 로마 제국의 귀족들 사이에서 형성되는 이런 친구관계의 사회적 습관이 당시 소수 종족인 유대인 공동체나 교회 공동체에 직접 적용되어 사용된 것이라고 보기는 어려울 것이다. 오히려 보만(L. Bormann)이 제시한 바대로 고대 식민지 상황을 고려하면, 이것은 교회의 성도들 간의 교제가 단순히 로마 귀족들에게 통용되는 후원제 사회의 친구관계로 전락하는 것을 바울이 적극적으로 막기 위해서 사용되었다고 보아야 할 것이다. 그리고 바울은 자신의 리더십을 중심으로 또 하나의 후원제에 기초한 친구관계를 형성하는 것을 거부하기 위해서는 단순히 당시 사회에서 통용되는 단순한 우정을 강조하지 않고 오히려 그리스도의 수난에 근거한 자족의 덕목을 강조하여 이를 교인들 간의 코이노니아의 기초로 제시하였다고 볼 수 있을 것이다(Reumann의 주석, 695-697, 704).

기본적으로는 말허비보다는 보만의 해석에 동의하지만, 이에 더 나아가서 필자는, 빌립보서 4장 11~13절의 숨겨진 의미를 14절에서 강조하는 코이노니아의 관점에서 재해석할 필요가 있다고 생각한다. 필자는 이러한 이유뿐만 아니라 14절이 11~13절을 재해석해 주는 결정적인 말을 '그러나'로 연결해 주고 있기 때문이라고 생각한다. 그래서 코이노니아(교제)가 나오는 성경구절(1 : 5-7, 2 : 1, 3 : 10, 4 : 14, 4 : 15)에 비추어 보면(아래, 14절 주석 참조), 바울의 자족의 숨겨진 의미는 가난한 상황과 풍요한 상황에 대처하는 방식에 따라 다음과 같이 달라질 수 있다고 보아야 할 것이다.

빌립보서 4 : 11~13의 '자족'의 숨겨진 의미

	가난한 상황	풍요한 상황
자족	1. 비천	1. 풍부
	2. 배고픔	2. 배부름
	3. 궁핍	3. 풍부
숨겨진 의미	경제적 자립/인내	절제와 나눔의 교제
하나님에의 의존	능력 주시는 자 안에서 내가 모든 것을 할 수 있다	
숨겨진 의미	하나님을 기쁘시게 하는 삶을 살 때 하나님은 우리에게 축복해 주신다(19-20절).	

[4 : 14] 위에서 밝힌 것처럼 바울은 선물을 물질적 도움으로 이해하지 않았기 때문에 우선 이에 대하여 감사의 말과 더 큰 선물로 답례할 것을 약속하지 않았다(11절). 오히려 그는 "하나님이 풍요롭게 하시기 때문에 우리는 자족할 수 있다"라고 선언한다(12-13절). 그렇다면 바울이 물질적 도움을 어떻게 해석하였는가? 14절이 '그러나'(πλήν)로 시작함으로써 11~13절의 내용과 대조되는 바울의 선물에 대한 확고한 견해가 제시된다. 이 접속사는 "그러나, 그럼에도 불구하고"라는 의미가 있고, 바울이 빌립보서에서 여러 번 사용한 용례(1 : 18, 3 : 16)가 있기 때문에 주의가 요구된다. 특히 이 접속사 때문에 14절은 15절 이하의 새 문단을 이끄는 것처럼 보이지만 우선 11~13절에 대한 보완으로서 앞부분에 대한 결론적인 평가라고 보아야 할 것이다(Sumney, 2008, 앞의 책, 113-114). 그래서 고난에 참여한 친교가 11~13절의 '자족' 만큼이나 궁극적으로 중요하다는 것을 나타낸다. 바울은 빌립보서에서 우선 성금 송금이 남의 괴로움에 동참한 일로서 참 잘하였다(칼로스 에포이에사테 : καλῶς ἐποιήσατε)고 칭찬하고 있는 것이다. 여기에서 이 헬라어 표현은 요한 3 : 6("……네가 하나님께 합당하게 그들을 전송하면 좋으리로다"), 사도행전 10 : 32, 베드로후서 1 : 19에서처럼 주로 정중한 요청을 표시할 때 미래로 쓰이는 관용어구라고 볼 수 있다. 여기서는 과거로 쓰였기 때문에 정중한 요

청이라기보다는 칭찬을 표현하고 있다고 보아야 할 것이다(O'Brien의 주석, 528). 이것은 부르스(F. F. Bruce)에 의하면, 칭찬이라기보다는 감사의 표현의 완곡한 표현으로 "나는 진정으로 감사한다"로 번역될 수 있다는 것이다(F. F. Bruce, *An Expanded Paraphrase of the Epistles of Paul*(Palm Springs : 1981), 175). 하지만 이런 감사의 표현으로 번역되기보다 더 중요한 것은 괴로움에 참여하였던 복음 사역이었기 때문에 그들의 성금 송금이 칭찬할 만한 일이라는 점이다.

또한 괴로움의 헬라어 틀립시스(θλίψις)는 바울이 빌립보서에서 강조하는 고난(παθημάτων : 3 : 10-11 등)과 관련된다. 이 틀립시스는 걱정에서 오는 심통, 고생으로 오는 고통(affliction)과 억압과 괴로움, 환난을 가져오게 하는 말썽거리라는 뜻으로 때로는 고린도후서 2 : 4와 빌립보서 1 : 17에서처럼 걱정과 고생(affliction)과 골칫덩어리의 내적인 경험도 포함한다(*BDAG*, 457). 그래서 *NIV*의 'trouble'은 바울의 용례에서 너무 벗어난 약한 번역이다. 신약성서에서는 틀립시스는 마지막 때의 환란(마 24 : 21, 29 ; 막 13 : 19, 24 ; 골 1 : 24, 살후 1 : 6)을 포함한 외적인 수난(행 11 : 19 ; 롬 5 : 3 ; 12 : 12 ; 고후 1 : 4, 8, 2 : 4 ; 4 : 17 ; 살전 1 : 6 등)이나 내적인 정신적인 괴로움(고후 2 : 4 ; 빌 1 : 17)도 의미한다(O'Brien의 주석, 529). 하지만 여기에서는 전문적 용어가 아닌 일반적 의미로 종말론적 메시지를 전달하는 사도가 당하는 고난과 역경으로서 투옥당함과 이것에 수반되는 재정적 고통을 의미할 수 있다. 바울은 선물을 보낸 것이 바로 바울이 당하는 투옥생활에서 오는 고난과 경제적 압박에 동참하여 바울의 복음에 지지를 보낸 것을 높이 칭찬하고 있는 것이다.

14절에서 '함께 참여하였으니', '숭코이노네산테스'(συγκοινωνήσαντές)의 원형, '숭코이노네오'(συγ-κοινωνέω)는 '함께', '더불어'라는 뜻의 전치사 '쉰(σύν)'과 '참여한다', '교제하다'라는 뜻의 동사 '코이노네오'(κοινωνέω)의 합성어로 '함께 참여하는 자가 되었다'와 '적극적으로 동조하다'는 뜻이다.

이 단어는 특히 어떤 사람의 활동에 대해서 누구와 연합하다는 사전적 의미가 있다. 에베소서 5 : 11과 요한계시록 18 : 4에서는 실제로 어떤 역할을 떠맡는다는 의미에서 사용되었던 반면, 빌립보서 4 : 14에서는 동정적인 관심을 갖게 되었다는 의미에서 사용되었다(*BDAG*, 952). 또한 빌립보서 4 : 15의 '참여하였느니라'의 헬라어 에코이노네센(*ἐκοινώνησεν*)은 명사 코이노니아(*κοινωνία*)의 동사형으로 바울의 7개 서신에서는 4번 만 나오는 드문 형태이다. 빌립보서 4 : 15에서는 일반적인 '교제하다'의 의미를 넘어서 갈라디아서 6 : 6에서처럼 구체적인 물질을 나눔으로써 친교를 갖는다는 의미를 내포하고 있다(*BDAG*, 552와 Sumney, 2008, 앞의 책, 115). 바울은 빌립보 교회가 최근에 바울에게 성금을 보내준 것에 대해서 그 의미를 새롭게 부여하는 것이다. 이것은 단순히 물질적 도움이 아니라 고난에 참여한 친교로서 이해하는 것이다(O'Brien, 528–530). 바울은 이들이 바울을 생각하는 것(4 : 10), 바울에게 성금을 보내는 것(4 : 10), 에바브로디도를 통해서 바울의 감옥생활을 섬기는 것(2 : 25–30) 등에 대해서 바울의 고난에 참여하는 것으로 이해하고 있는 것이다. 바로 이러한 행동들이 바울의 고난에 참여하는 일로서 칭찬받을 만하다는 바울의 재해석(14절)은 단순히 친구의 우정관계나 당시에 통용되는 후원제의 혜택 시해의 활동이 아니라 이를 변화시키기 위해서, 1 : 7, 12~14와 27~30에 이미 언급한 바 있는 것처럼, 고난에 참여하면서 진전되는 복음의 코이노니아의 역설적 논리를 언급하고 있는 것이다(Reumann의 주석, 706–706).

특히 헬라어 코이노니아(*κοινωνία*)는 당시 로마 사람들이 서로 다른 계층이나 종족의 사람들이 하나의 공동 프로젝트를 목표로 협동하여 재능, 노동, 자산, 지위를 통하여 협업하는 합의적 협업관계(*consensual Societas*)의 형태로 이해할 수 있을 것이다. 그래서 바울은 빌립보 교회를 위해서 마케도니아와 그 외의 바깥에 복음을 전파하고, 빌립보 교회가 그 교회 근처의 복음 전파와 바울을 경제적으로 후원하는 합의적 협업관계를 체결한 상태였다는 것을 상기시키는 것이다(Sampley, 1980, 앞의 책, 60–62). 바울은 이러한 로마의 소시에타의 체결에 더하여서 복음 선포 프로젝트를 위한 코이노니아가 그리스도의 순교적 고난에 참여함으로써만 얻게 되는 하나님의 존재의 신비를 체험하는 축복받는 영적 활동이라고 말하고 있는 것이다.

이처럼 고난에의 참여의 주제는 빌립보서의 전체 주제와 관련해서 그리스도의 수난과 이를 기초로 전달되는 바울의 수난의 복음에 동참하여 영적인 기쁨을 나누는 것과 관련된다. 물질적인 교제를 넘어서, 바울은 바로 빌립보 교회가 에바브로디도를 파송함으로써 바울의 투옥에서 오는 고난에 참여한 것을 칭찬하고 있는 것이다(Hooker의 주석, 542–543). 이러한 빌립보 교회에 대한 바울의 칭찬은 빌립보서의 상호교제의 주제와 연관되어(빌 1 : 5, 7 ; 2 : 1, 3 : 10 ; 4 : 14–15) 바울의 복음의 고난에 동참함으로써 다른 어떤 교회들과 달리 모든 교회의 모델이 되었다는 의미를 암시하고 있다. 또한 바울이 다시 에바브로디도를 되돌려 보냄으로써 이에 응답하게 되었다(2 : 25–30). 이처럼 바울이 자신을 희생해 가면서 서로 교제하는 것은 신학적으로는 로마서 15 : 27과 베드로전서 4 : 13에서처럼 신앙적인 훈련을 통해서 얻게 되는 기쁨의 교제를 기초로 하나님의 기쁨의 기초를 놓고자 한다(본서의 빌 1 : 5–7 주석을 참조).

주석가들은 바울이 빌립보 교인들이 보내 준 성금이 필요하지 않았기 때문에 로마서 16 : 4에서처럼 "–에 대해서 ~에게 감사한다"(εὐχαρίστειν)라는 표현을 쓰기 어려웠다고 주장한다. 하지만 사실 위의 합의적 협업관계의 계약을 고려하면 빌립보 교회의 성금은 당연히 해야 하는 의무사항이 되므로 바울은 특별히 이에 대해서 감사할 필요가 없게 되는 것이라고 이해할 수 있다. 따라서 한편으로는 여기에서 바울이 자신의 경제적 자립이나 자족을 유지하기 위해서 빌립보 교인들에게 감사하는 마음을 표현하기를 의도적으로 억제하였지만, 다른 한편으로 이들에게 감사의 말을 안 할 경우 상처를 줄 수 있기 때문에 과거의 복음 전달에 도움을 준 활동을 상기시키고 있다고 여겨진다는 것이다. 감사와 책망의 중도적 입장에서 바울이 편지를 쓰고 있다는 것이다(호돈의 주석, 376–377). 하지만 단순히 이러한 중도적 입장으로 쓴 것이 아니라 편지 서신에 나타난 복음 선포에서 오는 고난에의 참여와 소시에타의 파트너십(κοινωνία)에서의 유대관계의 지속적인 유지와 강화가 바로 이 편지 서신 전체의 주제와 연결되기 때문에 바울이 칭찬하는 이유를 제시하고 있다고 보아야 할 것이다.

[4 : 15–16] 15~16절에서는 바로 위의 칭찬의 이유를 바울이 보다 구체적으로 기술하려 한다. 바울은 이전에 빌립보 교인들이 소시에타에 근거한 공동 프로젝트인 복음 선포 사업에 마게도냐와 데살로니가에서 참여한 일을 상기시키면서 선물은 바울 자신에게라기보다는 '너희', 즉 빌립보 교인들에게 유익한 일이 된다고 말하게 된다(15–16). 여기에서 왜 마게도냐에 대한 언급이 복음의 시초와 연관되는지 학자들의 의견이 다양하다(호돈의 주석, 378–379). 15절에서 바울은 마게도냐에 도착했을 때가 아니라 떠났을 때 "복음의 시초에"(ἐν ἀρχη τοῦ εὐαγγελίου) 있었다고 말함으로써 의미하고 있는 것은 무엇인가? 바울은 마게도냐로 오기 전에 이미 적어도 14년 이상 시리아와 길리기아와 구브로와 갈라디아에서 복음을 이미 선포하였다면(행 13–14장과 갈 1 : 18–21), '복음의 시초'라는 표현은 시간적으로 이상하지 않는가? 이런 질문에 대해서 학자들은 다음과 같이 서로 다르게 답변하게 된다.

빌립보서 4 : 15의 '복음의 시초'에 대한 해석

	(1) M. J. Suggs	(2) O. Glombitza	(3) *NIV*	(4) J-F. Collange
주장	일반적으로 추론되어 오고 있는 것과는 달리 바울은 실제적으로 A.D. 40년	사실상 바울은 마게도냐에 오기 전에 수년 동안 다른 곳에서 복음을 선포했다. 그러나 이제 그	바울은 빌립보 교인들의 입장에서 "복음의 시초"에 대하여 생각하고 있었다. 여기서는 '(빌립	소아시아에서는 바나바가 주도하였지만(행 13–14장) 마게도냐를 떠날 때 빌립보 선교가 전환

	에 마게도냐에서 최초로 복음을 선포하기 시작했다.	는 과거의 선교활동이 현재의 선교 사역에 비하면 아무런 결실도 맺지 못했다는 사실을 인식하고 과거의 선교활동을 전혀 존재하지 않았던 것처럼 잊어버리고 싶었다.	보인들이) 복음을 알게 되는 초기에' 라는 번역을 통하여 "마게도니아에 있는 빌립보 지역사람들에게 복음이 처음 선포되었을 때"의 의미를 가진다.	점이 되어서 비로소 바울은 처음으로 본격적으로 복음 선포와 선교 활동을 주도적으로 행하였다.
출처	"Concerning the Date of Paul's Macedonian Ministry." *NovT* 4(1960–61), 61–68.	"Der Dank des Apostle. Zum Verstaendnis von Ph. 4.10–20". *NT* 7.(1964). 135–141.	F. F. Bruce, "St. Paul in Macedonia.", *BJRL* 63(1980–1981), 127 ; O'Brien, *Philippians*, 531–532 ; 호돈의 주석, 379.	J-F. Collange. *The Epistle of Saint Paul to the Philippians*, 152 ; Martin의 주석, 165 ; 그닐카의 주석, 280–281.
저자의 평가	다른 서신들이나 사도행전의 근거가 없다.	바울이 다른 선교 지역에서 실패하거나 불만족했다는 선교 평가가 다른 서신이나 사도행전에 나와 있지 않다.	"첫날부터 이제까지"로 표현된 1 : 5~6의 내용과 4 : 15의 내용은 서로 다르다.	바울서신에는 바나바의 주도권과 바울의 주도권의 비교에 대한 어떠한 언급이 없다.

호돈, 378–379와 O'Brien, 531–532.

마이어(E. Meyer)의 연구에 기초한 마틴(R. Martin)의 견해를 토대로 사도행전에서 바울이 마게도냐에서 복음 선포의 "결정적인 전환점"을 맞이했고, 마케도니아를 복음 선포의 전초지로 간주하여 바울서신 속에서 이지역이 13번이나 언급되었다는 견해에 근거하여 호돈은 네 번째 견해(Collange 견해)를 지지한다(호돈의 주석, 378–379 ; Martin의 주석 165). 또한 오브라이언은 빌립보 사람들이 바울의 복음 활동에 적극적으로 참여한 것에 대해 언급한 빌립보서 1 : 3~5과 빌립보서 4 : 15~16이 서로 언어 사용 용례나 재정적 지원과 복음에의 동참 등에 대한 내용이나 시간 언급 등이 서로 평행된다고 생각하여 세 번째 견해를 지지한다(오브라이언의 주석, 532).

하지만 우리는 우선 헬라어로는 "너희도 알거니와"가 15절의 내용과 16절의 내용 둘 다 연결된다는 점에서 빌립보 사람들과 바울이 공동으로 알고 있었던 내용으로 인식해야 한다. 이것은 바로 빌립보 사람들이 갖는 이방 선교를 위한 복음 선포의 전초기지로서의 빌립보 교회의 중요성을 드러낸다. 그래서 세 번째나 네 번째의 해석들이 빌립보 교인들만이나 바울 자신만 알고 있었던 내용으로 해석하는 것은 합당하지 않다. 헬라어 원문의 문법적 측면을 고려하면, 앞문장의 '복음의 시초에는'은 다음에 나오는 "내가 마게도냐를 떠날 때에"를 통해서 다시 기술되고 있다고 보아야 한다. 그래서 적어도 마게도냐에서는 빌립보 교인들이 최초로 복음을 전달받았던 사실을 암시하면서 단순히 바울이 주도적으로 처음으로 행하였다는 점에서가 아니라 소시에타의 체결을 통하여 마케도니아 밖에서 이방선교를 위해서 유일하게 빌립보 교인들이 바울을 지원했던 것을 상기시키고 있는 것이라고 본다(필자의 견해와 유사한 P. Ewald(1908)의 견해를 언급한 유일한 주석에 관해서는, Reumann의 주석, 660 참조). 이런 점에서 바울은 마게도냐에서 복음을 전달하는 창립멤버로서 빌립보인들이 가졌던 자부심과 이방 선교에 대한 비전을 제시하고 있는 것이다. 11~13절에서 바울이 선물 받은 것에 대해서 너무 냉정하게 대응한 것을 삭감시키기 위해서, 15~16절에서 바울은 이들이 선물을 보낸 것에 대한 보답을 기대하는 것에 대해서는 그 인식을 교정하고 바울이 감옥에 있으면서 오는 허탈감과 슬픔에 대해서는 위로함으로써 바울이 이들을 설득하고 있는 것이다. 더군다나 이렇게 다른 어떤 교회도 하지 못하였지만 빌립보 교회가 바울과 "주고받는 일", 즉 복음 선포의 공동 프로젝트에 참여했다고 지적하는 것은 바로 바울이 이들을 위로하는 수사를 쓰고 있기도 하지만(Holloway, 앞의 책, 43-45) 또 한편으로는 좀 더 일관되게 서로 협력하는 특별한 사회적 합의의 협업관계(*consensual Societas*)를 하고 있다고 말하고 있는 것이기도 하다(Sampley, 앞의 책, 51-61).

개역개정에는 바울이 “떠날 때에”로 번역되어 시제가 모호하지만 헬라어로는 과거형이므로 마게도냐를 떠나서 그가 고린도에 정착했을 때를 의미할 것이다. 이때의 어려웠을 상황을 잘 표현한 서신의 본문이 고린도후서 11 : 8~9이다 : “내가 너희를 섬기기 위하여 다른 여러 교회에서 비용을 받은 것은 탈취한 것이라 또 내가 너희와 함께 있을 때 비용이 부족하였으되 아무에게도 누를 끼치지 아니하였음은 마게도냐에서 온 형제들이 나의 부족한 것을 보충하였음이라 내가 모든 일에 너희에게 폐를 끼치지 않기 위하여 스스로 조심하였고 또 조심하리라”(O'Brien의 주석, 532-533). 여기에서 위의 고후의 본문에 근거하여 오브라이언은 빌립보서 4 : 15의 마게도냐를 빌립보와 동일시하려 하지만, 필자는 빌립보서에서는 적어도 바울이 마게도냐와 빌립보를 구별했다고 본다. 마게도니아에 정착했을 때가 아니라 “마게도니아를 떠날(났을) 때에”라는 말은 바울이 담당한 공동 프로젝트의 의무는 마케도니아 바깥까지 복음을 선포하는 일을 바울이 처음 담당하게 되었고 이에 대한 재정적인 후원을 빌립보 교인들이 하게 되었던 것을 의미한다(Capper, 앞의 글, 204-207).

15절에서 주목할 또 한 가지 사항은 로마 식민지의 시민들을 지칭하는 데 적합한 ‘빌립보(Philippi)로부터 온 사람’이나 ‘빌립보 사람’의 호격 복수형 “빌립보 사람들아”(필리페시오이 : φιλιππήσιοι)가 쓰였다는 것이다(O'Brien의 주석, 531). 이 용어의 미세한 특징은 필리페이스(φιλιππεῖς)나 필리페노이(φιλεππηνοί)와 같은 그리스어 음역 표기법이 아니라 Philippenses의 라틴어 음역의 표기법에 따라 기술되어 있다는 점이다. 이것은 고린도후서 6 : 11의 “고린도인들”과 갈라디아서 3 : 1의 “갈라디아 사람들”처럼 바울이 칭찬하기보다는 비판하거나 힐난한 후 이를 완화시키기 위해서 독자들의 이름을 부르게 되는 경우와 유사할 수가 있다. 그래서 여기에서도 바울이 빌립보 사람들에게 분노할 일을 애정을 갖고 있다는 것을 표시하면서 완화시키고 있다고 보기도 한다(호돈의 주석, 378). 하지만 오브라이언은 이에 동의하지 않고 있다. 오히려 빌립보서 3 : 15에서는 바울과 빌립보 사람들이 함께 공유하고 있는 알고 있는 바를 감사의 마음을 담아 매우 정감 있게 칭찬하기 위해서 사용하고 있는 점이 다르다는 점이 부각된다(오브라이언의 주석, 531). 더군다나 이렇게 라틴어 음역을 부르고 있다는 것은 빌립보 사람들의 로마 시민으로서의 자존심과 도시의 라틴적 특성을 존중하기 위한 것으로 볼 수도 있을 것이다.

더군다나 16절에서 데살로니가 지역과 나란히 나온 것을 고려해 보면, 바울은 여기에서 구체적으로 마케도니아에서 데살로니가 보다 더 먼저 복음을 선포한 사실과 빌립보 교회 교우들이 더 먼저 복음을 받아들이고 바울이 마케도니아를 떠났을 때에 누구보다 먼저 바울에게 재정적 지원을 하게 되었다는 사실을 강조하고 있는 것이다. 바울이 빌립보를 떠나서 데살로니가에 매우 짧게 있었을지라도(살전 2 : 17 ; 행 17 : 5–10) 이들이 바울에게 경제적인 도움을 두 번이나 보내주었다는 것은 바울이 필요할 때 매우 즉각적으로 도움을 주었다는 말이 된다. 16절에서 “한 번뿐만 아니라 두 번이나”의 헬라어 “하팍스 카이 디스”(ἅπαξ καὶ δὶς)의 의미는 특정한 수를 나타내기 보다는 헬라어로는 여러 번을 의미한다(Sumney, 앞의 책, 116).

또한 많은 주석가들이 15~16절에서 바울이 은행의 재정 용어를 사용하고 있다고 지적한다. 15절에 “주고받는 내 일”로 번역된 로곤 도세오스 카이 렘프세오스(λόγον δόσεωςκαι λήμψεως)는 회계장의 수입란과 지출란을 의미하고, 이러한 예는 *Oxyrhynchus Papyri* 2755. 19, 21 ; Thucydides, 〈*History of the Peloponnesian War*〉 3.46 ; Polybius, *Histories* 11.28.8에 나온다. 또한 로고스(λόγον)는 일반적으로는 용무나 논의의 대상을 의미하지만 여기서는 특별히 재무와 관련된 비즈니스 업무를 의미한다. 왜냐하면 이 용어는 그리스 문헌이나 파피루스에서 비즈니스 업무에 관한 것을 지칭할 때 사용되기도 하기 때문이다(Demosthenes 8 : 47 ; 30.15 ; Herodotus, *Historiae* 3.142, 143)(O'Brien의 주석, 533, 각주 135 참조). 그래서 바울과 빌립보 교회 사이에 일어난 회계 업무를 지칭한다고 알려졌다. "참여한"(ἐκοινώνησεν)으로 번역된 것도 빌립보 교인들이 바울의 동업자가 된 것으로 번역하여 상업적으로 이해될 수 있다는 것이다. 학자들은 이렇게 주고받는다는 표현을 텐트 만드는 사람으로서의 바울과 자주색 옷감 장사인 루디아와의 사업관계상의 합의를 나타내거나(J. Fleury), 바울과 빌립보 교회와의 동등한 자격의 협업을 위한 로마식의 준법적인 사회적 계약관계로 해석할 필요가 있다고 제기하기도 한다(J. P. Sampley). 빌립보 교회의 상황에서는 이러한 상업적 용어들이 사용된 구체적인 이유는 샘플 리가 말하는 특별한 합의적인 협업(*consensual Societas*)을 위한 사회적 계약 때문에 특별히 경제적인 도움을 주었던 것을 공식적으로 인정한다는 의미를 내포한 것은 사실이다. 하지만, 이를 넘어서 최근에는 바울과 빌립보 교인들 사이의 형식적인 상호평등의 친구관계(J. A. Malherbe)를 더욱 발전시켜서 법적인/계약적인 관계와 호의/추천하는 상호관계나 후원제/특혜제공과 같은 보다 다양한 사회적 관계를 포함하는 로마식의 후원제하의 위계적인 친구관계(L. M. White)로 이해하는 경향도 충분히 설득력 있다고 할 수 있다(Reumann의 주석, 693-700 ; L. M. White, "Morality between Two Worlds", 앞의 책, 210-212).

더군다나 위의 표현이 단순히 문자적 의미의 상업적 관계나 후원제의 이해관계가 아니라 관용어구를 나타내므로 빌립보 교인들은 물질을 바울에게 주고 바울은 이들에게 이에 상응하는 영적인 지원을 주고받는 구체적인 교류관계를 문자적 의미로 나타내지는 않는다는 주장이 피터 말샬(Peter Marshall)에 의해서 제기되었다(Peter Marshall, *Enmity in Corinth*(Tübingen, Mohr-Siebeck, 1987), 161-164). 그래서 그의 견해에 의존하여, 오브라이언은 바울이 갑자기 사용된 듯한 상업적 용어는 긴장과 당혹감을 주려한 것이 아니라 당시 고대 라틴 철학자들(키케로, 세네카, 플루타크, 에픽테투스 등)이 친밀한 우정관계를 나타낼 때 사용하는 방식이라는 것이다(Cicero, *Amicitia* 16.58 ; Seneca, *De Beneficis* 2 : 16.1-2 ; 6.4.5 ; Plutarch, *Moralia*, 11b ;

Epictetus, 2 : 9.12). 그래서 이러한 '주고받는 내 일'이라는 표현은 특히 참여한다는 뜻을 가진 '에코이노네센'(ἐκοινώνησεν)이 함께 사용되어서 친밀한 우정관계를 나타내는 관용어구라고 주장한다(O'Brien의 주석, 524와 534). 하지만 이러한 용어들과 18절의 아페케인("내게 모든 것이 있고")의 사용은 결국 바울이 교인들에게 재정적인 후원을 구체적으로 받았다는 것을 나타냄으로서 의도적으로 감사의 말을 자제하고 있다고 해석해야 한다고 주장되기도 한다(호돈의 주석, 379-380). 반면 실바(Silva)는 이것이 단순히 재정관계를 나타냄으로써 감사의 말을 기피하는 것이 아니라 친분관계가 밀접한 상황을 나타낸다고 반박하기도 한다(Silva의 주석, 206.).

결국 필자가 생각하기에는 바로 주고받는다는 상업적 용어를 바울이 오히려 아이러닉하게 사용하고 있다고 해석할 수 있어야 할 것이다. 이러한 상업적인 용어를 통해서 세속적인 상업관계나 심지어 고대 로마의 후원제 사회의 친구관계를 비판하고 그리스도 안에서 고난에 참여하는 특별한 협력관계의 교제를 강조하는 아이러니 효과를 나타낸다고 생각한다. 바울은 단순히 로마제국의 후원제나 이에 기초한 친구관계를 유지하는 방식으로 이 주고받는 관계를 유지하려 했던 것이 아니라, 바로 고난에 참여함으로써 마지막 때에 하나님께서 진정으로 우리의 불이익과 손해를 갚아주실 것이라는 새로운 하나님의 경제(17-18절에서처럼)와 그리스도 안에서 형성하는 새로운 협력관계의 새 모델(*Societas Christi*)을 제시하려 하는 것이다(본서의 4 : 10~20의 개론적 소개와 13절~14절 주석, 그리고 Sampley의 앞의 책, 51-77 참조).

[4 : 17-18] "내가 선물을 구함이 아니요 오직 너희에게 유익하도록 과실이 번성하기를 구함이라" 이웃의 어려움에 동참하는 것은 받는 사람에게만 유익한 것이 아니라 이것은 하나님의 은행에 저축하는 것이기 때문에 바울은 보내는 사람에게도 번성하기를 간구하게 되었다는 것이다. 그래서 받는 사람만이 아니라 보내는 사람에게 하나님이 축복하신다고 생각하는 것이 훨씬 은혜로운

삶의 자세가 된다. 그래서 남의 아픔에 동참하는 일은 하나님을 기쁘시게 하는 제물이다(18절). 이처럼 11~18절까지는 자족, 교제의 기쁨, 하나님을 기쁘게 함의 주제가 연속해서 나타나 18절에서 절정을 이루고 있는 것이다. 어려움 속에서 복음에 참여함으로 만족하며 어려움을 극복하도록 교제의 도움을 가질 때 우리가 기뻐할 수 있고, 하나님을 기쁘게 할 수 있다.

이처럼 17절에서 선물(τὸ δόμα)을 구하는 것이 아니라고 말하는 것은 14~16절에 빌립보 사람들이 바울에게 재정적인 지원을 한 것을 바울이 칭찬한 것을 듣고 더 많은 선물을 요구하는 것이라고 오해할 수 있기 때문에 선물을 더 이상 보내지 않아도 된다는 말을 완곡하게 하고 있는 것이다. 중요한 것은 이러한 재정 지원이 단순히 바울에게 유익한 것이 아니라 빌립보 사람들에게 유익한 이득이 되는 것이라고 말한다는 것이다. 여기에서 "과실이 번성하게 된다"는 표현은 이득이 많아질 것이라는 은유적 표현이라고 할 수 있다. 또한 이것은 "내게는 모든 것이 있고 풍부한지라"라는 18절의 재정적 영수 확인 표현과 함께 생각하면 바울은 확실히 재정 지원을 하나님의 은행에 저축하게 되면 이자가 많게 된다는 말을 연상시키는 표현을 하고 있는 것이다.

특히 18a절에서 "내게는 모든 것이 있고"로 번역되는 헬라어 '아페코 판타'(ἀπέχω πάντα)는 상업 용어로서 보내준 돈을 영수하였다는 것을 확인하는 말이다. 다이스만(A. Deissmann)은 이미 아페코의 부정사 아페케인(ἀπέχειν)이라는 단어가 파피루스 사본이나 토기 파편과 묘비명으로 된 그리스어 상업문서(DA 279 n 459의 파피루 본문, 70인역 창 43 : 23, 민 32 : 19, 풀루타크 *Moralia* 334A=*LCL* 4 : 425) 맨 아래에 "완불되었다"는 의미로 쓰여진 전문용어라는 것을 확인하였다(A. Deissman, *Biblical Studies*(Edinburgh, 1901), 229와 동 저자, *Light from the East*, 110-112). 그래서 이러한 용례는 마태복음 6 : 2, 5, 16과 누가복음 6 : 24에도 나온다(Reumann의 주석, 666과 O'Brien의 주석, 539-540과 호돈의 주석, 382).

그런데 이러한 상업적 용어들은 단지 비유적으로 쓰인 수사만은 아닐 것이다. 당시 우정관계에서는 상업적 용어를 사용하는 것은 공리주의적 관계를 나타내기 때문에 바울과 빌립보 교회에서는 적용되기 힘들다고 판단되기 때문에 이를 단순히 우정관계로 해석하는 학자들(J. T. Fitzgerald & K. L. Berry)의 관점은 문제가 있다. 오히려 과감하게 샘플리가 제안한 대로 바울과 빌립보 교회 간에는 특별한 합의적 협업관계(*consensual societas*)의 파트너십 관계(코이노니아)를 갖고 있었기 때문에 실제로 재정적 후원은 우정을 표시하는 단순히 선물 증여만으로 이 18절을 설명하기 어렵다고 사료된다. 오히려 바로 이 구절에서는 사회적 합의에 입각하여 마케도니아 지역에 빌립보 공동체를 대표하여 특별히 바울이 복음을 선포하게 되었을 때 빌립보 교회가 파트너십에 의해서 재정적 지원을 하기로 한 합의대로, 재정적 후원을 지불받았다는 것이 구체적으로 표현되었다고 해석하는 편이 나을 것이다. 그 근거로는 우리는 4 : 15에서 주고받는 코이노니아의 파트너십이 빌립보 교회만 형성하게 되었다는 것이 매우 중요할 것이다. 더군다나 헬라어로는 18절의 '선물'(τὸ δόμα)은 '지불'(payment)로, 17절의 '필요'(크레이아)는 '요구'라고 각각 번역될 수 있기 때문에(*LSJ*, 444와 2002) 바울은 단순히 선물을 얻은 것이 아니라 합의적 협업관계에 의해서 재정적 후원을 지불받은 것이고, 또한 바울이 필요한 것을 얻은 것이 아니라 자신이 합의에 의해서 요구한 것이 당연히 지원받게 되었다고 해석될 수 있다는 것이다(Sampley의 앞의 책, 52-59). 이런 정황과 용어 선택을 고려하면 단순히 빌립보 교회와 바울 간에 모호한 우정관계를 구축한 것을 넘어서서 어떤 구체적인 복음 선포의 목적으로 빌립보 교회의 경제적인 후원과 바울이 빌립보 교회에게 제공하는 네트워킹과 영향력이 서로 교환되는 사회적 합의의 파트너십이 구축되었다고 보는 것이 더 설득력 있다고 할 수 있을 것이다. 그런데 바로 바울은 이러한 합의에 의한 재정적 차원 자체를 신학적으로 재해석하고 싶었기 때문에 18c절에서는 바울이 이러한 경제적 지원을 단순히 상업적 거래의 지불완료가 아니라 아래와 같이 하나님께 드리는 제사로서 재해석하려 하고 있는 것이다.

18b절에서 바울은 에바브로디도 편에 빌립보 교인들이 보내준 것을 받아서 풍족하게 되었다고 말한다. 여기에서는 18a의 '풍부한지라'의 헬라어 현재형의 페리슈어(περισσεύω)가 아니라 '채우다'의 의미를 가진 프레로오(πληρόω)의 완료형 페프페로마이(πεπλήρωμαι)를 사용해서 채워져서 그 결과로 계속해서 차고 넘치게 되었다는 표현을 쓰고 있다. 이 두 표현은 둘 다 비즈니스 용어이지만 바울은 같은 동사 분사형 '페프레로메노이'가 쓰인 1 : 11에서처럼 종말론적으로 풍요로워진 상태를 표현하고 있다(Silva의 주석, 206과 Reumann의 주석, 666-667). 특히 여기에서 그 풍족하게 된 이유를, 분사형 '덱사메노스'로 표현된 바, 에바브로디도를 통해서 빌립보 교회가 제공한 것을 받았기 때문이라고 말한다. 그 교회로부터 파송된 그는 바울에게 필요한 것을 제공하고 그를 섬기러(빌 2 : 25, 30) 왔다고 할 수 있다(Martin의 주석, 167 참조). 11~13절에서 자족에 대한 언급과는 달리 바울은 이 선물을 오랫동안 기다려서 받게 되어 기뻐했고(4 : 10) 매우 풍족하게 되었다고 말한다. 하지만 그는 이에 대해서 감사의 직접적인 표현 대신 풍족하게 된 점만을 강조하게 된다.

바울은 16~18b절까지는 비즈니스 언어로 점원처럼 냉정하게 바울이 받은 선물이 하나님의 종말론적 은행에 쌓여 있다고 한다. 하지만 18c절에서 갑자기 그는 자기가 받은 선물이 궁극적으로는 하나님께 드리는 제사라고 말한다. 18c절의 우리말 개역개정에는 "이는 받으실 만한 향기로운 제물이요 하나님을 기쁘시게 하는 것"이라고 두 가지로 번역된 것과 달리, 헬라어 원문으로는 달콤한 냄새가 나는 향기로운 제물(오스멘 유오디아스 : ὀσμὴν εὐωδίας), 하나님이 받으실 만한 제물(투시아 데크텐 : θυσίαν δεκτήν), 하나님을 기쁘시게 하는 것(유아레스톤 토 테오 : εὐάρεστον τῷ θεῷ)이라고 세 가지로 표현되었다. 이러한 표현은 구약성서에 나오는 희생 제물의 번제를 의미한다. 이 향기로운 제물에 관해서는 노아의 제물(창 8 : 21)과 그리고 제물에 대한 레위기적 표현(예 : 출 29 : 18, 25, 41 ; 레 1 : 9, 13, 17)에 잘 나온다. 뒤의 두 가지는 바로 이 향기로운 제물이 하나님이 받으실 만하고, 하나님을 기쁘시게 한다는 것을 다시 표현하는 것이다. 이것은 고대 희생제사의 성전 예배의 흔적으로서 원시기독교에 적용한 것이다. 정화를 통해 하나님과 연합하고 죄를 제거하는 기능을 담당한다는 것이다.

두 번째 표현의 '투시아'는 빌립보서 2 : 17의 "너희 믿음의 제물"(투시아-피스테오스 휘몬)에서처럼 바울 자신이 희생제물이 된다는 의미와 연관된다. 다른 서신에서는 그리스도 자신이 하나님께 드리는 향기로운 제물로 표현된다 : "그리스도께서 너희를 사랑하신 것같이 너희도 사랑 가운데서 행하라 그는 우리를 위하여 자신을 버리사 향기로운 제물과 희생제물로 하나님께 드리셨느니라"(엡 5 : 2)(Osiek의 주석, 123). 또한 하나님을 "기쁘시게 하는"의 헬라어 '유아레스톤'(εὐάρεστον)은 원래 성서 밖에서는 어떤 주어진 상황에서 실행된 적합한 행동을 의미한다. 반면 바울은 그리스도인의 삶의 목적과 동기를 지칭하는 데 사용한다(롬 12 : 1-2 ; 14 : 18 ; 고후 5 : 9, 엡 5 : 10, 고전 1 : 10, 딛 2 : 9)(O'Brien의 주석, 541-542).

위의 논의를 고려하면 빌립보서 4 : 18b의 세 가지 표현은 바로 바울에게 보낸 선물이 순교적 헌신을 의미한다는 것을 암시한다. 이것은 바울이 자신의 순교가 빌립보 교인들의 믿음의 제물에 더하여 전제가 되는 순교적 신앙(2 : 17-18)과 서로 연결된다. 바울의 투옥과 이로 인하여 있을지도 모르는 순교는 함께 기획하였던 복음 선포의 기획이 자초되는 것이 아니라 오히려 이런 어려움 속에서도 계속 바울을 지지하는 성금 전달은 복음 선포의 공동 목표의 달성을 의미한다는 것이다. 그래서 결국 하나님께 드리는 빌립보 사람들처럼 어려운 처지에 있지만 자신들의 이익을 희생하면서 마음을 일치하여 바울에게 보낸 성금은 바로 순교적 헌신으로서 하나님의 보좌를 움직이는 희생제사라는 것이다. 빌립보 성도들의 기쁨의 선물은 바울에게 전달되어 바울의 기쁨이 되고 이들 서로가 경험하는 코이노니아의 기쁨은 결국 하나님을 기쁘시게 하는 진정한 제물이 된다는 것이다. 위의 내용을 도표로 제시하면 다음과 같다.

빌립보서 4 : 17~19의 내용 구조

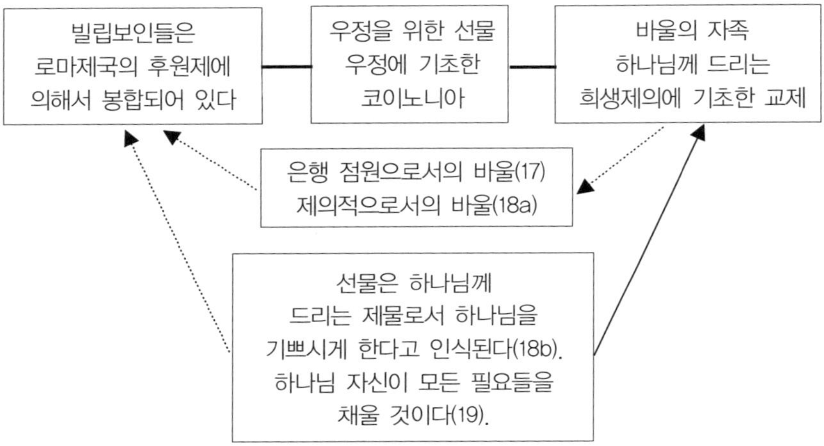

[4 : 19-20] 바울은 빌립보 교인들이 복음을 수호하기가 어려운 가운데서도 바울의 복음을 지지하는 표시로 바울이 당장 필요한 물질적 지원을 보내준 것에 감동하여 하나님께서 "그 풍성한 대로" 빌립보 교인들이 받은 재정적 어려움을 극복하기 위해서 모든 필요를 채워주실 뿐만 아니라 복음에 참여할 때 오는 정치적 핍박도 이길 힘을 주실 것을 기원한다.

학자들은 그동안 이 구절을 기도 양식으로 이해했다. 대표적으로 마틴(R. Martin)이나 호돈은 이것이 소원 기도 양식으로 이해해 왔다. 특히 호돈은 '채우시리라'는 미래형(플레로세이 : πληρώσει)이 사본상 더 많이 나타나지만 바울의 서신의 끝에 나타나는 일반적인 두 가지 기원형 형식, 즉 빌립보서 4 : 19~20과 동일한 형식(롬 15 : 5 ; 살전 5 : 23 ; 살후 3 : 16)이나 기원을 나타내는 용어(이이에 : εἴη)가 있는 형태(롬 15 : 33 ; 고전 16 : 23 ; 고후 13 :

13 ; 갈 6 : 18 ; 엡 6 : 24)를 고려하면, 나의 하나님께서 채워주시기를 기원하는 과거 희구형 형식(ὁ θεός μου πληρώσαι)으로 이해할 것을 제안하였다. 호돈에 의하면, 소원 기도의 형식이 더 적합한 이유는 약속의 형식이라면 하나님의 이름을 빌려서 바울 자신이 약속을 할 경우 만약 이러한 일이 일어나지 않을 때에는 빌립보 교인들은 좌절하게 될 수 있고, 하나님의 자유로운 행하심을 제안할 수 있다는 것이다(호돈, 385-386, 마틴, 168-169).

하지만 최근 그의 주석에서 오브라이언은 이것이 선언 양식으로서 바울이 10~18절의 모든 말씀들을 매우 치밀하게 요약한 것으로 이해하려 한다. 그는 19~20절이 바울이 제기했던 주제를 결론짓는 약속의 선언으로 볼 것을 제안하였다. 이렇게 보는 이유는 다음과 같다 : ① 당시 고대 문서의 선언 형식이 미래형으로 쓰여진 것처럼 '채워주시리라'(플레로세이 : πληρώσει)는 미래형이다. 모든 물질적인 필요를 하나님이 채워주실 것을 선언하는 형식이 고대 필사가들에게는 신학적으로 거북하였기 때문에 이를 수정하였을 것이다. 그래서 원래는 미래형으로 쓰였다고 본다면 약속의 선언형식이라고 해석해야 한다 ; ② 1 : 9~11에 제안된 의의 열매가 풍성하게 될 것을 기원하는 기도의 주제가 4 : 19~20에서 다시 반복되면서 절정을 이루는 것이라면 19~20절은 단순한 기도가 아니라 전체적인 편지의 동기가 완성되는 약속의 선언 부분이다. 그래서 그리스도 안에서 하나님께서 물질적 풍요를 지금 바울에게 빌립보 교인들을 통하여 풍요롭게 주신 것처럼 빌립보 교인들도 미래에 풍성하게 채워주실 것을 약속하는 것이다 ; ③ '너희 모든 쓸 것을'(πᾶσαν χρείαν ὑμῶν)에서 '쓸 것'으로 번역된 헬라어 '필요'(χρεία)는 물질적 필요만을 의미하기보다는 4 : 10~20 전체의 맥락에서 바울이 물질적 도움을 새롭게 재해석하였던 영적인 의미를 포함한다. 더군다나 '영광 가운데'라는 말이 나타내듯이 종말론적인 영적 완성을 포함하기 때문에 일종의 약속의 선언이라고 해서 신학적으로 거북하게 인식되지 않았을 것이다(O'Brien의 주석, 536).

필자의 생각으로는 호돈의 생각과는 달리 오브라이언과 실바의 제안처럼

'서양'(Western) 사본에 드물게 나타나는 기원형의 헬라어(πληρώσει)는 나중에 필사가들이 "알렉산드리아" 사본 전승에 기초하여 대부분의 사본에 잘 나타나는 축복의 미래형 내용을 기원형으로 고친 결과라고 할 수 있다(O'Brien의 주석, 515-516, 545-546과 Silva의 주석, 209). 하지만 오브라이언과 달리, 바울이 하나님의 이름을 빌려서 빌립보 교인들에게 약속의 선언을 했다거나 1 : 9~11의 기원을 마무리 짓는 형식으로 매우 치밀하게 약속을 하였다기보다는 4 : 10~18에서 제시하였던 복음의 참여가 물질적인 축복을 가져온다는 바울의 과감한 해석을 다시 한번 신학적으로 재기술하는 의미에서 소원기도 형식을 가져왔다고 본다. 바울은 십자가의 복음에 동참하기 위해서 정치적/경제적인 어려운 상황에도 불구하고 바울에게 보낸 성금이, 하나님의 심판을 경험하고 고난을 동반하는 바울의 감옥에서의 비참한 삶에 실질적인 도움이 되었을 뿐만 아니라 오히려 바울의 십자가의 복음에 동의하는 것이다. 바로 이러한 빌립보 교인들의 행위에 대해서 바울은 궁극적으로 풍요로운 하나님께서 빌립보 교인들에게도 필요한 것들을 반드시 채워 주게 되기를 기원하는 축복의 기도를 할 수밖에 없는 것이다. 이것이 빌립보 교인들의 물질적인 후원에 대한 바울의 축복의 응답이라는 것을 강조하는 주석자는 그닐카이다(그닐카의 주석, 294-295).

19절의 "그리스도 예수 안에서 영광 가운데 풍성한 대로"라는 말은 그리스도의 십자가의 수난 가운데 오히려 몸의 부활의 축복을 주심으로써 하나님의 영광이 나타나는 것처럼, 빌립보 교인들이 경험하는 필요의 결핍을 하나님이 채워주실 뿐만 아니라 그 이상으로 하나님 자신이 풍요로운 분이시기 때문에 넘치도록 풍성하게 주셔서 그리스도 안에서 누리는 영광스러운 축복의 삶을 주시게 된다는 것이다. 이렇게 풍요로운 축복을 기원하는 신학적인 이유는 바울에게는 하나님이 본성상 부유하시고 선하시고 자비로우시기 때문이다. 고대 후원제에 관한 최근의 문화인류학적 통찰에 의하면, 하나님이 바로 삶에서 필요한 물질을 적절하게 공급하시는 후원자(patron)로서 이해되는 것처럼, 이러한 하나님이 후원자처럼 우리들의 모든 필요를 채워주신다는 것이다. 그런데 이러한 후원자는 그 브로커와 같은 매개자로서 예수 그리스도를 통해서 우리의 필요를 계속 풍요롭게 채워 주실 것이라고 축복한다(하나님 이미지가 후원자라는 새 통찰에 관해서는 Reumann의 주석, 716-717 참조).

그리고 바울은 20절에서 하나님께서 무한한 자원을 주시기를 간절히 기원하기 위해서 "하나님 곧 우리 아버지께 세세 무궁토록 영광을 돌리지어다 아멘"이라는 말로 매우 기쁘고 즐거운 마음으로 찬양과 영광을 하나님께 드리게 된다. 찬양이 드려지는 대상이 우리 아버지(토 파트리)이신 하나님께, 찬양의 말은 영광(헤 독사)을 그분에게 돌린다는 것이고, 축도의 형식으로 나타나는 찬양의 시간은 영원무궁토록 현재에나 미래에나 영원히 드려진다는 찬양문의 3중 구조로 되어 있다. 그래서 이러한 어려움 가운데 서로 필요를 나누는 기쁨의 교제가 영원히 계속되어 궁극적으로는 하나님의 축복이 영원히 나타나게 되도록 영원하게 될 것이라고 축도한다. 또한 축도의 마무리는 그 축복을 주실 것이라고 긍정하는 아멘으로 화답한다는 것으로 마쳐진다(찬양의 구조에 관해서는 O'Brien의 주석, 549 참조). 또한 여기에서 주목할 것은 동사가 나오지 않더라도 영광이 하나님에게 있기를 기원하는 '에이미' 동사가 생략되었다고 볼 수 있다. 이것은 유대 예배 때에 광채와 빛으로 존재하는 하나님의 존재하심의 존엄함을 하나님께 돌려지는 것을 나타낸다(시 29 : 2 ; 96 : 8). 또한 이 아멘은 시편의 각 권이 마무리를 나타내는 방식(시 41 : 13, 72 : 19, 89 : 52 ; 106 : 48)과 유사하게 4 : 10~20의 주제를 마감하는 기능을 담당한다(O'Brien의 주석, 549-550).

하지만 정말 중요한 것은 "우리 아버지"라고 하나님 아버지를 부름으로써 하나님의 자녀됨을 확증한다는 점이다. 바울은 갈라디아서 3장에서 우리가 하나님 아들의 신분을 그리스도의 십자가에 의해서 율법을 폐하시고 영으로 우리에게 주시는 하나님의 유업을 물려받을 수 있는 신분이다. 그래서 하나님의 영원하신 기업을 물려받을 아들로서 받는 축복을 감사하며 찬양드릴 때 하나님은 우리에게 필요한 모든 것을 채워주실 것이다. 우리가 생각하는 필요한 것은 하나님의 아들 신분을 받게 된다면 전혀 다른 방식으로, 다른 시간에 달리 주실 것이다. 그렇게 때문에 지금 우리가 필요한 것이 진정으로 필요한 것이 아닐 수 있다는 의미에서 우리는 먼저 아버지 하나님께 자녀됨에 필요한 것이 무엇인지 먼저 갈구해야 한다는 것이다. 그래서 이 말씀은 마태복음 6 : 9, "그러므로 너희는 이렇게 기도하라 하늘에 계신 우리 아버지여 이름이 거룩히 여김을 받으시오며"로 시작되는 주기도문과 마태복음 6 : 33에 나타난 "그런즉 너희는 먼저 그의 나라와 그의 의를 구하라 그리하면 이 모든 것을 너희에게 더하시리라"는 말씀과 맥을 같이 한다. 아멘은 주로 저주나 축복을 수용한다는 긍정을 나타내거나 하나님의 신실함으로 긍정할 때(고후 1 : 20) 사용된다. 여기서는 19절의 하나님의 축복을 수용하는 것을 기쁨으로 긍정하는 것을 나타낸다.

빌립보서 4 : 10~20의 결론 : 성도간의 교제는 하나님께 드리는 희생제물이 되어 하나님을 기쁘게 한다. 그리스도의 복음의 고난에 참여함으로써 성도의 교제의 기쁨을 얻고, 어려움 속에 있더라도 고난에 참여하는 물질적 증여를 나눔으로써 하나님을 기쁘시게 하는 희생제물을 드리자고 바울은 권면한다. 이것은 아버지 하나님께서는 빌립보 교인들이 그리스도 안에서 누리는 풍요롭고 영광스러운 삶을 누리게 되는 진정한 축복을 받게 하실 것이라는 말이다. 바울은 결국은 빌립보 교인들에게 선교적 후원금을 받았지만 그 후원금에 대한 것을 영수증 처리를 하는 상업적 용어를 씀으로 인해서 감사의 말을 아끼게 된다. 이러한 이상하게 보이는 바울의 행위는 빌립보 교인들이 보낸 성금에 대해서 물질로 보답할 것을 약속하는 방식을 거절하는 것이다. 바울에게 있어서 이러한 진정한 기쁨의 교제를 갖는 성도들 간의 교제는 복음 때문에 고난 받는 자의 아픔에 동참하는 것으로써 하나님의 은행에 저축하는 것이고, 이것은 죄를 씻게 하여 하나님의 아들로서 누리는 축복을 가능하게 하는 하나님께 드리는 헌물이 된다는 것이다.

어려움에 처했을 때 우리가 겪는 고난은 복음을 위한 것이라고 확신하고, 불평하기보다는 인내하며 자립하고, 기쁨의 삶을 살아가는 것이 그리스도인의 풍요로운 영광스러운 삶의 양식이다. 우리가 풍족하면 하나님이 주시는 것으로 믿고 유혹에 넘어가지 않고 절제하는 것이 그리스도인의 삶의 오묘한 비결이다. 이 삶의 비결을 바울은 감옥에서 나누었던 빌립보 교회로부터 받은 고난에의 참여의 교제를 통해 깊이 인식하게 된 것이다. 물질적 결핍에도 불구하고 우리들의 재정적 자원을 더 가난한 사람들에게 주었을 때 진정한 기쁨의 교제를 갖게 된다. 이러한 자족의 기쁨의 교제는 복음 때문에 고난 받는 자의 아픔에 동참하는 그리스도를 닮아 가는 삶으로서 하나님께 드리는 희생의 제사가 된다. 하나님이 기뻐하시는 향기로운 제사는 하나님이 주시는 그리스도 안에서의 영광스럽고 풍요로운 삶의 축복을 가져온다. 그래서 바울은 빌립보서 4 : 4에서 주 안에서 그리스도의 고난에 참여하는 궁핍 속에서도 기뻐하고, 이 기쁨을 물질적 선물을 나누면서 또한 기뻐하라고 권면한다.

D. 서신의 마감 인사(4 : 21–23)

> [21]그리스도 예수 안에 있는 성도에게 각각 문안하라 나와 함께 있는 형제들이 너희에게 문안하고 [22]모든 성도들이 너희에게 문안하되 특히 가이사의 집 사람들 중 몇이니라 [23]주 예수 그리스도의 은혜가 너희 심령에 있을지어다

21절과 22절에서 바울과 그와 함께한 형제들이 성도들을 대신해서, 특히 가이사의 집안사람들이 자신의 안부를 빌립보 성도들 각각에게 문안할 것을 주문한다. 그리고 23절에서는 축도로 끝을 맺는다. 바울과 함께한 모든 성도

들이 그리스도 안에 있는 모든 성도에게 각각 문안하게 된다. 성도들과 성도들의 교제가 전체 주제를 이끌어 가고 인사말에서도 성도들의 교제가 전면에 내세워진다. 인사말 아스파조마이(ἀσπάζομαι)가 21~22절까지 세 번 반복된다.

[4 : 21] 21절에서 바울은 당시 이방인 서신이든지 기독교 서신에 자주 나오는 '안녕히'(에로소 ; ἔρρωσο)나 '행운을'(유투케이 : εὐτύχει)을 사용하지 않고 동사 아스파제스싸이(ἀσπάζεσθαι)를 사용한다. 성도들에게 문안하라고 바울이 권면했을 때 이것은 빌립보 성도들 서로에게 문안하라고 이해하는 마틴(*P*. Martin)의 해석(Martin의 주석, 169)은 호돈이 지적하는 것처럼 합당하지 않다. 바울서신들이 일반적으로 교회의 지도자들에게 전달되어 회중 앞에서 읽혀지고 있었기 때문에 이들에게 일차적으로 문안할 것을 당부하게 되었다는 호돈의 설명은 설득할 만하다(호돈의 주석, 393-395). 23절이 예배 중에 편지를 읽었던 의식적인 형식이라는 점에서 더욱 이를 뒷받침해 준다(Collange의 주석, 154). 하지만 반드시 교회의 지도자들에게 말하였다기보다는 편지를 처음 받아서 전달하여 주었던 바울의 친밀한 특정한 사람들이었을 가능성도 생각해 볼만하다. 문안하는 주체로서 성도들뿐만 아니라 바울이 말하는 그와 함께한 형제들이 구체적으로 누구인지 나오지 않았다. 발신자로 나오는 디모데가 포함될 가능성이 높다(빌 1 : 1, 2 : 19-24). 그 밖에 함께 감옥에 있는 자라기보다는 에바브로디도나 그와 함께 바울을 방문한 자와 같이 투옥된 바울을 돕고 접촉할 수 있도록 돕는 특정한 동역자들을 지칭할 수 있을 것이다. 누구로부터인지 구체적으로 언급하지 않는 경우에는 고린도후서와 데살로니가전서에서도 나오는 경우이다(Reumann의 주석, 828-729와 그닐카의 주석, 287). 오늘날 *NRSV* 번역에서는 형제들이 남자들만 지칭하기 때문에 '친구들'("The friends")로 번역되었다. 하지만 헬라어 원문에는 '형제들'(아델포이)이 그리스도 안에서 바울과 맺어진 특별한 동역자 관계를 지칭하기 때문에

포괄주의 언어를 사용해서 오히려 '형제들과 자매들'이라고 과감하게 번역함으로써 여성동역자일 가능성을 배제하지 않을 필요가 있다.

[4 : 22] 또한 22절에서 바울이 특별히(마리스타 : *μάλιστα*) 언급한 "가이사의 집 사람들"(호이 에크 테스 카이사로스 오이키아스 : οἱ ἐκ τῆς *Καίσαρος οἰκίας*)은 사용 용례상, 가이사의 친척들이나 특정한 귀족들이 아니라 그를 보좌하는 사람들과 노예들과 해방된 자유인들로서 이해하는 경향이 많다(호돈의 주석, 396 ; Cousar의 주석, 90 ; O'Brien의 주석, 554). 또한 마틴이나 브라이언이 주장하는 것처럼, 식민지 지역인 빌립보 시민들과 어떤 특별한 관련이 있는 시위대에 있는 군인들이나 공무원들, 정부 관료들을 지칭한다고 생각한다. 하지만 이 헬라어 단어 자체는 분명히 황제의 가족과 친지를 지칭할 수 있다. 글레멘드(빌 4 : 3)를 역사상 인물인 프라비우스 크라멘스(Flavius Clemens)로 간주하면, 나중에 결국 처형된 이 프라비우스 글레멘드와 그리스도인이었기 때문에 무신론으로 유배당한 그의 아내인 도미티안 황제의 사촌, 프라비아 도미틸라(베스파시안의 손녀)가 함께 가이사랴 집안 사람들로 간주될 수 있을 것이다(Reumann의 주석, 729). 마지막 편집자가 독자들에게 이들 인물들을 연상시키고 또한 바울이 로마 감옥에 있다는 것을 나타내기 위해서 강조했을 가능성이 있다. 그래서 실제로, 좀 더 외연을 넓히면, 결국 가이사와 관련된 로마의 귀족이나 원로원 의원들과 같은 고관들이나 지방귀족 중 그리스도인이 포함되었을 가능성도 있다. 이것은 로마의 고관들도 그리스도인이 되었다는 표시를 암시한다. 실바도 이것이 로마 감옥설을 뒷받침하는 근거로 활용될 가치가 있다고 주장한다(Silva의 주석, 210). 이 주석의 입장과 약간 다르지만 신중하게 이러한 견해를 중요시할 필요가 있다. 그래서 로마 감옥에 있었을 때 위의 고관들의 지지를 받았다는 암시를 줄 수 있는 편집구로 이해할 수 있다.

[4 : 23] 23절의 "너희 심령에"(메타 투 프뉴마토스 휘몬 : μετὰ τοῦ πνεύματος ὑμῶν)에서 '너희'는 복수지만 '심령'은 단수이다. 이러한 표현이 가능한 이유는 마가복음 8 : 17에서처럼 각각의 영에게 기원할 때 사용될 수 있기 때문이다. 특히 영은 인간의 정신적인 면과 영적인 면을 강조할 뿐만 아니라(호돈의 주석, 397-398) 우리가 알고 행동하는 것을 직접 관장하는 종교적 헌신과 관련되는 인간의 기관을 언급하여 강조하기 위하여 사용된다. 이러한 표현법은 성도들이 그리스도 안에서 진정으로 한마음과 영으로 연합된 것을 나타내는 장점이 있다. 이것은 빌립보서의 교제의 연대의 주제와 밀접히 연관된다. 보통은 '너희와 함께'(롬 16 : 20 ; 고전 16 : 23 ; 골 4 : 18)나 '너희 모두에게'(롬 16 : 24 ; 고후 13 : 13 ; 살후 3 : 18 ; 엡 6 : 24)로 된 다른 성서 구절과 대조된다(Martin의 주석, 171). 이와 같은 축도로 끝나는 것이 빌립보서 4 : 23과 완전히 일치하는 것은 "우리" 이외에 일치하는 빌레몬서 25절("우리 주 예수 그리스도의 은혜가 너희 심령과 함께 있을지어다")이고, 거의 일치된 것은 갈라디아서 6 : 18("형제들아 우리 주 예수 그리스도의 은혜가 너희 심령에 있을지어다 아멘")이고, 가장 길게 확장된 것은 고린도후서 13 : 13("주 예수 그리스도의 은혜와 하나님의 사랑과 성령의 교통하심이 너희 무리와 함께 있을지어다")이다(그닐카의 주석, 288-289).

| 참고문헌 |

Ⅰ. 사전과 주석류

그닐카, J. 「빌립비서/빌레몬서 : 국제성서주석(1980)」. 김경희 역. 천안 : 한국신학연구소. 1988.

킷텔, 게르하르트. 「신약원어 신학사전」. 서울 : 요단출판사. 1986.

큄멜. 「신약정경개론」. 박익수 역. 서울 : 대한기독교출판사, 1988.

크레독, 프레드 B. 「빌립보서 : 현대성서주석」. 서울 : 한국장로교출판사, 2001.

호돈, 제랄드. 「빌립보서 : WBC 43」. 채천석 역. 서울 : 솔로몬, 1999.

Alexander Patrick, H. et al, ed. *The SBL Handbook of Style : For Ancient Near Eastern, Biblical, and Early Christian Studies*. Peapody : Hendrickson Pub., 1999, 2009[7th].

Anchor Bible Dictionary.(ABD) Edited by D. N. Freedman. 6 vols. New York, 1992.

Achtemeier, Paul J. ed. *Harper's Bible Dictionary*. San Francisco : Harper & Row, 1985.

Aune. D. E. ed. *The Westminster Dictionary of New Testament and Early Christian Literature and Rhetoric(WDNTECLR)*. Louisville : Westminster John Knox, 2003.

Balz, Horst & Schneider, Gerhard. *Exegetical Dictionary of the New*

Testament I–III. (EDNT) Grand Rapids : W. B. Eerdmans, 1990.

Barth, Karl. *Epistle to the Philippians : 40th Anniversary ed.* J. W. Leitch. trans. B. L. McCormack & F. B. Watson. intro. Louisville : Westminster John Knox Press, 2002.

Bauer, Walter & Danker, Fredrick. W. ed. *A Greek–English Lexicon of the New Testament and other Early Christian Literature.* 3rd ed. *(BDAG)* Chicago : University of Chicago, 2000.

Beare, F. W. *A Commentary on the Epistle to the Philippians.* London : Adam & Charles Black : 1959.

Bockmuehl, Marcus. *A Commentary On The Epistle to Philippians* 4th ed. Black's New Testament Commentaries. London : A. & C. Black, 1997.

Boring, M. Eugene, Berger, Klaus, & Colpe, Carsten ed. *Hellenistic Commentary to The New Testament. (HCNT)* Nashville : Abingdon Press, 1995.

Caird, G. B. *Letters from Prison : Ephesians, Philippians, Colossians, Philemon : In the Revised Standard Version. NCIB.* London ; Oxford University Press, 1976.

Coulange, Jean–Francois. *The Epistle of Saint Paul to the Philippians.* trans. A. W. Heathcote. Eugene : Wipe & Stock, (1979[1]), 2009.

Cousar, C. B. *Philippians and Philemon : A Commentary.* Louisville : Westminster/John Knox, 2009.

Craddock, F. B. *Philippians.* Atlanta : John Knox, 1985.

Fee, Gordon D. *Paul's Letter to The Philippians.* Grand Rapids : Eerdmans, 1995.

Fitzerald, John T. "Philippians, Epistle To". *Anchor Bible Dictionary. (ABD)* V. ed. David Noel Freedman. New York : Doubleday, 1992 : 318–326.

Gingrich, F. Wilbur. *Shorter Lexicon of the Greek New Testament(GING).* Chicago : University of Chicago Press, 1965.

Hooker, Morna D. "The Letter To The Philippians : Introduction,

Commentary, and Reflections". *The New Interpreter's Bible(NIB)* Vol. XI. ed. Leander E. Keck. Nashville : Abingdon Press. 2000 : 469–549.

Kittel, G & Friedrich, G. ed, *Theological Dictionary of the New Testament(TDNT)* vol I–X. trans. & ed. G. W. Bromiley. Grand Rapids : W. M. B. Eerdmans, 1964–76.

Kittel, Gerhard & Friedrich, Gerhard ed. Bromiley, Geoffrey W. trans. *Theological Dictionary of New Testament : Abridged in One Volume.*(Kittell–Bromiley, *TDNT*) Grand Rapids : W. B. Eerdman, 1985.

Liddell, Henry George & Scott, Robert. *A Greek–English Lexicon.* new ed. rev. & aug. by Jones, Henry Stuart.(*LSJ*) Oxford : Clarendon Press, 1961.

Lightfoot, J. B. St. Paul's Epistles to Philippians. New York : Macmillan and Co., 1903.

Lohmeyer, E. *Die Briefe an ie Philipper, an die Kolosser und an Philemon, MeyerKEK* 9/1. Göettingen : Vandengoeck & Ruprecht, 1930. 9th ed. 1953. 14th ed. 1974.

Nordling, John G. *Philemon : Concordia Commentary.* Saint Louis : Concordia Publishing House, 2004.

Martin, Ralph P. *Philippians. NCBC* : London : Marshall, Morgan & Scott, 1991.

______. *Philippians : The New Century Bible Commentary.* Philadelphia : Fortress, 1976.

O'Brien, Peter Thomas. *The Epistles to the Philippians : A Commentary on the Greek Text.* Grand Rapids : W. B. Eerdmans Pub. Co. 1991.

Osiek, Carolyn. *Philippians/Philemon : Abingdon NT Commenaries.* Nashville : Abingdon Press, 2000.

Pervo, Richard I. *Acts : A Commentary(Hermeneia).* Philadelphia : Fortress, 2009.

Reumann, John. *Philippians : The Anchor Yale Bible.* Vol. 33B. New

Haven : Yale University Press, 2008.
Silva, Moises. *Philippians : BECNT*. Grand Rapids : Baler Academic, 2005.
Sumney, Jerry L. *Philippians : A Greek Student's Intermediate Reader*. Peabody : Hendrickson Pub. 2007[1]/2008[2].
Thielman, F. *Philippians : The NIV Application Commentary*. Grand Rapids : Zondervan, 1995.

Ⅱ. 빌립보서 연구서

김덕기. "빌립보서의 통일성과 투옥 장소 문제 해결의 '탈현대적' 해석 패러다임". 「한국기독교신학논총」 85집(2013년 1월) : 5-36.
______. "바울의 실존적 투쟁에 나타난 죽음 이해와 종말론 : 빌립보서 1장 21-24절의 주석을 중심으로". 「신학논단」 vol. 70(2012d년 12) : 7-42.
______. "바울의 양심". 「양심」. 진교훈 외. 서울 : 서울대출판사, 2012c : 383-410.
______. "빌립보서 집필동기와 케노시스 정치신학." 「신학과 문화」 21집 (2012b), 35-64.
______. "빌립보서 2장 6-11절의 최근 연구동향 : 형식, 배경사, 신학적 윤리를 중심으로". 「장신논단」 vol. 44 no. 1(2012a년 봄) : 33-58.
______. "빌립보서 4 : 10-20에 나타난 우정, 자족, 코이노니아". 「신학과 문화」(2011) : 33-63.
______. "바울의 로마제국에 대한 정치적 태도와 정치신학 : 빌립보서 1 : 27-30과 3 : 20-21을 중심으로". 「신약논단」 17권 제3호(2010b년 가을) : 711-753.
______. "빌립보서 3장의 적대자 논의와 이와 연관된 주석적 고찰". 「신학과 문화」. 19집. 대전 : 대전신학대학교(2010a) : 37-67.
______. "빌립보서의 정치적 쟁점에 대한 사회학적 이해와 정치신학 비밀코드". 「신학과 문화」. 18집. 대전 : 대전신학대학교(2009) : 67-97.
______. 2008. "바울의 정치신학과 탈식민주의 동아시아 성서해석학". 「신약논단」 제 15권 3호 (2008) : 635-675.
______. "빌립보서에서의 신학과 윤리의 관계". 「바울의 문화신학과 정치윤리 :

탈식민주의 문화 이론에 근거한 바울서신 해석」. 대전 : 도서출판 이화, 2007b : 423-457.
_______. "21세기 여성성을 통해 새롭게 읽는 고전 7 : 29-31의 기독교 자기 수련 문화 코드". 「생존의 수사학과 한국교회의 성서 읽기」. 서울 : 한들출판사, 2007a : 19-54.
김명섭. "남북한 관계에 대한 문명론적 조망". 「열린지성」 4호(1998 가을-겨울호) : 162-203.
_______. "통일방안으로서의 고려(Corea)문명권". 「한국정치동태론」. 한흥수 편. 서울 : 오름, 1996 : 759-782.
김세윤. 「그리스도와 가이사 : 바울과 누가의 저작에 나타난 복음과 로마 제국」. 서울 : 두란노아카데미, 2009.
강유원. 「서구정치사상 고전읽기」. 서울 : 라티오, 2008.
게오기, 디히터. "진정한 예언자". 「바울과 로마제국」 리타드 홀스리 편. 서울 : 기독교문서선교회, 2007 : 70-88.
불트만, R. 「신약성서신학, 개정 6판」. 허혁 역. 서울 : 성광문화사, 1976.
아도, 피에르. 「고대철학이란 무엇인가(1995)」. 이세진 역. 서울 이레, 2007.
왕인성. "신약성경에 나타난 금욕주의의 기원과 독특성". 「부산장신논총 6집」(2006b) 부산장신대학교 편 : 43-65.
_______. "신약성경에 반영된 그레코-로마 사회의 후원자-피보호자 관계". 「신약논단 13.3호」
(2006a 가을) : 535-564.
_______. "갈라디아서의 가족 관련 은유의 배경과 우정(φιλία) 모티브와의 관계)". 「신약논단」 제11권 제1호(2004 봄) : 151-179.
이종윤. "신약에 나타난 코이노니아". 「신약논단」. 창간호(1995) 한국신약학회 : 140-154.
푸코, 미셸. 「주체 해석학」. 서울 : 동문선, 2007.
_______. 「성의 역사 제3권 : 자기에의 배려」. 서울 나남, 1990.
홀스리, 리차드. 「바울과 로마제국 : 로마 제국주의 사회의 종교와 권력(1997)」. 홍성철 역. 서울 : 기독교문서선교회, 2007.

Agosto, Efrain. "Patronage and Commendation, Imperial and Anti-Imperial".

Paul and Roman Imperial Order. Harrisburg : Trinity Press International, 2004 : 103–123.

Bauer, F. C. "Second Part. The Epistels of The Apostle Paul. Second Class of The Pauline Epistles". Apostle Paul. Peabody : Hendrickson Publishers, 2003.

Berry, Ken. L. "The Function of Friendship Language in Philippians 4 : 10–20". *Friendship, Flattery, and Frankness of Speech* ed. Fitzgerald, J. Leiden ; NewYork : E. J. Brill, 1996 : 107–124.

Blumenfeld, Bruno. The Poloitical Paul. London : Scheffield Press, 2001.

Bockmuehl, Markus. "'The Form of God'(Phil 2 : 6) : Variations on a Theme of Jewish Mysticism. *JTS* 48.1(1997) : 1–23.

Bormann, L. *Philippi : Stadt und Christusgemeinde zur Zeit des Paulus. NovTSup 78.* Leiden : Brill, 1995), 187–205.

Boyarin, Daniel. A. Radical Paul : Paul and the Politics of Identity. Berkeley and Los Angeles : University of California, 1994.

Brewer, R. R. "The meaning of Politeuesthe in Philippians 1 : 27". *JBL* 73(1954) : 76–83.

Briggs, Shelia. "Can an enslaved God liberate : Hermeneutical Reflection on Philippians 2 : 6–11". *Semeia* no. 47(1989) : 137–153.

Brown, Collin. "Ernst Lohmeyer's Kyrios Jesus". In *Where Christology Began* ed. R. P. Martin & B. J. Dodd. Louisville : Westminster John Knox Press, 1998 : 6–42.

Bruce, F. F. *An Expanded Paraphrase of the Epistles of Paul.* Palm Springs : 1981.

______. "St. Paul in Macedonia". *BJRL* 63(1980–81) : 260–284.

Capper, Brian J. "Paul's Dispute with Philippi : Understanding Paul's Argument in Phil 1–2 from his Thanks in 4.10–20." *Theologische Zeitschrift(TZ)* 49.3(1993) : 193–214.

Cassidy. R. *J. Paul in Chains.* New York : Crossroad Publishing Company, 2001.

Castelli, Elizabeth *A. Imitating Paul : A Discourse of Power.* Louisville,

KY : Westminster /John Knox, 1991.

Collins, Adela. Y. "Psalms, Philippians 2 : 6–11, and the Origins of Christology". *Biblical Interpretation(BI)* 11, 3/4(2003), 361–371.

Cotter CSJ, Wendy. "Our Politeuma is in Heaven : The Meaning of Philippians 3 : 17–21". *Origins and Method : Towards a New Understanding of Judaism and Christianity*–essays in honour of John C. Hurd. edited by Bradley H. McLean. Sheffield : Sheffield Academic Press, 1993 : 92–104.

Crossan, John. Dominic. *In Search of Paul*. New York : HarperCollins, 2004.

Dahl. Nils A. "Euodia and Syntyche and Paul's Letter to the Philippians". *The Social World of the First Christians : Essays in Honor of Wayne A. Meeks*. ed. by L. Michael White and O. Larry Yarbrough. Minneapolis : Fortress, 1995 : 3–14.

deSilva, David A. *Honor, Patronage, Kinship & Purity : Unlocking New Testament Culture*. Downers Grove : InterVarsity Press, 2000.

de Vos, Craig Steven. *Church and Community Conflicts : The Relationships of the Thessalonian, Corinthian, and Philippian Churches with Their Wider Civic Communities*. Atlanta : Scholars Press. 1999b.

________. "Finding A Charge that Fits : The Accusation against Paul and Silas at Philippi(Acts 16 : 19–21)". *Journal of Society of New Testament* 74(1999a) : 51–63.

Deissman, A. Biblical Studies. Edinburgh, 1901.

_______. *Light from the Ancient East*(1908) L. R. M. Strachan ed. Peabod y : Hendrickson, 1995.

Deming, Will. "Paul and Indifferent Things". In *Paul in the Greco–Roman World*. ed. J. Paul Sampley. Harrisburg : Trinity Press International, 2003 : 384–403.

Doble, Peter. "Vile Bodies' or Transformed Persons? Philippians 3 : 21 in Context". *JSNT Issue* 86(v. 24.4 : June 2002) : 3–27.

Doughty, Darrell J. "Citizens of Heaven Philippians 3 : 2–21". *NTS* vol. 41(1995) : 102–122.

Downing, F. Gerald. *Cynics, Paul and the Pauline Churches : Cynics and Christian Origins II*. London : Routledge, 1988.

Dunn, J. D. G. *"Christ, Adam, and Preexistence". In Where Christology Began ed. R. P. Martin & B. J. Dodd. Louisville : Westminster John Knox Press, 1998 : 74–83.*

______. *Christology in the Making : A New Testament Inquiry into the Origins of the Doctrine of the Incarnation. 2nd. ed. Grand Rapids : W. E. Eerdmans. 1996 : 98–128.*

Eastman, Susan Grove. "Philippians 2 : 6–11 : Incarnation as Mimetic Participation". *Journal for the Study of Paul and his Letters(JSPL)*(Fall, 2010), 1–22.

______. "Imitating Christ Imitating us : Paul's Educational Project in Philippians". In *The Word Leaps the Gap*. ed. J. Ross Wagner el al., Grand Rapids : Eerdmans, 2008 : 427–451.

Elliott, John H. "Patronage and Clientage". In *The Social Sciences and New Testament Interpretation*. Ed. Richard L. Rohbough. Peabody : Hendricson, 1996 : 144–156.

Esler, Philip F. "Social Identity, the Virtues, and the Good Life : A New Approach to Romans 12 : 1–15 : 13". *BTB*(2003b Summer, 33) : 51–63.

______. *Conflict and Identity in Romans : the social setting of Paul's letter*. Minneapolis : Fortress, 2003a.

Fee, Gordon D. "Philippians 2 : 5–11 : Hynm or Exalted Pauline Prose?". *Bulletin for Biblical Research(BBR)* 2(1992) : 29–46.

Fisk, B. N. "The Odyssey of Christ : A Novel Context for Philippians 2 : 6–11". In *Exploring Kenotic Christology : The Self-emptying of God*. Oxford : Oxford Univ. Press, 2006 : 45–73.

Flanagan, Neal. M. "A Note on Philippians 3 : 20–21". *CBQ* 18(1956) : 8–9.

Fitzgerald, John T. "Paul and Friendship". *Paul in the Greco-Roman*

World. ed. J. P. Sampley. Harrisburg : Trinity Press International, Harrisburg, 2003 : 319–343.

______. "Philippians in the Light of Some Ancient Discussions of Friendship". *Friendship, Flattery, and Frankness of Speech : Studies on Friendship in the New Testament World*. ed. Fitzgerald, J. Leiden ; NewYork : E. J. Brill, 1996 : 141–160.

______. *"Philippians, Epistle To". Anchor Bible Dictionary. V. New York : Doubleday, 1992 : 321–322.*

Fredrickson, David. E. "παρρησία in the Pauline Epistles". *Friendship, Flattery, and Frankness of Speech*, ed. J. T. Fitzgerald, 1996 : 163–183.

Garland, D. "The Composition and Unity of Philippians". *NovT* 27(1985) : 141–173.

Glad, Clarence. "Paul and Adaptablility". in *Paul in the Greco-Roman World*. ed. J. Paul Sampley. Harrisburg : Trinity Press International, 2003 : 17–41.

Gnilka, J. "Die antipaulinische Mission in Philippi". *BZ 9* (1965) : 258–276.

George, Dieter. *The Opponents of Paul in Second Corinthians*. Philadelphia : Fortress, 1986[1], 1992[2].

______. *Die Gegner des Paulus im 2. Korintherbrief, Studien zur religioe-sen Propaganda in der Spaetantike*. Neukirchen, 1964b.

______. "Der vorpaulinische Hymmus Phil 2 : 6–11". *Zeit und Geshichte : Dankesgave an Rudolf Bultmann zum 80*. Geburtstag. ed. E. Dinkler. Tubingen, 1964a : 263–298.

Geoffrion, Timothy C. *The Rhetorical Purpose and the Political and Military Character of Philippians : A Call to Stand Firm*. Lampete r : Edwin Mellen Press, 1993.

Hawthorn, G. "Philippians 1 : 12–19 with special reference to vv. 15, 16, 17." *ExpTim* 62(1950–51) : 316–317.

Hellermann, Joseph H. "Vindicating God's Servants in Philippi and in Philippians : The Influence of Paul's Ministry in Philippi upon the

Composition of Philippians 2 : 6–11". *BBR* 20.1(2010) : 85–102.

______. *Reconstructing Honor in Roman Phillippi*. Cambridge : Cambridge Univ. Press, 2005.

Hendrix, H. L."Philippi". *ABD* V(1992), 313–317.

Holloway, Paul A. "Alius Paulus : Paul's Promise to Send Timothy at Philippians 2 : 19–24". *NTS* Vol. 54(Oct. 2008) : 542–556.

______. *Consolation in Philippians : Philosophical Sources and Rhetorical Strategy. SNTS Studies Monograph Series 112*. Cambridge : Cambridge University Press. 2001.

Hoover, Roy W. "The Harpagmos Enigma : A Philological Solution". *HTR* 64(1971) : 95–119.

Horsley, Richard A. "Gnosis in Corinth." *NTS 27 no.01 (1980) : 32–51*

Horrell, David G. *Solidarity and Difference : A Contemporary reading of Paul's ethics*. London/New York : T&T Clark International, 2005.

Horsley, Richard A. ed. *Paul and Empire : Religion and Power in Roman Imperial Society*. Harrisburg : Trinity Press International, 1997.

Jeremias, J. J. "Zu Phil, 2 : 7 ; "'*Eαυτὸν 'Eκενωσεν*." *NovT*, 6(1963) : 186–187.

______. *Jesus' Promise to the Nations*. E. T. 1958.

______. "Zur Gedanken fuhrung in den paulinishen Briefen". in *Studia Paulina in Honorem J. de Zwanan*. ed. J. N. Sevenster and W. C van Unnik. Haarlem, 1953 : 146–154.

Neyrey, S. J. Jerome H. "God, Benefactor and Patron : The Major Cultural Model for Interpreting the Deity in Greco–Roman Antiquity". *JSNT* 27/4(2005) : 465–492.

Jewett, R. *Thessalonian Correspondence : Pauline Rbetoric and Millenarian Piety*. Philadelphia : Fortress, 1986.

______. "Conflicting Movements in the Early Church as Reflected in Philippians". *NT 12*(1970) : 362–390.

Käsemann, E. "Kritishe Anlyse von Phil 2, 5–11". ZThK, 47(1950) : 313–560 ; 영어 번역–idem. "A Critical Analysis of Philippians 2 :

5-11". *Journal for Theology and the Church* 5(1968) : 45-88.

Kilpatrick, G. D. "βλεπετε : Philippians 3 : 2". *In Memoriam Paul Kahle*. ed. Black, M and Fohrer, G *Beihefte zur Zeitschrift fur die alttestamentliche Wissenshaft 103*. Berlin : Topelmann, 1968 : 146-148.

Kittredge, Cynthia Briggs. *Community and Authority : The Rhetoric of Obedience in the Pauline Tradition*. Harrisburg : Trinity Press International, 1998.

Kim, Seyoon. *Christ and Caesar. The Gospel and the Roman Empire in the Writings of Paul and Luke*. Grand Rapids : WB. Eerdmans Pub., 2008 ; 번역본-김세윤. 「그리스도와 가이사 : 바울과 누가의 저작에 나타난 복음과 로마 제국」. 서울 : 두란노아카데미, 2009.

Kim, Jean K. "An Asian Interpretation of Philippians 2 : 6-11". in *Escaping Eden : New Feminist Perspectives on the Bible*. ed. H. C. Washington & S. L. Graham, & Pamela. Thimmes. Sheffield : Sheffield Academic Press, 1998 : 104-122.

Koester, H. et. al., ed. "Philippians". *Cities of Paul*.(electronic resources). The President and Fellows of Harvard College, 2005.

______. & Bakirtzis, Charalambos. *Philippi at the Time of Paul and after His Death*. Harrisburg, Pennsylvania Trinity Press International, 1998.

______. "Ephesos in Early Christian Literature". *Ephesos* ed. H. Koester. Pennsylvenia : Trinity Press International, 1995 : 124-126.

______. "The Purpose of the Polemic of a Pauline Fragment". *New Test. Stud*. 8(1962) : 324-331.

Knox. J. *Marcion and the New Testament*. Chicago : University of Chicago Press, 1942.

Krenz, E. M. "Military Language and Metaphors". *Origins and Method : Towards a New Understanding of Judaism and Christianity-essays in honour of John C. Hurd*. edited by Bradley H. McLean. Sheffield : Sheffield Academic Press, 1993 : 105-127.

Lampe, Peter. "Paul, Patrons, and Clients". *In Paul in the Greco-Roman World.* ed. J. Paul Sampley. Harrisburg : Trinity Press International, 2003 : 488-523.

Lincoln, Andrew T. *Paradise Now and Not Yet.* Cambridge : Cambridge U. Press, 1981.

Loh, I-Jin. & Nida, Eugene A. *A Translators Handbook on Paul's Letters to the Philippians.* Stuttgart : United Bible Societies, 1977.

Lüderitz, G. "What is the politeuma?". *Studies in Early Jewish Epigraphy.* ed. J. W. van Herten/P. W. van der horst(Leiden : Brill, 1994) : 183-225.

Lull, David J. "The Iliad, the "Christ-Hymn"(Phil 2.6-11), and 'Political Theology'". *Sermon Note.* Wartburg Theological Seminary Dubuque IA Loehe Chaple(May 1, 2006).

Mack, L. Burton. Who Wrote the New Testament?. New York : HarperSanFrancisco, 1995.

Malherbe, Abraham J. "Paul's Self-Sufficiency". *Texts and Contexts : Biblical Texts in their Textual and Situational Contexts : Essays in Honor of Lars Harman.* ed. T. Fornberg and D. Hellholm. Oslo : Scandinavian University Press, 1995 : 813-826 ; J. T. Fitzgerald. ed. Friendship, Flattery, and Frankness of Speech. Leiden : E.J. Brill, 1996, 125-139 재수록.

_______. *Paul and the Popular Philosophers.* Minneapolis : Fortress, 1989.

_______. *Social Aspects of Early Christianity.* Philadelphia : Fortress, 1983 ; A. J. 말허비, 「초기 그리스도교회의 사회적 이해」. 조태연 역. 서울 : 기독교서회, 1994 : 90-133.

_______. *The Cynic Epistles.* Missoula : Scholars Press, 1977.

Marchal, Joseph A. *The Politics of Heaven : Women, Gender, and Empire in the Study of Paul.* Minneapolis : Fortress Press, 2008.

_______. "Expecting a Hymn, Encountering An Argument : Introducing the Rhetoric of Philippians and Pauline Interpretation". *Interpretation(Int.) 61 no. 3*(2007) : 245-255.

______. Hierarchy, Unity, and Imitation. Atlanta : SBL, 2006.

Marshall, John W. "Paul's Ethical Appeal in Philippians". *Rhetoric and NT : Essays from the 1 992 Heidelberg Conference* ed. by S. E. Porter & T. H. Olbricht. Scheffield : JSOT Press, 1993 : 367–374.

Marshall, Peter. *Enmity in Corinth : Social Conventions in Paul's Relations with the Corinthians.* Tubingen : Mohr–Siebeck, 1987.

Martin, D. *Slavery as Salvation : the Metaphor of Slavery in Pauline Christianity.* New Haven : Yale University, 1990.

Martin, R. *P. A Hymn of Christ* . Downers Grove : InterVarsity Press, 1997.

______. *Carmen Christi.* Cambridge : Cambridge Uni. Press, 1967.

McLean. Bradley H. ed. *Origins and Method : Towards a New Understanding of Judaism and Christianity–essays in honour of John C. Hurd.* Sheffield : Sheffield Academic, 1993.

Moessner, D. P. "Turning Status 'Upside Down' in Philippi : Christ Jesus' 'Emptying Himself' as Forfeiting Any Acknowledgement of His 'Equality with God'(Phil 2 : 6–11)". *Horizons in Biblical Theology(HBT)* 31(2009), 123–143.

Morgan, Robert. "Incarnation, Myth, and Theology". *In Where Christology Began,* ed. R. P. Martin & B. J. Dodd. Louisville : Westminster John Knox Press, 1998 : 43–73.

Moxnes, Halvor. 2003. "Asceticism and Christian Identity in Antiquity : A dialogue with Foucault and Paul". *JSNT(26.1)* : 3–29.

Nasrallah, Laura. *An Ecstasy of Folly : Prophecy and Authority in Early Christianity.* Cambridge : Harvard University Press, 2003.

Murphy–O'Connor, Jerome. *Paul : A Critical Life.* Oxford : Oxford University, 1996.

______. *Paul the Letter–Writer.* Collegeville : Liturgical Press, 1995.

Oakes, Peter. "Re–mapping the Universe : Paul and the Emperor in I Thessalonians and Philippians". *JSNT 27. 3(2005)* : 300–322.

______. *Philippians : From People to Letter.* Cambridge : Cambridge

University Press. 2001.

O'Neill, J. C. "Hoover on Harpagamos Reviewed". *HTR 81.4*(1988) : 445–449.

Osiek, Carolyn. *What are they saying about the social setting of the New Testament? : Revised and Expanded Edition.* New York : Paulist Press, 1992 ; 캐롤라인 오시에크. 「원시기독교의 사회적 상황」. 김경진 역. 서울 : 기독교서회, 1996.

Patte, Daniel. *Paul's Faith and the Power of the Gospel.* Philadelphia : Fortress Press, 1983.

Pearson. Birger A. *Gnosticism, Judaism, and Egyptian Christianity.* phil–adelphia : Fortress, 2006 : 37–67.

Perkins, Pheme. "Philippians : Theology for the Heavenly Politeuma". Pauline Theology. vol. 1. ed. J. M. Bassler. Minneapolis : Fortress, 1991 : 89–104.

Perterlin, Davorin. *Paul's Letter to the Philippians in the Light of Disunity in the Church.* Leiden : Brill, 1995.

Peterman, Gerald W. "'Thankless Thank' : The Epistolary Social Convention in Philippians 4 : 10–20". *Tyndale Bulletin* 42.2(1991), 261–270.

______. *Paul's Gift from Philippi : Conventions of Gift–exchange and Christian Giving. SNTSMS 92.* Cambridge : Cambridge Univ. Press, 1997.

Pervo, Richard I. *The Making of Paul.* Philadelphia : Fortress, 2010.

Pickstock, Catherine. "Justice and Prudence". *Postmodern Theology.* ed. G. Ward. Oxford : Blackwell Pub. 2001 : 162–176.

Porter, Stanley E. "When and How Was the Pauline Canon Compiled? : An Assessment of Theories". in *The Pauline Canon* ed. S. E. Porter. Leiden : Brill, 2004 : 95–127.

Reimer, R. H. ""Our Citizenship is in Heaven" : Phillippians 1 : 27–30 and 3 : 20–21 As Part of the Apostle Paul's Political Theology". *Ph. D. Thesis*(Princeton : Princeton Theological Seminary, 1997).

Reumann, John. "Philippians, Especially Chapter 4, As A "Letter of Friendship" : Observations on a Checkered history of Scholarship". *Friendship, Flattery, and Frankness of Speech.* ed. Fitzgerald, J. Leiden ; NewYork : E. J. Brill, 1996 : 83-106.

______. "Philippians 3 : 20-21-a Hymnic Fragment?". *New Testament* 30(1984) : 593-609.

Robbins, C. J. C. PP.S. "Rhetorical Structure of Philippians 2 : 6-11". *CBQ* 42(1980) : 73-82.

Sampley, J. Paul. ed. *Paul in the Greco-Roman World.* Harrisburg : Trinity Press International, 2003.

______. *Pauline Partnership in Christ : Christian Community and Commitment in Light of Roman Law.* Philadelphia : Fortress Press, 1980.

Schmithals, W. Paul and Gnostics. Nashville : Abingdon, 1972 : 65-122 ; 원래는 Schmithals, "Die Irrlehrer des Philipperbriefes". ZThK LIV(1957) : 297-341.

Schnelle, Udo. *The History and Theology of the New Testament Writings*(1994). trans. M. E. Boring. London : SCM Press. 1998.

Seeley, David. "The Background of the Philippians Hymn(2 : 6-11)". *Journal of Higher Criticism(JHC)* 1(1994 fall) : 49-72.

Smit, Peter-Ben. "That's Very Sweet of You, My Child, But No Thanks : A Note on Philippians 4 : 10-20 and Paul's Parental Authority". *Lectio difficilior 1(2006)*-http : //www. lectio. unibe.ch)

Smith, Jay E. "The Interpretation of I Corinthians 6 : 12-20 and Its Contribution to Paul's Sexual Ethics".(Ph. D Thesis at Trinity Evangelical Divinity School, 1996).

Snell, Bruno. "Homer's View of Man". *The Discovery of the mind.* trans. T. G. Rosenmeyer Oxford : Basil Blackwell, 1953 : 1-22 ; 부르노 슈넬. 「정신의 발견」. 서울 : 까치사, 1994.

Standhartinger, Angela. "'Join in imitating me'(Philippians 3 : 17) Towards an Interpretation of Philippians 3". *New Testament Study*

54(2008) : 417–435.

Strecker, Georg. *Theology of the New Testament.* trans. E. Boring. Westminster : John Knox Press, 2000 : 69–74.

Stowers, Stanly K. *A Rereading of Romans.* New Haven : Yale University, 1994.

_______. "Friends and Enemies in the Politics of Heaven : Reading Theology inPhilippians". *Pauline Theology vol. 1.* ed. J. M. Bassler. Minneapolis : Fortress, 1991 : 105–121.

Talbert, Charles H. "The Myth of a Descending–Ascending Redeemer in Mediterranean Antiquity". *NTS 22*(1976b) : 418–440.

_______. "The Concept of Immortals in Mediterranean Antiquity". *JBL* 94(1976a) : 419–436.

_______."The Problem of Pre–Existence in Philippians 2 : 6–11". *JBL*(1967) : 141–153.

Talbott, Rick Franklin. *Jesus, Paul, and Power : Rhetoric, Ritual, and Metaphor in Ancient Mediterranean Christianity.* Eugene : Wipf & Stock pub. 2010.

Tellbe, Mikael. *Paul between Synagogue and State : Christians, Jews, and Civic Authorities in 1 Thessalonians, Romans, and Philippians.* Stockholm : Almqvist & Wiksell International, 2001.

_______. "The Sociological Factors behind Phillippians 3 : 1–11". *JSNT* 55(1994) : 97–121.

Trebilco, Paul. "Naming Ourselves and Naming Others in the Corinthian Letters". *Verbal presentation at the British New Testament Conference.* Liverpool, UK.(Sept, 2005).

Trobisch, *D. Paul's Letter Collection : Tracing the Origins.* Minneapolis : Fortress, 1989.

_______. *The First Edition of the New Testament.* Oxford : Oxford University, 2000.

Tyson, Joseph B. "Paul's Opponents at Philippi". *Perspectives in Religious Studies 3.*(1976) : 82–95.

Walters, James C. "Paul, Adoption, and Inheritance". in *Paul in the Greco-Roman World.* ed. J. Paul Sampley. Harrisburg : Trinity Press International, 2003 : 42-75.

Watson, Duane F. "A Reexamination of the Epistolary Analysis : Understanding the Arguments for the Composite Nature of Philippians". *Early Christianity and Classical Culture : Comparative Studies in Honor of Abraham J. Malherbe.* ed. John T. Fitzgerrald, & Thomas H. Olbricht, L. Maichael White. Liden : Brill, 2003 : 157-177.

Well, Walter A & Yarbrough, R. W. *Readings from the first-century world : primary sources for New Testament.* Grand Rapids : Baker Books, c1998.

West, A. L. S. "Whether by Life or by Death : Friendship in a Pauline Ethic of Death and Dying." *Ph. D. Dissertation.* Duke University(2001).

White, L. M. "Morality between Two Worlds". *Greeks, Romans, and Christians* ed. D. L. Balch & E. Ferguson, W. A. Meeks. Minneapolis : Fortress Press. 1996 : 201-215.

Winter, Paul. *Seek the Welfare of the City.* Grand Rapids : Eerdmans, 1994 : 82-104.

Winter, Sarah. C. "παρρησία in Acts". *Friendship, Flattery, and Frankness of Speech.* ed. J. T. Fitzgerald, 185-202.

Wright, N. T. "Paul's Gospel and Caesar's Empire". *Paul and Politics.* Harrisburg : Trinity Press International, 2000 : 160-183.

Ⅲ. 빌립보서의 개론 참조

김창락. "빌립보서/빌레몬서". 「신약성서개론 : 한국인을 위한 최신연구」. 서울 : 대한기독교서회. 2002 : 326-341.

로첼, 켈빈 J. 이억부 옮김. 「최근의 바울서신 연구」. 서울 : 은성. 1998.

머피 오코너, 제롬(Jerome Murphy-O Connor). 정대철 역. 「바울이야기(Paul

His Story)」. 서울 : 두란노서원, 2006.
박수암. 「옥중서신 : 빌립보서」. 서울 : 대한기독서회, 1997.
박익수. 「바울의 서신들과 신학」. 서울 : 대한기독서회, 2001.
박익수 역. 「신약정경개론」. 서울 : 대한기독교출판사, 1988(Kümmel, W. G. *Einleitung in das Neue Testament*(21. Aufl. Heidelberg, 1983의 번역).
브라운, 레이몬드. 「신약개론」. 김근수, 이은순 역. 서울 : 기독교문서선교회, 2003. Brown, Raymond Edward. *An Introduction to the New Testament*. Anchor Bible Commentary, 1997.
콘젤만, 한스 /린데만, 안드레아스. 「신약성서 어떻게 읽을 것인가」. 서울 : 한국신학연구소, 2000.
큄멜,W.G. 「신약정경개론」. 박익수 역. 서울 : 대한기독서회, 2004 ; Kummel, W. G. *Einleitung in das Neue Testament*(21. Aufl. Heidelberg, 1983)의 번역본.
토마스, 진. 「빌립보서, 빌레몬서 : 한국천주교회 200주년 신약성서」. 분도출판사, 1998.
페린, 노만(N. Perrin/ D.C. Dulling). 박익수 역. 「새로운 신약성서 개론」. 서울 : 한국신학연구소, 1973.
「성경전서 개역 한글판」. 독일성서공회 해설, 서울 : 대한성서공회, 1997.
「천주교 200주년 기념 신약성서 주해」. 서울 : 분도출판사, 2001.

Koester, Helmut. *Introduction to New Testament*. vol. 2. New York : Walter de Gruyter, 1987.
Murphy-O'Connor, Jerome. *Paul : A Critical Life*. Oxford : Oxford Univ. Press. 1997.
Schnelle, Udo. *The History and Theology of the New Testament Writings*(1994). trans. M. E. Boring. London : SCM Press. 1998.

Ⅳ. 고대 문헌 1차자료

(The SBL Handbook of Style에 나오는 저자나 자료집 이름의 라틴어와 영어 이름의 알파벳 순)

Aelius Aristides. *Eulogy of Rome.*(1 : 2)

Aeschylus.(아이스퀴로스 : 525-65). *Prometheus Bound.* 747, 750-51(이오에 대한 반발)(1 : 21)

Amphidamas에게 보내는 Heraclitus의 편지, Nr.5(주전 1세기)(3 : 20)

Aristotle. *Ethica Nichomachea*(Eth. nic.) 1124b, 1165a.(1 : 20)

_______. *Ethica Nichomachea.* 9.8.1 ; 9.8,2(1168b)(1 : 27)

_______. *Ethica Nichomachea.* 8.8155와 8.1167b(2 : 2)

_______. *Eudemian Ethics*(Eth. eud.) 7 : 4.1-2.(1 : 27)

아리스토텔레스. 〈정체론(politica)〉(또는 〈정치학〉)(5, 3, p. 1302b)(1 : 15)

_______. 〈정체론〉, 제 1, 7-8권 ; (1 : 20)

_______. 〈니코마코스 윤리학〉, 6권 1장(1 : 20)

_______. 〈니코마코스 윤리학〉, 제 VI 권 5장(1 : 3, 2 : 2)

Cassius Dio, *History* 60.6-7(3장 〈보론 다〉)

Chariton. *Chaereas et Callirhoë*, 3.8.7(2 : 19-20)

Cicero, *Tuscunae disputationes.* 1,74(1 : 23)

_______. *Amicitia* 16.58(4 : 15)

Demosthenes 8 : 47 ; 30.15.(4 : 16)

데모스쎄네스. 〈데모스쎄네스의 연설〉.(1 : 20)

Dio Chrysostom. *De Regno iv 95*(Or. 4.95(Kingship : 왕권))(2 : 6)

Diogenes Laertius. *VI. 69*(1 : 20)

Epictetus. *Diatriai*(dissertations)〈논제들〉 1,9,16(1 : 23)

_______. *Epictetus* 2 : 9.12(4 : 15)

에픽테투스. 〈담화〉 1 : 20, 7.(1 : 10)

_______.*Dissertationes*(Diatribai) 4.1. 164-165.(1 : 19)

Euripides. *Alcestis*, 328-329,(2 : 19-20)

F와 G사본과 P46(1 : 11)

Heraclitus. *Letter of Heraclitus to Amphidamas Nr.* 5(1cent. B.C.E.)(3 : 20).

Herodotus.(헤로도투스) *Historiae* 3.142, 143.(4 : 16)

_______. *Historiae,* 7권 163, 168(1 : 21)

Homer. *Iliad.* 4 : 360-361 ; 22.262-265.(1 : 27)

_______. *Illiad.*, 9.489 ; 22.89.(2 : 16)

______. *Odyssey.* s. 8, 163.(1 : 1)
______. *Odyssey.* 6.180-185 ; 15 : 195-198.(1 : 27)
Horace(65 B.C.-27 A.D.). *Carmen Saeculare.*(1 : 2)
Iamblicus. Vita Pythagorica, 30.167(1 : 27)
이그나티우스(Ignatius)(〈Smyrnaeans에게 보내는 서신〉, 6 : 2.(1 : 16)
Isocrates. Archidamus 89(1 : 23)
______. 7 : 20(1 : 20).
이소크라테스(Isocrates). 〈평화에 관하여〉(38-39)(1 : 23-24).
Josephus. *Jewish Antiquities* 15.158.(1 : 21).
요세퍼스.(Josephus). 〈유대전쟁사〉 2권 420(17 : 4)(1 : 12)
______. 〈유대전쟁사〉 4권 656(11 : 5)(1 : 12)
______. 〈유대전쟁사〉 3.264(1 : 20)
Lucian. *Toxaris,* 62(2 : 2)
Menander. *Fragment* 194(4 : 8)
OGIS 〈동방그리스비문선집〉 I, 13, 20) Priene로부터 유래하는 비문(OGIS II, 458)(1 : 12)
Oxyrhynchus Papyri 2755. 19, 21.(4 : 16)
Polybius. Histories 11.28.8.(4 : 16)
Philo. *De specialibus legibus* I.(spec. 1) 321, 323 ; (1 : 20)
______. *Quis rerum divinarum* herres sit(Her.) 1.(1 : 20)
______. *Legatio ad Gaium*(legat.) 10.311-12.(3장 〈보론 다〉)
______. *In Flaccum* 4(Flacc.)(3장 〈보론 다〉)
Plato. *Phaedrus,* 67A(1 : 23)
플라톤. 〈공화국〉 8 : 557b.(1 : 21)
______. 〈공화국〉, 제7권 521c-536e,(1 : 20)
______. 〈공화국〉 제4권의 433b.(2 : 2)
______. 〈소크라테스의 변명〉 40 CD(428/27-349/48 BCE)(1 : 22)
______. 〈파이돈〉, 67, 80, 82)(1 : 23-34)
Plutarch, *Moralia,* 11b(4 : 15)
______. *Moralia.* 330D(2 : 6)
______. "How to Tell a Flatterer from a Friend"(Mor. 51B와 65AB)(2 : 2)

1QH 5 : 13–22, 1QS 2 : 24, 4 : 3, 5 : 3–4, 5 : 25(2 : 3)
Sallust. *Catiline's War*(Bellum catalinae) 51.20(1 : 21)"
Sempronus. "Letter of Sempronus to Maximus". *Select Papyri/Loeb Classical Library 266*. 319–320.(4 : 10–20 서문)
Seneca. *Ad Marciam de Consolatione*(마르시아 위로서신), 16 : 8(2 : 19–20)
_______. *Ad Helvia de Consolatione*(헬비아 위로서신), 1–20(2 : 27)
_______. *De Beneficis* 2 : 16.1–2 ; 6.4.5(4 : 15)
Select Papyri/*Loeb Classical Library 266*. ed. Hunt, A. S. & Edgar, C. C. Cambridge, Mass., : Harvard University Press, 1932.
Sophocles(소포클레스).(497–406 BCE), *Antigne* 〈안티고네〉, 463–464(1 : 21)
Stobaeus. *Eclogae* 4, 53, 27(1 : 23)
타키투스(Tacitus). 〈역사서 Ⅱ〉, 제 15장, 44.(1 : 14)
_______. 〈연대기〉, 12.68.(2 : 19–20)
토빗서〈Tobit〉 3,6(BA)(1 : 23)
"Theon's Letter to His Father Theon". Oxyrhynchus *Papyri*(POxy) I 119. (4 : 10–20 서문)
"Theonas's Letter to His Mother and Lady, Tetheus". *POxy XII 1481*.(4 : 10–20 서문)
Thucydides. *History of the Peloponnesian War. 3.46*.(4 : 16)
Varro, *de Rue Rustica*(R. R).. 3.2.16(3장 〈보론 다〉)
Virgil.(70–19 B.C.). *Aeneid* 4.327–30(2 : 19–20)
_______. *Eclogue*. IV.(1 : 2)

100

| 한국장로교총회창립 100주년기념 표준주석 |

빌립보서

초판인쇄 2016년 3월 20일
초판발행 2016년 3월 30일

기획·편찬 표준주석편찬위원회 김덕기
편 집 인 대한예수교장로회총회교육자원부
발 행 인 채형욱
발 행 소 한국장로교출판사
주 소 03128 / 서울시 종로구 대학로3길 29 한국교회100주년기념관 별관
전 화 (02)741-4381 / 팩스 741-7886
영 업 국 (031)944-4340 / 팩스 944-2623
등 록 No. 1-84(1951. 8. 3.)

ISBN 978-89-398-9989-6 / 978-89-398-0681-8(세트)
Printed in Korea

값 22,000원

| 한국장로교총회창립 100주년기념 표준주석 |

구약

집필부분	집필자
창세기	김중은 박사
출애굽기	이종록 박사
레위기	정중호 박사
민수기	김진명 박사
신명기	김회권 박사
여호수아	강사문 박사
사사기/룻기	허성군 박사
사무엘상·하	김선종 박사
열왕기상·하	김태훈 박사
역대상	배희숙 박사
역대하	함 택 박사
에스라/느헤미야	민경진 박사
에스더	이미숙 박사
욥기	하경택 박사
시편	이승현 박사
잠언	천사무엘 박사
전도서	채은하 박사
아가	강승일 박사
이사야	조성욱 박사
예레미야	강성열 박사
예레미야애가	박동현 박사
에스겔	이은우 박사
다니엘	배정훈 박사
호세아/요엘	김정철 박사
아모스	최인기 박사
오바댜/요나	김유기 박사
미가	오택현 박사
나훔/하박국/스바냐	윤동녕 박사
학개/스가랴/말라기	김근주 박사

신약

집필부분	집필자
마태복음	최재덕 박사
마가복음	차정식 박사
누가복음	오덕호 박사
요한복음	김문경 박사
사도행전	이 달 박사
로마서	장흥길 박사
고린도전서	조광호 박사
고린도후서	박흥순 박사
갈라디아서	이종윤 박사
에베소서	석원식 박사
빌립보서/빌레몬서	김덕기 박사
골로새서	김철홍 박사
데살로니가전·후서	김형동 박사
디모데전·후서/디도서	박종기 박사
히브리서	소기천 박사
야고보서	이승호 박사
베드로전·후서	왕인성 박사
요한 1·2·3서/유다서	최흥진 박사
요한계시록	김춘기 박사

Presbyterian Church of Korea Standard Commentary